中国商事争议解决年度观察

2018

Commercial Dispute Resolution in China:
An Annual Review and Preview (2018)

中国法制出版社
CHINA LEGAL PUBLISHING HOUSE

目　录

前　言

刚刚过去的2017年是我国进入中国特色社会主义新时代的元年，也是对我国商事争议解决事业发展影响深远的一年。

在商事仲裁及调解领域，最高人民法院继2006年出台《最高人民法院关于适用〈中华人民共和国仲裁法〉若干问题的解释》后，时隔11年密集出台关于仲裁司法审查案件的系列司法解释，对仲裁司法审查案件的归口、报核进行了规范，进一步体现了司法对仲裁的重视与支持；国际投资仲裁、临时仲裁、第三方资助等问题成为我国仲裁理论界与实务界广泛关注和研讨的热点议题。同时，“一带一路”倡议的深化为我国商事争议解决事业的发展带来新的机遇，我国政府开始积极筹建“一带一路”争端解决机制和机构；我国不少仲裁机构、调解组织把握新的发展契机，进行前瞻性布局，通过发起“一带一路”仲裁行动计划、合作建设仲裁联合中心或仲裁联盟、设立“一带一路”国际商事诉调对接中心、签订仲调对接合作框架协议等，使得多元化商事争议解决市场景象繁荣。

在各专业领域，2017年度的发展也可谓精彩纷呈、亮点颇多，如建设工程领域政府和社会资本合作（PPP）项目的规范性发展，房地产领域调控新规引发的房地产市场的新发展，能源领域《最高人民法院关于审理矿业权纠纷案件适用法律若干问题的解释》的出台对矿业权争议解决实践的影响，投资领域《最高人民法院关于适用〈中华人民共和国公司法〉若干问题的规定（四）》的出台对投资行为的重大影响，国际贸易领域与跨境电商交易有关的涉互联网新兴争议的解决思路，金融领域的系列监管新规给金融市场带来的波动和影响，知识产权领域《反不正当竞争法》的修改对互联网不正当竞争行为的规制，影视领域互联网下的行业发展及资本运作问题，民用航空领域有关航空器产品责任法及融资租赁的专门立法等诸多问题，引发行业人士的广泛关注和思考，成为2017年度中国商事争议解决实践中尤其值得总结和反思的热点问题。无疑，对于这些热点问题的梳理、观察和研讨，将促进各专业领域争议解决机制的完善，并进一步助推我国商事争议解决市场的快速发展。

紧跟我国进入新时代的步伐，北京仲裁委员会 / 北京国际仲裁中心（以下简称北仲）主编的《中国商事争议解决年度观察》（以下简称《年度观察》）在面世后的第六年（即 2018 年），组织工作愈发成熟、观察内容愈发精细，步入了新时期、迈上了新台阶。

第一，公开征集撰稿专家，实现作者团队的专业化和国际化升级。

本着进一步提升《年度观察》的研究质量和品牌效应，鼓励更多业内专家、实务工作者投身于争议解决事业，为法律职业共同体搭建一流的国际合作平台，铸造中国争议解决服务国际公信力的原则和精神，《中国商事争议解决年度观察（2018）》（以下简称《年度观察（2018）》）首次向社会各界开放了参与渠道，尝试以公开征集的方式邀请撰稿专家。编委会在注重“专业、权威”的同时，强调“新面孔、新视角”，从 28 个理论功底深厚、实务经验丰富、能够以中英双语撰稿及专业交流的申报团队中筛选包括商事仲裁、商事调解总报告及建设工程、房地产、能源、投资、国际贸易、金融、知识产权、影视及民用航空分报告在内的 11 篇报告的撰稿专家团队，实现了作者团队专业化和国际化的进一步升级，为《年度观察（2018）》在斯德哥尔摩、伦敦、爱丁堡、香港、北京及上海等国际知名城市的系列发布活动奠定了坚实基础。尤其需要说明的是，所有提交项目申报文件的团队成员，无不为理论水平精深、实务经验丰富的行业专家，他们对中国争议解决及《年度观察》项目的持续关注和大力支持，给予《年度观察（2018）》项目莫大激励，也是推动项目专业化和国际化升级的重要助力。

第二，提升研究精细度，强调观察内容的广度和深度。

《年度观察》主要聚焦于前一年度我国各专业领域争议解决整体发展情况，通过梳理最新出台的法律法规、聚焦各专业领域的典型案件、观察裁判机关的观点意见、展望行业未来的发展趋势，从而为完善各专业领域交易模式和交易结构，防范系统性法律风险提供实务指引。随着“一带一路”倡议的不断深化、我国商事争议解决事业的迅速发展、民众对商事争议解决认知的不断加深，《年度观察》的研究深度、评析角度及发展趋势预测的精准度等都面临着新的考验。

《年度观察（2018）》在编写时尤为注重精细度，不仅力求基础资料的准确性和权威性，同时强化典型案例的选取标准和写作规范，各报告作者以案例对于商业模式和交易设计的影响、对于法律适用和裁判思路的凸显、关于业界给予的关注程度，对于相关领域年度发展动向的代表等为标准选取典型案例，并按照“基本案情”“争议焦点”“裁判观点”“纠纷观察”的写作模式，为读者清晰呈现案件脉络、争议解决思路及对该领域争议解决发展带来的启示和影响。此外，为进一步强化研究深度，典型案例的“纠纷观察”部分更加强调从裁判思路、行业影响、风险防范等方面进行评析。除此之外，各专业领域的“热点问题观察”部分，则更强调结合争议解决实践和行业发展的需要，从多个角度对热点问题本身进行全面观察与剖析，以期引起读者的广泛关注与深入研讨。

第三，以《年度观察（2018）》为支撑的“中国商事争议解决高峰论坛”暨海内外发布会的组织和筹备更加信息化、专业化和多元化。

延续 2017 年海外发布会开通信息化平台的做法，读者可以随时登录北仲官网的年度观察报告界面（http://annualreport.bjac.org.cn/）获取 2018 年海外发布会的最新资讯及海外发布会的历史资料。和以往海外发布会不同的是，2018 年的海外发布会将进一步精简发布的专题，以商事仲裁（含第三方资助）、商事调解、建设工程、能源、投资、金融等领域为依托，就“一带一路”倡议下涉华跨境交易（包含中国企业对外投资）的法律风险防范等热点话题开展研讨，促进各专业领域争议解决理念和文化的交流与融合。此外，2018 年国内发布会也将尝试以更丰富、多元的方式开展系列活动，借助信息化技术平台为国内外争议解决从业者带来我国商事争议解决发展的最新资讯与趋势展望。

毋庸置疑的是，《年度观察》这一兼具研究和宣传功能的项目愈发成熟、国内外的影响力愈发广泛，得益于所有为《年度观察》付出辛勤劳动的作者团队、评审专家、编辑团队、翻译人员、出版人员和发布工作人员对争议解决事业的热爱、执着和奉献，亦得益于国内外业界人士对于《年度观察》的支持、肯定，抑或批评与指正。诚然，从确定撰稿专家到中文稿件出炉、英文译稿完成、论著付梓成书，再到举办发布活动，项目时间安排紧凑且事务极其繁杂，由于相关参与人员精力所限，疏漏之处在所难免，对此，希望广大读者雅量海涵，并期待读者朋友提出宝贵意见。

“心之所向，素履以往”。不论是立足于机构的公信力建设，还是着眼于应有社会责任的承担，北仲都将不忘初心，继续完善以《年度观察》为代表的中国商事争议解决的研究和交流平台，促进中国和其他国家地区之间争议解决实务经验及专业理论的交流和共享，为提高中国参与国际商事争议解决服务市场的合作与竞争能力贡献自己的力量。我们热忱期待更多有识之士参与到《年度观察》相关的研究和宣传工作中，同我们一道为广大受众呈现更加专业、系统、有深度的观察报告而共同努力，为中国商事争议解决事业的长足良性发展而共同努力！

最后，《年度观察》编委会谨对参与及关注历年《年度观察》的各位专家、合作机构以及广大读者致以崇高敬意和由衷感谢！

《中国商事争议解决年度观察》编委会

作者简介

《中国商事仲裁年度观察》

王雪华

北京市环中律师事务所首席合伙人，对外经济贸易大学法学博士，曾任中国对外经济贸易大学法学院副院长、全国律师协会国际业务和 WTO 法律专业委员会主任、北京市律师协会反倾销专业委员会主任、国际贸易和投资专业委员会主任，现任解决投资争端国际中心（ICSID）仲裁员、北京仲裁委员会 / 北京国际仲裁中心仲裁员、中国国际经济贸易仲裁委员会仲裁员、上海国际仲裁中心仲裁员、深圳国际仲裁院仲裁员、海南仲裁委员会仲裁员、对外经济贸易大学法学院兼职教授、中国法学会 WTO 法学会常务理事、中国国际法协会理事以及中国仲裁法学研究会常务理事。处理了多起国际仲裁案件，在不同的仲裁案件中担任过代理人、仲裁员和中国法专家证人，有丰富的国际商事仲裁经验。曾多次发表国际商法和反倾销法方面的论文，硕士学位论文《联合国国际销售合同公约关于违约救济措施的理论和实务》、博士学位论文《中国和美国反倾销法的比较研究》堪称国际商法和反倾销法律领域的力作。王雪华律师还是很有影响力的环中商事仲裁微信公号的总编和撰稿人之一。

邢　媛

北京市环中律师事务所合伙人，对外经济贸易大学法学硕士。主要执业领域为国际贸易法、国际投资法、特许经营法、海商法、房地产、仲裁法。从业以来处理了多起涉及外商投资、国际特许经营、大宗货物买卖、外资银行、海商等领域的商事争议案件，其中包括中国国际经济贸易仲裁委员会、香港国际仲裁中心、吉隆坡仲裁中心等各大仲裁中心的仲裁案件，根据联合国国际贸易法委员会仲裁规则进行的仲裁案件，以及国内法院具有重大影响的涉外经济类诉讼案件，具有丰富的争议解决经验。曾参加英国大律师公会组织的交流项目，在伦敦著名出庭律师事务所交流访问。邢律师目前是环中商事仲裁微信公号的撰稿人之一。

张　志

鼎颂商事争议解决支持平台创始人，万商天勤律师事务所合伙人、管委会主任。主要执业领域为商事诉讼和国际仲裁，具有二十余年的执业律师经验，其中担任仲裁员超过十五年。曾经代表众多中、外企业进行商事诉讼和仲裁，涉及诸多商业领域，如公司、房地产、知识产权，处理复杂案件的技巧及专业精神受到当事人的好评。中国政法大学国际经济法学士、香港城市大学法学硕士、中欧国际商学院 EMBA。现担任中国国际经济贸易仲裁委员会、上海国际仲裁中心、深圳国际仲裁院（深圳仲裁委员会）、海峡两岸仲裁中心等仲裁机构的在册仲裁员。

胡　宪

鼎颂商事争议解决支持平台首席研究员、投资经理，同时担任法律资本研究院（深圳）执行院长。主要负责拟投资案件评估和已投案件投后管理，并主持鼎颂投资的研究工作，主要研究方向为争议解决中的第三方资助，法律资本及其实现模式。胡宪先生经常就第三方资助在境内外的发展实践撰写文章，并在各类境内外高端研讨会和论坛上针对该类主题发表演讲。担任中国仲裁法学研究会会员及中国仲裁论坛研究院（CNARB）首批青年会员。毕业于厦门大学，获得法律硕士学位，同时拥有工商管理学士学位，以及法国里昂第三大学（Universite Jean Moulin Lyon 3）颁发的 Le Diplome D'Universite SELF 证书。

《中国商事调解年度观察》

费　宁

北京汇仲律师事务所执行合伙人。擅长商事诉讼、仲裁、调解法律实务，现为中国国际经济贸易仲裁委员会（CIETAC）、深圳国际仲裁院（SCIA）、国际商会仲裁院（ICC）、香港国际仲裁中心（HKIAC）以及新加坡国际仲裁中心（SIAC）的仲裁员。SCIA 专家咨询委员会成员、HKIAC 理事会成员，HKIAC 理事会吸纳的首位内地人士。

曾先后在包括最高人民法院在内的中国各级法院以及国内外各大仲裁、调解机构进行的数百起诉讼案件、商事仲裁、调解中代理过中外客户。亦曾作为仲裁员和法律顾问参与过在香港国际仲裁中心、新加坡国际仲裁中心、斯德哥尔摩商会仲裁院和伦敦国际仲裁院审理的仲裁案件。

自2006年以来，被钱伯斯评为中国仲裁和广义争议解决领域中的第一等律师。钱伯斯对费宁律师的评语是："经验丰富的诉讼律师，其高超的专业水准令人钦佩。费宁律师擅长于提供高效的、明智的商业建议。"

蒋 弘

北京汇仲律师事务所合伙人，曾担任中国国际经济贸易仲裁委员会上海分会副秘书长，中国海事仲裁委员会上海分会秘书长。

在仲裁、调解领域工作、研究、实践20年，拥有丰富仲裁、调解经验，精通相关法律和规则，处理过大量国际贸易、金融、房地产、建筑工程、投资和海事海商仲裁、调解案件，对疑难复杂案件富有经验。

目前是中国国际经济贸易仲裁委员会、中国海事仲裁委员会、香港国际仲裁中心、海峡两岸仲裁中心、中国国际经济贸易仲裁委员会网上争议解决中心、青岛仲裁委员会、海南仲裁委员会、宁波仲裁委员会、南京仲裁委员会在册仲裁员，英国皇家特许仲裁员协会（CIArb）会员。

刘 京

北京汇仲律师事务所高级顾问。加入汇仲之前的九年间，担任香港国际仲裁中心（HKIAC）副秘书长。在此之前，曾在海问律师事务所和富而德律师事务所（Freshfields Bruckhaus Deringer）从业多年，并曾在中国国际经济贸易仲裁委员会（CIETAC）秘书处任职。

熟悉境内外国际仲裁、调解程序，既有律师代理经验，也具境内外仲裁机构从业经验。

目前是香港国际仲裁中心（HKIAC）委任委员会成员，中国国际经济贸易仲裁委员会（CIETAC）、上海国际仲裁中心（SHIAC）和深圳国际仲裁院（SCIA）的在册仲裁员。

《中国建设工程争议解决年度观察》

周显峰

君合律师事务所基础设施与项目融资组合伙人，现在北京总部执业。此前，曾先后在中国与日本领先建筑承包商组建联营体从事合约管理工作，在中国知名律师事务所从事境内外基础设施与工程法律业务，并作为联合创始人组建合森律师事务所暨英国品诚梅森与合森中国项目与工程律师联盟。拥有工程与法律复合背景，是我国首位工程法律研究方向博士，拥有中国国家一级建造师、英国皇家特许测量师学会会员(MRICS)、英国皇家特许建造学会会员(MCIOB)等头衔。曾任清华大学国际工程项目管理研究院特聘教授，现为建设法律协会（中国）副主席、天津大学—何伯森国际工程管理教育发展基金会理事、中国国际经济贸易仲裁委员会仲裁员。在大型公共建筑、工业生产线、能源与基础设施等工程建设领域拥有丰富经验，擅长于国内外大型能源与基础设施项目全过程风险管理，在 EPC 总承包、索赔与反索赔、工程保险与保函、争议解决等领域，为当事人提供“国际化品质、中国式服务”。连续入选《钱伯斯亚太法律指南》（Chambers and Partners）“项目与基础设施”和“建筑工程”律师名录，以及《法律名人录》（Who's who legal）“建设工程”律师名录。

郑艳丽

君合师事务所合伙人，专长于处理各种复杂的境内外民商事争议、公司合规、行政调查和诉讼，以及白领犯罪案件的辩护。

加入君合之前，曾在北京市第一中级人民法院工作九年，积累了丰富的民商事审判经验；其后，先后在美国众达律师事务所北京代表处、汉坤律师事务所工作共九年。现为中国国际经济贸易仲裁委员会仲裁员、中国人民大学兼职研究生导师、全美律师协会（ABA）中国法律委员会执行理事等。

曾获法院三等功两次、“北京市法院学术讨论先进个人”称号三次，并获得“ALB2017 年度中国十五佳诉讼律师”称号。于中国政法大学获法学学士学位，北京大学获民商法硕士、博士学位，并于英国伦敦大学获国际比较法硕学位。

《中国房地产争议解决年度观察》

赵　平

北京金诚同达（上海）律师事务所高级合伙人，拥有二十多年从业经历，主要从事争议解决法律服务，在金融、投资、房地产等纠纷处理方面具有丰富经验。目前担任中国贸仲、北仲、海仲、上仲、香港国际仲裁中心、吉隆坡区域仲裁中心仲裁员，以及广州、武汉、青岛、重庆、海南、深圳、哈尔滨、威海、宁波、廊坊、南京等地仲裁机构仲裁员。

马志成

北京金诚同达律师事务所高级合伙人，主要提供房地产开发、投资、并购等领域的法律服务，参与了大量房地产开发和房地产金融业务的争议解决，对房地产金融领域的争议特性、交易逻辑、法律监管、裁决价值导向等都有一定的研究。

夏明亮

北京金诚同达（上海）律师事务所高级合伙人，在争议解决、房地产、金融证券、并购重组等领域积累了丰富的经验，多次担任房地产纠纷案件代理人处理相关案件，目前担任南京仲裁委员会、青岛仲裁委员会和长沙仲裁委员会仲裁员。

陈　锐

北京金诚同达（上海）律师事务所合伙人，主要从事公司设立与合规、房地产与基础设施建设等领域的法律服务，上海市律师协会建设工程业务研究委员会委员，常设中国建设工程法律论坛观察员。

《中国能源争议解决年度观察》

张伟华

跨境并购专家，具有丰富的海外投资并购经验。现任香港上市公司联合能源集团副总经理兼总法律顾问，曾任中国海洋石油总公司法律部项目管理处处长，负责管理中海油集团重大项目的法律风险。参与过包括中国企业对外最大油气并购交易及诸多世界级的跨境并购交易。在跨境并购实务及理论研究方面均有深度涉及，被国务院国资委特聘为“海外并购法律专家”，2015 年入选 Legal 500 亚太地区最佳公司律师，2017 年入选 Legal 500 中国大陆及香港地区最佳总法律顾问，2017 年入选汤姆森路透 ALB 中国最佳总法律顾问，国际石油者谈判协会（AIPN）中国区执委会成员、AIPN 标准合同起草委员会委员。受聘为北京外国语大学法学院客座教授、中国人民大学法治研究所研究员，并被多家研究机构聘为教授及研究员。著有海外并购专著：《海外并购交易全程实务指南与案例评析》《并购大时代：资本的谋略与实战》《跨境并购交易的十堂必修课》及《跨境并购交易的十堂进阶课》。合著有英文著作：*Joint Operating Agreements; Challenges and Concerns from Civil Law Jurisdictions; Understanding Joint Operating Agreements; Local content study in international petroleum industry*，曾发表多篇中、英文理论及实务文章。

《中国投资争议解决年度观察》

鲍　治

北京市奋迅律师事务所合伙人，主要业务领域为投资、与投资有关的争议解决以及竞争法业务。

加入奋迅之前，曾先后在中华人民共和国商务部和另外一家中国律师事务所工作多年。专攻与投资相关的法律业务。凭借其在政府监管及争议解决的一线经验，能将境外复杂交易架构转化为具有可执行性的境内结构。参与设计的交易结构曾多次获得不同地域的监管部门和争议解决机构的批准或支持。

北京仲裁委员会仲裁员。此外，还分别担任中国股权投资基金协会法律顾问和中泰信托有限责任公司独立董事。拥有安徽大学法学学士学位，华东政法大学民商法学硕士学位和美国加州大学伯克利分校法学院法学硕士学位，能熟练使用中英文从事律师工作。

张儒平（Paul Teo）

贝克・麦坚时律师事务所合伙人，贝克・麦坚时律师事务所大中华区仲裁领域主要负责人。执业领域侧重于公司及商业交易、能源、矿产资源、基础设施建设、离岸和海商海事以及电信领域相关的仲裁。

在代理仲裁、诉讼、替代性争议解决（包括谈判、调解、调解后仲裁）、亚洲和欧洲的诉讼程序方面有二十多年经验。曾为中国、蒙古、菲律宾、越南、泰国、马来西亚、新加坡、印尼、印度和孟加拉国的许多大型案件提供法律意见或代理诉讼。此外，对波斯湾地区、中亚、非洲和拉丁美洲的项目纠纷代理也有丰富的经验。

李海峰

北京市奋迅律师事务所顾问。已为逾百家国内外公司提供过顾问和争议代理服务，客户包括 LG、GE、中化集团、汇丰银行、施耐德、西门子、路易达孚、空气化工等众多中外知名企业。

处理过的仲裁案件涉及全球主要的国际仲裁机构，如 ICC 国际仲裁院、香港国际仲裁中心、新加坡国际仲裁中心、中国国际经济贸易仲裁委员会、北京仲裁委员会/北京国际仲裁中心等。诉讼经历也已涵盖各主要省份法院和最高法院。还曾应中国法院邀请担任专家证人。加入奋迅之前，曾在中国化工农化总公司（CNAC）担任总法律顾问，在环球律师事务所担任律师，并在中国贸促会（贸仲的上级主管机关）、国际商会中国国家委员会（ICC CHINA）工作十余年，先后担任贸促会处长、ICC CHINA 副秘书长等职，与企业界、政府部门和国际机构建立了广泛而紧密的联系。

王泽坤

北京市奋迅律师事务所律师，主要执业领域包括结构融资、保险资金投资以及争议解决业务等，曾参与多种类型的证券化、债务融资、保险资金投资及相关投资争议项目。拥有南京大学法学学士及法学硕士学位，能使用中英文从事律师工作。

《中国国际贸易争议解决年度观察》

刘　炯

锦天城律师事务所高级合伙人，毕业于复旦大学，获法学硕士学位，现任多家国内外仲裁机构的仲裁员和调解员，ICC China 争议解决委员会委员，英国特许仲裁协会资深会员 (FCIArb)。曾代表诸多国内外客户处理过近百件诉讼与仲裁案件，在上海高院、江苏高院、广东高院、贸仲、上海国际仲裁中心等各级法院和仲裁机构均有优异的出庭表现，并取得了令人满意的结果。曾受中国法学会邀请，就外商投资企业的纠纷解决与清算等问题，与最高院法官联席授课。

自执业以来，在业界屡获殊荣，曾被评为“ALB2017年度中国十五佳诉讼律师”“ALB2016年度中国十五佳律师新星”“全国涉外律师领军人才”与“2007年度上海市浦东新区十大杰出青年律师”。

汤旻利

锦天城律师事务所律师，专业领域为国际仲裁、国际贸易、海事海商，拥有中国及美国纽约州律师执业资格。自执业以来，在各类国际、国内的诉讼及仲裁案件中为海内外客户提供法律服务，亦为海外客户出具中国法法律意见书。处理的案件涉及国际商会（ICC）仲裁、伦敦海事仲裁员协会（LMAA）仲裁、中国国际经济贸易仲裁委员会（CIETAC）仲裁，中国海事仲裁委员会（CMAC）仲裁、英国高院、英国上诉法院与中国法院诉讼等。

继在上海交通大学及美国威斯康星大学获得双硕士学位后，现于英国伦敦城市大学带职进修法学博士学位，2016年6月至2018年3月期间为St. Philips Stone大律师事务所伦敦办公室的客座律师。拥有丰富的海外背景，与当地的出庭律师、事务所律师、法务及法学教授均保持着良好的合作关系。

《中国金融争议解决年度观察》

陶修明

君泽君律师事务所创始合伙人暨管委会主任，拥有近三十年的从业经历，主要从事金融和资本市场方面的法律服务，在金融投资业务纠纷仲裁处理方面具有丰富经验。目前是中国国际经济贸易仲裁委员会仲裁员（兼专家咨询委员会委员），北京仲裁委员会/北京国际仲裁中心仲裁员，ICC仲裁委员会委员（兼金融工作小组委员），香港国际仲裁中心仲裁员（及其金融争议仲裁员），上海国际经济贸易仲裁委员会仲裁员，台湾地区“中华仲裁协会”仲裁员，海峡两岸仲裁中心仲裁员，吉隆坡国际仲裁中心仲裁员以及广州、重庆、珠海等地仲裁机构仲裁员。

张　红

君泽君律师事务所合伙人，主要业务领域为金融衍生品、银行国际业务、资产管理业务和金融争议解决。参与了银行间市场金融衍生产品交易主协议及其配套文件、银行间市场债券回购交易主协议、证券市场金融衍生品交易主协议及相关定义文件的起草，并经常性地向各类金融机构提供衍生交易咨询，审查衍生交易文本，出具法律意见以及处理衍生交易纠纷。于南京大学取得法学学士和法学硕士学位。

张晨歌

君泽君律师事务所律师，主要从事金融衍生品业务及资产管理业务的法律服务工作。参与境内多家知名银行、证券公司及大型国企进行衍生品交易主协议、补充协议及信用支持文件的修订、审查、谈判等工作，参与境内银行、证券公司、保险资产管理机构、私募基金公司的资产管理产品相关合同的修订、审查、谈判等工作。于对外经济贸易大学法学院取得法律硕士学位。

邓　纯

君泽君律师事务所律师，主要业务领域为金融市场、投资和争议解决，代理国有大型保险公司、投资公司、商业银行等参与仲裁、诉讼案件审理，并为多家外资银行、资产管理公司提供法律咨询意见。加入君泽君之前，曾在中国国际经济贸易仲裁委员会（CIETAC）担任案件管理人多年。于吉林大学取得法学学士学位，于瑞典隆德大学取得法学硕士学位。

《中国知识产权争议解决年度观察》

胡　科

竞天公诚律师事务所合伙人。执业领域为商事和知识产权争议的诉讼和仲裁。

代表国内外客户处理了 100 多起重大、复杂的国内或涉外诉讼案件，主要涉及公司、股权、合资、金融、贸易、能源、知识产权以及不正当竞争等纠纷。在商事仲裁方面，代表客户处理过在 BAC、CIETAC、HKIAC、ICC、SIAC、SCC 规则下进行的仲裁案件，并且擅长外国仲裁裁决在中国的承认和执行。

2017 年，被《法律名人录》评选为“国际仲裁未来领袖”（中国大陆仅五人），并在知识产权诉讼领域得到 Legal 500 的推荐。

北京大学法学学士、加州大学伯克利分校法学硕士，并具有中国和美国纽约州执业资格。目前，是 ICCA- 清华大学中国仲裁联合工作组成员、SIAC 仲裁咨议理事会理事、YSIAC 领导委员会委员、中国青年仲裁小组（CYAG）组委会委员以及 IBA 及其诉讼、仲裁、知识产权专业委员会会员。

《中国影视争议解决年度观察》

张　峥

北京市高朋律师事务所创始合伙人，拥有 20 年以上的从业经历，主要从事公司法业务及文化产业相关业务。张峥律师现任北京市律师行业党委委员、北京市律师协会副会长，中国仲裁法学研究会常务理事，北京市影视娱乐法学会副会长，中国国际经济贸易仲裁委员会、北京仲裁委员会 / 北京国际仲裁中心、上海国际经济贸易仲裁委员会、上海仲裁委员会等多家仲裁机构仲裁员，中国人民大学、中国传媒大学、北京理工大学、首都经济贸易大学法学院兼职教授、硕士研究生导师，中国政法大学仲裁研究院研究员。

刘　鹏

北京市高朋律师事务所合伙人，吉林大学法学院法学学士、山东大学法学院民商法学硕士，2009 年 6 月起在北京市高朋律师事务所工作，主要从事公司法及民商事诉讼、仲裁业务，涉及公司商务运营及投资、文化教育产业、烟草行业以及资本市场运作等领域，并为十余家大型国有企业提供常年法律顾问服务。

刘玉枝

北京市高朋律师事务所律师，吉林大学法学院法律硕士，2017 年 10 月起在北京市高朋律师事务所工作，主要从事公司法及民商事诉讼、仲裁业务以及公司常年法律顾问业务。

《中国民用航空争议解决年度观察》

高　峰

国浩律师（北京）事务所合伙人，从事民航法律工作二十三年，目前是北京仲裁委员会 / 北京国际仲裁中心仲裁员，中国国际经济贸易仲裁委员会仲裁员，上海国际经济贸易仲裁委员会仲裁员，上海仲裁委员会仲裁员，中国法学会航空法学研究会常务理事，中国政法大学航空法研究中心研究员，中国民航管理干部学院客座教授，中国民航大学客座教授。高峰律师的法律服务建立在对民航业的深刻了解和对航空法的专长之上，其拥有与民用航空业界的紧密联系，以与政府主管部门良好的合作关系为依托，以民用航空业务的专业法律为保障，在民航商业交易、政府事务、飞机租赁及航空争议解决等相关领域向境内外航空客户提供专业化服务。

金　喆

国浩律师（北京）事务所合伙人，中国人民大学法律硕士，曾任航联保险经纪有限公司法务内控部负责人，有十三年的民航从业经历，充分了解航空公司、通用航空、公务机、民航机场、航空维修企业、航空制造企业的业务运行和法律风险防范，擅长飞机租赁 / 买卖、航空重大事故处理、航空并购、航空公司代码共享、航空维修 / 改装等法律专业服务。

中国商事仲裁年度观察（2018）

王雪华　邢　媛[①]　张　志　胡　宪[②]

一、概述

中国的仲裁事业已进入快速发展阶段。自《中华人民共和国仲裁法》（以下简称《仲裁法》）颁布实施以来，尤其是《最高人民法院关于适用〈中华人民共和国仲裁法〉若干问题的解释》（以下简称《仲裁法解释》）实施以来，中国的仲裁事业取得了不俗的成绩。根据国务院法制办2017年统计的数据，截至2016年我国仲裁机构的受案量已连续22年保持增长，年均增长率超30%，最高时达68%。总体来说，受理案件总数、标的总额、调解和解率与涉外案件数量近年来均有显著提高，被人民法院裁定撤销和不予执行案件的占比则有所降低[③]。2017年，这一趋势也较为明显。

总体来说，2017年，在法律法规、制度建设、理论研究和实践探索方面，我国的仲裁事业取得了跨越式发展。这表现在：仲裁法律制度进一步完善，仲裁实

---

① 王雪华，法学博士，北京市环中律师事务所首席合伙人。邢媛，北京市环中律师事务所合伙人。同时，感谢北京市环中律师事务所国际贸易及争议解决律师团队（"环中团队"）的其他成员，包括李海涛律师、谢小松律师、陈晓锋律师助理、张甜律师助理为本报告做出的卓有成效的贡献。环中团队撰写了本文除"热点问题观察"中的"第三方资助在中国的发展"以外的其他部分。

② 张志，鼎颂商事争议解决支持平台创始人，万商天勤律师事务所创始合伙人、管委会主任。胡宪，鼎颂商事争议解决支持平台首席研究员、投资经理，同时担任法律资本研究院（深圳）执行院长。张志律师与胡宪先生撰写了本文热点问题观察中的"第三方资助在中国的发展"部分。

③ 法制网："全国仲裁年受案量首次突破20万件"，载 http://www.legaldaily.com.cn/Arbitration/content/2017-05/05/content_7137563.htm?node=79488，访问时间：2018年1月25日。

践的司法环境更加友好，争议解决机制（包括仲裁）的建设取得了新成果，我国仲裁机构也纷纷进行新尝试、新探索，向国际化、多元化迈进。此外，国际投资仲裁在我国受到空前关注，理论研究呈现繁荣景象，实践探索更是稳步推进。

第一，在仲裁法律制度建设方面，虽然我国仍未全面修订《仲裁法》，但最高人民法院（以下简称最高院）坚持支持仲裁的司法理念，通过总结近年来我国仲裁司法审查实践中的经验，参考域外先进立法，相继出台了一系列司法解释和司法文件，确立了仲裁司法审查案件的归口办理和报核制度，进一步规定了与仲裁司法审查相关的法律问题，在一定程度上弥补了《仲裁法》及其司法解释的不足。各级法院也相继出台了相关的规定或指南，积极贯彻司法支持仲裁的理念，为仲裁司法审查提供进一步指引。这些司法解释及司法文件的颁布和实施为我国仲裁事业的不断发展提供了法律和制度保障。

第二，在仲裁司法审查实践方面，人民法院对仲裁的支持力度越来越大，中国仲裁实践的司法环境更加友好。从前述数据可以看出，人民法院撤销和不予执行仲裁裁决的比例逐年下降，人民法院对待撤销和不予执行仲裁裁决的态度极为谨慎，仲裁的公信力稳步提升。在确认仲裁协议效力方面，人民法院也尽可能地尊重当事人选择仲裁的意思表示，尽量确保仲裁协议的有效性。这些均有益于我国仲裁事业的进一步稳步发展。

第三，在争议解决机制和机构建设层面，我国取得了新成果。自2013年“一带一路”倡议提出以来，我国与沿线国家在基础设施、能源、贸易、投资、金融等方面都展开了深入合作。为妥善解决“一带一路”在实施过程中现有的或将来可能发生的争议，我国积极探索“一带一路”国际争端解决机制和机构的建立。其中，筹备建立的国际争端预防与解决中心，将为“一带一路”商贸争议和投资争端提供包括调解、仲裁在内的多元化争议解决服务。

第四，中国仲裁机构纷纷进行新尝试、新探索，向国际化、多元化迈进。以石家庄仲裁委员会为代表的仲裁机构对其仲裁规则进行了修订，引入了较为先进的仲裁理念和制度。广州仲裁委员会和珠海仲裁委员会均在临时仲裁方面进行了新的探索和尝试。深圳国际仲裁院与深圳仲裁委员会合并组建深圳国际仲裁院（深圳仲裁委员会），并实行市场化的用人机制和企业财务制度。针对近年来广受关注的PPP（Public-Private Partnership，即政府和社会资本合作）争议解决，中国国际经济贸易仲裁委员会（以下简称贸仲）成立了“政府与社会资本合作（PPP）仲裁中心”，武汉仲裁委员会成立了“一带一路（中国）仲裁院PPP仲裁中心”，北京仲裁委员会/北京国际仲裁中心（以下简称北仲）成立了“PPP研究中心”。

第五，投资仲裁在我国受到空前关注。理论研究方面，以中国企业和中国政府参与的投资仲裁为契机，与投资仲裁相关的研讨会鳞次栉比、相继举办。实践方面，继深圳国际仲裁院2016年新版仲裁规则将投资仲裁案件纳入受案范围之后，贸仲也于2017年公布了《中国国际经济贸易仲裁委员会国际投资争端仲裁规则（试行）》（以下简称《贸仲投资仲裁规则（试行）》），填补了我国国际投资仲裁领域自主制定仲裁规则的空白。

第六，在仲裁第三方资助方面，从仲裁理论界到实务界，从仲裁机构到第三方资助者，都在不断积极地从不同层面对第三方资助进行深入探索，并尝试在制度和规则层面一定程度上作出突破。第三方资助的相关机构更是在不断扩张并稳步推进市场开拓，投资案件数量和标的额不断增加，引起了广泛关注。

二、新仲裁法律法规、其他规范性文件及仲裁规则述评

（一）《仲裁法》对仲裁员资格的限制更加严格

2017年9月1日，第十二届全国人民代表大会常务委员会第二十九次会议通过了《全国人民代表大会常务委员会关于修改〈中华人民共和国法官法〉等八部法律的决定》，自2018年1月1日起施行。[①] 根据该决定，《仲裁法》第13条第2款第1项由“从事仲裁工作满八年的”修改为“通过国家统一法律职业资格考试取得法律职业资格，从事仲裁工作满八年的”，第3项由“曾任审判员满八年的”修改为“曾任法官满八年的”。

《仲裁法》的本次修改仅对仲裁员资格进行了调整。根据修改后的标准，法律实务类的仲裁员（包括从事仲裁、律师、法官工作的仲裁员）均须通过国家统一法律职业资格考试。“仲裁的好坏取决于仲裁员的好坏”是国际仲裁领域的经典格言。仲裁员的素养和业务水平在一定程度上影响着仲裁制度的公信力。我国仲裁员队伍建设虽然取得了长足的进步，但良莠不齐的现象仍然存在，落后于我国仲

---

① 全国人大网：“全国人民代表大会常务委员会关于修改《中华人民共和国法官法》等八部法律的决定”，载http://www.npc.gov.cn/npc/xinwen/2017-09/01/content_2027925.htm，访问时间：2018年1月23日。

裁制度的整体发展步伐，这种现象的出现与《仲裁法》第 13 条第 2 款第 1 项的规定过于笼统不无关联。本次修改，使得仲裁机构选聘仲裁员的条件更为严格，对于建设一支优良的仲裁员队伍不无裨益，但仍未能解决我国仲裁员制度现存的诸多疑问。例如，根据《仲裁法》第 67 条有关“涉外仲裁委员会可以从具有法律、经济贸易、科学技术等专门知识的外籍人士中聘任仲裁员”的规定，目前国内涉外仲裁机构均聘任了许多外籍仲裁员。然而，《仲裁法》第 13 条第 2 款并未对外籍仲裁员选聘资格作任何规定。另外，我国各主要仲裁机构在其仲裁规则中基本都采纳了名册外仲裁员制度。对于名册外仲裁员，《仲裁法》亦缺乏相应的规范。

总体而言，《仲裁法》的本次修改仅涉及仲裁员资格的调整，旨在进一步规范法律职业资格制度，响应正在进行的司法改革。由于并未涉及我国仲裁制度中的诸多深层次问题，因此本次修改并非我们所期待的真正、全面的对《仲裁法》的修改。

此外，值得注意的是，基于 2016 年 12 月 30 日发布的《最高人民法院关于为自由贸易试验区建设提供司法保障的意见》（以下简称司法保障意见）第 9 条之规定，“在自贸试验区内注册的企业相互之间约定在内地特定地点、按照特定仲裁规则、由特定人员对有关争议进行仲裁的，可以认定该仲裁协议有效”，我国正尝试在自贸区推进临时仲裁（又称特定仲裁）司法实践。但“特定人员”应符合何种标准，仍未有定论，是否应符合《仲裁法》第 13 条规定的仲裁员的标准，亦存在争论。显然，对《仲裁法》第 13 条的这一修改，对于“特定人员”标准的确定，亦具有一定的指导意义。

（二）关于中国仲裁司法审查制度的最新司法解释及文件

1.《最高人民法院关于仲裁司法审查案件归口办理有关问题的通知》

2017 年 5 月 22 日，最高院出台了《最高人民法院关于仲裁司法审查案件归口办理有关问题的通知》（法〔2017〕152 号）（以下简称《归口办理通知》）。[①]《归口办理通知》旨在解决实践中存在的仲裁司法审查多头管理的问题，有利于各级人民法院统一司法审查标准、提升法官审理相关案件的专业水平。

① 最高院观察（Supreme People's Court Monitor），“Supreme People's Court strengthens judicial review of arbitration”，载 https://supremepeoplescourtmonitor.com/2017/11/09/supreme-peoples-court-strengthens-judicial-review-of-arbitration/，访问时间：2018 年 1 月 17 日。

该通知的主要内容包括：（1）各级人民法院审理涉外商事案件的审判庭（合议庭）作为专门业务庭负责办理仲裁司法审查案件。（2）仲裁司法审查案件，由各级人民法院专门业务庭办理。专门业务庭经审查裁定认可和执行香港特别行政区、澳门特别行政区、台湾地区仲裁裁决，承认和执行外国仲裁裁决的，交由执行部门执行。（3）一审法院作出的不予受理、驳回起诉、管辖权异议裁定涉及仲裁协议效力的，当事人不服该裁定提起上诉的案件，由二审人民法院专门业务庭办理。（4）各级人民法院应当建立仲裁司法审查案件的数据信息集中管理平台，加强对仲裁司法审查案件的信息化管理和数据分析，此项工作由最高院民事审判第四庭与人民法院信息技术服务中心具体负责。

2.《最高人民法院关于仲裁司法审查案件报核问题的有关规定》

2017 年 12 月 26 日，最高院公布了《最高人民法院关于仲裁司法审查案件报核问题的有关规定》（法释〔2017〕21 号）（以下简称《报核规定》）。

《报核规定》出台之前，在我国内地仲裁机构审理的涉外及涉港澳台仲裁事项中，如果中级人民法院认为仲裁协议无效的，或作出的仲裁裁决应予撤销、重新仲裁或不予执行的，或认为外国仲裁裁决应予拒绝承认和执行的，应当报本辖区高级人民法院审查，本辖区高级人民法院审查同意的，应报最高院进行请示（以下简称内请制度）。但内请制度的依据是法院系统内部的通知文件[①]，在实践中的透明度和规范性相对较低。并且，内请制度并不适用于国内仲裁事项（包括非涉外和非涉港澳台仲裁案件）。国内仲裁事项中，是否需要上报由各省份自行规定，并未统一。例如，北京市高级人民法院于 2013 年 4 月 2 日发布的《北京市高级人民法院关于对撤销国内商事仲裁裁决案件进行上报审查的通知》，要求受理撤销国内商事仲裁裁决申请的人民法院如认为应予撤销或者应通知仲裁庭重新仲裁的，须报请北京市高级人民法院进行审查。随着我国各地仲裁机构以及仲裁案件的增多，各地法院在审理非涉外涉港澳台仲裁司法审查案件时的裁判尺度差距较大，裁判

---

① 1995 年 8 月 28 日，为遏止地方保护主义对仲裁司法审查的不当干扰，最高院以涉外涉港澳台仲裁领域为突破口，发布了《最高人民法院关于人民法院处理与涉外仲裁及外国仲裁事项有关问题的通知》（法发〔1995〕18 号），决定对人民法院受理具有仲裁协议的涉外经济纠纷案、不予执行涉外仲裁裁决以及拒绝承认和执行外国仲裁裁决等问题建立报告制度（即内请制度）。1998 年 4 月 23 日，最高院发布了《最高人民法院关于人民法院撤销涉外仲裁裁决有关事项的通知》（法〔1998〕40 号），进一步将涉外仲裁裁决的撤销和重新仲裁纳入内请制度的适用范围。

标准亟待统一[①]。在这一背景下，《报核规定》应运而生。

《报核规定》以司法解释的形式将内请制度升级为报核制度，并将该制度扩大适用于非涉外涉港澳台仲裁司法审查案件中。主要包括：第一，《报核规定》第2条第1款重申了针对涉外涉港澳台仲裁司法审查案件的报告制度[②]。第二，根据《报核规定》第2条第2款的规定，人民法院在对非涉外涉港澳台仲裁司法审查案件作出否定性裁定前，应报本辖区高级人民法院审核[③]。并且，根据《报核规定》第3条的规定，在当事人住所地跨省级行政区域或请求理由为违背社会公共利益这两种情形时，应层报最高院审核[④]。第三，根据《报核规定》第7条的规定，在民事诉讼案件中，对于人民法院因涉及仲裁协议效力而作出的不予受理、驳回起诉、管辖权异议的裁定，当事人不服提起上诉，第二审人民法院经审查拟认定仲裁协议不成立、无效、失效、内容不明确无法执行的，同样应当按照《报核规定》第2条的规定逐级报核[⑤]。

《报核规定》明确了纯国内仲裁中最高院或者高级人民法院对仲裁司法审查案

---

① 2013年4月2日，北京市高级人民法院发布的《北京市高级人民法院关于对撤销国内商事仲裁裁决案件进行上报审查的通知（试行）》（京高法发〔2013〕96号）借鉴上述两通知的做法，明确对北京市法院撤销国内商事仲裁裁决实行内请制度，即北京地区的中级人民法院如果认为应当撤销纯国内仲裁裁决或通知重新仲裁，应当事先报请北京市高级人民法院审查。

② 《报核规定》第2条第1款规定："各中级人民法院或者专门人民法院办理涉外涉港澳台仲裁司法审查案件，经审查拟认定仲裁协议无效，不予执行或者撤销我国内地仲裁机构的仲裁裁决，不予认可和执行香港特别行政区、澳门特别行政区、台湾地区仲裁裁决，不予承认和执行外国仲裁裁决，应当向本辖区所属高级人民法院报核；高级人民法院经审查拟同意的，应当向最高人民法院报核。待最高人民法院审核后，方可依最高人民法院的审核意见作出裁定。"

③ 《报核规定》第2条第2款规定："各中级人民法院或者专门人民法院办理非涉外涉港澳台仲裁司法审查案件，经审查拟认定仲裁协议无效，不予执行或者撤销我国内地仲裁机构的仲裁裁决，应当向本辖区所属高级人民法院报核；待高级人民法院审核后，方可依高级人民法院的审核意见作出裁定。"

④ 《报核规定》第3条规定："本规定第二条第二款规定的非涉外涉港澳台仲裁司法审查案件，高级人民法院经审查拟同意中级人民法院或者专门人民法院认定仲裁协议无效，不予执行或者撤销我国内地仲裁机构的仲裁裁决，在下列情形下，应当向最高人民法院报核，待最高人民法院审核后，方可依最高人民法院的审核意见作出裁定：（一）仲裁司法审查案件当事人住所地跨省级行政区域；（二）以违背社会公共利益为由不予执行或者撤销我国内地仲裁机构的仲裁裁决。"

⑤ 《报核规定》第7条规定："在民事诉讼案件中，对于人民法院因涉及仲裁协议效力而作出的不予受理、驳回起诉、管辖权异议的裁定，当事人不服提起上诉，第二审人民法院经审查拟认定仲裁协议不成立、无效、失效、内容不明确无法执行的，须按照本规定第二条的规定逐级报核，待上级人民法院审核后，方可依上级人民法院的审核意见作出裁定。"

件的审核权，尤其将违反社会公共利益事由的认定权限收归最高院，有助于我国仲裁司法审查裁判标准的统一，以减少地方保护主义及行政干预，提高仲裁制度公信力，增加制度的规范性和透明度，同时也可使人民法院在此后作出否定性裁定时更为审慎，体现了最高院进一步加大支持仲裁力度的立场。

但是，《报核规定》也存在一些不足之处。首先，《报核规定》仍然建立在"内外有别"的基础上。从《报核规定》的具体内容来看，涉外涉港澳台案件需要全部上报至最高院，而对于非涉外涉港澳台案件则只有在两种特殊情况下需要上报至最高院，在大多数情况下只需要上报至高级人民法院。可见，《报核规定》建立的仍然是一种"双轨制"的审核模式，并未做到真正意义上的"并轨"。尽管目前我国对纯国内裁决和涉外裁决、外国裁决采用的司法审查标准有所不同，但这种实体差别是否足以导致报核制度上的差异，有待商榷。其次，《报核规定》仍缺少对高级人民法院和 / 或最高院审核期限的具体规定。通常而言，法律程序都有一定的期限，但《报核规定》对高级人民法院和 / 或最高院审核下级人民法院上报案件的期限并无规定，这点与之前的内请制度相比并无改善。由于欠缺期限的约束，报核制度在实践中仍可能出现低效率的问题，导致仲裁裁决的执行出现拖延，有损仲裁制度的效益价值。

3.《最高人民法院关于审理仲裁司法审查案件若干问题的规定》

2017 年 12 月 26 日，最高院公布了《最高人民法院关于审理仲裁司法审查案件若干问题的规定》（法释〔2017〕22 号）（以下简称《司法审查规定》）。《司法审查规定》是最高院专门就仲裁司法审查案件发布的综合性的司法解释。

与《仲裁法解释》相比，《司法审查规定》明确了仲裁司法审查案件的类型，且增设"其他仲裁司法审查案件"这一类别[①]，并统一了国内和涉外仲裁中审理仲裁协议效力案件的管辖法院[②]。除此之外，《司法审查规定》还新增了一些重要规

① 《司法审查规定》第 1 条规定："本规定所称仲裁司法审查案件，包括下列案件：（一）申请确认仲裁协议效力案件；（二）申请执行我国内地仲裁机构的仲裁裁决案件；（三）申请撤销我国内地仲裁机构的仲裁裁决案件；（四）申请认可和执行香港特别行政区、澳门特别行政区、台湾地区仲裁裁决案件；（五）申请承认和执行外国仲裁裁决案件；（六）其他仲裁司法审查案件。"

② 《司法审查规定》第 2 条规定："申请确认仲裁协议效力的案件，由仲裁协议约定的仲裁机构所在地、仲裁协议签订地、申请人住所地、被申请人住所地的中级人民法院或者专门人民法院管辖。涉及海事海商纠纷仲裁协议效力的案件，由仲裁协议约定的仲裁机构所在地、仲裁协议签订地、申请人住所地、被申请人住所地的海事法院管辖；上述地点没有海事法院的，由就近的海事法院管辖。"

定，主要包括如下三项：

首先，明确了涉及境内关联案件的申请承认外国仲裁裁决的管辖问题。实践中，当事人向我国法院申请承认外国仲裁裁决的目的通常是在我国执行该裁决，因此申请承认和申请执行往往一并进行，此时根据我国《民事诉讼法》第 283 条的规定，“国外仲裁机构的裁决，需要中华人民共和国人民法院承认和执行的，应当由当事人直接向被执行人住所地或者其财产所在地的中级人民法院申请”。但是，在某些情况下，申请人申请承认某外国仲裁裁决并非为了在我国执行该裁决，而是出于其他目的，例如，为将该裁决作为证据向正在审理相关联案件的我国境内仲裁机构或法院提交。此时如何确定管辖，我国《民事诉讼法》及司法解释并未规定，因此《司法审查规定》第 3 条[①]专门对此进行了规定。

其次，进一步明确了仲裁协议的准据法。《中华人民共和国涉外民事关系法律适用法》第 18 条规定：“当事人可以协议选择仲裁协议适用的法律。当事人没有选择的，适用仲裁机构所在地法律或者仲裁地法律。”但是，在当事人没有选择仲裁协议的适用法律的情况下，如果适用仲裁机构所在地法律与适用仲裁地法律在认定仲裁协议效力时出现不同结果，应如何确定准据法？对此，《司法审查规定》第 14 条[②]借鉴《瑞士联邦国际私法》第 178（2）条[③]的规定，明确此时应适用确认仲裁协议有效的法律。

最后，明确了对相关司法审查裁定的救济途径。在此之前，关于相关司法审查裁定是否允许后续救济以及救济途径如何，法律和司法解释未有明确规定。例

---

① 该条规定：“外国仲裁裁决与人民法院审理的案件存在关联，被申请人住所地、被申请人财产所在地均不在我国内地，申请人申请承认外国仲裁裁决的，由受理关联案件的人民法院管辖。受理关联案件的人民法院为基层人民法院的，申请承认外国仲裁裁决的案件应当由该基层人民法院的上一级人民法院管辖。受理关联案件的人民法院是高级人民法院或者最高人民法院的，由上述法院决定自行审查或者指定中级人民法院审查。外国仲裁裁决与我国内地仲裁机构审理的案件存在关联，被申请人住所地、被申请人财产所在地均不在我国内地，申请人申请承认外国仲裁裁决的，由受理关联案件的仲裁机构所在地的中级人民法院管辖。”

② 该条规定：“人民法院根据《中华人民共和国涉外民事关系法律适用法》第十八条的规定，确定确认涉外仲裁协议效力适用的法律时，当事人没有选择适用的法律，适用仲裁机构所在地的法律与适用仲裁地的法律将对仲裁协议的效力作出不同认定的，人民法院应当适用确认仲裁协议有效的法律。”

③ 该条原文如下：“As to substance, the arbitration agreement shall be valid if it complies with the requirements of the law chosen by the parties or the law governing the object of the dispute and, in particular, the law applicable to the principal contract, or with Swiss law.”

如，关于法院在确认仲裁协议效力案件中作出的确认仲裁协议有效或无效的裁定能否上诉，由于法律和司法解释缺乏明确规定，各地法院在司法实践中存在两种截然不同的做法①。关于法院作出的撤销仲裁裁决或驳回撤销仲裁裁决申请的裁定是否允许后续救济的问题，最高院曾先后通过多个“批复”和“复函”明确此类裁定不得上诉②、不得再审（包括当事人申请再审③和法院通过院长监督程序自行启动再审④）、检察院不得抗诉⑤，但这些规定相对较为零散，有必要进行集中统一

① 从我们在裁判文书网检索到的案例来看，大部分法院均认为此种裁定当事人不可上诉，但也有少部分法院认为可以上诉，认为可以上诉的案例参见内蒙古自治区高级人民法院民事裁定书（2014）内民三终字第00006号、江西省高级人民法院民事裁定书（2015）赣立终字第52号等。

② 《最高人民法院关于人民法院裁定撤销仲裁裁决或驳回当事人申请后当事人能否上诉问题的批复》（法复〔1997〕5号）明确：“根据《中华人民共和国民事诉讼法》第一百四十条、第一百四十一条和《中华人民共和国仲裁法》第九条第二款规定，对人民法院依法作出的撤销仲裁裁决或驳回当事人申请的裁定，当事人无权上诉。人民法院依法裁定撤销仲裁裁决的，当事人可以根据双方重新达成的仲裁协议申请仲裁，也可以向人民法院起诉。”

③ 《最高人民法院关于当事人对人民法院撤销仲裁裁决的裁定不服申请再审人民法院是否受理问题的批复》（法释〔1999〕6号）明确：“根据《中华人民共和国仲裁法》第九条规定的精神，当事人对人民法院撤销仲裁裁决的裁定不服申请再审的，人民法院不予受理。”《最高人民法院关于对驳回申请撤销仲裁裁决的裁定能否申请再审问题的复函》（〔2003〕民立他字第71号）中明确：“当事人对人民法院驳回申请撤销仲裁裁决的裁定不服申请再审的，不属于申请再审案件受理范围，人民法院不予受理。”《最高人民法院关于当事人对驳回其申请撤销仲裁裁决的裁定不服而申请再审，人民法院不予受理问题的批复》再次明确：“根据《中华人民共和国仲裁法》第九条规定的精神，当事人对人民法院驳回其申请撤销仲裁裁决的裁定不服而申请再审的，人民法院不予受理。”

④ 《最高人民法院关于下级法院撤销仲裁裁决后又以院长监督程序提起再审应如何处理问题的复函》（〔2003〕民立他字第45号）明确：“黑龙江国祥房地产开发有限公司与黑龙江省九利建筑工程公司欠款纠纷一案，经哈尔滨市中级人民法院裁定撤销仲裁裁决后，当事人可以依据《中华人民共和国仲裁法》第九条的规定重新达成仲裁协议申请仲裁，也可以向人民法院提起诉讼。哈尔滨市中级人民法院不应以院长发现撤销仲裁裁决的裁定确有错误为由提起再审。已经再审的，你院应当通知该院予以纠正。”

⑤ 《最高人民法院关于人民检察院对不撤销仲裁裁决的民事裁定提出抗诉人民法院应否受理问题的批复》（法释〔2000〕46号）明确：“人民检察院对发生法律效力的不撤销仲裁裁决的民事裁定提出抗诉，没有法律依据，人民法院不予受理。”

的规定。为此，《司法审查规定》第7条第3款[①]、第8条[②]和第10条[③]分别明确允许当事人对法院作出的不予受理、驳回申请以及管辖权异议的裁定提出上诉[④]，同时《司法审查规定》第20条明确规定："人民法院在仲裁司法审查案件中作出的裁定，除不予受理、驳回申请、管辖权异议的裁定外，一经送达即发生法律效力。当事人申请复议、提出上诉或者申请再审的，人民法院不予受理，但法律和司法解释另有规定的除外。"也即除了不予受理、驳回申请和管辖权异议这三种裁定可以上诉之外，除非法律和司法解释另有规定，其他司法审查裁定项下当事人均无法提起上诉、申请再审、申请复议。

值得注意的是，《司法审查规定》第7条仅规定当事人申请再审的，人民法院不予受理，但并未明确人民法院是否可以根据《民事诉讼法》第198条的规定依职权启动再审（包括各级人民法院院长对本院已经发生法律效力的裁定发现确有错误的，以及最高院或上级人民法院对下级人民法院发生法律效力的裁定发现确有错误的情形）。如前所述，对于申请撤销仲裁裁决案件中已生效的裁定，最高院的批复和复函已经明确不允许法院通过院长监督程序自行启动再审，亦不允许检察院提起抗诉。尽管该等批复和复函仅禁止了法院院长通过监督程序自行启动再审，但从其精神来看，显然是对撤销仲裁裁决再审程序的完全否认，上级人民法院依职权提审或指令下级人民法院再审，应当也是不被允许的。但这一散见于批复、复函中的内容，并未统一规定于本次《司法审查规定》中，未能进一步予以明确，不失为一种遗憾。

---

① 该款规定："申请人对不予受理的裁定不服的，可以提起上诉。"

② 该条规定："人民法院立案后发现不符合受理条件的，裁定驳回申请。前款规定的裁定驳回申请的案件，申请人再次申请并符合受理条件的，人民法院应予受理。当事人对驳回申请的裁定不服的，可以提起上诉。"

③ 该条规定："人民法院受理仲裁司法审查案件后，被申请人对管辖权有异议的，应当自收到人民法院通知之日起十五日内提出。人民法院对被申请人提出的异议，应当审查并作出裁定。当事人对裁定不服的，可以提起上诉。"

④ 这与《民事诉讼法》第154条第2款规定的一般民事诉讼程序中可以上诉的三种裁定类型一致。最高院民四庭负责人在答记者问中也指出："虽然仲裁司法审查案件的审查程序不同于一般民事案件的普通程序，但就是否受理的裁定而言，应与普通程序给予同等对待。"参见"正确审理仲裁司法审查案件 促进仲裁健康发展——最高人民法院民四庭负责人就《最高人民法院关于仲裁司法审查案件报核问题的有关规定》《最高人民法院关于审理仲裁司法审查案件若干问题的规定》答记者问"，载 http://www.court.gov.cn/zixun-xiangqing-75882.html，访问时间：2018年1月26日。

除申请撤销仲裁裁决案件外，其他案件中，人民法院是否可依职权启动再审，并无明确规定。值得一提的是，2017 年最高院首次依据《民事诉讼法》第 198 条第 2 款规定对仲裁协议效力案件启动了审判监督程序，认定下级人民法院作出的一份关于仲裁协议效力案件的裁定确有错误，并指令下级人民法院再审[①]。从这一司法实践来判断，在申请确认仲裁协议效力案件中，人民法院有权依职权启动再审程序。在其他类型的仲裁司法审查案件中，法院是否有权依职权启动再审程序，仍有待于最高院的进一步明确。

另需指出的是，《司法审查规定》也确认了香港仲裁裁决与澳门、台湾的仲裁裁决一样，在内地均存在认可和执行两项程序，而不仅仅是《最高人民法院关于内地与香港特别行政区相互执行仲裁裁决的安排》中规定的执行程序。[②] 最高院曾先后于 1999 年、2007 年和 2015 年发布了《最高人民法院关于内地与香港特别行政区相互执行仲裁裁决的安排》（法释〔2000〕3 号）、《最高人民法院关于内地与澳门特别行政区相互认可和执行仲裁裁决的安排》（法释〔2007〕17 号）以及《最高人民法院关于认可和执行台湾地区仲裁裁决的规定》（法释〔2015〕14 号）。但是，关于澳门和台湾的安排均规定了认可和执行两种程序，而关于香港的安排中仅规定了执行程序，未规定认可程序。司法实践中，在审查执行香港仲裁裁决时，法院的具体做法不一：有的法院对认可和执行一并作出裁定[③]，有的法院仅裁定认可仲裁裁决的效力[④]（或同时载明在被申请人逾期不履行裁决确定的义务的情况下申请人有权申请强制执行仲裁裁决[⑤]），而有的法院则直接裁定执行仲裁裁决，

---

① 参见最高院（2016）最高法民监 106 号民事裁定书，详见下文典型案例三中的引述；另参见“北京仲裁委员会 2017 年度工作总结”，载 http://www.bjac.org.cn/news/view?id=3137，访问时间：2018 年 2 月 24 日。

② 《司法审查规定》第 1 条规定：“本规定所称仲裁司法审查案件，包括下列案件：（一）申请确认仲裁协议效力案件；（二）申请执行我国内地仲裁机构的仲裁裁决案件；（三）申请撤销我国内地仲裁机构的仲裁裁决案件；（四）申请认可和执行香港特别行政区、澳门特别行政区、台湾地区仲裁裁决案件；（五）申请承认和执行外国仲裁裁决案件；（六）其他仲裁司法审查案件。”

③ 参见广东省广州市中级人民法院（2014）穗中法民四初字第 42 号民事裁定书、广东省广州市中级人民法院（2014）穗中法民四初字第 24 号民事裁定书、广东省广州市中级人民法院（2015）穗中法民四初字第 110 号民事裁定书。

④ 参见广东省广州市中级人民法院（2014）穗中法民四初字第 62 号民事裁定书、北京市第三中级人民法院（2014）三中民特字第 01270 号民事裁定书。

⑤ 参见北京市第四中级人民法院（2016）京 04 认港 1 号民事裁定书。

不以认可为前提[①]。《司法审查规定》出台后，这一问题得到了解决。

此外，《仲裁法》及《仲裁法解释》并未采纳国际通行的“仲裁地”概念，但多地法院在司法实践中已经逐步采纳了该概念，最高院也在近年的批复和复函中亦对此予以确立。随着中国仲裁机构在域外设立分支机构以及域外仲裁机构在中国境内进行仲裁现象的出现，业界多次呼吁“仲裁地”的问题应当以司法解释甚至法律的形式确定下来。但《司法审查规定》并未涉及。另外，与此相关的，境外仲裁机构在中国进行仲裁的司法审查问题，也付之阙如。总体上来说，《司法审查规定》仍是在现有《仲裁法》框架下，最大限度地对《仲裁法》作出的符合现代仲裁理念的解释，以解决不断产生的新的法律问题，但并非对中国《仲裁法》突破性的变革。

4.《天津市高级人民法院关于涉外、涉港澳台商事仲裁司法审查案件的审理指南》

2017 年 2 月 28 日，天津市高级人民法院发布了《关于涉外、涉港澳台商事仲裁司法审查案件的审理指南》（以下简称《指南》）。[②]虽然，理论上该《指南》仅对天津地区相关法院具备指导意义上的效力，且公布于《司法审查规定》之前，但该《指南》中一些独特的、创新性的规定对天津之外地区的仲裁司法审查案件，甚至《仲裁法》的修改也有很强的参考价值。值得注意的是，该《指南》对仲裁及司法实践中存在的一些颇具争议性的问题作出了一些创新性的规定，如明确了租约仲裁条款并入提单应适用的准据法应为中国法，间接代理中的委托人在行使介入权时不受受托人与第三人之间仲裁协议约束等。[③]前述问题在司法实践中极为常见，但却缺乏《仲裁法》上的依据，一直以来各地法院的做法也难以完全统一。近年来，最高院曾多次通过“复函”“答复”的形式表达对上述问题的观点。天津市高级人民法院明确将最高院关于该等问题的意见写入《指南》，指导下级法院审判，有利于统一审判标准、降低层报概率、提高审查效率。

---

① 参见江苏省南京市中级人民法院（2016）苏 01 认港 1 号民事裁定书、安徽省合肥市中级人民法院（2017）皖 01 认港 1 号民事裁定书。

② 天津仲裁委员会网站：“天津高院关于涉外、涉港澳台商事仲裁司法审查案件的审理指南”，载 http://www.tjac.org.cn/show.asp?id=495，访问时间：2018 年 2 月 24 日。

③ 最高院网：“天津发布涉外、涉港澳台商事仲裁司法审查案件审理指南”，载 http://www.court.gov.cn/zixun-xiangqing-37062.html，访问时间：2018 年 2 月 24 日。

5.《最高人民法院关于人民法院办理仲裁裁决执行案件若干问题的规定》

2018 年 2 月 23 日，最高院发布《关于人民法院办理仲裁裁决执行案件若干问题的规定》（以下简称《执行规定》）。执行规定共 24 个条文，主要涉及仲裁裁决执行案件的管辖、裁决执行内容不明确具体的认定标准及处理方法、申请不予执行的主体范围、不予执行仲裁裁决案件的审查标准、撤销仲裁裁决与不予执行仲裁裁决司法审查的程序衔接五个方面的内容。

值得注意的是，根据《执行规定》第 2 条的规定①，当事人对仲裁裁决或仲裁调解书申请执行的，在满足一定条件时，可由基层人民法院管辖。此前，此类执行事宜由中级人民法院管辖。

此外，《执行规定》明确了诸多仲裁实践中存在的，但《仲裁法》《仲裁法司法解释》《司法审查规定》未予规定的内容。其中，关于不予执行裁决的司法审查问题，虽然《民事诉讼法》第 237 条规定了不予执行的事由，其中包括“裁决的事项不属于仲裁协议的范围或者仲裁机构无权仲裁的”“仲裁庭的组成或者仲裁的程序违反法定程序的”“裁决所依据的证据是伪造的”以及“对方当事人向仲裁机构隐瞒了足以影响公正裁决的证据的”，但该等规定过于笼统和原则，已经不足以处理司法实践中各种纷繁复杂的情形，导致法院在认定是否具有该等情形时尺度不一。《执行规定》第 13 条、第 14 条、第 15 条、第 16 条明确了前述事由的认定标准，有利于法院审查尺度的统一。此外，对于近年来屡有出现的、颇受业内关注和讨论的虚假仲裁问题，《执行规定》第 9 条、第 18 条参照判决第三人撤销之诉制度创设了第三人申请不予执行仲裁裁决的制度。该制度对于打击虚假仲裁、保护利害关系人权益有着重要的作用，但该规定对申请主体未作限制，第三人申请不予执行的条件过于缺乏可操作性，其运行效果仍然有待实践的检验。

（三）关于临时仲裁的最新仲裁规则

1.《中国国际经济贸易仲裁委员会香港仲裁中心担任指定机构的规则》

2017 年 4 月 27 日，贸仲主任会议审议通过《中国国际经济贸易仲裁委员会香港仲裁中心担任指定机构的规则》，于 2017 年 7 月 1 日起正式实施。该规则规

---

① 《执行规定》第 2 条第 2 款规定，“符合下列条件的，经上级人民法院批准，中级人民法院可以参照民事诉讼法第三十八条的规定指定基层人民法院管辖：（一）执行标的额符合基层人民法院一审民商事案件级别管辖受理范围；（二）被执行人住所地或者被执行的财产所在地在被指定的基层人民法院辖区内”。

定，在当事人约定适用《联合国国际贸易法委员会仲裁规则》的仲裁案件、当事人约定适用其他临时性仲裁规则进行仲裁的案件，以及其他依据法律规定或者当事人约定进行的非机构仲裁案件中，贸仲香港仲裁中心（以下简称贸仲香港）可作为指定机构，为当事人提供仲裁员指定相关服务、仲裁员报酬及实际费用相关的财务管理服务、庭审服务、案件秘书服务等。

2.《横琴自由贸易试验区临时仲裁规则》

根据最高院于2016年12月30日发布的《关于为自由贸易试验区建设提供司法保障的意见》[①]，珠海市横琴新区管委会和珠海仲裁委员会于2017年3月23日正式发布了《横琴自由贸易试验区临时仲裁规则》[②]。该规则于2017年4月15日起在广东横琴自贸片区施行，其指导思想包括：（1）通过制度设计确保自贸试验区内进行的临时仲裁能有效推进。（2）更加充分体现当事人意思自治。（3）以机构介入作为意思自治的必要补充。（4）强化仲裁庭的独立性和权威性。（5）通过机构介入对仲裁庭予以制约。[③]

3.《临时仲裁与机构仲裁对接规则》

2017年9月19日，中国互联网仲裁联盟[④]正式公布了《临时仲裁与机构仲裁对接规则》（以下简称《对接规则》）并发布了与之配套的互联网仲裁云平台。[⑤]《对接规则》和云平台的组合，为国内主体在内地进行临时仲裁提供了全新的模式。广州仲裁委员会随即对仲裁规则进行了修订，承认、接受《对接规则》，并将其作为仲裁规则的组成部分。

---

① 参见宋连斌、林荟、陈希佳：“中国商事仲裁年度观察（2017）”，载北京仲裁委员会／北京国际仲裁中心编：《中国商事争议解决年度观察（2017）》，中国法制出版社2016年版，第3页。

② 中国（广东）自由贸易试验区网：“中国首部临时仲裁规则出炉《横琴自由贸易试验区临时仲裁规则》4月15日起施行”，载http://www.china-gdftz.gov.cn/zwgk/rdgz/201703/t20170324_3082.html#zhuyao，访问时间：2018年2月24日。

③ 珠海仲裁委员会网：“关于制定《横琴自由贸易试验区临时仲裁规则》的说明”，载http://www.zhac.org.cn/zcgzall/html/?526.html，访问时间：2018年1月18日。

④ 中国互联网仲裁联盟由广州仲裁委员会发起成立，全国160多家仲裁机构积极响应，并且得到了相关互联网行业协会、律师协会和华南理工大学计算机应用工程研究所顶尖技术团队的加盟，中国政法大学、广州大学等高等院校为此提供了前沿的法学理论支持。详见无锡市人民政府法制办公室网：http://fzb.wuxi.gov.cn/doc/2015/10/19/581421.shtml，访问时间：2018年2月1日。

⑤ 法制网：“临时仲裁与机构仲裁将无缝对接”，载http://www.legaldaily.com.cn/Arbitration/content/2017-09/20/content_7323426.htm，访问时间：2018年1月18日。

（四）其他仲裁规则及指引

1. 贸仲发布《贸仲投资仲裁规则（试行）》

2017年9月19日，贸仲发布了《贸仲投资仲裁规则（试行）》，该规则自2017年10月1日起施行[①]。该规则的出台，填补了中国国际投资仲裁领域仲裁规则制定上的空白，有利于保护中国投资者在境外投资、外国投资者在中国投资的合法权益，提升我国在国际投资法制发展中的话语权。

2. 石家庄仲裁委员会发布2017版《仲裁规则》

2017年6月2日，石家庄仲裁委员会（以下简称石仲）发布了最新版《石家庄仲裁委员会仲裁规则》。石仲的新版仲裁规则在内容上具有一定的先进性，不仅引入了专家辅助人、临时措施、紧急仲裁员制度，解决了长期以来一直存在争议的未被续聘、解聘仲裁员的职责问题，还进一步丰富了追加当事人、快速仲裁、仲裁确认[②]、调解等制度，并汲取了最新的司法改革成果，如特定仲裁制度[③]。

3. 贸仲香港发布《第三方资助仲裁指引》

2017年9月1日，贸仲香港推出了《第三方资助仲裁指引》，鼓励涉及第三方资助的仲裁当事人和仲裁员遵循指引进行仲裁程序。该指引并非贸仲《仲裁规则》的组成部分，但对于可能涉及第三方资助仲裁的案件而言，其为仲裁员、当事人以及第三方资助者提供了简洁、清晰、易懂的操作指南。

---

① 中国国际经济贸易仲裁委员会网："贸仲《投资仲裁规则》新闻发布会"，载 http://www.cietac.org.cn/index.php?m=Article&a=show&id=14450，访问时间：2018年1月23日。

② 根据《石家庄仲裁委员会仲裁规则》第74条第1款之规定，仲裁确认制度是指，当事人在石仲立案前就争议已达成和解协议或在石仲之外达成调解协议的，可以直接向石仲申请由仲裁庭根据和解协议或调解协议的内容制作调解书或裁决书。

③《石家庄仲裁委员会仲裁规则》第76条规定："依照有关规定，在自贸区、新区等特定区域内的当事人，约定按照特定仲裁规则由特定人员对有关争议进行仲裁的，本会可以根据当事人的申请提供相关仲裁服务。"

三、典型案例述评

【案例 1】仲裁庭组成与约定不符，上海市第一中级人民法院不予承认和执行新加坡国际仲裁中心仲裁裁决

【基本案情】

2014 年 10 月 29 日，来宝资源国际私人有限公司（以下简称来宝公司）作为卖方与买方上海信泰国际贸易有限公司（以下简称信泰公司）签订了《铁矿石买卖合同》（以下简称《合同》）。根据《合同》约定，双方同意按照《global ORE 标准铁矿石贸易协议》（以下简称《标准协议》）版本 L2.4 第二部分之条款和条件以及《相关铁矿石标准规格》买卖铁矿石。同时，《标准协议》版本 L2.4 第二部分第 16.1 条就争议解决进行了约定，即“因交易和 / 或本协议引起的或与其有关的任何争议和索赔，包括与其存在、有效性或终止有关的任何问题，应根据当时有效的新加坡国际仲裁中心《仲裁规则》提交新加坡仲裁，该等规则视为经引述被并入本条款。仲裁庭应由三（3）名仲裁员组成。仲裁语言为英语”。

双方在履行《合同》的过程中发生争议。来宝公司于 2015 年 1 月 14 日根据前述仲裁条款向新加坡国际仲裁中心（以下简称 SIAC）提起仲裁，主张信泰公司构成根本违约，应承担相应的违约赔偿责任。同时，来宝公司申请本案适用快速仲裁程序。

SIAC 受理来宝公司仲裁申请后，要求信泰公司于 2015 年 2 月 6 日之前对来宝公司提出的快速程序申请发表意见，并表示 SIAC 仲裁院院长将根据双方提供的事实和理由决定是否按照快速程序进行仲裁。信泰公司数次致函 SIAC，表示不同意来宝公司提出的快速程序申请，并要求由 3 名仲裁员组成仲裁庭。2015 年 2 月 17 日，SIAC 通知双方当事人，SIAC 仲裁院院长已经批准了来宝公司的申请，决定该案将根据快速程序由独任仲裁员审理。2015 年 8 月，仲裁庭作出裁决，支持来宝公司的全部仲裁请求。

2016 年 2 月，来宝公司向上海市第一中级人民法院申请承认并执行 SIAC 作出的这一裁决。信泰公司则请求不予承认和执行该裁决，其理由主要包括：双方未就涉案裁决所处理的争议事项达成书面仲裁协议，仲裁庭的组成不符合仲裁条款的约定，信泰公司因他故而未能申辩。上海市第一中级人民法院审查后拒绝承认与执行案涉裁决。

【争议焦点】

本案的争议焦点为涉案仲裁裁决是否存在《承认及执行外国仲裁裁决公约》（以下简称《纽约公约》）第5条第1款（丁）项所规定“仲裁机关之组成或仲裁程序与各造间之协议不符”之情形。

【裁判观点】

法院认为，本案适用的SIAC《仲裁规则》（2013年第5版）并未排除快速程序中适用其他的仲裁庭组成方式，亦没有规定在当事人已约定适用其他的仲裁庭组成方式时，SIAC仲裁院院长仍然有权强制适用第5.2（b）条关于独任仲裁员的规定。因此，适用快速程序进行仲裁不影响当事人依据仲裁条款获得由三名仲裁员组庭进行仲裁的基本程序权利。

法院进一步指出，在仲裁条款约定仲裁庭由三名仲裁员组成且信泰公司明确反对独任仲裁的情况下，SIAC仍然依据其《仲裁规则》第5.2（b）条的规定决定由独任仲裁员审理案件，违反了案涉仲裁条款的约定，属于《纽约公约》第5条第1款（丁）项所规定的“仲裁机关之组成或仲裁程序与各造间之协议不符”的情形，故涉案仲裁裁决不应当被承认与执行。

【纠纷观察】

毫无疑问，“来宝”案是2017年业界讨论最多的案件之一，该案据称是SIAC快速仲裁程序裁决被拒绝承认与执行的首例。

根据SIAC 2013年《仲裁规则》第5.2（b）条关于“当事人已依据本规则第五条第（一）款向主簿申请快速仲裁程序时，院长考虑各方当事人观点后决定仲裁应当适用本条‘快速程序’的，仲裁程序应当按照如下规定进行：……案件应当由独任仲裁员审理，但院长另有决定的除外……”的规定，在适用快速仲裁程序的情形下，案件应由一名仲裁员独任审理，除非院长决定由三名仲裁员审理。然而，根据仲裁条款的约定，仲裁庭应由三名仲裁员组成。由此便产生了仲裁规则与仲裁条款之间的适用关系问题，即，在仲裁条款明确约定适用2013年SIAC《仲裁规则》，同时又约定仲裁庭由三名仲裁员组成的情况下，SIAC能否决定由独任仲裁员审理案件。

正如本案法院所指出的，2013年SIAC《仲裁规则》第5.2条（b）项并未绝对排除其他仲裁庭组成方式在快速仲裁程序中的适用，由独任仲裁庭审理案件，还是由三名仲裁员组成的仲裁庭审理案件，最终由SIAC仲裁院院长裁量决定。

但该项裁量权限应当受到相应的限制，其行使应符合仲裁的基本原则、符合最低正当程序的要求。具体到本案，在仲裁条款已约定仲裁庭由三人组成，且一方当事人坚持反对由独任仲裁庭审理案件的情况下，SIAC 仲裁院院长行使裁量权限时应当充分尊重当事人于仲裁条款中的约定，而非相反。

在浙江省宁波市中级人民法院于 2017 年 1 月 13 日审理完毕的“现代格罗唯视株式会社与浙江企赢能源化工有限公司仲裁裁决纠纷”案[①]中，案涉裁决亦由 SIAC 适用快速仲裁程序作出，被申请人同样主张，该案仲裁庭由独任仲裁员组成，违反了仲裁条款中关于由三名仲裁员进行仲裁的约定。

不过，法院经审理后认为，“因案件争议标的金额符合 SIAC 规则规定的适用快速程序的标准，在现代株式会社申请下，SIAC 就决定适用快速程序审理案件通知双方当事人，并要求双方联名提名一名仲裁员……但企赢公司通过其实际使用的邮箱 ××，表示不同意现代株式会社提名的仲裁员，要求由 SIAC 主席指定，据此，可以认定企赢公司同意对仲裁员人数由之前约定的三名变更为一名……故仲裁庭的组成不违背企赢公司的意愿”。在该案中，尽管被申请人不同意申请人提名的仲裁员，但其并未反对独任仲裁庭的适用。也正因此，法院认为企赢公司同意对仲裁员人数由之前约定的三名变更为一名，进而双方当事人已就独任仲裁庭的适用形成合意。

当事人意思自治是仲裁制度的基石。通过对比两则案例，我们可以发现当事人意思自治原则在仲裁中的重要性。近年来，仲裁的成本和效率受到越来越多的强调，快速仲裁程序正是在这一大背景下应运而生的，并广受全球各主要仲裁机构的欢迎。但是，为确保裁决的顺利执行，任何有关仲裁成本和效率的追求，均应以当事人意思自治为前提，以符合《纽约公约》的相关规定为必要。

【案例 2】BOT 协议是否具有可仲裁性，应从协议内容、目的等方面综合判断

【基本案情】

2013 年 11 月 6 日，巴中市人民政府、达州市人民政府与四川巴万高速公路有限公司（以下简称巴万公司）签订《巴中至万源高速公路 BOT 项目特许权协议》（以下简称《特许权协议》），约定由巴万公司以 BOT 的方式承建巴中至万源高速公路，并就上述 BOT 项目所涉及的特许授予、项目建设、项目运营管理、项

① 参见浙江省宁波市中级人民法院（2015）浙甬仲确字第 3 号民事裁定书。

目移交、合同双方当事人的权利和义务等内容进行了明确约定。根据《特许权协议》第 13 条关于“争议的解决”的约定，双方发生任何争议，任何一方可以向贸仲申请仲裁，仲裁裁决是终局性的并对协议双方具有约束力。

各方在履行《特许权协议》过程中发生争议，巴万公司于 2016 年 9 月 22 日向贸仲申请仲裁，请求裁令巴中市人民政府和达州市人民政府继续履行《特许权协议》等。

巴中市人民政府随后向北京市第二中级人民法院申请确认《特许权协议》中的仲裁条款无效。法院经审理后认为，巴中市人民政府申请确认涉案仲裁协议条款无效的理由不成立，遂驳回其确认仲裁协议无效的申请。

【争议焦点】

本案争议焦点为《特许权协议》的性质，进一步而言，即《特许权协议》项下争议是否具有可仲裁性。

巴中市人民政府认为，《特许权协议》在性质上属于行政合同，即政府特许经营协议。《中华人民共和国行政诉讼法》（以下简称《行政诉讼法》）及《最高人民法院关于适用〈中华人民共和国行政诉讼法〉若干问题的解释》（以下简称《行政诉讼法司法解释》）明确将政府特许经营协议所产生的纠纷作为行政诉讼案件处理，进而排除了仲裁程序具备管辖行政纠纷案件的可能性。

巴万公司认为，《特许权协议》内容具有明显的民商事合同特征，应当定性为民商事合同。同时，本案纠纷系因《特许权协议》的履行而引发，没有超出《仲裁法》规定的仲裁范围，其具有可仲裁性。

【裁判观点】

法院经审理认为，双方签订的《特许权协议》系典型的 BOT 协议，虽然一方当事人为行政机关，但巴万公司在订立合同及决定合同内容方面仍享有充分意思自治的权利，从协议的目的、主体、职责、双方权利义务等内容考量，该协议属于民商事合同。同时，双方约定的仲裁条款不具有《仲裁法》规定的“约定的仲裁事项超出法律规定的仲裁范围”的情形[①]。

【纠纷观察】

本案所涉 BOT 协议实际上是基础设施和公用事业特许经营[②]的主要模式之一，

---

① 参见北京市第二中级人民法院（2017）京 02 民特 11 号民事裁定书。

② 特许经营有两种基本类型，第一种是商业活动中特许经营；第二种是基础设施和公用事业特许经营，主要采取 BOT 及其演变的模式，本文中所提到的特许经营指的是第二类。

而后者又是PPP模式的主要实施方式[①]。因此，厘清BOT协议的可仲裁性，必不可少地需探讨PPP模式的可仲裁性问题。而PPP项目争议可仲裁性问题的重点在于政府特许经营协议的可仲裁性[②]。本部分关于PPP争议可仲裁性的讨论，主要立足于本案及相关司法实践。《中国建设工程争议解决年度观察（2018）》中对于PPP争议在我国的最新发展情况有所涉及，故本文不再赘言。

根据《仲裁法》第3条第2项之规定，依法应当由行政机关处理的行政争议不能仲裁。同时，根据《行政诉讼法》第12条第1款第11项之规定，公民、法人或者其他组织认为行政机关不依法履行、未按照约定履行或者违法变更、解除政府特许经营协议而提起行政诉讼的，人民法院应当依法予以受理。可见，PPP项目可仲裁性的实质在于PPP协议（具体到本案即为《特许权协议》）的性质究竟是行政合同中的政府特许经营协议，还是平等主体间的民商事合同。

事实上，PPP从行为性质上属于政府向社会资本采购公共服务的民事法律行为，构成民事主体之间的民事法律关系。同时，政府作为公共事务的管理者，在履行PPP项目的规划、管理、监督等行政职能时，与社会资本之间构成行政法律关系。笼统地、不加区分地规定或者建议PPP项目争议是否可以仲裁均是不科学的，不符合PPP的自身特征。2017年7月21日，国务院法制办发布的《基础设施和公共服务领域政府和社会资本合作条例（征求意见稿）》（以下简称《PPP条

---

① 关于PPP与特许经营的关系，官方并未给出明确、具体的界定，在学术界也有着不同的观点。值得注意的是，《国家发展改革委关于开展政府和社会资本合作的指导意见》（发改投资〔2014〕2724号）第1条规定，"政府和社会资本合作（PPP）模式是指政府为增强公共产品和服务供给能力、提高供给效率，通过特许经营、购买服务、股权合作等方式，与社会资本建立的利益共享、风险分担及长期合作关系"。《传统基础设施领域实施政府和社会资本合作项目工作导则》（发改投资〔2016〕2231号）第3条规定，"政府和社会资本合作模式主要包括特许经营和政府购买服务两类"。《国务院办公厅转发财政部发展改革委人民银行关于在公共服务领域推广政府和社会资本合作模式指导意见的通知》（国办发〔2015〕42号）第（12）项规定："广泛采用政府和社会资本合作模式提供公共服务。在能源、交通运输、水利、环境保护、农业、林业、科技、保障性安居工程、医疗、卫生、养老、教育、文化等公共服务领域，鼓励采用政府和社会资本合作模式，吸引社会资本参与。其中，在能源、交通运输、水利、环境保护、市政工程等特定领域需要实施特许经营的，按《基础设施和公用事业特许经营管理办法》执行。"前述规定可以表明，特许经营应该是PPP模式的实施方式之一，即在涉及关系国计民生及重大公共利益的领域需要实施特许经营的，PPP模式应当采用特许经营的方式执行。而其他领域的合作比如购买服务，理论上通过订立政府和社会资本合作项目合同即可执行。

② 非通过特许经营形式执行的PPP项目的性质，通常被认为属于平等主体之间的民事合同，具备可仲裁性。但是，事实上，大部分的PPP项目均需要通过特许经营的形式执行。

例（征求意见稿）》）将PPP项目争议分为两个类别，即，将因履行项目协议发生的纠纷界定为平等主体之间的民事法律关系，可以通过仲裁解决；而在项目协议履行中，政府部门履行管理、监督等行政职能引起的纠纷，则界定为行政行为，应当通过陈述、申辩、诉讼、复议的方式解决。显然，与《PPP条例（征求意见稿）》的规定相比，《行政诉讼法》第12条第1款第11项的规定则稍显呆滞和僵硬。前者更加重视协议的内容、目的以及争议的事项，并不局限于协议的名称，而后者则强调协议的名称和性质。

除本案外，对司法实践中法院关于PPP项目争议可仲裁性的认定方法进行梳理，对于厘清PPP项目可仲裁性问题的现状和发展趋势有着重要的意义。具体而言：

在“和田市人民政府与新疆兴源建设集团有限公司、和田天瑞燃气有限责任公司合同纠纷”一案中[①]，最高院经审理认为：案涉合同内容虽然存在对双方权利义务的约定，在一定程度上体现了双方协商一致的特点，但其中关于特许经营权的授予、经营内容、范围和期限的限定、价格收费标准的确定、设施权属与处置、政府对工程的监管等内容，均体现了政府在合同签订中的特殊地位，并据此认定涉案争议应通过行政诉讼解决。

在“漳浦中环天川环保水务有限公司与漳浦县环境保护局、漳浦县赤湖镇人民政府等特许项目协议争议”案中[②]，一审、二审及再审法院均认为案涉合同标的为污水处理BOT项目，漳浦县赤湖镇政府签订和履行污水处理特许项目协议是其行使公共管理和公共服务职责的方式之一。涉案争议所涉及的条款体现了赤湖镇政府作为公共事务管理者的身份，这一条款具有行政合同性质。

在“北京北方电联电力工程有限责任公司、乌鲁木齐天山大道投资管理有限责任公司与乌鲁木齐市交通运输局合同纠纷管辖权异议”一案中[③]，最高院将案件争议内容与具体行政行为区分对待、分别判断，并认为涉案争议并非针对具体行政行为，因而属于民事纠纷。

在“辉县市人民政府与河南新陵公路建设投资有限公司合同纠纷管辖权异议”一案中[④]，最高院从特许经营协议的目的、职责、主体、行为、内容等方面综合认

① 参见最高院（2014）民二终字第12号民事裁定书。
② 参见福建省漳州市中级人民法院（2013）漳民初字第366号民事裁定书。
③ 参见最高院（2014）民二终字第40号民事裁定书。
④ 参见最高院（2015）民一终字第244号民事裁定书。

定，合同具有明显的民商事法律关系性质，应当定性为民商事合同。

综上，PPP 项目争议是否具备可仲裁性的实质是项目协议性质是民事合同还是行政协议。通过梳理上述司法实践，可以发现，法院关于协议性质的判断已经出现了这样一种倾向，即，结合特许经营协议中的具体内容、目的、争议涉及条款和内容来认定，而非直接以协议的名称和主体来认定。在判定该等协议项下的某一争议是否具有可仲裁性时，则通常会以该等争议本身是否属于行政行为为标准。这种做法无疑是对《行政诉讼法》的灵活理解和运用，也与《PPP 条例（征求意见稿）》的规定相吻合[①]。

【案例 3】当事人约定仲裁机构不准确，最高院从"尽量使仲裁协议有效"的立场出发，尊重当事人的仲裁本意

【基本案情】

2013 年 7 月 15 日，西安大宗农产品交易所有限公司与重庆易极付科技有限公司、重庆市博恩科技（集团）有限公司就农产品交易所的增资扩股事宜签订《西安大宗农产品交易所有限公司增资扩股意向协议》（以下简称《意向协议》）。其中，《意向协议》第 7 条约定，"因履行本协议发生纠纷，任何一方均可向第三方四川省贸促会仲裁委员会申请仲裁"。

各方后因履行《意向协议》发生争议，西安大宗农产品交易所有限公司（以下简称原告），以重庆易极付科技有限公司、重庆市博恩科技（集团）有限公司为被告（以下共同简称被告）向西安市中级人民法院提起诉讼，请求被告履行出资义务并承担相应的违约责任。

被告依法提出管辖权异议，主张根据《意向协议》第 7 条的约定，案件应由四川省贸促会仲裁委员会受理。西安市中级人民法院经审理认为：《意向协议》第 7 条约定的"四川省贸促会仲裁委员会"并不存在，故仲裁条款属约定不明，应为无效。进而，被告据此提出的管辖权异议不能成立。

---

① 在仲裁实践中，仲裁机构受理并审理 PPP 项目争议并不少见。根据北仲陈福勇副秘书长的介绍，截至 2016 年年底，北仲受理的仲裁案件中，一方主体为政府机构的，大约有 1500 余件，标的超过 100 亿元，内容涉及建设工程、政府采购、房屋租赁、合作协议等。其中，与特许经营、政府与社会资本合作有关的合同纠纷 10 余件，主要包括废水处理、电厂建设、棚户区改造、市政及基础设施建设等。参见：http://www.legaldaily.com.cn/index/content/2017-07/23/content_7252664.htm?node=20908，访问时间：2018 年 1 月 20 日。此外，北仲已经于 2017 年 4 日 28 日成立 PPP 研究中心，以加强 PPP 争议解决的研究和专业水平。

被告不服西安市中级人民法院的裁定，向陕西省高级人民法院提起上诉。陕西省高级人民法院经审理认为：根据仲裁条款能够确定当事人选择的仲裁机构为贸仲，并裁定撤销西安市中级人民法院所作裁定、驳回西安农产品交易的起诉。

原告不服陕西省高级人民法院的裁定并向最高院申请再审。最高院经审理认为：当事人仲裁条款中约定的仲裁机构能够确定为贸仲。

【争议焦点】

本案是一起管辖权裁定再审案件，争议核心在于仲裁条款中仲裁机构的约定是否明确。

原告认为，仲裁条款虽然约定争议由"四川省贸促会仲裁委员会"仲裁，但并不存在"四川省贸促会仲裁委员会"的仲裁机构。因此，仲裁条款对仲裁机构的约定不明确，该约定无效。

被告认为，四川省贸促会是"中国国际贸易促进委员会四川省委员会"的简写，四川省贸促会下设"中国国际经济贸易仲裁委员会成都办事处"。故该协议约定的仲裁机构"四川省贸促会仲裁委员会"是确实存在的，并且为贸仲。

【裁判观点】

最高院经审理认为：当事人在仲裁条款中订明由中国国际贸易促进委员会仲裁委员会仲裁的，应视为同意由贸仲仲裁。中国国际贸易促进委员会附设的仲裁机构是贸仲，四川省贸促会是中国国际贸易促进委员会四川省委员会的简称，是中国国际贸易促进委员会的分支机构，故当事人约定由"四川省贸促会仲裁委员会仲裁"，即应视为当事人协议选择由贸仲仲裁。

【纠纷观察】

根据《仲裁法》第16条的规定，一项有效的仲裁条款应包含请求仲裁的意思表示、仲裁事项及选定的仲裁委员会三项内容。与仲裁的意思表示和仲裁事项相比，仲裁条款是否选定仲裁委员会往往是实践中争议的重中之重。《仲裁法解释》第3条进一步规定："仲裁协议约定的仲裁机构名称不准确，但能够确定具体的仲裁机构的，应当认定选定了仲裁机构。"仲裁条款的约定千差万别，如何判断"是否能够确定具体的仲裁机构"，并没有统一的规则可以遵循，这种判断在很大程度上依赖于法官以及法院对仲裁条款的解释以及对仲裁的态度是否友好。

本案中，客观上并不存在一家名称为"四川省贸促会仲裁委员会"的仲裁机构，但最高院在本案中进行了相当精彩的论证和解释工作，借助中国国际经济贸易促进委员会附设的仲裁机构是贸仲，以及四川省贸促会是中国国际贸易促进委员会的分支机构这两层关键链条，最终确定仲裁条款中约定的仲裁机构为贸仲。这一解释充分尊重了当事人选择仲裁的本意，体现了人民法院支持仲裁，尽量促使仲裁协议有效的司法理念。

另一个值得注意的同类案件是“安阳盈德气体有限公司与中色十二冶金建设有限公司申请确认仲裁协议效力纠纷”案[①]。该案中，仲裁协议中约定“双方同意由北京市仲裁委员会仲裁”，安阳市中级人民法院经审理认为：“北京市解决平等主体之间合同纠纷及其他财产权益纠纷的仲裁机构有北仲、贸仲等两家以上的仲裁机构，应当认定《双方结算付款协议》中约定的仲裁条款无效”。

该裁定作出后，最高院作出（2016）最高法民监106号民事裁定书，认定“安阳市中级人民法院所作上述裁定确有错误”，并指令河南省安阳市中级人民法院再审。

实际上，在（2016）最高法民监106号民事裁定之前，“北京市仲裁委员会仲裁”类仲裁条款的有效性已经得到了相关法院的确认[②]。本裁定的意义在于，该案系最高院首次依据《中华人民共和国民事诉讼法》第198条第2款的规定（依职权再审）作出裁定，确认仲裁协议的效力。[③]法院能否依职权对确认仲裁协议效力的裁定进行再审，在实践中一直存在争议。包括《司法审查规定》[④]在内的现行仲裁立法及司法解释并未就人民法院能否依职权对确认仲裁协议效力的裁定启动再审程序作出明确规定。

最高院的前述裁定，正确适用了我国《仲裁法》及其司法解释，体现了人民法院一贯的支持和鼓励仲裁的司法态度，有利于进一步推动中国仲裁事业的蓬勃发展。此外，为避免因名称不准确导致产生仲裁协议效力的争议，增加不必要的

---

① 参见河南省安阳市中级人民法院（2015）安中民一初字第97号民事裁定书。

② 例如，在“刘克京与LIU WEI申请确认仲裁协议效力”案中，法院经审理认为，“本市不存在北京市仲裁委员会……但本市存在北京仲裁委员会，北京市仲裁委员会的表述不会与中国国际经济贸易仲裁委员会或中国海事仲裁委员会产生歧义，故根据该名称可以确定仲裁机构即为北京仲裁委员会”。参见北京市第三中级人民法院（2015）三中民（商）特字第08918号民事裁定书。

③ 参见“北京仲裁委员会2017年度工作总结”，载http://www.bjac.org.cn/news/view?id=3137，访问时间：2018年2月24日。

④《司法审查规定》第20条规定：“人民法院在仲裁司法审查案件中作出的裁定，除不予受理、驳回申请、管辖权异议的裁定外，一经送达即发生法律效力。当事人申请复议、提出上诉或者申请再审的，人民法院不予受理，但法律和司法解释另有规定的除外。”

诉讼仲裁成本，当事人及律师应在拟定仲裁协议时力求准确表述所选定的仲裁机构的名称。

四、热点问题观察

（一）跨境申请临时措施的问题

2017年6月27日，香港高等法院原讼法庭就 *Chen Hongqing v. Mi Jingtian, Zhao Liping, Li Maohuan and Yu Yuchuan* 一案作出裁定，批准原告就中国内地进行的在贸仲仲裁的仲裁程序而提出的临时措施申请，同意为涉案质押股份任命接管人，并禁止被告转让或以其他方式处分质押股份①。该案件再次引起国内理论和实务界专家关于临时措施跨境申请问题的关注和讨论。

1. 域外立法

临时措施作为国际商事仲裁中一项重要的制度，于保证仲裁程序的顺利进行、防止因当事人转移财产、隐藏证据等原因导致裁决无法执行有着重要的作用。但是，囿于各法域立法的不同态度，临时措施的跨境协助问题一直影响着临时措施制度的运行效果。2006年《联合国国际商事仲裁示范法》（以下简称《示范法》）对临时措施作出了较大的修订，明确允许法院就本国境外进行的仲裁程序采取临时措施②。香港、新加坡③作为以《示范法》为模板制定、修订仲裁立法的法域，也对临时措施相关条款行了修订④。

2011年6月1日正式实施的新《香港仲裁条例》第609章第45（2）条⑤明确规定了原讼法庭可以应当事人的申请发布临时措施，而不论仲裁的地点是在香港

---

① 案号：（2017）HKCFI1148。

② 《示范法》第17J条规定："A court shall have the same power of issuing an interim measure in relation to arbitration proceedings, irrespective of whether their place is in the territory of this State, as it has in relation to proceedings in courts. The court shall exercise such power in accordance with its own procedures in consideration of the specific features of international arbitration."

③ 参见2016年8月1日生效的《新加坡国际仲裁法》第12A条。

④ 除新加坡、香港外，荷兰（《仲裁法》第1074条）、德国（《民事诉讼法典》第1025条第2款）等法域也允许本国法院就境外仲裁程序提供临时措施方面的协助。

⑤ 第45（2）条规定："On the application of any party, the Court may, in relation to any arbitration proceedings which have been or are to be commenced in or outside Hong Kong, grant an interim measure."

还是在域外。同时，第45（5）条[①]明确规定了法院对域外仲裁发布和执行临时措施的限制条件，即只有在香港地区以外开展的仲裁程序才能引起一项可在香港强制执行的仲裁裁决，且所寻求的临时措施属于原讼法庭可就仲裁程序在香港批给的临时措施的类型，原讼法庭才能根据第45（2）条作出命令协助该仲裁程序[②]。

2. 中国内地的实践

我国立法中并无“临时措施”这一概念，与之相近的是“保全措施”，一般认为包括财产保全、证据保全、行为保全三类。《民事诉讼法》第81条第2款[③]规定了仲裁前证据保全、第100条[④]规定了行为保全、第101条[⑤]规定了仲裁前财产保全、第272条[⑥]规定了涉外仲裁中的财产保全；《仲裁法》第28条[⑦]规定了仲裁中

---

① 第45（5）条规定：“In relation to arbitral proceedings which have been or are to be outside Hong Kong, the Court may grant an interim measure under subsection(2) only if—(a)the arbitral proceedings are capable of giving rise to an arbitral award(whether interim or final)that may be enforced in Hong Kong under this Ordinance or any other Ordinance; and(b) the interim measure sought belongs to a type or description of interim measure that may be granted in Hong Kong in relation to arbitral proceedings by the Court.”

② 事实上，在2015年的TOP GAINS MINERALS MACAO COMMERCIAL OFFSHORE LTD v. TL RESOURCES PTE LTD案（案号：（2015）HKCFI 2101）中，香港法院同样为在新加坡进行的仲裁程序提供了临时措施上的协助。

③ 《民事诉讼法》第81条第2款规定：“因情况紧急，在证据可能灭失或者以后难以取得的情况下，利害关系人可以在提起诉讼或者申请仲裁前向证据所在地、被申请人住所地或者对案件有管辖权的人民法院申请保全证据。”

④ 《民事诉讼法》第100条第1款规定：“人民法院对于可能因当事人一方的行为或者其他原因，使判决难以执行或者造成当事人其他损害的案件，根据对方当事人的申请，可以裁定对其财产进行保全、责令其作出一定行为或者禁止其作出一定行为；当事人没有提出申请的，人民法院在必要时也可以裁定采取保全措施。”

⑤ 《民事诉讼法》第101条第1款规定：“利害关系人因情况紧急，不立即申请保全将会使其合法权益受到难以弥补的损害的，可以在提起诉讼或者申请仲裁前向被保全财产所在地、被申请人住所地或者案件有管辖权的人民法院申请采取保全措施……”

⑥ 《民事诉讼法》第272条规定：“当事人申请采取保全的，中华人民共和国的涉外仲裁机构应当将当事人的申请，提交被申请人住所地或者财产所在地的中级人民法院裁定。”

⑦ 《仲裁法》第28条第1款、第2款规定：“一方当事人因另一方当事人的行为或者其他原因，可能使裁决不能执行或者难以执行的，可以申请财产保全。当事人申请财产保全的，仲裁委员会应当将当事人的申请依照民事诉讼法的有关规定提交人民法院。”

财产保全、第46条[①]规定了仲裁中证据保全、第68条[②]规定了涉外仲裁中的证据保全。

但是，一般认为，前述《民事诉讼法》第101条中的“提起仲裁前”仅指向中国境内仲裁机构提起仲裁，而《仲裁法》第28条中的“仲裁委员会”则通常被理解为境内仲裁机构。如此一来，中国内地法院试图就境外的仲裁程序批准保全措施，就没有明确的法律依据。司法实践中，法院通常会驳回当事人的申请。

在“株式会社DONGWONF & B与上海乐韩商业有限公司申请财产保全”一案中，申请人株式会社DONGWONF & B系一家注册于韩国的公司，此前已就其与被申请人上海乐韩商业有限公司之间在货物买卖合同项下的争议向大韩商事仲裁院提起仲裁，并获得受理。为防止被申请人转移或隐匿财产，确保将来作出的仲裁裁决得以顺利执行，株式会社DONGWONF & B遂向上海市第一中级人民法院申请财产保全。上海市第一中级人民法院经审理认为，“《中华人民共和国民事诉讼法》第二百七十二条规定，当事人申请财产保全的，中华人民共和国的涉外仲裁机构应当将当事人的申请，提交被申请人住所地或者财产所在地的中级人民法院裁定。因你并非在我国申请仲裁，故你申请财产保全，缺乏法律依据，本院不予受理”[③]。

由此可见，对于在境外启动仲裁程序而又想在境内申请保全措施的当事人而言，我国法院的大门远未开启。

（二）第三方资助在中国的发展

第三方资助（Third-Party Funding）是2017年仲裁界热议话题之一。1月，新加坡国会通过民法修正案，允许第三方提供资金，协助索偿方承担费用，并分享胜诉所得赔偿；6月，香港也通过立法，允许在香港进行的仲裁和调解中适用第三方资助。截至目前，第三方资助已相继在美国、澳大利亚、英国、新加坡、中国香港地区等诸多法域获得许可。自2016年起，中国国内也开始就第三方资助来探

① 《仲裁法》第46条规定：“在证据可能灭失或者以后难以取得的情况下，当事人可以申请证据保全。当事人申请证据保全的，仲裁委员会应当将当事人的申请提交证据所在地的基层人民法院。”

② 《仲裁法》第68条规定：“涉外仲裁的当事人申请证据保全的，涉外仲裁委员会应当将当事人的申请提交证据所在地的中级人民法院。”

③ 参见上海市第一中级人民法院（2014）沪一中受初字第2号民事裁定书。

索其实践做法和规范，中国的第三方资助实践也是近几年才相应地逐步为公众所知——以资助法律案件为主营业务的专业投资机构的设立，标志着第三方资助的进一步深化发展。

1. 中国第三方资助概述

（1）基本情况

当事人选择使用第三方资助基于两种目的：自身资金紧张或希望转移风险。近年来第三方资助在国际舞台上日益风靡，中国当事人也愈加发现他们可以与资助方签订资助协议，从而将案件败诉的风险转移。对于企业而言，这里的风险体现在如果涉及诉讼或仲裁，不仅会耗费公司的资源，还会由于未决诉讼或仲裁事项的不确定性给公司带来巨大的经营风险和财务风险，增加企业外部融资的难度，影响企业的资金周转和资源配置效率，最终损害企业价值。① 因此资金紧张的当事人则倾向于将其难以支付足够费用的案件交给资助方进行投资，即便最终案件胜诉后他们要让渡出很大一部分的胜诉权益给资助方。对于很多投资机构和个人投资者而言，第三方资助又是其所持有资金的天然港湾。②

实践中，与其他法域相比，中国的国内仲裁花费并不高。国务院办公厅于1995年发布了《仲裁委员会仲裁收费办法》③，其中规定了仲裁机构收费的方式和具体收费计算表，并对仲裁案件受理费进行了一定的限制。虽然以北仲为代表的部分涉外仲裁机构也采取了在国际商事仲裁案件中允许仲裁员按小时计费，④ 但从整体上来看，在中国国内选用仲裁解决争议整体上花费较低，这也在一定程度上影响了第三方资助仲裁在国内的发展，并且导致这一模式长期很少为人知晓。

众所周知，在传统普通法法域，第三方资助历史上长期由于“帮诉与助诉分利”的学说受到禁止。禁止的理由在于，法院认为这一外部融资安排“激发了损害赔偿的动机，控制了证据，甚至会诱导证人作伪证”⑤。但中国大陆不论是在法律规定还是司法实践上均未曾有过此类安排，甚至中国法传统中承认对于仲裁的融资安排及其帮助当事人“接近正义”的合理性。举例来说，中国是为数不多允许

---

① 刘慧、张俊瑞、周键：“诉讼风险、法律环境与企业债务融资成本”，载《南开管理评论》2016年第19卷第5期，第25页。

② 郭潇凝：“诉讼众筹：海外实践及其在中国的前景”，载《首都师范大学学报（社会科学版）》2017年第4期，第77页。

③ 国务院办公厅国办发〔1995〕44号。

④ 北仲《国际商事仲裁案件收费办法》。

⑤ Re Trepca Mines Ltd (No. 2) [1963] Ch 199at 219–220.

律师从事风险代理收费的法域之一。同时，法律费用保险，诉权转让和其他的资助方式也在司法实践中起到了减轻当事人诉累的重要的作用。因此，即便第三方资助这一模式对于绝大多数中国争议解决参与者来说足够新颖，但针对诉讼、仲裁案件进行投资的理念却已然在实践中得到实现。虽然立法机关和监管机关并未对此问题做出过多的表态，但至少从现行法律框架的维度进行探究，得出的结论依然是目前在中国进行第三方资助并不存在合法性障碍。① 同时，随着第三方资助整个行业的扩展，相应的法律规则在未来也会逐步出现并进行完善。

目前阶段，国内第三方资助市场主要参与者依然为境内的机构，投资所需的资金也主要在境内完成募集和注资。境外机构和资本由于对于国内的法律和市场准入门槛缺乏深入的了解从而在进入中国市场前一直保持着较为谨慎的态度。但这并不代表境外资助方对中国市场缺乏足够的兴趣和信心。相反，随着中国“一带一路”倡议的实施，越来越多的中国当事人主动或被迫参与到国际仲裁中，从而产生更多的对此类第三方资助模式的需求和依赖。② 在澳大利亚上市的第三方资助机构 IMF Bentham 也在近期迎来了原国际商会亚洲区负责人 Cheng Yee Khong 的加盟，其主要负责中国香港及大陆区域的市场。③

（2）定义

在中文语境下，不论是理论研究还是司法实践中，在对第三方资助进行定义方面都缺乏共识。事实上，由于第三方资助尚未落入现存法律规范（此类规范对诸如风险代理的其他融资安排均有界定）的规制范围，实践中倾向于采用狭义的专属界定，即无追索权的基于案件费用的投资。虽然《国际商事仲裁理事会－玛丽王后大学第三方资助联合工作组报告（草案）（*Draft Report for Public Discussion of the ICCA–Queen Mary Task Force on Third–Party Funding in International Arbitration*）》（以下简称《ICCA–QMUL 报告草案》）中采纳了对第三方资助的广义定义。在本报告中，我们更倾向于采用“无追索权的基于案件费用的投资”这

① 王徽：“第三方资助仲裁监管研究”，载《中国“法律＋资本”创新及探索》，中国法制出版社 2017 年版，第 49 页。

② 白心虹：“国际投资仲裁中的第三方资助模式研究”，载《荆楚理工学院学报》2016 年第 31 卷第 5 期，第 52 页。

③ IMF Bentham strengthens Asia presence with the appointment of Ms Cheng Yee Khong as Associate Investment Manager (Asia) in Hong Kong, Litigation Finance Journal, https://litigationfinancejournal.com/imf–bentham–strengthens–asia–presence–appointment–ms–cheng–yee–khong–associate–investment–manager–asia–hong–kong/，访问时间：2018 年 2 月 20 日。

一狭义定义来与其他类似的融资方式相区别。这一定义在实践中也获得了一定程度上的验证。专业的第三方资助机构正在以不同于传统律师资助或其他融资手段的全新商业模式进入法律服务市场。即便其具体表述为“诉讼融资”“诉讼垫资”“诉讼总包”“债权投资”，其核心商业逻辑基本上都采取了“败诉承担风险，胜诉提取收益”[①]的无追索权的投资模式。

2. 中国第三方资助市场发展进程

（1）制度研究及规则突破

虽然在第三方资助领域，中国法律从业者并非先行者，但对于第三方资助的探索却从未停歇。从2013年设立伊始，贸仲香港仲裁中心便开始启动《第三方资助仲裁指引》的起草工作，并在2016年5月19日和2017年9月1日分别发布了《第三方资助仲裁指引》征求意见稿和最终版。2016年12月1日施行的《深圳国际仲裁院谈判促进规则》中第18条规定了“第三方资助的谈判促进程序”。中国互联网仲裁联盟于2017年9月19日发布并实施的《临时仲裁与机构仲裁对接规则》中第26条规定了仲裁庭裁决第三方资助费用的权力和考量因素。同日，贸仲发布的《贸仲投资仲裁规则（试行）》中第27条对第三方资助的定义、披露及相应后果进行了规定。11月6日，鼎颂商事争议解决支持平台向ICCA QMUL联合工作组提交了应其之邀撰写的关于中国第三方资助市场报告《中国第三方资助市场概述》。[②]此外，以北仲为代表的中国主流仲裁机构也在设置课题来加深对此领域的研究和探索。由此我们可以看出，不论是从仲裁理论界到实务界，还是从仲裁机构到第三方资助者，都在积极地从不同层面对第三方资助进行深入探索，并尝试在制度和规则层面做出一定程度上的突破。

（2）中国仲裁对于第三方资助的亲和性

笔者在实务中发现了另一个非常有趣的现象，即目前在中国法下的仲裁体制对于第三方资助的亲和性非常之强。除了概述中提到的，中国法下并没有“帮诉与助诉分利”这样普通法下的系统性法律障碍外，中国仲裁相较国际仲裁也缺乏那些复杂的程序安排。换言之，即便在第三方资助介入后，其对于中国仲裁现有程序产生的影响和挑战也相对较小。举例说明，中国主要仲裁机构普遍采取的是

① “第三方资助”栏目，载鼎颂商事争议解决支持平台：http://www.dslegalcapital.com/，访问时间：2018年2月20日。

② Zhang Beibei, Hu Xian, A snapshot of the Chinese Third-Party Funding market: http://www.dslegalcapital.com/show-15-167-1.html，访问时间：2018年2月20日。

申请方预缴仲裁费的方式，且仲裁费主要按照争议标的收取而非按小时计费，而且仲裁实践中对于被申请方律师费的支持有限，因此很少会出现高额的费用需要申请方承担而申请方承担不能的情况。[①]这也就相应降低了对费用担保这种程序的需求，同时就制度和实践层面而言，中国仲裁也不存在费用担保这种程序。[②]进而不论是仲裁法还是仲裁机构规则也便不需要针对第三方资助仲裁中的费用担保进行修改或另行创设规则了。同理，上述稳定性还体现在仲裁中的律师—当事人特权、仲裁员利益冲突披露和仲裁费用承担等方面。

（3）主要资助方年度市场表现

众所周知，2016年是国内的第三方资助者设立和初创的元年，2017年则是这些机构市场开拓和扩张的一年。以较大规模的资助方为例，截至2017年12月20日，帮瀛法务共审核了724件拟投项目，签约投资案件数量达到66件，已签约案件合同标的额总计为73亿9495万元。鼎颂商事争议解决支持平台2017年报显示，2017年共新增投资案件数量405件，相较2017年同比增长57倍，同时也开始在批量案件投资上进行尝试，并取得了较好的效果。为安法务也在不良资产处置领域卓有建树，并在诉讼投资领域设立了道路救助专项基金，为交通事故受害人先期垫付医疗费用和诉讼费用。[③]同样，以不良资产处置为切入口的赢火虫法律金融则宣称在2017年实现了600城律所联盟和超过20000律师的加盟。[④]除了以上分别起步于北京、上海、深圳的行业先行者之外，新的类似模式的资助方也如雨后春笋般不断地出现在诸多省级中心城市，例如武汉、长沙、成都、广州。而大型机构也在纷纷通过在上述城市设立了分支机构或招募业务合伙人进行市场开拓。

3. 第三方资助中国式解读

（1）第三方资助的基本模式

对于狭义的无追索权的第三方资助来说，其募集资金主要有两种方式：自有资金投资和设立专项投资基金。现阶段国内的第三方资助者募集资金的主流模式依然还是股权融资。

---

① 庞哲："费用担保制度在中国的借鉴"，载《知识经济》2010年第22期，第34页。

② 陈挚："第三方资助仲裁中的担保费研究"，载《中国"法律+资本"创新及探索》，中国法制出版社2017年版，第107页。

③ 参见搜狐财经："为安全国道路交通救助基金项目简介"，载http://www.sohu.com/a/161977977_481839，访问时间：2018年2月20日。

④ 参见赢火虫法律金融官方网："拥抱2018，我们有更多的期待"，载https://www.winhc.cn/news_yhc/newsDetail_yhc/286，访问时间：2018年2月20日。

同时，不论是依赖自身的法务团队，还是借助外部律师、专家顾问，资助方原则上都会对案件进行预先的评估分析。[①]在进行评估时，资助方会主要关注以下三项要素：案件本身的投资价值、案件本身的胜诉可能性和各方当事人的财务状况。[②]

就资助方介入的时间节点而言，除了可以全盘资助尚未申请仲裁的案件，也可以资助已进入仲裁程序中的案件，甚至可以就国内裁决的执行和境外裁决的承认执行进行资助。现阶段实践中，笔者发现对境外裁决的承认执行对于本土资助方具有很强的吸引力和较大的市场需求。同理，仲裁案件中资助方选择的资助对象也不仅限于仲裁申请人，被申请人甚至执行程序中的被申请人也会成为潜在的被资助方。

就投资回报而言，尽管不同的第三方资助者针对案件的回报条件和计算方式会根据具体案件各不相同，但基本上可分为两种模式：最终权益提成比例和投资本金倍数。[③]前者的提成比例在10%—50%不等，后者一般在3—10倍，其中也存在超过上述上限的特殊情况。

（2）资助协议的效力和安排

从协议的架构和要素来看，资助方与被资助方签署的资助协议并非《中华人民共和国合同法》（以下简称《合同法》）中的有名合同。当然，现行法律并未禁止此类协议，且其也没有落入《合同法》所规定的合同无效情形。[④]与风险代理委托代理协议进行类比，此类以"先期支付费用，后期获得回报"为主要特征的资助协议并不会触及公共利益。但是也有观点认为，私法领域才遵循"法无禁止即可为"原则，而在公法领域应当坚持"法无授权即禁止"。由于仲裁涉及了公法领域，也涉及社会秩序、公共利益，因此需要注意公法领域的价值取向，而非仅考

① 郭晓文："'第三方资助诉讼'的缘起和发展"，载《中国"法律+资本"创新及探索》，中国法制出版社2017年版，第15页。

② Niccolo Landi, Chapter II: The Arbitrator and the Arbitration Procedure: Third Party Funding in International Commercial Arbitration–An Overview in Christian Klausegger, Peter Klein, et. al. (eds), Austrian Yearbook on International Arbitration 2012, Austrian Yearbook on International Arbitration, Volume 2012.

③ 胡宪："赌徒天堂还是投资者沃土——第三方资助仲裁中的投资者视角"，载《第十届仲裁与司法论坛优秀论文集》，第207页。

④ 王徽、黄潋、叶珊珊、张鸽："法律与资本：第三方资助仲裁前景研究"，上海自贸区第四期法律适用调研项目，第25页。

虑私法领域中的权利。[①] 在此基础上，资助协议的效力仍存在一定的不确定性。

另一潜在的问题在于，资助协议是否与委托代理协议类似，使得被资助方享有合同的任意解除权，而这也被视为实行风险代理收费的律师最大的风险点之一。一旦委托人违约解除代理合同，除非代理律师可以证明委托人是与对方当事人存在恶意串通的情况，否则只能依据《合同法》第 410 条举证证明相应的损失。并且司法实践中也存在诸多案例支持了此类不利推定，这样的举证责任安排显然有违风险代理的本质目的。不过，从学理上很难将第三方资助这种模式认定为委托代理关系，毕竟资助方除了代被资助方处理事务以外，还要以“无追索权”的方式投资案件前期相关费用。资助协议本质上也应归属于《合同法》明文规定的 15 类合同之外的无名合同，故而享受极大程度的缔约自由和意思自治。

至于资助协议内的资方控制条款，则存在一些争议。资助方对被资助方最主要的控制在于对律师的控制和对当事人和解、调解权利的限制。[②] 前者一般是行业惯例，也多为了确保资助方本身的利益实现，资助方会向被资助方推荐合适的律师团队，甚至可以约定获取当事人的排他性委托授权，代替其委任律师团队，并在之后的仲裁流程中代为行使当事人的意志。[③] 后者依据不同法域对于资助方的规管程度而异，在部分规管较为严格的国家可能会因妨碍当事人的程序权利而存在不利后果，甚至存在因“加重了当事人的诉讼风险，不利于社会和谐与社会公共利益”而成为《合同法》第 52 条“损害社会公共利益”从而导致合同无效的事由。[④] 但本质上，限制和解条款的目的在于防止当事人做出不利于资助方的冲动妥协行为，根本上并不妨碍当事人合理行使和解权。[⑤] 尤其是考虑到投资周期，相当多有资助方参与的仲裁案件最终都是在资助方的指导下以和解结案，在这种情况

---

① 王徽、黄潋、叶珊珊、张鸽：“法律与资本：第三方资助仲裁前景研究”，上海自贸区第四期法律适用调研项目，第 30 页。

② 曹慧婷：“第三方资助的发展及投资者行为介绍”，载《中国“法律 + 资本”创新及探索》，中国法制出版社 2017 年版，第 46 页。

③ Edouard Bertrand, The Brave New World of Arbitration: Third Party Funding, ASA Bulletin, Kluwer Law International 2011, Volume 29.

④ 参见最高院（2017）最高法民申 2833 号民事裁定书，上海市弘正律师事务所诉中国船舶及海洋工程设计研究院服务合同纠纷二审案，载《中华人民共和国最高人民法院公报》2009 年第 12 期（总第 158 期）。

⑤ 张光磊：“第三方诉讼融资：通往司法救济的商业化路径”，载《中国政法大学学报》2016 年第 3 期，第 32 页。

下当事人的权益获得了有力保障，同时也节省了双方的争议解决成本。[①]

实务中，资助协议中双方的争议解决条款选择仲裁的比例较高，这也可能与当前我国各级人民法院对于第三方资助的模式了解较少有关。此外，仲裁尊重当事人自治和“一裁终局”的优势也让其获得了更多资助方的青睐。

（3）披露及利益冲突

仲裁界对于第三方资助最大的担忧在于其参与仲裁程序可能会导致利益冲突。这里提到的利益冲突可能存在于两个层面：

第一是相对于仲裁员的利益冲突，即指组庭之后的仲裁员，不论是由一方指定还是双方共同指定，抑或是仲裁机构直接委任，都要避免出现“与仲裁参与人有利害关系，并足以影响仲裁员公正独立作出裁决”的情形。如存在上述情形，仲裁员有义务自行或在当事人申请下进行回避。引入第三方资助后，仲裁员的利益冲突情形可能会更加复杂。举例说明，如果在某一案件中，仲裁员是某一律师事务所的合伙人，而当事人一方的第三方资助者恰恰与该律师事务所在业务上经常合作。此时，虽然该名仲裁员与当事人之间并不存在任何利益关系，但出于其自身律师事务所与第三方资助者的长期合作，该仲裁员往往会更希望该第三方资助者所资助的当事人胜诉，以保障该第三方资助人可以正常获得应有的收益。在这种情况下，仲裁员在审理、裁决案件的过程中往往会产生一定的偏向性，影响仲裁程序的有序公正。[②] 但考虑到仲裁庭广泛的自由裁量权，在一方当事人请求下要求被资助方一定程度上对资助协议进行披露并未超出其权限范围，且在一定程度上有利于之后仲裁庭自我评估是否有利益冲突的情形存在。[③]

与仲裁员有关的利益冲突一般都是通过立法和仲裁规则加以规范，例如国际律师协会在其《国际律师协会利益冲突指引（*IBA Guidelines on Conflicts of Interest in International Arbitration*）2014修订版》（以下简称《IBA利益冲突指引》）中加入了关于第三方资助者的定义和相应的披露并回避的具体要求，[④]《第

---

① 胡宪：“赌徒天堂还是投资者沃土——第三方资助仲裁中的投资者视角”，载《第十届仲裁与司法论坛优秀论文集》，第208页。

② 陈鲁明、陈雨葳：“浅议第三方资助模式下仲裁员利益冲突的新形式”，载 http://www.junhe.com/law-reviews/139，访问时间：2018年2月20日。

③ 章曦：“论国际仲裁中的第三方融资及投资人的自我监管”，载《北京仲裁》2015年第3期，第124页。

④ IBA Guidelines on Conflicts of Interest in International Arbitration, Explanation to General Standard 6，General Standard 7.

三方资助仲裁指引》中4.1条和4.2条，《贸仲投资仲裁规则（试行）》第27条也从不同角度规定了当事人和仲裁员的披露义务。一般来说，中国法和主要机构规则对于仲裁员利益冲突的界定是比较宽泛的，这在一定程度上有利于在原有框架中进一步纳入第三方资助中各方的披露义务，但也缺乏像《IBA利益冲突指引》此类明确的操作规范。同时，这类规则对不遵守披露义务或不知晓披露事由的相关方也缺乏强制性要求和相应的不利后果。[①] 除非有足够的证据证明，资助方对于与被资助方合谋导致了影响仲裁庭的独立公正性并侵害被资助方的合法权益的后果，相应的裁决才可能被撤销或不予执行。除此之外，则缺乏相应前端的救济措施。

第二是存在于资助方和被资助方之间的利益冲突。例如，资助方先前的主要客户是大型金融机构，则其应当尽量避免资助针对这些金融机构提起的仲裁。当然，在这种情况下的利益冲突与法律或律师执业守则中规定的律师事务所利益冲突不同，其纯粹是基于商业上的考量，具体的实施也因资助方的实力而异。对于此类利益冲突，因其基本不存在影响仲裁程序的不利后果，应当更多地通过资助方自律或形成合理的行业规则从而得以有效化解。

（4）特权和保密性

法律特权（Legal Privilege）这一概念对于纯粹中国法背景的当事人及律师来说略显陌生。虽然《中华人民共和国律师法》（以下简称《律师法》）第38条原则上规定了律师在执业活动中为当事人保密的义务和相应的例外，但尚未涉及客户—律师特权这一高度。其背后的原因在于，中国法下不论是诉讼还是仲裁，都只存在证据交换而缺乏系统性的证据开示或证据披露制度。[②] 尽管2015年3月施行的《中国国际经济贸易仲裁委员会证据指引》中参照《国际律师协会国际商事仲裁中的取证规则（*IBA Rules on the Taking of Evidence in International Arbitration*）》的基本思路允许有限度的证据披露，但并未涉及特权的相关概念和限度。在实务中，仲裁庭应一方的请求要求另一方主动提供对其存在不利影响的证据的情形也是较为罕见的，但原则上第三方资助者与被资助方进行的法律意见的沟通应当算作特权保护的范围。同理，第三方资助在中国也基本较少触及特权问题，但相应的保密问题却足以引发新的问题和担忧。《北京仲裁委员会仲裁规则》第25条第

---

① 王琳：“国际商事仲裁第三方资助法律问题研究”，载《法制博览》2016年第31期，第5页。

② Annex to the Draft Report for Public Discussion of the ICCA-Queen Mary Task Force on Third-Party Funding in International Arbitration, p.27.

2款就规定："不公开审理的案件，当事人及其代理人、证人、仲裁员、仲裁庭咨询的专家和指定的鉴定人、本会的有关人员，均不得对外界透露案件实体和程序进行的情况。"但显然第三方资助者在此项下并非义务承担方，如果被资助方对资助方透露了案件的进行情况（假设资助方未实际参与庭审），是否要承担相应的责任？与此同时，此类披露又是资助方进行案件管理和风险控制的必由之路。此外，第三方资助者本身对于当事人提供的信息能否做到完全保密也仅仅依靠自律和个人操守，实践中仍不乏存在资助方借资助或筛选律师为由进行案源公开与基本信息披露。

4. 与第三方资助相关的其他替代性争议融资方式

在中国的司法实践中，案件的外部融资是非常常见的。存在融资需求的当事人，往往可以在第三方资助之外进行其他融资方式的选择。这些方式主要有诉讼（仲裁）借贷、律师融资、法律费用保险和诉权转让。这些替代性的融资方式都有其特有的优势和局限性，也受到不同层面的规制。例如，律师融资在中国法项下也称为"风险代理"，即律师在不收取或仅收取基本前期费用的条件下对案件进行代理，按照最终判决或裁决确定的财产性权益的一定比例或条件进行收费。国家发改委和司法部于2006年共同制定颁布了《律师服务收费管理办法》。其中第11条至第13条针对的便是律师风险代理的收费方式，其中规定了风险代理的适用范围、禁止范围、代理程序和回报的最高比例。但近几年这一比例的上限也在某些省市获得了突破，提高到了50%。[①] 在实践中，甚至存在律师事务所也采取类似第三方资助的模式，帮助当事人预先支付诉讼费。[②] 同时，虽然替代性融资方式与第三方资助互为竞争关系，但在一定条件下也会见到二者的有机结合。以法律费用保险为例，鼎颂商事争议解决支持平台与平安保险合力推出了"深知保"专利保险，在对拟起诉专利进行评估后，支付前期维权费用，协助权利人提前兑付保险权益。[③] 为安法务金融与阳光财产保险股份有限公司、安心财产保险有限责任公司合作共同开发了一款互联网诉责险产品，

① 参见《福州市律师服务收费指导标准（试行）（2017年9月24日修订）》《厦门市律师服务收费指导意见（试行）2017年8月8日修订》。

② 康浩律师事务所网："诉讼金融"，载 http://www.kanghaolawoffice.com/blog/teem1.html，访问时间：2018年2月20日。

③ 肖扬："'深知保'护航小微企业自主创新"，载中国金融信息网：http://www.financialnews.com.cn/bx/jg/201709/t20170911_124319.html，访问时间：2018年2月20日。

为客户提供一站式诉责保险服务。[①]

（三）其他热点事件

1. 中国拟筹建国际争端预防和解决中心

为妥善解决“一带一路”实施过程中所产生的国际争端，中国正在加紧探索“一带一路”国际争端解决机制和机构的建立。2017 年，来自法院、政府部门、各大高校、律所及企业界的专家学者广泛积极地参与探讨和研究[②]。

2018 年 1 月 23 日，中央深化改革领导小组审议通过了《关于建立“一带一路”争端解决机制和机构的意见》，其中指出：“建立‘一带一路’争端解决机制和机构，要坚持共商共建共享原则，依托我国现有司法、仲裁和调解机构，吸收、整合国内外法律服务资源，建立诉讼、调解、仲裁有效衔接的多元化纠纷解决机制，依法妥善化解‘一带一路’商贸和投资争端，平等保护中外当事人合法权益，营造稳定、公平、透明的法治化营商环境。”[③]

同日，中国国际贸易促进委员会法律事务部主办、中国社会科学院国际法研究所承办的国际争端预防与解决中心系列课题开题报告在京举行[④]。与会专家就筹建国际争端预防与解决中心相关的多个课题进行了探讨[⑤]。该中心如果成立，将对“一带一路”所涉及的商贸争议和投资争端提供预防、调解及仲裁服务。

2. 投资仲裁成热门领域

随着越来越多的中国企业参与海外投资，投资仲裁于 2017 年在中国获得了更

---

① 搜狐金融网：“为安联合阳光产险推出先函后费的诉责险服务”，载 http://www.sohu.com/a/156609769_481839，访问时间：2018 年 2 月 20 日。

② 参见武汉大学新闻网：“学者聚焦‘一带一路’国际争端解决机制”，载 http://news.whu.edu.cn/info/1002/50028.htm，访问时间：2018 年 1 月 30 日。

③ 参见中国一带一路网：“中央深改组会议审议通过《关于建立‘一带一路’争端解决机制和机构的意见》”，载 https://www.yidaiyilu.gov.cn/xwzx/roll/45584.htm，访问时间：2018 年 1 月 30 日。

④ 参见中国法学网：“国际争端预防与解决中心系列课题开题报告会在京举行”，载 http://www.iolaw.org.cn/showNews.aspx?id=63184，访问时间：2018 年 1 月 30 日。

⑤ 开题报告会中提及的研究项目包括“国际争端预防与解决中心国际调解规则设计研究”“‘一带一路’沿线重点国家及主要国际争端解决组织规则及治理结构比较研究”“国际争端预防与解决中心投资者与东道国争端解决机制规则范本研究”“国际争端预防与解决中心商事仲裁规则范本研究”“国际争端预防机制”。

多的关注，成为了热门领域，以投资仲裁为主题的研讨会相继召开[①]，如前文所述，继深圳国际仲裁院2016年新版仲裁规则将投资仲裁案件纳入受案范围之后，贸仲于2017年9月19日发布了《贸仲投资仲裁规则（试行）》，该仲裁规则是我国国内首部专门针对投资仲裁而设置的仲裁规则。此外，2017年9月，中国有9人[②]获任新一届ICSID调解员和仲裁员（任期六年）[③]，这意味着，中国已开始深度介入正处于争议和改革焦点的投资者与东道国投资争端解决机制。

3. 仲裁机构合并：深圳国际仲裁院与深圳仲裁委员会合并组建深圳国际仲裁院（深圳仲裁委员会）

2017年12月25日，深圳市机构编制委员会发布了《深圳市机构编制委员会关于优化资源配置整合设立仲裁机构的通知》（深编〔2017〕78号），决定将华南国际经济贸易仲裁委员会（深圳国际仲裁院）与深圳仲裁委员会合并为深圳国际仲裁院（深圳仲裁委员会），合并后的仲裁机构实行以理事会为核心的法人治理结构、市场化的用人机制和企业财务制度。

2018年1月8日，合并后的深圳国际仲裁院（深圳仲裁委员会）发布《深圳国际仲裁院（深圳仲裁委员会）关于机构合并事宜的公告》[④]，明确了在新的仲裁规

---

① 参见北仲官网："把握投资仲裁脉动助力行业研究互动记第七期金融法律实务论坛——投资仲裁热点透析研讨会"，载http://www.bjac.org.cn/news/view?id=2932，访问时间：2018年1月31日；北仲官网："聚焦投资仲裁热点拓展争议解决视野——'涉华投资仲裁的机遇与挑战'研讨会成功举办"，载http://www.bjac.org.cn/news/view?id=3017，访问时间：2018年1月31日；深圳国际仲裁院官网："ODI与FDI显著增长必将推动投资仲裁发展——第七届中国华南企业法律论坛实录稿（一）"，载http://www.sccietac.org/web/news/detail/1693.html，访问时间：2018年1月31日；深圳国际仲裁院官网："多家国际组织齐聚鹏城聚焦投资仲裁深圳规则"，载http://www.sccietac.org/web/news/detail/1690.html，访问时间：2018年1月31日。

② 他们分别是前WTO上诉机构大法官、清华大学教授、汕头大学教授张月姣女士，外交学院教授卢松先生，西安交通大学校长助理、法学院院长单文华先生，对外经济贸易大学法学院院长石静霞女士，澳门科技大学法学院院长曾华群先生，香港资深大律师郑若骅女士，中国国际经济贸易仲裁委员会副秘书长李虎先生，北京市环中律师事务所主任王雪华先生，以及原商务部条法司司长、律师张玉卿先生，其中张月姣女士由ICSID主席指派，其余八人由中国政府指派。

③ 参见ICSID官网："MEMBERS OF THE PANELS OF CONCILIATORS AND OF ARBITRATORS"，载https://icsid.worldbank.org/en/Documents/icsiddocs/ICSID%2010%20-%20Latest.pdf，访问时间：2018年1月31日。

④ 参见华南国际经济贸易仲裁委员会（深圳国际仲裁院）官方网：http://www.sccietac.org/web/news/detail/1720.html，访问时间：2018年1月27日。

则和仲裁员名册实施之前，相关案件的受理安排[①]。

此次仲裁机构合并在我国仲裁历史上尚属首例，对于促进我国仲裁机构的专业化和国际化有着深远的影响。此外，由于历史的原因，我国部分仲裁机构的行政色彩较浓，导致当事人，尤其是境外当事人在选择我国仲裁机构时对于行政干预、内部操控、地方保护主义等因素存在顾虑，严重影响了我国仲裁机构、仲裁制度的公信力。合并后的深圳国际仲裁院（深圳仲裁委员会）仍然以 2012 年《深圳国际仲裁院管理办法（试行）》（深圳市政府令第 245 号）为运行依据，实行以理事会为核心的法人治理结构，坚持决策、执行、监督相分离，最大程度保证机构的公正性和独立性；此外，合并后的仲裁机构将采用市场化的用人机制和企业财务制度。这一系列重大举措标志着在多年的呼吁之后我国仲裁机构在去行政化、市场化、国际化的道路上迈出了实质性的一步，为我国仲裁机构的发展、仲裁资源的整合和优化提供了方向和参考。

五、总结和展望

2017 年是中国仲裁获得突破性进展的一年，其在中国仲裁发展历程中的重要程度不亚于 1994 年《仲裁法》的颁布和 2006 年《仲裁法解释》的实施。过去的一年，对仲裁的司法审查出现了诸多制度变革，《归口办理通知》明确了仲裁司法审查的专门业务庭，《报核规定》将内请制度升级为报核制度并扩张其适用范围，《司法审查规定》对实践中的诸多问题进行了明确，这些都体现了最高院作为中国最高审判机关认可仲裁的专业性、重要性并加大支持仲裁力度的司法态度，对于进一步营造友好仲裁的司法环境有着重要的助推和导向作用。

与此同时，自贸区临时仲裁从无到有，从制度到实践；投资仲裁方兴未艾，已成热门领域；仲裁中的第三方资助引业界热议，专业的第三方资助机构开始发

---

① 该公告规定："1. 当事人在仲裁协议中约定由'深圳国际仲裁院'、'华南国际经济贸易仲裁委员会'（或其前称）仲裁的，在仲裁院设于深圳证券交易所大厦的办公地点申请仲裁，暂适用现行有效的《深圳国际仲裁院仲裁规则》和《深圳国际仲裁院仲裁员名册》；2. 当事人在仲裁协议中约定由'深圳仲裁委员会'仲裁的，在仲裁院设于深圳市罗湖区中民时代广场的办公地点或原深圳仲裁委员会其他受案地点申请仲裁，暂适用现行有效的《深圳仲裁委员会仲裁规则》和《深圳仲裁委员会仲裁员名册》；3. 当事人在仲裁协议中约定由'深圳国际仲裁院（深圳仲裁委员会）'仲裁的，在仲裁院设于深圳证券交易所大厦的办公地点申请仲裁，暂适用现行有效的《深圳国际仲裁院仲裁规则》和《深圳国际仲裁院仲裁员名册》。"

展和壮大；仲裁机构出现首起合并案例，新型区域性仲裁组织（国际争端预防和解决中心）正在筹建。这些均表明，随着我国仲裁实践的不断丰富，仲裁理念的不断提升，我国仲裁制度的开放性和国际化程度得到了进一步增强。

我们有理由相信，随着中国经济的不断发展和开放程度的不断提升以及最高院出台的上述司法解释和司法文件的实施，与临时仲裁、投资仲裁有关的实践将更加活跃，中国的仲裁机构将进一步向专业化和国际化的方向发展，新型仲裁组织将产生并获得快速发展。人民法院在仲裁司法审查方面将继续加大支持仲裁的力度。仲裁第三方资助可能会进一步进行领域细分，资助模式也可能会进一步随着人工智能和大数据等新技术的产生和完善而实现跨维度的创新。总之，2018 年的中国仲裁必将精彩纷呈，朝着将中国建成具有全球影响力的国际仲裁中心的目标高歌猛进。

中国商事调解年度观察（2018）

费　宁[①]　蒋　弘[②]　刘　京[③]

一、概述

我国当前社会正处于转型期和战略机遇期。经济社会发展和利益格局的深刻调整导致了商事领域的矛盾纠纷数量激增。这是一个必然的社会历史现象。如何及时、公正、合理地解决纠纷和排解矛盾关系到国家的经济繁荣和长治久安。中国共产党第十八届中央委员会第四次全体会议提出，要通过完善调解、仲裁、行政裁决、行政复议、诉讼等有机衔接、相互协调的多元化纠纷解决机制，健全社会矛盾纠纷预防化解机制。2015 年 12 月，中共中央办公厅、国务院办公厅印发《关于完善矛盾纠纷多元化解机制的意见》，多元化纠纷解决机制改革进入了全面系统推进的新阶段。

在多元化纠纷解决机制改革中，商事调解扮演了重要角色。商事调解具有高度尊重当事人意思自治、方式灵活便捷、包容扩展性强、解决争议效率高效果好等优点，深受当事人欢迎，因此它既可以独立运作以定分止争，也可以与其他争议解决方式兼容而成为多元对接的亮点。

近年来，中国的立法、司法和行政机关以及相关的仲裁、调解机构非常重视商事调解工作，它们在政策支持、立法保障、规则规范、实践操作、协调引导等方面对商事调解给予了全方位的重视和支持。中国的调解工作除继续保持以往稳健发展的势头外，还在若干方面推陈出新，取得了可喜的成绩。

---

① 费宁，北京汇仲律师事务所执行合伙人。
② 蒋弘，北京汇仲律师事务所合伙人。
③ 刘京，北京汇仲律师事务所高级顾问。

在调解办案方面，人民法院和仲裁机构等专门争议解决机构近年来受理和审结的调解案件大幅度增加。2017 年，各级法院通过调解方式处理案件 1396.1 万件[①]，相比于 2016 年增长了 162.4%[②]。北京法院通过部分类型案件调解前置，2017 年 1 月至 10 月，全市法院多元调解导出案件量 241979 件，是 2016 年全年案件导出量（68763 件）的 3.5 倍，占同期一审民商事新收案总量的 62%；多元调解成功和速裁结案总量 126753 件，是 2016 年全年多元调解成功和速裁结案总量（20994 件）的 6 倍，占同期一审民商事结案总量的 38%。[③]2017 年，北京仲裁委员会/北京国际仲裁中心（以下简称北仲）调解结案案件数为 398 件，占总案件数的 11.2%，较 2016 年的 384 件，案件数增加了 14 件。其他专业调解机构或协调中心办理的调解案件数量虽尚无准确的统计数字，但调解案件总量增加是不争的事实。

随着市场经济的发展和商事调解制度建设的兴起，商事调解在新时代多元化争议解决机制中展现出了蓬勃的生命力和创造力，并日益被市场主体所认可。本文旨在回顾中国商事调解在过去一两年中的成就和发展，归纳总结中国商事调解在法制建设、制度建设、办案工作和理论研究等方面的新动向。

二、新出台的法律法规或其他规范性文件

2017 年是中国多元化纠纷解决机制建设落实深化的一年。在《关于完善矛盾纠纷多元化解机制的意见》（中办发〔2015〕60 号）和《最高人民法院关于人民法院进一步深化多元化纠纷解决机制改革的意见》等政策意见的指引下，全国上下更新理念、统一认识、统一资源、整合力量、狠抓落实，着力推动多元化纠纷解决机制的建设。商事调解作为多元化纠纷解决机制的重要组成部分，在制度建设和规范建设等方面展现出了自身的特点。

（一）多元化纠纷解决机制是社会经济发展规划的组成部分

2018 年 1 月 23 日，中央全面深化改革领导小组第二次会议审议和通过了

---

① 中国法院网：“周强：深化司法体制改革，促进审判体系和审判能力现代化”，载 http://www.chinacourt.org/article/detail/2018/03/id/3225053.shtml，访问时间：2018 年 3 月 9 日。

② 最高人民法院（以下简称最高院）：“最高人民法院工作报告”，载 http://www.court.gov.cn/zixun-xiangqing-37852.html，访问时间：2018 年 3 月 9 日。

③ 统计数据详见胡仕浩、龙飞、马骁，“多元化纠纷解决的中国趋势”，载《人民司法》2018 年第 1 期。

《关于建立“一带一路”争端解决机制和机构的意见》等重要文件。会议强调，建立“一带一路”争端解决机制和机构，要坚持共商共建共享原则，依托我国现有司法、仲裁和调解机构，吸收、整合国内外法律服务资源，建立诉讼、调解、仲裁有效衔接的多元化纠纷解决机制，依法妥善化解“一带一路”商贸和投资争端，平等保护中外当事人合法权益，营造稳定、公平、透明的法治化营商环境。

国务院多次在通知、批复等文件中强调商事调解机制的建设。2017 年 1 月 12 日，国务院发布了《国务院关于扩大对外开放积极利用外资若干措施的通知》，提出了“健全并加强知识产权执法、维权援助和仲裁调解工作。加强知识产权对外合作机制建设，推动相关国际组织在我国设立知识产权仲裁和调解分中心”。商务部、工商总局、国家知识产权局、国家版权局等按职责分工负责。

2017 年 3 月 15 日，国务院印发了一系列关于在湖北、浙江、辽宁、河南、四川、陕西、重庆建设自由贸易试验区的方案的通知。这些通知明确提出了“对涉及自贸试验区投资贸易等商事案件，建立专业化审理机制”“鼓励金融行业协会、自律组织独立或者联合依法开展专业调解，建立调解与仲裁、诉讼的对接机制，加大对金融消费者维权的支持力度”等卓有远见的意见。

2017 年 6 月 25 日，国务院批复同意了北京市人民政府的《深化改革推进北京市服务业扩大开放综合试点工作方案》，该批复提出了“完善多元化商事争议解决体系。强化市场主体自治和行业自律，充分发挥商协会及商事纠纷专业调解机构在商事纠纷解决中的作用。建立健全公开、公正、透明的纠纷解决机制，支持国际知名商事争议解决机构在北京设立代表机构，鼓励市场主体通过平等协商、第三方调解、商事仲裁、诉讼等多种方式解决纠纷”。

从上述决定、通知、批复和意见中可以看到，中央政策和法规层面上对商事调解工作非常支持，尤其是将商事调解等纠纷解决机制的建设作为自由贸易试验区建设、“一带一路”倡议等事关全局的整体方案的有机组成部分。这表明我国在制度层面将多元化纠纷解决机制建设放在首位，体现了国家对商事调解之于法治化营商环境重要作用的认可和重视。国务院甚至提出了支持、推动相关国际组织在我国设立“代表机构”“调解分中心”，我国商事调解工作开始呈现全面开放和国际化的趋势。

（二）司法机关积极推动调解工作

1. 律师调解试点稳步推进

2017 年 9 月 30 日，最高院、司法部联合发布《关于开展律师调解试点工作的意见》（以下简称《试点工作意见》），在北京、黑龙江、上海等 11 个省（直辖市）开展律师调解试点工作。这是最高院、司法部进一步落实中共中央办公厅、国务院办公厅《关于完善矛盾纠纷多元化解机制的意见》的又一重要司法改革举措。

《试点工作意见》明确了律师调解的四种工作模式。一是在人民法院诉讼服务中心、诉调对接中心设立律师调解工作室。二是在地方公共法律服务中心设立律师调解工作室。三是在地方律师协会设立律师调解中心。四是在有条件的律师事务所设立调解工作室，可以将接受当事人申请调解作为一项律师业务开展，也可以承接人民法院、行政机关移送的调解案件。

律师调解是社会化调解的重要组成部分，而律师调解最重要的特点就是其专业性。律师作为职业化的法律服务工作者，具有法律专业知识和实践优势，因此律师调解在商事纠纷等专业性强的领域大有可为。职业律师加入社会化调解队伍，能够满足市场对调解服务专业化、规范化日益增长的新需求，有助于提升社会化调解的公信力，也必将促进商事调解的进一步发展。

2. 最高院对多元化纠纷解决机制的探索

近年来，最高院在构建多元化纠纷解决机制方面一直在积极探索、试点，取得了不俗的成绩。

2017 年 2 月 16 日，最高院召开了全国法院深入推进多元化纠纷解决机制改革大会。会议介绍了试点、示范法院在深入推进多元化纠纷解决机制改革的试点创新中的成果经验。最高院副院长李少平在讲话中总结了各地法院推进多元化纠纷解决机制中的主要经验：（1）加强制度建设，促进多元化纠纷解决机制规范化；（2）加强平台建设，推进纠纷一体化解决；（3）提高各项对接程序质效；（4）加强诉调对接，整合力量共同推进改革；（5）创新在线调解，发挥先进技术支撑作用；（6）完善配套保障，提升资源配置水平；（7）推进立法，推动多元化纠纷解决机制改革法治化。此次经验交流会对于各级法院积极借鉴成功经验作用重大。

2017 年 8 月 4 日，最高院印发《关于进一步加强金融审判工作的若干意见》（以下简称《意见》），提出要有效引入外部资源，探索完善金融证券、期货和保险行业纠纷的多元化纠纷解决机制。该《意见》还提出促进金融纠纷依法、公正、高效解决，有效维护各方当事人的合法权益。

3. 地方法院出台的实施细则

2017 年 5 月 3 日，上海市第一中级人民法院推出《上海市第一中级人民法院商事多元化纠纷解决机制实施细则》（以下简称《实施细则》）。《实施细则》是上海市第一中级人民法院为进一步深化商事纠纷特别是涉自贸区案件多元化纠纷解决机制的探索，将对化解金融纠纷起到积极的效果。《实施细则》加强了诉讼与非诉讼纠纷解决机制的衔接，规范了委派调解和委托调解案件管理、商事调解有偿服务、诉前调解、以诉讼费用经济杠杆作用推动调解等。《实施细则》“明确把为商事纠纷主体提供有偿服务列入其中”。①

值得关注的一点是，深圳前海合作区人民法院设立了全国首个“一带一路”国际商事诉调对接中心，并制定了《前海“一带一路”国际商事诉调对接中心工作规程》，为域内外商事主体提供便捷高效权威的纠纷化解服务。

（三）各地方政府做出的努力

在党和国家政策指引下，为了进一步规范和促进多元化解纠纷工作，各省市立法机关相继将制定多元化解纠纷条例列入立法计划。

2016 年 7 月 22 日，山东省人大常委会表决通过了《山东省多元化解纠纷促进条例》，这是国内第一部关于完善纠纷多元化解机制、促进纠纷多元化解工作的综合性省级地方法规，具有开创性意义。②

2017 年 10 月 13 日，黑龙江省人大常委会通过了《黑龙江省社会矛盾纠纷多元化解条例》（以下简称《条例》）。《条例》对仲裁机构、行业协会、商会等机构从事商事调解作出了规定，并且允许开展有偿的商事调解。公证机构、商事调解组织、律师事务所调解纠纷，可以按照争议标的金额或者调解时长收取调解费，但应当在受理前征得当事人同意。

2017 年 11 月 24 日，福建省人大常委会通过了《福建省多元化解纠纷条例》。提出“鼓励商会、行业协会、民办非企业单位或者具有相应资质的专业机构设立商事调解组织。经济纠纷当事人可以根据调解达成的仲裁协议或者仲裁条款，向选定的民商事仲裁委员会申请确认调解协议的效力”。

（四）仲裁机构制定的仲裁规则

2017 年 9 月 12 日，中国国际贸易促进委员会（以下简称中国贸促会）通过了《中国国际经济贸易仲裁委员会国际投资争端仲裁规则（试行）》（以下简称

---

① 张巍：“一带一路”商事调解的上海实践，载《人民法院报》2017 年 7 月 28 日，第 5 版。

② 新浪司法：“山东出台国内第一部省级关于多元化解纠纷促进条例”，载 http://finance.sina.com.cn/sf/news/2016-07-27/161838875.html，访问时间：2018 年 1 月 17 日。

《投资仲裁规则》)。这是中国仲裁机构第一部国际投资仲裁规则，将为中国企业解决对外投资争端提供保障。[①]《投资仲裁规则》将“仲裁与调解相结合”在第43条作出了专门规定，为在国际投资争议仲裁中运用调解方式解决纠纷制定了操作规范。

2016年12月1日起施行的《深圳国际仲裁院仲裁规则》第46条新增加了谈判促进，作为对和解和调解方式的补充。该条规定：“当事人可以对其争议自行达成和解，可以向仲裁院调解中心或仲裁院认可的其他调解机构申请调解，也可以向仲裁院谈判促进中心申请谈判促进。”值得注意的是，“谈判促进”包括调解，但又比调解有更为广阔的应用范围。

由珠海仲裁委员会制定的，2017年4月15日起施行的《横琴自由贸易试验区临时仲裁规则》是我国首部临时仲裁规则。该规则第37条和第38条将调解引入临时仲裁，规定临时仲裁庭可以根据当事人的请求对案件进行调解，通过调解达成的和解协议可以由仲裁庭按照和解协议的内容作出裁决书或者调解书结案。

2017年9月19日，由仲裁机构、高等院校、律师协会、仲裁员协会以及互联网技术企业等共同组成的中国互联网仲裁联盟发布《临时仲裁与机构仲裁对接规则》。其中，第16条也规定在临时仲裁中当事人可以请求仲裁庭进行调解。第21条规定当事人还可选择将临时仲裁与机构仲裁进行对接。因此，依据该规则，如果确有必要，临时仲裁中仲裁庭按照当事人达成的和解结果作出的裁决书或调解书，可以转化为仲裁机构作出的裁决书或者调解书。

三、商事调解行业整体发展情况

（一）商事调解机构的发展情况

1. 自贸区调解机构发展情况

2017年，伴随着全国各地自由贸易试验区的大发展，商事调解作为自贸区多元化解决争端的重要机制之一继续受到重视。事实上，调解在各试验区条例中获得了明确的支持和鼓励，如2017年12月27日通过的《中国（浙江）自由贸易试验区条例》第55条规定：“支持自贸试验区发展专业化、国际化的律师、仲裁、调解、鉴定等法律服务机构，支持境内外高端法律服务人才在自贸试验

① 新华网：“中国首部国际投资争端仲裁规则出炉”，载 http://news.xinhuanet.com/world/2017-09/19/c_1121688265.htm，访问时间：2018年1月22日。

区依法开展专业法律服务。"《中国（天津）自由贸易试验区条例》第54条亦有类似的规定。

2017年，不仅中国贸促会在浙江、陕西、天津、广东等自贸区陆续建立服务中心，各地亦大力自主开展商事调解机构的建设和创新。2017年5月31日，厦门港航调解中心揭牌成立，并已在试运营期间化解多起纠纷。该中心将主要承担厦门港辖区范围内涉港、涉航民事纠纷调解工作。① 2017年5月3日，福州马尾区自贸区法庭挂牌成立自贸区知识产权（涉台）保护调解中心，提升法院与工商联、执法、台办、侨办等部门诉调对接效率。②③

2. 前海"一带一路"国际商事诉调对接中心在深圳揭牌④

2018年1月7日，全国首个"一带一路"国际商事诉调对接中心在深圳前海企业公馆揭牌。此中心是前海法院专门负责国际商事纠纷多元化解决相关工作的机构。通过此中心，前海法院与深圳国际仲裁院、前海"一带一路"法律服务联合会等多家境内外调解机构建立合作关系，通过加强与跨境商事调解仲裁的对接，发挥域外特邀调解员作用，完善涉外纠纷中立评估机制，拓展信息化涉外纠纷解决方式。随着"一带一路"倡议深入展开，可以预见，在未来会有更多针对一带一路商事纠纷的调解机制及机构成立。

3. 证券期货调解中心发展迅速

自2016年5月25日最高院、中国证券监督管理委员会发布《关于在全国部分地区开展证券期货纠纷多元化解机制试点工作的通知》并开展证券期货等资本市场纠纷调解组织试点工作以来，相关证券期货试点调解中心获得了迅速的发展，成果显著。

其中，广东中证投资者服务与纠纷调解中心从2015年4月成立至2017年10月31日共受理调解案件1257件，调解成功973件，调解成功率为77.4%⑤；深圳

---

① 厦门日报："厦门港航调解中心挂牌成立"，载 http://epaper.xmnn.cn/xmrb/20170601/201706/t20170601_5077932.htm，访问时间：2018年2月18日。

② 马尾法院网："马尾法院自贸区法庭扎实推进多元化纠纷解决机制工作"，载 http://mwfy.fzcaw.cn/html/25/2017-11-20/1144083241.shtml，访问时间：2018年2月18日。

③ 中国（福建）自由贸易试验区网："福州自贸片区知识产权调解中心正式挂牌成立"，载 http://www.china-fjftz.gov.cn/article/index/aid/6137.html，访问时间：2018年2月18日。

④ 第一财经："中国将在北京、西安、深圳设全新国际商事法庭"，载 http://www.yicai.com/news/5395142.html，访问时间：2018年1月25日。

⑤ 广东证监局、广东证券期货业协会、广东中证投资者服务与纠纷调解中心："证券期货基金调解案例汇编"，载 http://www.gdism.org/WebSite/19/news/2557.html，访问时间：2018年1月7日。

证券期货业纠纷调解中心从2013年至2016年正式受理调解案件总计430件，总调解成功率为75.3%。[①][②] 中证中小投资者服务中心（以下简称投服中心）2017年共完成调解案件为1907件，较2016年增长了250%，调解成功案件数为1661件，较2016年增长了340%，调解成功率达87.1%，和解金额更是达到3.64亿元（指人民币，下同），较2016年增长了1400%[③]。此外，投服中心还积极与法院、与仲裁机构等寻求合作：于2017年10月12日与北京市第一中级人民法院签订《关于加强证券期货纠纷诉调衔接工作的合作协议》[④]；于2017年11月2日与北仲签署了《中证中小投资者服务中心与北京仲裁委员会仲调对接合作框架协议》[⑤]。

（二）商事调解学术会议与培训

1. 国际调解高峰论坛

由中国贸促会和杭州市人民政府共同主办的2017年国际调解高峰论坛于2017年9月18日至19日在杭州召开。400余位法律专家、调解员、律师和企业代表参加了论坛[⑥]。论坛除设立“在线调解的国内外最新发展”“调解在国家法制化建设中的作用”“调解的成功案例分享”和“调解与国家多元化纠纷解决方式”等议题之外，还特别设置了“‘一带一路’国家战略中调解的比较优势”议题[⑦]。

① 上海证券报：“持续发挥‘四位一体’功能 深圳推进 证券期货业纠纷调解显成效”，载http://news.cnstock.com/news,jg-201702-4037483.htm，访问时间：2018年1月7日。

② 证券时报网：“深圳调解中心：‘证券期货纠纷调解诉求上升’”，载http://www.stcn.com/2016/0718/12798476.shtml，访问时间：2018年1月7日。

③ 中证中小投资者服务中心：“投服中心2017年度调解工作总结”，载https://q.eqxiu.com/s/3jFbb5Id，访问时间：2018年2月20日。

④ 投服中心：“投服中心携手北京一中院推动证券期货纠纷 全链条多元化解”，载http://mp.weixin.qq.com/s/wIrj8qDtBLOpWtSv8rnd_Q，访问时间：2018年2月20日。

⑤ 投服中心：“证券调解效力保障机制实现‘三位一体’全覆盖 —— 投服中心携手北京仲裁委首次建立仲调对接机制”，载https://mp.weixin.qq.com/s/clB2ooZ8uvA8Bmzh1qT9GQ，访问时间：2018年2月20日。

⑥ 新浪司法：“2017年国际调解高峰论坛在杭州成功举办”，载http://news.sina.com.cn/sf/news/fzrd/2017-10-09/doc-ifymrcmm9464031.shtml，访问时间：2018年1月18日。

⑦ 新浪司法：“2017年国际调解高峰论坛在杭州成功举办”，载http://news.sina.com.cn/sf/news/fzrd/2017-10-09/doc-ifymrcmm9464031.shtml，访问时间：2018年1月18日。

2. “湘潭杯”多元化纠纷解决机制改革论坛举行[①]

2017 年 9 月 28 日，由最高院多元化纠纷解决机制研究基地主办的“湘潭杯”多元化纠纷解决机制改革论坛在湘潭大学隆重举行。本次论坛亦开展了多元化纠纷解决机制理论研究征文活动，收录了全国法院系统、高校和社会共 873 篇投稿。论坛上，获奖作者与专家还就“调解前置程序改革及在线纠纷解决机制的创新”“律师调解、公证对接与‘一带一路’商事调解的实践发展”以及“多元化纠纷解决机制改革的制度保障”等议题进行了深入交流与讨论。

3. 中美商事调解和 ADR 研讨会[②③]

2017 年 9 月 28 日，由上海经贸商事调解中心（SCMC）和美国司法仲裁和调解服务公司（以下简称 JAMS 研究中心）共同发起举办的“中国商事调解的地位和作用”研讨会在上海经贸商事调解中心举行。本次研讨会的主旨是探讨中国的商事调解在助力经济全球一体化及“一带一路”建设进程中的地位和作用。

2017 年 10 月 16 日，SCMC 与 JAMS 研究中心共同主办的“ADR 服务的演变如何服务于跨境投资贸易——从中国视角”研讨会在美国纽约福特汉姆法学院举行，200 名中外人士出席了此次活动。本次研讨会分为两个部分，第一部分主要讨论中国 ADR 服务的演变；第二部分主要讨论在全球经济一体化进程下，中国的跨境企业如何利用 ADR 服务作为一种更为快捷、高效的争议解决手段。

4. 联合国贸易法委员会第二工作组（争议解决）会议

联合国国际贸易法委员会（UNCITRAL）（以下简称贸法会）第二工作组（争议解决）第 66 届和第 67 届会议分别于 2017 年 2 月 6 日至 10 日和 2017 年 10 月 2 日至 6 日在纽约联合国总部和维也纳联合国国际中心举行。北仲受邀作为观察员出席会议。在会议期间，北仲代表就以下议题发表意见：（1）就司法程序或仲裁程序过程中达成的和解协议的条文起草，发表意见认为此类文件应赋予某项争议解决方式足够的可执行预期，尽量简洁表述、限制实体审查。（2）就调解过程及调解人行为对执行程序的影响，发表意见认为：（i）调解示范法和目前文件在作用上有区别，调解示范法供各国规范本国行为，但公约涉及对域外执行，一国司

---

① 多元化纠纷解决机制：“‘湘潭杯’多元化纠纷解决机制改革论坛隆重举行”，载 https://mp.weixin.qq.com/s/KUufbaFHJEUKALg32xcvMw，访问时间：2018 年 2 月 18 日。

② 上海经贸商事调解中心：“‘中国商事调解的地位和作用’研讨会在沪成功举办”，载 https://mp.weixin.qq.com/s/7sMECglSmqfdAHyDbTHFXA，访问时间：2018 年 2 月 20 日。

③ 上海经贸商事调解中心：“中美调解机构在美联合举办的 ADR 服务研讨会”，载 https://mp.weixin.qq.com/s/sxuMgm-eAyEbgcPSFygA1A，访问时间：2018 年 2 月 20 日。

法机关如何审查他国调解人的行为是否不公平需要投入大量时间和精力，不光是调解人的压力，也是对当事人举证责任的加重，这与制度本身相违背；（ii）调解行为不同于裁判行为，不能照搬《纽约公约》的规定来规范和解协议的执行。同时，不当行为的标准具有很强的主观性，执行法院在审查中具有很大的自由裁量权，不利于和解协议的顺利执行。

5. 商事调解培训

在“一带一路”倡议下多元化解纠纷快速发展也对调解员的专业能力提出了更高的要求，商事调解培训为调解事业的进一步发展提供了重要的人才储备，并促进了各地区间的调解经验交流。2017 年 8 月 30 日至 2017 年 9 月 3 日，由 SCMC 和上海交通大学凯原法学院共同发起成立的凯声商事专业调解资格培训中心受香港大律师公会委托，在香港和深圳两地举办了为期五天的调解专业培训，培训内容包括内地与香港调解制度比较、商事调解中的法律思维、中国调解文化和心理学以及内地调解制度的新进展等。这是香港大律师第一次接受内地机构的调解培训。①

此外，投服中心分别于 2017 年 6 月 8 日至 9 日在长沙举行了第二期全国调解员业务培训班，来自全国 29 个省市的 132 位调解员参与此次培训，12 名“优秀调解员”受到表彰。本次会议期间还同步召开了投服中心全国各辖区调解合作座谈会，32 个辖区证监局相关部门负责人参加会议。②2017 年 11 月 15 日至 18 日投服中心第三期全国调解员业务培训班在青岛举行，同时，本期培训还组织了案例交流和调解现场模拟演练等课程。③

（三）在线调解平台的新发展④

2018 年 1 月，浙江“矛盾纠纷多元化解平台”正式上线运营，该平台在杭州西湖区网络法院的基础上将在线咨询、评估、调解、仲裁和诉讼五大功能有

① 上海经贸商事调解中心：“共融共通共同进步——香港大律师接受内地专业调解机构培训”，载 https://mp.weixin.qq.com/s/w4_PIBmFvkhsRyhh_kuuUw，访问时间：2018 年 2 月 20 日。

② 投服中心：“投服中心第二期全国调解员业务培训班在长沙举行”，载 https://mp.weixin.qq.com/s/OVpcXS44AWRG1ngGLUsmrg，访问时间：2018 年 2 月 20 日。

③ 投服中心：“投服中心第三期全国调解员业务培训班在青岛举行”，载 https://mp.weixin.qq.com/s/eSwBdeMTwngR1i3TJY-aSQ，访问时间：2018 年 2 月 20 日。

④ 法制网：“浙江推广在线矛盾纠纷多元化解平台”，载 http://www.legaldaily.com.cn/index/content/2018-01/09/content_7443823.htm，访问时间：2018 年 2 月 20 日。

机结合。

“矛盾纠纷多元化解平台”具有三个特性，即：解纷资源的集聚性、解纷能力的智能化和解纷流程的递进式。首先，该平台汇聚了浙江省各个条线、各个行业的优质解纷资源，既有人民调解、综治调解、法院特邀调解，又有行业调解、律师调解、仲裁调解等，截至本文写成共有12843名调解员、1445名咨询师、11家仲裁机构和104家法院进驻，为在线化解矛盾纠纷提供了强有力的资源支持。其次，该平台借助大数据技术的支撑，为当事人提供更加专业和有效的服务，如平台的评估功能，能够通过对上万份裁判文书的智能分析，客观评判诉讼风险，中立预估裁判结果，在24小时内为当事人提供评估报告，帮助当事人在纠纷进入诉讼之前科学选择调解和仲裁等方式解决纠纷。并且，平台还配备了解纷辅助机器人，在解决纠纷的过程中为解纷人员提供解纷策略、知识和技巧等指导，并能够推送调解话术、沟通技能、法律法规和案例指导，以及自动生成各类笔录、调解协议、调解日志、简式文书等功能，提升解纷人员的工作效率。另外，平台按照咨询、评估、调解、仲裁、诉讼的顺序逐级分层过滤，形成了漏斗型的矛盾纠纷解决模式，优化了矛盾纠纷解决流程，提高了矛盾纠纷的解决效率。

四、典型案例

（一）人民法院与一带一路国际商事调解中心诉调对接成功首案

【案例1】北京某公司（以下简称A公司）与沈阳某房地产开发公司（以下简称B公司）的金融借款纠纷[①]

【基本案情】

A公司（债权人）委托某银行向B公司（债务人）发放贷款1.62亿元，B公司以在建工程抵押、公司高管保证作为担保，但逾期未能还款。该案涉案标的大、当事人人数多、各方争议突出，且案件担保牵扯到对于779户居民在建工程和土地使用权等涉及民生的房屋产权和居住等基本权利的保障，导致案件审理工作疑难复杂。

---

① 一带一路国际商事调解中心：“一带一路国际商事调解中心调解成功首案”，载http://www.bnrmediation.com/Home/Article/detail/id/328.html，访问时间：2018年1月18日。

【调解过程】

本案由北京市第四中级人民法院（以下简称北京四中院）审理，经双方当事人同意，庭审阶段，北京四中院根据与一带一路国际商事调解中心（以下简称调解中心）签订的诉调对接协议委托该中心参与调解。调解中心结合本案复杂情况，委托拥有丰富金融、房地产、保险、证券经验的律师调解员主持本案调解。调解员在充分了解当事人各方利益诉求的基础上，依据案件证据，揣摩当事人心理，切身为他们着想，求得他们的利益共同点，并指出了旷日持久的诉讼对当事人各方及779户案外当事人都会造成较大的损失；北京四中院在调解中也多次组织开庭，促成双方当事人最终达成调解，债权人化解了不良资产的风险，债务人承诺及时履行债务。

【纠纷观察】

本案系一起金融借款案件，此类案件中原告多为银行等金融机构，风险预估能力强，在办理贷款等金融业务时手续较完备，起诉时往往能提供充分的证据，当事人双方对事实也没有太大的争议，故对于事实清楚、原被告均到庭的案件，宜尽量采取调解的方式解决争议，提高当事人的自觉履行率，缩短金融借款案件的审判周期。加之本案标的大，涉案当事人众多，若以审判解决纠纷，纠纷当事人对抗情绪强烈、可能引发群体性矛盾等问题，故若能以协商、谈判平衡各方利益，促使纠纷各方当事人达成纠纷实体解决、一次性解决，不仅可以减少诉累，节约纠纷解决成本，亦可在协商调解中，寻找纠纷整体解决方案，避免“判决难执行”现象的出现。

此外，本案是北京四中院与调解中心建立诉调合作后首次调解成功的案件，也是调解中心首例调解成功的案件。此案的成功调解为进一步推动发展多元化纠纷解决机制奠定了良好基础，也为推进“诉调对接”机制建设打造了示范样本。

传统上，我国的司法调解是对已经进入诉讼程序的案件进行调解，一般由主审法官或者由合议庭成员担任调解员，如果案件调解不成，则由主审法官及时判决。和传统的中国司法调解相比，域外司法实践中调解更多发生在纠纷进入诉讼程序之前，甚至在当事人立案时，法官就建议当事人进行调解。美国《联邦地区法院民事诉讼规则》第16条作出规定，法院可以促进和解调解为目的，要求所有的当事人举行一次庭前调解会议。这种调解往往是私人调解或由法院推荐的志愿者进行调解，一般由法官助理或者书记员担任，特殊情况下也会请私人调解员、志愿律师或者退休法官担任案件的调解员。在笔者接触和参与的国际仲裁程序中，也开始出现由仲裁员在开庭前询问当事方是否有调解意愿、安排当事方进行和解的情况，这也逐渐成为争议解决实践中的倾向和趋势。

近年来，随着我国各调解中心的建立和诉调对接模式在司法实践中越来越多的应用，越来越多的国内法院和调解中心在商事审判中开始积极探索建立多边多元纠纷解决合作机制。诉调对接既解决了第三方调解公信度不足的问题、规范了第三方调解程序、收费机制，也充分发挥了专业调解员的优势，提高了调解效率，满足了中外当事人纠纷解决的多元需求。

（二）自贸区法庭委托调解中心在线调解解决纠纷

【案例2】某荷兰供货商（以下简称A公司）与某风能设备公司（以下简称B公司）买卖合同纠纷

【基本案情】

上海自贸区荷兰供货商A公司与B公司签订《采购合同》，由A公司向B公司出售一批货物。A公司按约足额交付货物后，B公司经催告仍未履行其付款义务。A公司因此将B公司诉至自贸区法庭，要求支付拖欠货款并赔偿利息和全部保全费及诉讼费用。法院受案后，基于本案主体具有涉外元素，且属于典型商事案件，随即决定将案件通过诉前委托调解程序委托某专业商事调解中心进行先行调解。

【调解过程】

商事调解中心接受法院委托后与双方确认调解意愿，向A公司详释调解与诉讼之间优劣势，建议其接受调解，并询问若B公司愿意调解，A公司是否愿意继续调解。A公司提出以B公司有效的调解方案作为接受调解的前提。而B公司却提出由于地处不同城市，希望与A公司达成调解协议后才亲自到场签字。双方当事人在调解前期的拉锯战大大增加了调解的难度。

由此调解中心专门指定了在买卖合同领域具有丰富经验的商事调解员作为本案调解员。调解员根据两家企业不同的文化背景和理念以及公司运作模式的差异，充分考量了双方实际情况和诉求后确定采取在线调解模式先行与各方进行首次联席会议。借助现代化互联网手段，调解员在第一次联席会议初始就处理双方情绪问题，再处理实体问题，全面了解了双方显性诉求和隐性需求后，不断帮助双方逐步接近彼此心理预期，最后B公司当即表态认可案件事实与拖欠款项，并提出还款计划，但希望免除利息，愿意承担本案调解费。但A公司此时却提出由于中国与外国公司诉讼理念以及两国法系的差异，其外方负责人坚持主张要求对方承担律师费。调解陷入僵局后，调解员当即决定在接下来的调解中采取“背靠背”的单方会谈形式进行调解，避免双方进一步激化矛盾，随后调解员多次往返双方之间为双方进行中立性风险评估以及释法明理工作，并帮助双方进一步挖掘替代性方案。凭借着在线调解这一高效便捷的方式，并在调解员不放弃、坚持到底的调解下，双方最终以达成提前还款、免除利息与诉讼费这一和解结果，同时亲自到庭签署《调解协议》为本次调解画上了圆满的句号。

【纠纷观察】

本案法律关系简单、标的额不大，但由于当事方文化、法律背景不同、沟通不便造成了前后反复的态度，给调解工作造成了更多挑战。针对这一错综复杂的情况，自贸区法院委托商事调解中心先行调解。调解员凭借其专业和耐心迅速发现并锁定争议焦点、有效把握调解节奏与进展，面对僵局利用在线调解的优势耐心地使用“面对面”或“背靠背”的会谈模式进一步帮助双方剖析利弊，最终使双方利益逐步靠拢，达成一致。随着科技的发展与进步，一些传统的面对面调解方式也被互联网技术革新，在线调解是顺应时代发展的潮流趋势的产物，也是“大调解”格局下，多元纠纷解决机制发展的必然结果，原本跨地域、跨省市的案件，通过在线调解形式在当下得到迅速解决，在方便当事人的同时也帮助法院节约了司法资源，实现了案件分流。

（三）律师作为调解员发挥专业优势促成争议双方达成和解意向

【案例3】某传媒公司（以下简称A公司）与某文化发展公司（以下简称B公司）服务合同纠纷[①]

【基本案情】

传媒公司A公司与文化发展B公司签订《推广服务协议》，约定A公司为B公司提供传播服务。A公司依约履行合同义务，B公司对项目进行验收后，确认了最终应付的服务费用金额，但未支付服务费用。A公司将B公司诉至法院，要求其支付服务费用等共计100余万元及其相应利息。A公司和B公司还有其他13件类似纠纷，案件总标的额达600余万元。

【调解过程】

调解前，律师调解员厘清重点、作好预案：第一，本案为服务合同纠纷，相

① 案情基本信息来源于北京法院多元调解十大典型案例之四。

较于买卖合同，A 公司成本低、利润空间大，B 公司可能主张减少服务费用；第二，本案争议焦点为，A 公司是否依约履行合同义务，B 公司拒付费用的理由及尚欠服务费用的数额；第三，双方存在长期合作关系，具有一并调解的基础；第四，通知双方人员到庭，便于查明案件事实。

调解中，律师调解员区分层次有序调解：首先，着重阐明调解快捷、保密等优势，增强双方调解意愿；其次，B 公司不履行付款义务系因资金周转紧张所致而非故意拖延的情况，引导双方考虑长期合作关系，促进双方互相理解；再次，以面向未来的商业合作为愿景，围绕前期预案综合运用面对面、背对背的调解方式，促成双方同意就 14 件案件一并调解。经过反复沟通，在查明案件事实的基础上，双方达成一致调解意见：B 公司向 A 公司分期支付 90% 的服务费用。

【纠纷观察】

在当前"案件多法官少"的司法背景下，探索和确立律师调解制度已经成为了我国多元化纠纷解决机制构建中不可逆转的趋势。2017 年《试点工作意见》发布以后，法院积极推进律师调解，吸纳律师加入人民法院特邀调解员名册，支持律师加入各类调解组织担任调解员，为社会提供专业调解服务。律师作为法律职业共同体的重要一员，凭借其客观的业务分析能力、丰富的调解经验、庞大的专业队伍，在预防和化解矛盾纠纷方面扮演着越来越重要的角色。

本案中，律师调解员借助多年的从业经验，认真分析案情和当事人心理，找准调解突破口；充分释明调解优势，使争议双方确信调解是解决争议的最佳途径，从而积极参与调解；运用良好专业知识和沟通技巧，一揽子解决 14 件总标的额达 600 余万元的商事纠纷。

（四）以调解方式解决涉外复杂出口贸易纠纷

【案例 4】苏州某公司（以下简称 A 企业）与日本某供货公司（以下简称 B 企业）的货物质量纠纷[①]

【基本案情】

A 企业与 B 企业签订了设备买卖合同，合同金额超过 1 亿元。设备在安装调试投入生产后，出现了大规模故障，导致大面积停产，给 A 企业的正常生产经营

---

① 中国贸促会网："涉外货物质量争议案件调解的经验及思考"，载 http://adr.ccpit.org/CH/Examples/7d969179-bf72-4451-9714-fe049d60cb8e.html，访问时间：2018 年 1 月 22 日。

带来较大的负面影响。A企业多次与B企业进行沟通磋商，寻求解决方案，但都未能得到有效解决，故向苏州市贸促会投诉。

【调解过程】

案件受理后，苏州市贸促会以中国国际商会苏州商会的名义给B企业发敦促履约函，要求正视质量问题，拿出解决方案。在收到B企业的回函后，苏州市贸促会以中国贸促会苏州调解中心的名义要求双方填写调解申请书，从而将投诉案件转化为调解案件。

调解中心为本案指派了有丰富涉外案件经验的律师、长期深入接触民营企业的政府公务人员组成调解团队。调解员多次深入A企业，实地查看停产的设备以及更换的零部件，查阅企业的生产记录、维修记录，与企业负责人、技术人员反复沟通，了解设备产生质量问题的原因，掌握了大量关于设备质量方面的翔实资料。

在调解过程中，调解员针对货物质量纠纷的特点，将案件对B企业声誉方面的影响，予以适当放大，举轻若重，为后续和解方案的达成奠定了基础。在谈调解方案时，既紧扣质量争议这个中心，也适当转移视线，引入一些优惠的政策、机制，比如加入一些后续的合作订单、投资意向等，提供更能让双方当事人接受的方案。调解小组充分运用“背靠背”“面对面”的调解技巧，多层面、多方式展开说服工作，最终成功使双方实现和解。

【纠纷观察】

此类涉外货物质量纠纷比较多见的情况是轻微质量瑕疵但未导致根本性违约，双方应及时按照合同约定的质保、索赔条款，提出拒收、退换货、维修或索赔主张，并应妥善保管好相关证据、固定有关证人证言，同时也应尽合理的义务避免损失的增加。如果双方对于争议的解决有一定的期待，且双方仍然具有正常开展商业合作的可能性，则为了避免高昂的涉外仲裁、诉讼成本，可选择聘请专业调解员以调解方式通过对质量问题、未来经营合作等细节综合把控，以促成双方达成调解。

（五）以调解形式结案的先予仲裁案件在执行中首遇挑战

【案例5】北京某信息技术公司（以下简称A公司）与崔某某借款合同纠纷

【基本案情】

崔某某于2017年3月22日向A公司借款3029.83元，借期为三个月，借款期限内年利率为6.65%，湛江仲裁委员会于2017年4月19日据此作出裁决，确认被申请人崔某某尚欠申请人A公司借款本金3029.83元；限被申请人崔某某自2017年4月22日起至2017年6月22日止，按月等额本息向申请人还款。崔某某向山西省阳泉市中级人民法院（以下简称阳泉中院）申请不予执行上述裁决。

【法院观点】

阳泉中院经审理认为：仲裁是解决平等主体的公民、法人和其他组织之间发生的合同纠纷和其他财产权益纠纷的方式，系对已经发生的纠纷作出裁决。湛江仲裁委员会在还款期限届满前即纠纷尚未形成的情况下，以借款人届期不能还款为假设前提作出预决，不符合《中华人民共和国仲裁法》的相关规定。据此，阳泉中院依照《中华人民共和国民事诉讼法》的相关规定，裁定不予执行湛江仲裁委员会作出的裁决。

【纠纷观察】

2016年，湛江仲裁委推出"先予仲裁"机制，受到多家互联网金融平台的欢迎。"先予仲裁"是指双方当事人在合同签订的同时，为保障其合法权利将来得以实现，预防纠纷，避免以后再去仲裁或诉讼的麻烦，迫使双方履行确定的条款，而约定通过仲裁机构就合同所涉及的内容提前仲裁，以调解方式结案，并出具调解书或根据双方要求制作裁决书。

该制度推出后，截至2017年年底已经办结网仲案件几十万件，法院执行率达99%以上，有小贷从业者认为，该制度的推出相当于通过在金融业务进入端口设置防火墙，前置处理坏账源头，有效降低坏账率。但在新制度飞速推进的过程中，阳泉中院的最新判例却就这一新尝试的法律依据和理论基础提出了质疑：在缺乏既有纠纷情况下的先行仲裁是否符合仲裁的法定程序？金融平台事先在借款合同中约定被申请人放弃仲裁中反请求、答辩、举证等实体权利是否有效？先予仲裁制作的调解书是否能够在各地法院得到普遍认可和执行？对这些问题的看法可能见仁见智，值得未来进一步观察。

五、热点问题观察

近年来，无论是立法层面、司法层面还是其他社会实践，均大力推广和创新多元化争议解决机制。也有更多的学者关注商事调解领域并就调解理念和调解方法等发表了有创新性的、有实践价值的学术研究成果。

（一）立案登记制改革的冲击

2015年5月起全国法院系统开始全面实施立案登记制改革，在这项改革实施之后，清华大学法学院王亚新教授受有关方面委托，作为首席专家组成团队，对这项改革的实施情况进行了调研，形成了调研报告《立案登记制改革：成效、问题及对策》①。调研结果显示，立案登记制导致法院“敞开大门”，社会上发生的民事纠纷只要符合起诉条件都能够“细大不捐”地进入诉讼程序，“案多人少”的实际情况给部分法院带来了较大的压力。但是，由于前些年的司法政策过于强调“调解优先”，部分法院对于立案受理阶段的案件分流或诉前调解等设置了过高的考核指标，结果导致一些当事人对自己的起诉因反复调解而迟迟不能得到受理，或者对立案阶段事实上被前置了法律外的程序环节表示不满或抱怨。这些问题在立案登记制推行后得到了解决，与此同时，进行诉前调解的案件数量也有一定程度的减少。

对此，王亚新教授指出，不应该回到重新设置诉前调解率等考核指标的老路，而是应从程序分化、案件分流的规律入手，对比较琐细零碎、特别适合于“繁简分流”的案件种类试行调解前置。可以采取在“案多人少”压力突出的部分法院先试先行，再以程序规则或地方法规加以规范等做法，最终应当在立法层面形成制度。

（二）中立评估机制

中立评估程序作为一种新型的多元化纠纷解决机制，可以帮助当事人理性选择适当的纠纷解决方法。早期中立评估制度起源于美国，主要适用于具有较强专业性的案件类型，通过中立第三方的专业评估，有助于减少双方当事人之间的对抗情绪，以促使其在提起诉讼与达成和解之间进行理性权衡。

早在2015年，广东省东莞市第二人民法院立案庭庭长江和平及审判员黄琪即对我国中立评估机制的司法实践和现实情况进行了详述。②江和平庭长将我国的中立评估机制划分为三个类型：（1）专业评估型：如东莞第二法院的医疗纠纷评估机制。（2）法律评估型：如广州越秀法院的诉前中立评估机制。（3）综合评估型：如四川眉山中院的诉讼辅导机制。2016年6月发布的《最高人民法院关于人民法院进一步深化多元化纠纷解决机制改革的意见》第22条规定：“探索民商事纠纷中

---

① 王亚新：“立案登记制改革：成效、问题及对策”，载《法治研究》2017年第5期，第56页。

② 江和平、黄琪：“民商事纠纷中立评估机制的中国发展之路”，载《法律适用》2015年第7期，第22页。

立评估机制。有条件的人民法院在医疗卫生、不动产、建筑工程、知识产权、环境保护等领域探索建立中立评估机制，聘请相关专业领域的专家担任中立评估员。对当事人提起的民商事纠纷，人民法院可以建议当事人选择中立评估员，协助出具评估报告，对判决结果进行预测，供当事人参考。当事人可以根据评估意见自行和解，或者由特邀调解员进行调解。”有些地方基层法院已经开始在此规定的指引下发展中立评估机制。①

2017年，中立评估机制在我国有了新的发展。2017年9月，在中国人民银行上海总部的指导下，上海市金融消费纠纷调解中心在上海地区启动金融消费纠纷中立评估机制，正式建立了“投诉＋调解＋裁断”一站式矛盾化解平台。对于经调解未能解决的纠纷，当事人可在“中国金融消费纠纷调解网”在线申请中立评估，由中心聘请的专家基于各方陈述和证据，对案件进行专业评估，出具专家意见书。② 在各地实践中，暴露出了部分问题，如中立评估员的确定程序、中立评估费用的承担、中立评估报告的效力及能否提交法庭参考等，尚有待进一步探索和积累经验后再予以规范。

（三）公证调解的发展

2016年11月，厦门市鹭江公证处与厦门市思明区人民法院在全国率先开展诉讼与公证的全方位战略合作，设立“诉讼与公证协同创新中心”（以下简称中心），对接调解、送达、调查、保全、执行等审判辅助业务和信息化建设工作，迈出了“诉讼与公证协同创新”探索实践的第一步。

2017年6月，最高院联合司法部正式发文，明确“自2017年7月起，选择在北京、内蒙古、黑龙江、上海、江苏、浙江、安徽、福建、广东、四川、云南、陕西12省（区、市）开展公证参与司法辅助事务试点，试点期限为一年”。选择法院“案多人少”矛盾突出、公证机构服务能力强的地方，积极稳妥开展公证机构参与人民法院司法辅助事务试点工作，支持公证机构在人民法院调解、取证、送达、保全、执行等环节提供公证法律服务。③

---

① 安徽省安庆市中级人民法院网：“宜秀区法院：建立民商事纠纷中立评估机制”，载 http://www.aqzy.gov.cn/content/detail/58801f117f8b9ae84ce08d76.html，访问时间：2018年2月21日。

② 上海金融网：“中国金融消费纠纷调解网在沪试运行”，载 http://sjr.sh.gov.cn/Category/Detail?informationid=150691，访问时间：2018年2月21日。

③ 参见《最高人民法院、司法部关于开展公证参与人民法院司法辅助事务试点工作的通知》（司发通〔2017〕68号）。

（四）律师调解员制度

2017年9月30日，最高院联合司法部下发《试点工作意见》，在北京、黑龙江、上海、浙江、安徽、福建、山东、湖北、湖南、广东、四川11个省（直辖市）进行律师调解，由律师、依法成立的律师调解工作室或者律师调解中心作为中立第三方主持调解，协助纠纷各方当事人通过自愿协商达成和解。

清华大学法学院王亚新教授认为，律师调解能够单独或者采取与其他行业或专业调解相配合的方式，为不同领域的纠纷提供调解的法律服务。在这一点上，律师调解与法院的审判就法律专门知识的同构性而言，可能更加接近也更容易衔接。北京师范大学法学院熊跃敏教授认为，律师调解蕴含着制度化创新，呈现出与其他调解主体不同的程序特色：一是律师调解工作模式的多元化；二是律师调解工作机制的规范化与程序化，包括限定律师调解的案件范围、明确律师调解的资质条件、规范律师调解的工作程序、确立律师调解的利益冲突禁止规则等；三是经费保障机制采取政府资助与市场化收费并行，辅之以诉讼费用的杠杆调节。

作为新兴事物，律师调解制度尚面临许多课题需要进一步探索研究，其中包括：完善律师调解员的选拔与退出机制；细化律师调解员的行为准则；在兼顾公益性与市场性基础上合理确定律师调解员的报酬；提升律师调解员利益冲突禁止规则的可操作性等。①

六、总结与展望

从前文所述情况来看，过去一两年来的商事调解发展可谓精彩纷呈。归纳起来，有如下几个突出的特点：

第一，在商事贸易领域，调解作为诉讼和仲裁之外的替代性争议解决方法，其价值和功用受到了空前重视。诉讼和仲裁都强调依法裁判，刚性有余而弹性不足。调解以当事人自愿自治为导向，以公平合理为标杆，鼓励当事人互谅互让、友好合作，和解的结果与和谐的营商环境更为契合。特别是在自由贸易区建设和“一带一路”倡议中，调解机制建设成为沟通和贯穿多种争议解决方式的重要支撑点。

第二，调解本身是一种独立的争议解决方法。但是，由于调解的包容性和灵

① 法制网：“律师调解有何独特魅力”，载 http://www.legaldaily.com.cn/judicial/content/2017-10/18/content_7360418.htm?node=80546，访问时间：2018年2月21日。

活性都很强，调解又可实现与其他争议解决方式的联合、衔接或转化，从而使得当事人在争议解决的过程中有了更多的选项。中国法院推行的诉讼与调解相结合，中国仲裁机构推行的仲裁与调解相结合，中国公证机关推行的公证与调解相结合，法院和仲裁机关试行的双向委托调解、共同调解以及律师调解等，都在继承中国传统调解文化的基础上有所创新。调解方式的多样化、联动化将是今后中国调解发展的新趋向。可以预见，中国调解的创新和实践将为世界其他各国的调解提供新鲜的经验和参照。

第三，互联网时代的调解也在与时俱进。我国法院、调解机构、仲裁机构和争议协调服务机构纷纷开通网上调解业务，并且把线上调解与线下调解结合起来，高效快捷地解决网上争议和传统的线下争议，把调解的范围拓展到了新的境界。网上调解方兴未艾，其实践经验值得持续关注和总结。

第四，实践推动理论的发展，好的理论对实践又具有指导作用。我国的专家学者们对调解理论也非常重视，陆续发表了一些很有见地和实践指导意义的研究成果。我国的司法、仲裁、调解等机构和理论研究人员还重视与国外同行的沟通交流，积极参加联合国贸法会等组织的调解研究工作，都将有利于中外调解界互联互通，集思广益，共同为世界调解事业的发展贡献智慧。

成就固然喜人，缺憾亦显而易见。从前文总结归纳的情况来看，我国的商事调解尚有如下主要问题有待进一步研究和加以解决：

第一，如何应对法院立案登记制给诉前调解带来的冲击问题。施行立案制后，纠纷分流效果不明显。未来确有必要在平衡考虑当事人对多元化纠纷解决合理期望与法院繁重的工作任务基础上，对调解程序前置的案件类型和诉调衔接机制等作出规定，以建立具有中国特色的调解前置程序。

第二，如何引导和应对互联网＋时代网上调解的新趋势问题。以互联网为基础搭建全方位、立体化、开放化、模块化、一体化的在线纠纷解决平台，能够实现调解资源跨区域跨领域共建共享，促进各类纠纷解决机制跨界融合。大数据、云计算和人工智能等新兴科学技术作为辅助手段，将在调解中有广泛的应用前景。下一步要持续完善在线纠纷解决机制平台功能，推进在线调解机制的制度完善。

第三，如何在实施企业“走出去”战略和“一带一路”倡议过程中，加强我国商事调解的国际化和专业化建设问题。商事调解在我国有深厚的文化传统，在国际上被誉为“东方经验”，但是我国调解组织与国外其他调解组织之间的国际合作还有很大的提升空间。我们要顺应纠纷解决全球化发展趋势，大力发展国际商事调解组织，弘扬中国调解文化，积极参与国际纠纷解决机制规则的制定，提高我国作为纠纷解决地的吸引力。

第四，如何加强商事调解的法治化建设问题。作为一个调解大国，我国每年处理的商事调解案件数量庞大，但商事调解尚无单独成文的全国性调解立法，这在一定程度上妨碍了调解业务做大做强。我国上海、四川、山东、福建、黑龙江等地关于多元化纠纷解决机制的地方立法已经迈出了可喜步伐。建议全国人大等立法机关尽快将多元化纠纷解决机制立法纳入国家层面的立法规划。

中国建设工程争议解决年度观察（2018）

周显峰[①]　郑艳丽[②]

一、概述

（一）建筑业“放管服”改革深化

2017年是建筑业“放管服”[③]改革深化的一年。在2017年已经开始贯彻实施的建筑业“放管服”举措中，在境内受到影响较大的领域集中在工程总承包。

尽管我国自20世纪80年代就已开始工程总承包的探索和实践，但此前更多依赖于市场内在驱动（特别是工业工程领域）以及住房和城乡建设部（以下简称住建部）等中央部委的推进。在2017年，国务院明确提出“加快推行工程总承包”[④]，这极大地促进了工程总承包模式在各地方的发展实践。但是，在此过程中，也产生了比较突出的地方政府各自为政的问题，亟待通过出台上位法予以规范和统一。

（二）对外承包工程业务持续发展

根据国家商务部统计，2017年我国对外承包工程完成营业额1685.9亿美元，同比增长5.8%；新签合同额2652.8亿美元，同比增长8.7%。其中在“一带一路”沿线国家，无论是营业额还是新签合同额，均占同期总额50%以上比重[⑤]。

---

① 周显峰，君合律师事务所基础设施组合伙人，我国首位工程法律研究方向博士，国家一级建造师、英国皇家特许测量师学会会员（MRICS）、英国皇家特许建造学会会员（MCIOB）。

② 郑艳丽，君合律师事务所合伙人，北京大学法学博士，曾在北京市第一中级人民法院民一庭担任法官，长期专注于建设工程争议解决实践。

③ “简政放权、放管结合、优化服务”的简称。

④ 《国务院办公厅关于促进建筑业持续健康发展的意见》（国办发〔2017〕19号）第3条第3款“加快推行工程总承包”。

⑤ 中华人民共和国商务部：“商务部合作司负责人谈2017年全年对外投资合作情况”，载http://www.mofcom.gov.cn/article/ae/ag/201801/20180102699398.shtml，访问时间：2018年2月18日。

2017 年国务院取消对外承包工程资格制度和核准制度后，境外工程准入市场门槛大幅度降低，相信会在很大程度上推动我国境外工程业务量的增长，但同时也可能带来恶性竞争加剧的不利后果，可谓“喜忧参半”。

（三）建设工程争议解决面临新挑战

与建设工程行业的发展动态相比，建设工程争议解决往往存在滞后效应。鉴此，与此前年度观察成果相似，2017 年全国建设工程纠纷的争议焦点，仍大量集中于“黑白合同”效力、挂靠和转包及违法分包、造价鉴定、工程质量、优先受偿权等问题（其中相当一部分具有中国特色）。

但是，在 2015—2017 年，建设工程合同纠纷的类型和焦点问题，也在发生一些重要变化，集中体现在：

首先，受宏观经济形势和产业政策的影响，煤炭、化工、建材、钢铁等主要采用 EPC 总承包模式的工业项目，大量出现 EPC 合同长期暂停乃至解除的现象，以 EPC 工程进度款或 EPC 合同解除后结算价款为主要诉求的纠纷日益增多。以最高人民法院（以下简称最高院）近些年审理的 EPC 合同纠纷案件为例，以“EPC”“交钥匙工程”作为关键词，在目前全部检索到的 16 件案例中，有 13 件的终局判决或裁定集中发生在 2015—2017 年，其中 2015 年 5 件、2016 年 3 件、2017 年 5 件[①]。以

---

① 中国裁判文书网：http://wenshu.court.gov.cn/，访问时间：2018 年 1 月 16 日，正文中提到的 16 个案例的案号为：

1.（2011）民再申字第 84 号
2.（2012）民申字第 668 号
3.（2013）民申字第 2437 号
4.（2014）民一终字第 256 号
5.（2015）民申字第 185 号
6.（2015）民一终字第 144 号
7.（2015）民申字第 2022 号
8.（2015）民申字第 2955 号
9.（2016）最高法民终 357 号
10.（2016）最高法民再 192 号
11.（2016）最高法民再 53 号
12.（2016）最高法民终 695 号
13.（2017）最高法民辖终 151 号
14.（2017）最高法民终 57 号
15.（2017）最高法民辖终 193 号
16.（2017）最高法民终 409 号

上16件案例更多集中于环保工程（5件）、化学工程（4件）和新能源工程（3件）。EPC合同纠纷虽然也涉及招标、资质等问题，但与常规建设工程合同纠纷的争议焦点往往存在较大不同，更着重于EPC工程自身特性，且与国际工程市场对接程度明显更高。

其次，随着“一带一路”倡议的深入实施，在中国境内审理的境外工程相关纠纷逐年增加。基于境外工程争议的自身特点和当事人争议解决需求，中国境内仲裁机构扮演着更加积极的角色。例如，北京仲裁委员会/北京国际仲裁中心（BAC/BIAC，以下简称北仲）与吉隆坡区域仲裁中心（KLRCA）、开罗地区国际商事仲裁中心（CRCICA）共同联合发起“一带一路仲裁行动计划”。又如，2017年9月8日，中国国际经济贸易仲裁委员会丝绸之路仲裁中心在陕西西安正式揭牌。2017年，北仲处理的涉外工程类案件的类型主要为涉外建设工程施工合同、涉外建设工程设计合同、涉外建设工程劳务分包合同等，平均标的额为0.52亿元。

基于以上建设工程争议解决领域的新发展趋势，本年度报告将工程总承包和境外工程作为观察重点。

（四）PPP领域规范发展成为焦点

2017年7月全国金融工作会议召开，金融风险防控被提升到国家安全的高度，地方政府隐性债务风险再度成为焦点。在此背景下，中央各相关部委在11月集中出台一系列规范性文件，对PPP项目进行空前的严格监管。

在PPP争议解决领域，2017年度虽然并未发生重大的具有全国影响力的PPP合同纠纷案件，但这应当只是阶段性的现象。随着这些规范性文件影响的持续发酵，预计2018—2019年将可能集中爆发已签约PPP项目合同解除纠纷。具体详见本文第二（四）“PPP领域”部分。

二、新出台的法律法规或其他规范性文件

（一）常规建设工程领域

1. 全国人大法工委《对地方性法规中以审计结果作为政府投资建设项目竣工结算依据有关规定的研究意见》（法工委函〔2017〕2号）

2015年5月，中国建筑业协会向全国人大法工委提交《关于申请对规定“以审计结果作为建设工程竣工结算依据”的地方性法规进行立法审查的函》。

2017 年 2 月 22 日，全国人大法工委印发《对地方性法规中以审计结果作为政府投资建设项目竣工结算依据有关规定的研究意见》（法工委函〔2017〕2 号）（以下简称《研究意见》），明确规定对地方性法规中的如下情形，即：第一种，直接规定以审计结果作为竣工结算的依据；第二种，规定应当在招标文件中载明或者在合同中约定以审计结果作为竣工结算依据的条款，应当予以清理纠正。但是，对于第三种情形，即规定建设单位可以在招标文件中载明或者在合同中约定以审计结果作为竣工结算的依据的条款，全国人大法工委认为并不存在与法律不一致、超越地方立法权限的问题。

2017 年 6 月 5 日，全国人大法工委法规备案审查室向中国建筑业协会复函，即《关于对地方性法规中以审计结果作为政府投资建设项目竣工结算依据有关规定提出的审查建议的复函》（法工备函〔2017〕22 号）（以下简称《复函》），进一步明确："地方性法规中直接以审计结果作为竣工结算依据和应当在招标文件中载明或者在合同中约定以审计结果作为竣工结算依据的规定，限制了民事权利，超越了地方立法权限，应当予以纠正。"

这是立法机关首次就建设工程合同履行过程中的行政审计问题出具意见，对于从源头解决长期存在于行政审计机关与建设工程合同当事人之间的竣工结算争议，意义重大。

2. 最高院《关于审理建设工程施工合同纠纷案件适用法律若干问题的解释（二）》（征求意见稿）

2017 年 7 月，最高院发布《关于审理建设工程施工合同纠纷案件适用法律若干问题的解释（二）》（征求意见稿）[以下简称《施工合同司法解释（二）》（征求意见稿）]，集中就"合同效力及相关问题""工程价款的结算""建设工程造价鉴定""实际施工人权利的保护""建设工程价款的优先受偿权"五方面共 36 条，向社会征求意见，引起业界的广泛关注和深入讨论。

3. 国家发改委《关于修改〈招标投标法〉〈招标投标法实施条例〉的决定》（征求意见稿）

2017 年 8 月 29 日，为深化招标投标领域"放管服"改革，增强招标投标制度的适用性和前瞻性，推动政府职能转变，国家发改委起草形成了《关于修改〈招标投标法〉〈招标投标法实施条例〉的决定》（征求意见稿）。其中，对最低价中标的限制、确定中标人方式的改变、合同履行情况公布制度的创设等备受瞩目。

4. 国家九部委《关于印发〈标准设备采购招标文件〉等五个标准招标文件的

通知》（发改法规〔2017〕1606号）

2017年9月4日，国家发改委等九部委共同发布了新一批标准招标文件，包括《中华人民共和国标准设备采购招标文件》（2017年版）、《中华人民共和国标准材料采购招标文件》（2017年版）、《中华人民共和国标准勘察招标文件》（2017年版）、《中华人民共和国标准设计招标文件》（2017年版）、《中华人民共和国标准监理招标文件》（2017年版）。至此，历经10年，《招标投标法实施条例》第15条第4款所规定的适用于"依法必须进行招标的项目"的标准招标文件体系基本形成。

（二）工程总承包领域

1. 国务院办公厅《关于促进建筑业持续健康发展的意见》（国办发〔2017〕19号）

2017年2月21日，国务院办公厅下发《关于促进建筑业持续健康发展的意见》（国办发〔2017〕19号）（以下简称《意见》），首次面向全国建筑业提出"加快推行工程总承包。装配式建筑原则上应采用工程总承包模式。政府投资工程应完善建设管理模式，带头推行工程总承包"。

《意见》发布后，各地政府陆续"井喷式"发布大量与工程总承包有关的行政规范性文件。但这些文件对于诸如"前期咨询单位能否成为工程总承包单位""工程总承包单位是否需要同时具备设计和施工资质""工程总承包的再分包"等问题，各地规定尺度不一，亟待统一和规范。

2. 住建部《房屋建筑和市政基础设施项目工程总承包管理办法（征求意见稿）》（建市设函〔2017〕65号）及各地相关规范性文件

为贯彻落实《意见》，完善工程总承包管理制度，住建部建筑市场监管司于2017年12月28日发布《房屋建筑和市政基础设施项目工程总承包管理办法》（征求意见稿）（以下简称《工程总承包征求意见稿》），这对改善各地工程总承包管理制度各自为政的局面，在房屋建筑和市政基础设施领域建立全国统一规范的工程总承包市场具有重要意义。

在此之前，2017年9月4日，住建部办公厅发布《建设项目工程总承包费用项目组成（征求意见稿）》，旨在规范总承包费用项目的组成，有效控制项目投资和提高工程建设效率。这在全国工程总承包发展史上尚属首次，具有非常重要的实践应用价值。值得关注的是，浙江省比住建部领跑一步，已于2017年12月11日出台《浙江省工程总承包计价规则（试行）》（2018年1月1日起施行），成为全国首个施行地方性工程总承包计价规则的省份。

（三）境外工程领域

1. 国务院取消对外承包工程资格制度

2017 年 3 月 1 日国务院颁布《国务院关于修改和废止部分行政法规的决定》（国务院第 676 号令，以下简称《决定》），删除了 2008 年 7 月 21 日国务院《对外承包工程管理条例》第二章“对外承包工程资格”。至此，我国长期实行的对外承包工程资格制度正式退出历史舞台。

该项制度的取消，是中央“简政放权”执政理念的体现，对于降低中小企业走出去的“门槛”，促进“一带一路”倡议的深化实施具有积极意义。但是，这也使得境外工程市场本已长期存在的恶性竞争更为激烈，进而对不同类型市场主体、行业自律组织（如中国对外承包工程商会）乃至中国境内争议解决机构，提出了新的艰巨任务和挑战。

2. 国务院取消对外承包工程项目投（议）标核准制度

《决定》还同时取消了对外承包工程项目投（议）标核准制度。2017 年 11 月 13 日，商务部发布《关于做好对外承包工程项目备案管理的通知》，对一般项目实行分级分类备案管理。其中，中央企业总部的境外工程项目备案由商务部负责；地方企业和中央企业下属单位的境外工程项目备案由省级商务主管部门负责。但是，对在与我国无外交关系国家（地区）承揽的项目、涉及多国利益及重大地区安全风险的项目，仍按照特定项目由商务部统一管理。

对外承包工程项目备案管理制度的实施，简化政府监管流程，这将有利于中国对外承包工程企业提高效率。但是，与对外承包工程资格取消的后果类似，对外承包工程项目投（议）标核准制度取消后，因境外工程市场“门槛”降低而可能带来的负面影响，仍需要密切观察。

（四）PPP 领域

1. 国务院《基础设施和公共服务领域政府和社会资本合作条例》（征求意见稿）

2017 年 7 月 21 日，国务院法制办发布《基础设施和公共服务领域政府和社会资本合作条例》（征求意见稿），这标志着中国 PPP 顶层统一立法进程迈出了重要一步，尤其是在该征求意见稿第五章“争议解决”部分，拟确认 PPP 项目的可仲裁性。

2. 财政部办公厅《关于规范政府和社会资本合作（PPP）综合信息平台项目

库管理的通知》（财办金〔2017〕92号）（以下简称"92号文"）

2017年11月10日，财政部办公厅发布"92号文"，旨在进一步规范PPP项目运作，防止PPP异化为新的融资平台。

第一，"92号文"规定存在下列情形之一的项目，不得进入全国PPP综合信息平台项目库（以下简称项目库）:（1）不适宜采用PPP模式实施;（2）前期准备工作不到位;（3）未建立按效付费机制。

第二，"92号文"还规定存在下列情形之一的项目，应予以清退:（1）未按规定开展"两个论证"。（2）不宜继续采用PPP模式实施。（3）不符合规范运作要求，包括未按规定转型的融资平台公司作为社会资本方的；采用建设—移交（BT）方式实施的；采购文件中设置歧视性条款、影响社会资本平等参与的；未按合同约定落实项目债权融资的；违反相关法律和政策规定，未按时足额缴纳项目资本金、以债务性资金充当资本金或由第三方代持社会资本方股份的。（4）构成违法违规举债担保。（5）未按规定进行信息公开。

第三，"92号文"规定2018年3月31日为完成项目管理库集中清理的期限。

3. 国资委《关于加强中央企业PPP业务风险管控的通知》（国资发财管〔2017〕192号）（以下简称"192号文"）

2017年11月17日，国资委发布"192号文"，严格规范和限制中央企业参与PPP项目。

第一，"192号"文要求央企"多措并举加大项目资本金投入，但不得通过引入'名股实债'类股权资金或购买劣后级份额等方式承担本应由其他方承担的风险"。据此，央企需要通过变更磋商，将自有资金置换基金融资以充实项目资本金，并及时清算被置换的基金，以避免劣后级风险。

第二，"192号文"还提出了央企不得在PPP项目中为其他方股权出资提供担保，不得为债务融资单独提供增信措施的要求。为此，央企需要撤销就其他股东出资行为提供的担保，由其他股东（政府出资代表除外）按照其在项目公司的持股比例，共同为债务融资提供担保。

第三，"192号文"明确提出，"对存在瑕疵的项目，要积极与合作方协商完善；对不具备经济性或存在其他重大问题的项目，要逐一制定处置方案，风险化解前，该停止的坚决停止，未开工项目不得开工"。

结合境内PPP项目市场的现状，对"92号文"及"192号文"的规定进行分析，在"92号文"规定的2018年3月31日前完成整改要求的难度相当大。鉴此，除非延长整改期限，否则将可能引发大面积的PPP项目合同解除及补偿纠纷。

三、典型案例

（一）常规建设工程领域典型案例

【案例 1】总承包合同解除后对分包合同存续性的影响[①]

【基本案情】

2003 年 12 月 8 日，美国通用电器塑料（中国）有限公司[②]（以下简称通用公司）聘请三星工程株式会社（以下简称三星公司）作为加药间控制室及卸料棚 PLG 站各 1 幢、办公室及加热间各 1 幢、生产厂房 1 幢（以下简称扩建工程）的总承包单位，并签订了《关于扩建中华人民共和国广州南沙经济技术开发区工程塑料厂的中国国内工程、采购和建筑协议》(以下简称 EPC 合同)。

随后，三星公司将土建工程分包给了福建省土木建设实业有限公司（以下简称土木公司）。

2004 年 11 月 15 日，因工程拖期，三星公司通知土木公司停工。

2004 年 12 月 31 日，三星公司与土木公司订立《和解协议》，约定复工后的土建工程完工期限。

2005 年 12 月 16 日，因未能在《和解协议》约定的完工日期即 2005 年 6 月 30 日完工，通用公司书面通知三星公司于 2005 年 12 月 31 日解除 EPC 合同，并附表列明要求移交资料。三星公司书面确认同意解除 EPC 合同。

2005 年 12 月 19 日，三星公司书面通知土木公司，通用公司已与三星公司解除 EPC 合同关系，并将于 2005 年 12 月 31 日生效；三星公司与土木公司之间的合同关系相应地于该函之日起 14 天后解除，土木公司必须立即退出项目场地，并且递交与项目有关的建筑文件及其他文件。

土木公司函复称，由于三星公司违约给土木公司造成巨大损失，在双方就退场费用和赔偿事宜达成一致并签订终止协议前，将依法保护施工现场，其他单位无权干涉。

2005 年 12 月 31 日，通用公司致函土木公司，要求土木公司于 2006 年 1 月

---

① 该公司后名称变更为沙伯基础创新塑料（中国）有限公司；具体案情见其与福建省土木建设实业有限公司深圳分公司、福建省土木建设实业有限公司侵权责任纠纷案（2016）最高法民再 53 号民事判决书（注：该案于 2016 年 12 月 19 日作出判决，2017 年 2 月 16 日发布）。

② 2007 年 11 月 28 日变更名称为沙伯基础创新塑料（中国）有限公司。

15之前无条件离场，之后又通知其参加现场移交会，但土木公司仍拒不离场。

2006年2月27日，通用公司以土木公司为被告发起诉讼，请求判令土木公司立即撤离项目现场，同时申请先予执行。

2006年3月9日，土木公司以三星公司、通用公司为共同被告，提起另案诉讼，请求判令三星公司继续履行《和解协议》，但此后变更诉讼请求为解除《和解协议》，并要求确认其享有优先受偿权；三星公司在该案中提出反诉，请求判令解除《和解协议》。2011年12月20日，另案终审认定通用公司、三星公司和土木公司之间为发包—总包—分包关系，并判决《和解协议》解除（但未明确解除时间），且土木公司享有优先受偿权。

【争议焦点】

第一，总承包合同与分包合同之间是否具有主从关系；

第二，分包合同（即《和解协议》）何时解除；

第三，分包商不撤离施工现场是否有合法依据。

【裁判观点】

第一，关于总承包合同与分包合同之间是否具有主从关系几方意见不一：通用公司、三星公司均主张土建工程分包合同具有从属性质，是EPC总承包合同的一部分，EPC合同解除必然导致分包合同解除；而土木公司则主张根据另案终审判决，两个合同是独立的合同，不具有从属关系。一审、二审法院均支持了土木公司的主张，认为尽管总包合同、分包合同在内容上有一定关联性，但从法律上是两个独立的合同，不具有主从关系；通用公司与三星公司之间协商解除EPC合同，由于土木公司不是EPC合同的当事人，因此对其没有约束力，EPC合同的解除并不影响分包合同（即《和解协议》，下同）的效力。但是，最高院经过提审，虽然认定三星公司与土木公司之间的分包合同有效且独立于总包合同，但在处理结果上否定了原审法院观点，即认为该分包合同虽然独立于总包合同，但总包合同是签订、履行分包合同的前提和基础。总包合同解除后，三星公司即丧失了总承包人的法律地位，三星公司与土木公司之间的分包合同即失去了继续履行的必要性和可能性，使分包合同陷于履行不能的情形，在此情形下，分包合同应予解除；即使三星公司可能因此向土木公司承担相应的违约责任，但这不能作为阻却分包合同解除的事由；总包合同解除必然导致分包合同解除。

第二，关于分包合同何时解除，一、二审法院根据另案终审判决未写明具体解除时间的事实，认定分包合同应自另案终审判决生效之日，即2011年12月

20 日解除。但是，最高院认为：由于总包合同解除必然导致分包合同解除，在本案中，分包合同解除时间应与总包合同解除的时间同步，即为 2005 年 12 月 31 日。

第三，关于分包商不撤离施工现场是否有合法依据，一、二审法院认为土木公司基于分包合同取得占有涉案施工现场的权利，自分包合同生效之日起持续存在，直至合同依法解除或终止，即 2011 年 12 月 20 日。但是，最高院认为：土木公司撤场是分包合同解除的必然法律后果，土木公司对三星公司的债权不能对抗通用公司对施工现场的物权，通用公司要求土木公司 2006 年 1 月 15 日前撤离施工现场的诉求应当得到支持。

【纠纷观察】

本案从 2005 年 12 月争议发生到 2016 年 12 月最高院终审判决，前后超过 10 年。本案对当前建设工程领域，特别是工业 EPC 工程领域日益频发的与合同解除有关的争议处理，具有现实的指导价值，具体体现在：

首先，最高院明确认定总承包合同与分包合同不具有主从关系，且两者为独立的法律关系，但前者的解除将导致后者的同步解除。

其次，最高院明确认定分包合同解除后，分包人无权继续占有施工现场，否则构成违约或侵权。这对于制止实践中施工单位通过占据施工现场主张债权或优先受偿权的不当行为，具有重要的指导意义。

最后，我们特别注意到，在本案中，最高院认为《中华人民共和国合同法》（以下简称《合同法》）第 268 条规定“定作人可以随时解除承揽合同，造成承揽人损失的，应当赔偿损失”，据此，分包合同发包人三星公司也可以根据该规定随时解除分包合同——这应当是最高院首次在判决中认定，建设工程合同发包人有权根据《合同法》第 268 条的规定，享有随时解除合同的权利。必须强调的是，尽管在国际工程实践中，合同约定发包人享有任意解除权或为便利解除合同权利（Termination for convenience）是一种惯例做法[①]，但在中国建设工程实践中，一方面，中国建设工程合同示范文本罕有约定发包人任意解除权；另一方面，发包人能否依据《合同法》第 268 条享有法定任意解除权，仍存在不同司法实践，其中具有代表性的持否定意见的，是广东省高级人民法院在《关于审理建设工程合同

① 见 1999 版 FIDIC 合同条件第 15.5 款。

纠纷案件疑难问题的解答》（粤高法〔2017〕151号）中的立场[①]。

（二）工程总承包领域典型案例

【案例2】EPC合同分拆模式下的实际履行与节点付款条件成就[②]

【基本案情】

2013年9月25日，陇川鸿宇安新能源科技有限公司（以下简称发包人/甲方）与陕西达华电力工程有限责任公司（以下简称EPC总承包人/乙方）签订关于云南省陇川县生物质发电厂2×15MW机组的《EPC总承包合同》，约定工程采用设计、采购、建造及服务的EPC总承包方式，计价方式为固定总价。

关于进度款支付，合同第二卷第5.2.3款约定申请付款提供的材料及证明文件包括：（1）进度款支付申请4份；（2）节点完工报告及验收证明；（3）与完成进度节点对应的实际完成工程量报表；（4）已完工程节点应提交的过程技术文件的交付证明；（5）根据合同规定在本次付款中增减款项的证明文件。第5.2.4款约定付款条件如下：（1）已经按5.2.3提交完整的证明文件，并经甲方代表审核确认；（2）乙方已经按照甲方最终确定的支付额开具了相应的发票，同时需提供相应的完税证明。

合同约定的进度款节点及支付金额：（1）主厂房基础出零米、A排#1柱第一罐混凝土浇筑，支付合同总价的15%；（2）第一榀锅炉钢架到达现场，土建结构到运转层，支付合同总价的10%；（3）主厂房（汽机间及除氧仓间）土建结构施工完（封顶），支付合同总价的10%；（4）#1锅炉水压试验完成，支付合同总价的10%；（5）#1汽轮机扣缸结束，支付合同总价的15%；（6）#1机完成72小时试运、移交试生产，支付合同总价的10%；（7）#2锅炉基础交安，钢架开吊；（8）#2锅炉水压试验完成，支付合同总价的5%；（9）#2汽轮机扣缸结束，支付合同总价的5%；（10）#2机完成72小时运行、移交试生产，支付合同总价的5%；（11）一年保修期结束，支付合同总价的5%。

---

① 针对"4.发包人或承包人能否按照承揽合同的规定解除建设工程合同"这一问题，广东省高院的答复为"发包人或承包人行使建设工程合同的解除权应符合《建设工程司法解释》第八条和第九条的规定，其以《合同法》第二百六十八条和第二百八十七条规定为依据主张随时解除施工合同的，不予支持，合同另有约定的除外"。

② 陕西达华电力工程有限责任公司与陇川鸿宇安新能源科技有限公司建设工程施工合同纠纷案（2016）最高法民终695号民事判决书（2017年3月31日作出判决）。

合同第三卷附件 5“检验、试验、和验收”第 1 条约定：“……承包商应向业主提供包括本合同附件要求的所有设备和材料工程试验使用的标准和规定、试验记录及制造商的质量控制计划等材料。……”第 2 条约定：“……最终产品的质量是乙方的责任，所有测试的成本应由承包商承担。甲方参与的质量活动，包括参加见证并签署见证报告，并不能豁免乙方应承担的质量责任以及由此带来的质量及进度方面的责罚。若乙方未按本节规定条款进行有效工作，则甲方有权拒签《进度款支付证明》。乙方必须按此文条款进行有效工作且提供相关证明给甲方，甲方经过审核及评审才能出具《进度款支付证明》，乙方才能按商务合同相关条款进行进度款的办理。”

由于本工程主要资金由国家金融机构贷款，融资机构要求贷款必须专款专用，直接支付至工程管理和施工单位，因此，发包人、EPC 总承包人进行了如下 EPC 合同分拆安排：

设计（E）部分：2013 年 10 月 24 日，发包人与设计单位中机电力公司签订《勘测设计及工程管理合同》。

采购（P）部分：2013 年 10 月 28 日，发包人、EPC 总承包人、中设石化公司三方签订《设备成套采购合同》，约定由发包人按支付节点支付给中设石化公司，中设石化公司在收到发包人的款项后再支付给 EPC 总承包人。

施工（C）部分：2013 年 10 月 31 日，发包人与施工单位西北电建四公司签订《施工总承包合同》。此后，EPC 总承包人与施工单位另行签订了《全厂建筑安装工程施工合同》。

在《EPC 总承包合同》履行过程中，EPC 总承包人主张发包人支付拖欠的若干节点工程款合计 53485080 元，发包人以合同约定的节点付款条件不成就为由予以拒绝。

【争议焦点】

第一，《EPC 总承包合同》是否有效；

第二，《EPC 总承包合同》是否实际履行；

第三，工程节点进度款支付条件是否已成就。

【裁判观点】

第一，关于《EPC 总承包合同》的效力，发包人主张 EPC 总承包人仅具有设计资质，不能进行工程总承包，因此合同无效。对此，裁判机构认为，EPC 总承包人具有工程设计电力行业乙级资质，而住建部颁布的《工程设计资质标准》以及 EPC 总承包人持有的资质证书中均已明确持有设计资质的主体可以从事资质证许可范围内的相应工程总承包、工程项目管理和相关的技术、咨询管理服务，故 EPC 总承包人可以从事总承包业务。关于发包人主张涉案工程规模为 2×15MW，超出 EPC 总承包人的资质规模问题，裁判机构认为涉案工程项目（生物质发电工程）属于电力行业新能源工程，而住建部颁布的《电力行业建设项目设计规模划分表》未对新能源建设项目的设计规模做出划分，故发包人的该项抗辩理由法院不予采信。

第二，关于《EPC 总承包合同》是否实际履行，发包人主张该合同并未实际履行，其与 EPC 总承包人之间只存在设备采购合同关系，设计单位、施工单位分别为中机电力公司、西北电建四公司；EPC 总承包人则主张该合同已实际履行，发包人与设计、施工单位直接签订的合同均为贷款需要而签订，并未履行。裁判机构根据查明的事实，认定实际履行设计的为 EPC 总承包人，而实际施工单位为 EPC 总承包人的分包单位，同时结合周例会会议纪要、当事人之间往来函件、节点进度款请款单等证据，裁判机构最终认定《EPC 总承包合同》已实际履行。

第三，关于若干工程节点进度款支付条件是否已成就，EPC 总承包人主张其第一节点（主厂房基础出零米）工程进度款申请虽未满足合同约定支付条件，但发包人同意支付该笔进度款的行为表明，双方已变更约定的节点付款条件。裁判机构认为，根据《EPC 总承包合同》第二卷第 1.5 条约定，“除非用书面形式写出、标明日期、清楚的针对合同、并且有双方授权人的签字批准，否则任何关于合同的补充和变更都是无效的”。据此，发包人同意付款的效力仅及于第一节点付款，并不能延伸扩张解释为变更其他付款条件条款的效力，且 EPC 承包人也未能提交证据证明双方已就变更节点付款条件达成新的书面一致。由于 EPC 承包人未按《EPC 总承包合同》第 5.2.3 约定提供请款文件材料（特别是相应技术文件，包括采购设备和材料工厂试验所使用的标准和规定、试验记录及制造商的质量控制计划等），导致发包人无法核算节点工程款数额，因此发包人行使先履行抗辩权，即拒绝支付节点工程款的行为，并不违反合同约定。

【纠纷观察】

首先，本案系在最高院首次确认住建部颁布的《工程设计资质标准》可以作为认定工程总承包市场准入的法律依据。关于工程总承包资质，《国务院关于取消第一批行政审批项目的决定》（国发〔2002〕24 号）取消了工程总承包资格核准的行政审批后，原建设部（现住建部）通过发布一系列行政规范性文件和部门规章[①]，规定取得工程设计资质、施工总承包资质的企业可以从事工程总承包业务。但由于上位法《建筑法》《建设工程质量管理条例》《建设工程勘察设计管理条例》主要基于设计和施工分割的建设管理体制而制定，这样，因缺乏上位法的支持，上述行政规范性文件和部门规章能否作为工程总承包市场准入的法定依据，在实践中仍存在一定争议。例如，北京、天津仍要求工程总承包单位应当同时具备设计和施工资质[②]。在此背景下，本案例对统一解决因工程总承包资质条件引发的合同效力争议，具有重要指导意义。

最后，在国内工程总承包实践中，特别是以生产设备、工艺为主的工业 EPC 项目中，基于贷款、税收筹划等方面的诉求，当事人对 EPC 合同进行分拆是一种较为普遍的做法。但合同交易结构的复杂化，很容易导致相关各方当事人之间的真实法律关系不易梳理，相关履约事实（如支付和结算）不易查明，各方主体之间的责任范围不易界定，甚至出现不同合同之间的争议解决条款的冲突。在本案中，裁判机构对《EPC 总承包合同》是否实际履行这一争议焦点的审理过程，体现了此类 EPC 合同纠纷的典型特征。

再次，本案中 EPC 总承包人针对节点进度款起诉发包人。对于涉案合同约定的里程碑（节点）进度款支付条件，特别是相应技术文件，裁判机构精确把握了"涉案项目系电力行业的 EPC 总承包项目，包含大量的设备采购以及技术问题，施工只是其中一方面"——此类工业 EPC 项目区别于常规施工项目的典型特征，这是值得称赞的。

---

① 《建设部关于工程总承包市场准入问题说明的函》（建市函〔2003〕161 号）《住房与城乡建设部关于进一步推进工程总承包发展的若干意见》《建筑业企业资质标准》（建市〔2014〕159 号）《建设工程勘察设计资质管理规定》（建设部令第 160 号，2015 年修改）等。

② 北京：《关于在本市装配式建筑工程中施行工程总承包招投标的若干规定（试行）》（京建法〔2017〕29 号）；天津：《市建委关于天津市建设项目推行工程总承包试点工作有关事项的通知》（津建筑〔2017〕477 号）。

（三）境外工程领域重大案例

【案例3】独立保函的性质以及独立保函欺诈例外的认定①

【基本案情】

中机新能源开发有限公司（以下简称总承包人或中机公司）作为总承包人承建了 Jaguar Energy Guatemala LLC（以下简称业主或 JEG）危地马拉 2×15MW 电站项目。

2008 年 11 月 27 日，华西能源工业股份有限公司（以下简称分包人或华西能源）和中机公司签订了 JAGUAR2×15MW 电站项目 480t/h 循环硫化床《锅炉供货和服务合同》，约定由华西能源向中机公司提供危地马拉电站项目所需的锅炉设备、技术资料和技术服务等，合同总价 1.8 亿元。

2010 年 2 月 8 日，业主 JEG、总承包人中机公司和分包人华西能源签订了《分包商承诺协议》，约定业主 JEG 对《锅炉供货和服务合同》享有介入权，具体为：按照 EPC 合同如承包人违约造成业主终止 EPC 合同，包括但不限于在《锅炉供货和服务合同》下，承包人重大违约造成分包人终止合同，则业主有权介入《锅炉供货和服务合同》代替承包人和转让《锅炉供货和服务合同》；一旦发出介入通知，分包人应全力执行，应对业主或其指定人负责以替代对承包人负责。

2010 年 6 月 2 日，华西能源向中国建设银行股份有限公司自贡分行（以下简称建行自贡分行）申请就《锅炉供货和服务合同》提供《履约保函》。2010 年 6 月 9 日，华西能源与建行自贡分行签订《出具保函协议》，约定由建行自贡分行为华西能源出具以中机公司为受益人、保证金额为 2565 万元整的保函。同日，建行自贡分行向中机公司出具《履约保函》，承诺："我行作为担保人在此无条件地、不可撤销地承诺：一旦接到贵公司要求索赔的第一次书面通知时，不需被担保人的同意，即在五个银行工作日内按本保函的规定支付不超过上述保函金额的款项至贵公司指定的账户，无需贵公司出具证明或陈述理由。本保函是担保人无条件、不可撤销的直接义务。在向我行提出要求前，我行将不要求贵公司首先向被保证人索要上述款项。我行同意，合同的任何修改、变更或补充，都不能免除我行按本保函所应承担的义务，有关上述修改、变更或补充也无须通知我行。本保函自开立日生效，有效期截止到 2013 年 12 月 30 日。"

① 中机新能源开发有限公司与华西能源工业股份有限公司保函欺诈纠纷案（2017）川民终 72 号民事判决书。

2013 年 11 月 29 日，业主向华西能源发出业主行使介入权通知，称总承包人中机公司发生违约行为导致业主可以根据 EPC 合同行使解除权、业主介入成为总承包人并且承担《锅炉供货和服务合同》转让的权利现在已经生效，业主特此选择行使解除权，介入成为总承包人并且承担《锅炉供货和服务合同》转让，《锅炉供货和服务合同》继续有效，华西能源应当向业主承担责任以代替向总承包人的责任。

此后，中机公司通过传真、邮件的方式向华西能源发送通知，称其在业主 JEG 介入之前已向业主 JEG 发出接管通知，业主已变更为中机公司，业主 JEG 的介入是无效的，要求华西能源不能与业主进行合作，否则视同违约，中机公司将按合同约定进行索赔。

2013 年 12 月 27 日，建行自贡分行收到中机公司发出的索赔通知，称因华西能源未能完全履行《锅炉供货和服务合同》的约定，要求建行自贡分行履行保函项下的支付义务。为此，华西能源诉请法院判令建行自贡分行终止《履约保函》项下的支付行为。

本案审理过程中，国际商会仲裁院 (ICC) 已就业主 JEG 与中机公司之间的纠纷作出裁决，认定业主有效终止 EPC 合同。

【争议焦点】

第一，案涉《履约保函》是独立保函还是《锅炉供货和服务合同》的从合同；

第二，如果是独立保函，中机公司索赔是否存在保函欺诈情形。

【裁判观点】

第一，关于案涉《履约保函》是独立保函，还是《锅炉供货和服务合同》的从合同。一审法院认为：《履约保函》是《锅炉供货和服务合同》的从合同，根据《中华人民共和国担保法》（以下简称《担保法》）的规定，主合同转移的，从合同有关权利义务一并转移。因此，业主行使介入权后，《锅炉供货和服务合同》权利人变更为了业主 JEG，《履约保函》项下的债权因而一并由 JEG 继受，中机公司不再享有基于《履约保函》向保函开立人请求支付的权利。因此，一审法院认为中机公司无权要求建行自贡分行根据《履约保函》对其进行支付。但是，二审法院认为：独立保函是开立人出具的附单据条件的付款承诺，在受益人提交符合独立保函要求的单据时，开立人即需独立承担付款义务，受益人无须证明债务人在基础交易中的违约事实，开立人不享有传统保证所具有的主债务人抗辩权以及先诉抗辩权。因此，独立保函独立于基础交易关系和开立申请关系。根据《履约保函》载明内容，二审法院认定其性质应为独立保函。针对分包商“案涉独立保函因系国内交易而不具备独立性”的主张，二审法院援引《最高人民法院关于审理独立保函纠纷案件若干问题的规定》(法释〔2016〕24号)(以下简称《独立保函司法解释》)第23条规定：“当事人约定在国内交易中适用独立保函，一方当事人以独立保函不具有涉外因素为由，主张保函独立性的约定无效的，人民法院不予支持。”一审法院根据《担保法》认定涉案《履约保函》系《锅炉供货和服务合同》的从合同，属适用法律不当，予以纠正。

第二，关于中机公司是否构成独立保函欺诈。二审法院认为：根据《独立保函司法解释》第18条的规定：“人民法院审理独立保函欺诈纠纷案件或处理止付申请，可以就当事人主张的本规定第十二条的具体情形，审查认定基础交易的相关事实。”虽然独立保函具有独立性，但在认定独立保函欺诈的案件中，人民法院有权对基础交易合同的履行情况进行有限度的审查，以判断中机公司有无行使索赔权的正当理由及其索赔申明是否进行了虚假陈述，在此限度内审查基础交易合同的履行情况并不与保函独立性相冲突。二审法院认定华西能源基于《分包商承诺协议》的约定，对业主的介入是否具有正当性不具有审查义务，也没有权利审查业主的介入权是否正当，一旦接到介入通知，只能接受业主的介入权，而向业主履行《锅炉供货和服务合同》项下的义务。因此，华西能源在业主JEG介入后，直接向业主履行《锅炉供货和服务合同》项下的义务，不构成违约。中机公司与业主JEG之间因履行总承包合同发生的纠纷属另外的法律关系，与华西能源无关，不能因此认定华西能源存在违约行为。本案中，中机公司作为《分包商承诺协议》的当事人，按照理性第三人的通常判断和认识能力，应当明知华西能源依据该协议约定，负有无条件接受业主方的介入，并直接向业主履行《锅炉供货和服务合同》项下的合同义务。换言之，在业主行使介入权的情况下，中机公司应当明知华西能源向业主履行《锅炉供货和服务合同》项下的合同义务符合三方约定，自己基于华西能源直接向业主履行《锅炉供货和服务合同》项下合同义务的事实，主张华西能源存在违约行为，与《分包商承诺协议》的约定相矛盾。故中机公司据此提出的独立保函索赔请求，属于滥用权利，依照《独立保函司法解释》第12条第5项之规定，构成独立保函欺诈。故，本案能够排除合理怀疑地认定中机公司构成独立保函欺诈，华西能源请求终止支付《履约保函》项下的款项，有事实和法律依据，二审法院予以支持。

【纠纷观察】

本案是最高院《独立保函司法解释》于2016年12月1日施行后，在海外工程纠纷案件中适用该司法解释的第一案。

《独立保函司法解释》是在中国法院服务和保障“一带一路”建设、促进对外开放的背景下发布实施的，是中国境外工程争议解决领域最重要的法律规范性文件之一。首先，该司法解释对涉外独立保函的管辖权、准据法的裁判规则进行了统一规定，具有重要的司法实践指导价值。其次，该司法解释的内容和亮点集中体现为：第一，明确界定独立保函性质，统一裁判思路；第二，统一国际国内独立保函交易效力规则，坚持平等保护当事人权益；第三，明确独立保函的独立性和单据性特征，保证付款的快捷性和确定性；第四，严格界定欺诈情形及证明标准，审慎确定独立性原则的例外；第五，严格规范止付程序，维护程序公正和实体公正等。最后，该司法解释还对独立保函的开立与生效、转让、终止等进行了具体规定。

本案的一个特别之处在于由业主、总承包人、分包人三方通过签订《分包商承诺协议》，约定了业主在EPC合同解除下的介入权(step-in right)，而这也成为本案被告是否构成保函欺诈的关键。介入权在国际工程项目中较为常见（特别是在项目融资模式下），但在国内工程实践中较为罕见。在本案中，裁判机构充分尊重当事人的约定，对当事人按约行使介入权的行为给予支持。这对于切实维护国际工程各方当事人的合法权益，服务和保障“一带一路”建设，具有积极的示范效应。本案也因此作为典型判例，被选入《四川高院商事审判裁判规则指引》。

【案例4】境外建设工程合同纠纷的管辖与法律适用[①]

【基本案情】

2013年9月12日，福贡腾鸿外贸有限责任公司（以下简称发包人）与自然人李某（以下简称承包人）签订《工程承包劳务合同》，约定发包人将位于缅甸境内的一段林区公路发包给承包人施工，双方就工期、公路开挖标准、工程单价及付款方式进行了约定。

在合同履行过程中，发包人认为承包人未严格按照合同要求进行施工，双方协议解除合同。合同解除后，在结算工程款时，双方就工程款发生争议。发包人认为，承包人仅完成了已修路段中工程总量的40%，仅同意按40%的工程量结算工程款；而承包人要求结算已修路段的全部工程款。

① 参见福贡腾鸿外贸有限责任公司、李昌奎建设工程施工合同纠纷案（2017）最高法民申629号民事裁定书。

【争议焦点】

第一，中国法院是否具有管辖权；

第二，是否应当适用中国法律作为本案准据法。

【裁判观点】

第一，关于中国法院是否具有管辖权。发包人认为，本案为建设工程施工合同纠纷，根据《最高人民法院关于适用〈中华人民共和国民事诉讼法〉的解释》第28条有关建设工程施工合同纠纷适用专属管辖的规定，本案应由不动产所在地即缅甸法院管辖，被告住所地人民法院审理本案违反专属管辖的相关规定。最高院认为，基于司法主权原则，《中华人民共和国民事诉讼法》第33条所称不动产纠纷专属管辖系以民事案件由人民法院管辖为前提，不应依据该规定排除人民法院管辖。本案虽有涉外因素，但双方当事人并未约定选择由外国法院管辖，故中国法院依法有权受理。

第二，关于能否适用中国法律作为准据法。首先，发包人认为本案为涉外案件，根据《中华人民共和国涉外民事关系法律适用法》（以下简称《涉外民事关系法律适用法》）第36条"不动产物权，适用不动产所在地法律"的规定，应当适用工程所在地国缅甸的法律。对此，最高院认为本案系建设工程施工合同纠纷，并非不动产物权纠纷，发包人主张不能成立。其次，发包人主张，根据《涉外民事关系法律适用法》第10条及相关法律，法院应依职权查明该外国即缅甸国的法律，在未查明缅甸国法律的情况下，对案涉合同作出无效的认定错误。对此，最高院认为，《涉外民事关系法律适用法》第41条规定："当事人可以协议选择合同适用的法律。当事人没有选择的，适用履行义务最能体现该合同特征的一方当事人经常居住地法律或者其他与该合同有最密切联系的法律。"本案中，双方在案涉合同中并未就发生纠纷时适用的准据法进行约定，发包人亦未举证证明双方就本案协议选择适用外国法律，案涉合同双方当事人均系我国公民或法人，其住所地及合同缔结地亦在我国，故依最密切联系原则适用中国法律并无不当。

【纠纷观察】

《最高人民法院关于适用〈中华人民共和国民事诉讼法〉的解释》（法释〔2015〕5号）第28条规定了建设工程施工合同案件的专属管辖。对于境外建设工程合同，在总包或分包合同当事人住所地均位于中国境内，且未约定由境外工程所在地法院管辖的情形下，是否也应适用专属管辖，即由境外工程所在地法院管辖，在实务界存在不同观点。特别是我们注意到，在中国法院受理的境外工程施工合同纠纷案件中，大量存在管辖权争议。在本案中，最高院首次通过再审裁定，明确在上述情形下不适用专属管辖。

基于本案及类似案例的分析，对于中国当事人之间的境外建设工程合同纠纷，权衡利弊，事先约定由中国境内具有丰富涉外裁判经验的仲裁机构进行仲裁，应当是更高效的争议解决途径。

四、热点问题观察

（一）常规建设工程领域

1. 合同约定行政审计作为结算依据

2017 年人大法工委下发的《研究意见》和《复函》对于纠正地方性法规超越立法权限，强制以行政审计结果作为建设工程价款结算依据具有积极意义。但是，这并不意味着行政审计与价款结算之间的“纠缠”就此终结，因为对于当事人在合同中约定以行政审计结果作为价款结算依据的情形，无论是《研究意见》还是最高院和地方高院的司法指导意见，均是予以支持的。

对此，随着《研究意见》对地方立法的纠正，预计政府投资项目建设单位会更加注意在建设工程合同的结算条款中，特别注意增加以行政审计结论为准的内容。对此，我们认为①：

首先，当事人关于以行政审计结论作为结算依据的约定，应当是具体明确的。例如，根据最高院公报案例“重庆建工集团股份有限公司与中铁十九局集团有限公司建设工程合同纠纷再审”一案②，结算条款中“审计”主体不明确时，不能推定为由国家审计机关作为实施审计的主体。又如，根据“珠海机场集团公司、珠海万里路企业有限公司建设工程施工合同纠纷”一案中③，双方虽然约定结算价款要提交政府审核，但未明确约定该审核结果即为工程结算依据的，不能简单断定双方同意接受该审核结果作为结算金额。

其次，即使双方明确约定以行政审计作为结算依据，审计机关也应以合同约定的计价标准和方法作为审计依据。例如，在“重庆勇创实业有限公司与重庆

---

① 韩如波、郑冠红：“政府投资工程的结算还能以‘审计’为准吗？”，2017 年 6 月 29 日发表于“建纬律师”微信公众号，访问时间：2018 年 1 月 30 日。

② 《中华人民共和国最高人民法院公报》2014 年第 4 期（总第 210 期）（2012）民提字第 205 号。

③ （2016）最高法民申 1198 号。

市同兴工业园区开发建设有限公司合同纠纷”一案中[①]，最高院认为：虽然合同约定投资金额以经法定审计部门审计的金额为准，但审计机关《审计报告》均是以2008年《重庆市建设工程费用定额》为依据作出，与当事人在协议中约定的计价标准不符；在乙方当事人对审计结果不予认可的情形下，不能将之作为确定投资金额的依据；当事人可申请审计部门按照协议约定另行审计，或者委托工程造价咨询机构按照协议约定予以造价鉴定，以确定投资金额。

2. 实际施工人直接起诉发包人的权利限制

《最高人民法院关于审理建设工程施工合同案件适用法律问题的解释》（以下简称《施工合同司法解释》）第26条第2款规定：“实际施工人以发包人为被告主张权利的，人民法院可以追加转包人或者违法分包人为本案当事人。发包人只在欠付工程价款范围内对实际施工人承担责任。”该款规定虽然对于在特定时期解决农民工工资拖欠问题起到一定积极作用，但由于突破合同相对性，导致争议不断，也给司法实践带来不少困惑[②]。

在此背景下，《施工合同司法解释（二）》（征求意见稿）第24条试图对此问题进行调整和规范。其中，第一种意见是完全回归合同相对性，不支持实际施工人以与其没有合同关系的发包人为被告主张工程款权利；第二种意见是将《施工合同司法解释》第26条第2款限定为下列条件：“实际施工人有证据证明与其具有合同关系的缔约人丧失履约能力或者具有下落不明等情形，导致其劳务分包工程款债权无法实现。”

目前，为进一步限制《施工合同该司法解释》第26条的适用范围，实现合同相对性的理性回归，最高院在司法实践中对挂靠与转包、违法分包下的实际施工人权利进行了区别处理。例如，在“天津建邦地基基础工程有限公司与中冶建工集团有限公司等建设工程施工合同纠纷案”中[③]，最高院认为：《施工合同该司法解释》第26条适用于建设工程非法转包和违法分包情况，不适用于挂靠情形[④]。在上述案例中，最高院还认为：在挂靠情形下，实际施工人如果不能证明其与发包人形成了事实上的建设工程施工合同关系，那么则无权突破合同相对性，直接向非

① （2016）最高法民终269号。

② 王政勇：“实际施工人直接以发包人为被告主张权利应限制条件”，载《人民司法·案例》2016年第29期，第57页。

③ （2017）最高法民申3613号民事裁定书。

④ 此裁判观点亦见李春艳：“挂靠与转包对实际施工人工程款请求权的影响”，载《人民司法·案例》2016年第35期，第55页。

合同相对方主张建设工程合同权利——这一观点在“曾贵龙、贵阳荣达房地产开发有限公司建设工程施工合同纠纷案”[①]中得到进一步体现。

3. 建材价格大幅上涨

“环保”是2017年的重要标签之一，中央与地方政府采取了一系列史无前例的环保措施，对钢铁、水泥等传统污染企业的产能构成重大限制。例如，2017年8月21日《京津冀及周边地区2017—2018年秋冬季大气污染综合治理攻坚行动方案》（环大气〔2017〕110号）规定在2017年10月至2018年3月采暖季，唐山等重点城市钢铁产能限产50%，而水泥等建材行业全部实施停产。建材市场供需关系变化，导致建筑主材价格出现大幅上涨。

以北京市场为例，主要钢材、商品混凝土的全年价格走势如下图所示，均在2017年12月出现大幅上涨[②]。

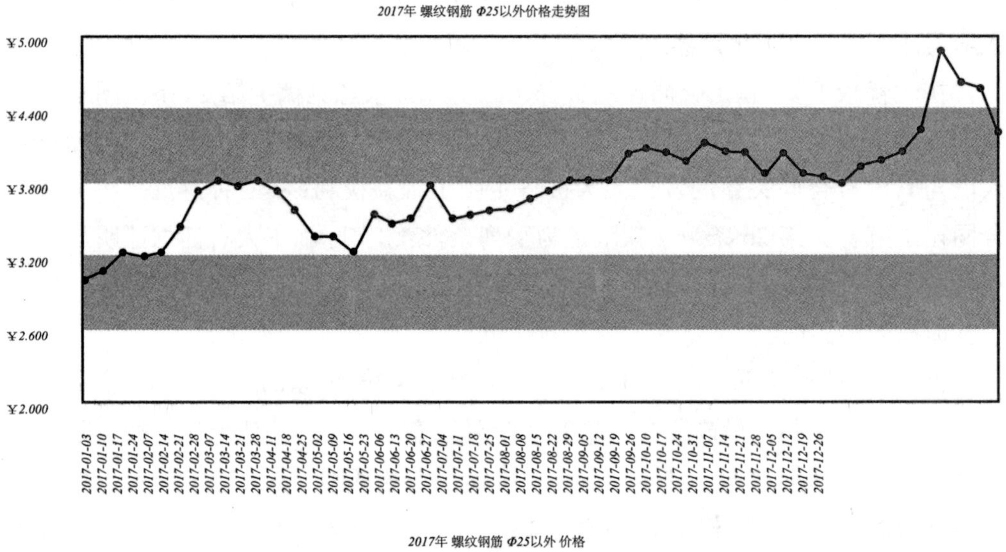

① （2017）最高法民终377号民事裁定书。

② 分别引自中国建材在线：http://www.jc.net.cn/net/eprice/material/MaterialAction.do?method=gotoMaterialChart&page=1&mid=51191281&years=2017&area=20935；http://www.jc.net.cn/net/eprice/material/MaterialAction.do?method=gotoMaterialChart&page=1&mid=51191316&years=2018&area=20935，访问时间：2018年1月29日。

2017年 普通预拌混凝土 C40 粒径为20mm石子价格走势图

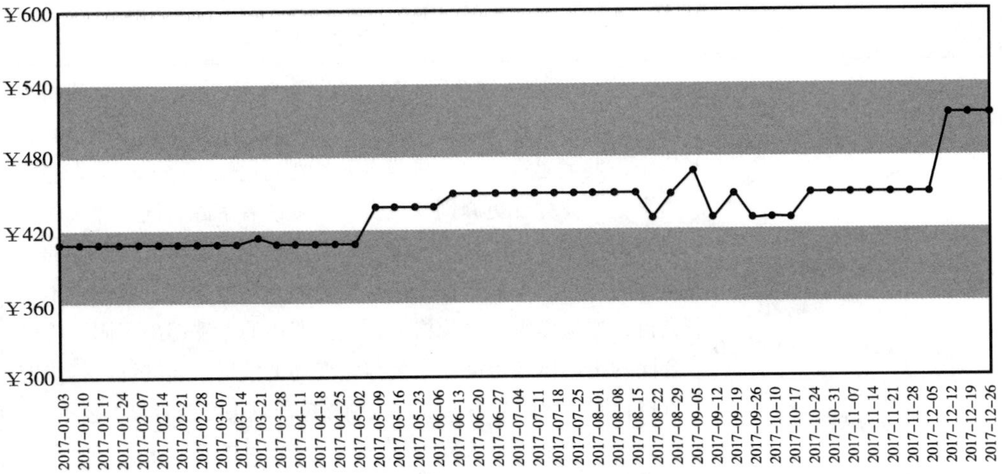

2017年 普通预拌混凝土 C40 粒径为20mm石子 价格

建材价格暴涨势必对建设工程合同的履行构成实质性影响。2017 年 12 月 27 日《华夏时报》一篇题为“建材价格上涨，施工单位 60 亿亏损压身 建筑大省安徽政府工程的停工危机”的报道[①]，已经引起业界广泛关注。我们预测在 2018 年因建材价差可能引发的纠纷将持续发酵，而关于本轮建材价格暴涨是否应当适用“情势变更”原则，换言之，在满足何种条件下可以适用“情势变更”原则进行价格调整，可能将再次成为热点问题。

对于类似问题，最高院曾于 2009 年集中发布《关于适用〈中华人民共和国合同法〉若干问题的解释（二）》（法释〔2009〕5 号）、《关于正确适用〈中华人民共和国合同法〉若干问题的解释（二）服务党和国家工作大局的通知》（法〔2009〕165 号）、《关于当前形势下审理民商事合同纠纷案件若干问题的指导意见》（法发〔2009〕40 号），山东、广东、北京、四川等地高级人民法院相继出台了指导意见。

① http://m.chinatimes.cc/article/73497.html?from=singlemessage&isappinstalled=0，访问时间：2018 年 2 月 22 日。

各高级人民法院指导意见关于“情势变更”原则的相关规定

地区	文号	内容
山东省	《全省民事审判工作会议纪要》（2011年11月30日鲁高法〔2011〕297号）	（五）关于固定价格合同在履行中能否适用情势变更原则的问题 建设工程施工合同约定工程价款实行固定价格结算，在合同履行中，发生建筑材料价格或者人工费用过快上涨，当事人能否请求适用情势变更原则变更合同价款或者解除合同。如果建筑材料价格或者人工费用的上涨没有超出固定价格合同约定的风险范围，当事人请求适用情势变更原则调整合同价款的，不予支持；如果建筑材料价格或者人工费用的上涨超出了固定价格合同约定的风险范围，发生异常变动的情形，如继续履行固定价格合同将导致当事人双方权利义务严重失衡或者显失公平的，则属于发生了当事人双方签约时无法预见的客观情况，当事人请求适用情势变更原则调整合同价款或者解除合同的，可以依照最高院《关于适用〈中华人民共和国合同法〉若干问题的解释（二）》第26条和最高院《关于当前形势下审理民商事合同纠纷案件若干问题的指导意见》的相关规定，予以支持。
广东省	《全省民事审判工作会议纪要》（2012年6月26日粤高法〔2012〕240号）	26. 当事人在合同中对建筑材料价格变动的风险有约定的，按约定处理。没有约定的，约定工期内的建筑材料价格变动的风险由承包人承担；逾期竣工的，延误工期期间的建筑材料价格变动的风险，由对工期延误有过错的一方承担；双方均有过错的，按过错大小分担损失。建筑材料价格大幅变动，当事人以情势变更为由请求调整工程价款的，应从严把握。
北京市	《北京市高级人民法院关于审理建设工程施工合同纠纷案件若干疑难问题的解答》（2012年8月6日京高法发〔2012〕245号）	12. 固定价合同履行过程中，主要建筑材料价格发生重大变化，当事人要求对工程价款予以调整的，如何处理？ 建设工程施工合同约定工程价款实行固定价结算，在实际履行过程中，钢材、木材、水泥、混凝土等对工程造价影响较大的主要建筑材料价格发生重大变化，超出了正常市场风险的范围，合同对建材价格变动风险负担有约定的，原则上依照其约定处理；没有约定或约定不明，该当事人要求调整工程价款的，可在市场风险范围和幅度之外酌情予以支持；具体数额可以委托鉴定机构参照施工地建设行政主管部门关于处理建材差价问题的意见予以确定。

续表

地区	文号	内容
四川省	《四川省高级人民法院关于审理建设工程施工合同纠纷案件若干疑难问题的解答》（2015 年 3 月 16 日川高法民一〔2015〕3 号）	24. 约定工程价款实行固定总价结算的施工合同在履行过程中材料价格发生重大变化如何处理? 约定工程价款实行固定总价结算的施工合同履行过程中，主要建筑材料价格发生重大变化，超出了正常市场风险范围，合同对建材价格变动风险负担有约定的，依照其约定处理；没有约定或约定不明的，当事人要求调整工程价款，如不调整显失公平的，可在市场风险范围和幅度之外酌情予以支持，具体数额可以委托鉴定机构参照工程所在地建设行政主管部门关于处理建材差价问题的意见予以确定。

对上述指导意见进行分析，可能的司法实践主流发展趋势是：合同中对于建材价格变动风险负担有明确约定的，则按约定处理；如果没有约定或约定不明（例如概括性的约定总价闭口，但未约定具体的风险幅度和范围），那么当建材价格发生重大变化，“情势变更”原则得适用时，工程所在地建设行政主管部门的建材价差调整意见，将可能构成裁判机构如何界定正常市场风险范围的重要依据。

（二）工程总承包领域

1.EPC 合同的性质与管辖

在工程总承包合同类型中，EPC（设计—采购—施工）占主导地位，特别是在工业工程领域。EPC 合同包括了设计、设备采购、施工等环节，而每个环节如果独立出来，从争议解决角度，又有各自具体案由，即建设工程设计合同纠纷、买卖合同纠纷或承揽合同纠纷、建设工程施工合同纠纷。这样，在 EPC 合同争议解决司法实践中，首要的问题就是如何确定 EPC 合同的案由，而这又直接关系到 EPC 合同纠纷应否适用工程所在地法院专属管辖，乃至能否适用《施工合同司法解释》等问题。迄今，中国法院对 EPC 合同的案由认定并不统一，概括起来主要有三种情形：

（1）建设工程施工合同纠纷。例如，在经最高院终审的“中利腾晖光伏科技有限公司与青海世纪能源科技发展有限公司纠纷”一案[①]中，一审青海省高院经审理认为：发、承包双方在《光伏发电项目总承包合同》中约定总承包范围为光伏

① 最高院（2015）民一终字第 144 号。

发电项目工程的设计、建筑工程、安装工程等全过程的EPC总承包，属于合同法所规定的承包人进行工程建设，发包人支付价款的建设工程合同性质，且合同最终目的是要实现该光伏发电项目竣工并网发电，因此，本案应为建设工程施工合同纠纷，而非加工承揽合同纠纷。

（2）承揽合同纠纷。例如，在“上海申川环保科技有限公司、河南申川环保科技有限公司等与东方希望包头稀土铝业有限责任公司承揽合同纠纷”一案中[①]，最高院经审理认为：“本案当事人诉争法律关系具有复杂性，且原判决并未援引《合同法》承揽合同章的规定，主要是根据《承揽合同》的约定确定本案当事人的权利义务，亦未违反有关建筑法律法规的规定。故原判决以承揽合同纠纷作为本案案由并无不当，适用法律也不属于确有错误。”

（3）建设工程合同纠纷。例如，在经最高院终审判决的“云南省设计院集团与贵州博宏实业有限责任公司建设工程合同纠纷”一案中[②]，案涉工程承包范围为“新型干法回转窑生产线工程的设计、设备（材料）采购、工程施工、设备安装、调试、试生产、人员培训、相关技术服务、工程检测、质量保修等（即EPC/交钥匙工程方式）”。对此，一审云南省高院经审理认为：根据《合同法》第269条第2款“建设工程合同包括工程勘察、设计、施工合同”之规定，本案属于建设工程合同纠纷。

目前，将EPC合同纠纷的案由认定为“建设工程施工合同纠纷”是主流实践做法，因此适用工程所在地法院专属管辖。

我们认为，在EPC合同纠纷适用工程所在地法院专属管辖的情形下，基于此类纠纷的专业性和复杂性，当事人约定由高水平的仲裁机构进行仲裁，应当是更适宜的争议解决方式。

2. 与工程总承包合同及相关分包合同效力有关的特殊问题

首先，关于工程承包商的资质问题，本文已在【案例2】中进行了简要分析，不再赘述。

其次，另一个可能影响工程总承包招投标及合同效力的问题是，项目前期咨询单位能否进行工程总承包投标。对此，国家九部委《中华人民共和国标准设计施工总承包招标文件》（2012年版）投标须知1.4.3规定，为招标项目前期工作提供咨询服务的机构不得作为投标人。但是，《工程总承包征求意见稿》第11条第

---

① 最高院（2015）民申字第185号。

② 最高院（2014）民一终字第256号。

3 款目前作出相反规定："招标人公开发包前完成的可行性研究报告、勘察设计文件的，发包前的可行性研究报告编制单位、勘察设计文件编制单位可以参与工程总承包项目的投标。"在各地方工程总承包管理实践中，北京、上海等持否定态度，而浙江、湖南等则持肯定态度，但更多省份对此未作明确规定。我们认为，在招标能够满足公开、公平、公正的前提下，从有利于实现招标人采用工程总承包模式合理利益的角度，不宜限制项目前期咨询机构参与投标；如果已经签订工程总承包合同，那么裁判机构应依法维护合同效力。

再次，针对实践中长期困扰工程总承包单位再发包工作是否仍需招标的问题，国务院《意见》明确规定："除以暂估价形式包括在工程总承包范围内且依法必须进行招标的项目外，工程总承包单位可以直接发包总承包合同中涵盖的其他专业业务。"

最后，关于工程总承包单位将设计或施工进行再发包后，设计或施工承包单位还能否再分包问题，尽管在吸收上海等地创造性引入工程总承包单位"再发包"概念基础上，《工程总承包征求意见稿》第 24 条规定设计或施工承包单位可以将非主体部分进行分包，但这能否突破《建筑法》第 29 条关于"禁止分包单位将其承包的工程再分包"的禁止性规定，目前还存在较大的不确定性。但是，无论如何，从工程总承包工程的本质特征和客观规律出发，"再分包"应当获得合法地位。

3. 工程总承包合同的计价与风险分配及责任限制

与施工合同相比，工程总承包在合同架构、计价和风险分配等方面更加复杂，特别是因设计引发的一系列问题，势必给争议解决实践带来大量新的课题和挑战。而在工程总承包模式已长期实践的工业工程领域，缺陷责任以及违约责任限制等，也与常规建设工程合同的主要纠纷存在较大差异。

（三）境外工程领域

境外工程的争议虽然主要通过国际仲裁、项目所在国仲裁或诉讼解决，但是，与境外工程密切相关的独立保函欺诈纠纷、分包合同纠纷等，日益成为中国法院、仲裁机构所共同面临的新领域、新课题和新挑战。

目前，境外工程合同纠纷主要表现为中国企业之间的总分包合同纠纷。但是，随着近年来中国民营企业开始大量进入非洲以及"一带一路"基础设施项目投资领域，并扮演业主角色，预计各种类型的总承包合同约定由中国境内裁判机构作为争议解决机构的比例也会日益增多。

除境外建设工程合同纠纷的境内管辖问题外，无论对于中国法院还是仲裁机构，境外工程合同纠纷的裁判特点和难点，主要集中体现在如下几方面[①]：

1. 关于境外工程合同的效力问题

在【案例 4】中，裁判机构根据中国法，以承包人不具备资质为由，认定合同无效。但是，随着对外承包工程资格制度的取消，境外工程合同不应再因承包人未取得相应资质而无效。

但是，如果境外建设工程合同构成转包或违法分包，那么，在司法实践中，中国境内裁判机构仍可能以涉案合同构成转包、违法分包为由，认定合同无效。例如，在"江河创建集团股份有限公司与中国建设银行股份有限公司徐州城中支行、鑫宏达集团有限公司建设工程施工合同纠纷"一案中[②]，一审法院以案涉合同构成再分包为由，依据国务院《对外承包工程管理条例》第 14 条（笔者注：2017 年修订后为第 10 条）第 4 款规定"分包单位不得将工程项目转包或再分包"，认定合同无效。但是，二审法院认定案涉合同并不构成再分包。

考虑到与境内建设工程相比，境外工程的总分包合同架构更加复杂和多样，我们认为，从维护境外工程合同当事人交易稳定性的角度，中国境内裁判机构不宜机械适用中国关于转包、违法分包的禁止性法律规定，认定境外工程合同无效。

2. 关于外国法的查明问题

查明外国准据法是境外工程案件裁判的先决条件，也是境外工程案件审理的疑难问题之一。特别是中国企业境外工程所在国涉及不同法系，各国法律规定及官方语言之间差异性很大，这不仅对当事人的相应举证义务提出很高要求，也使得中国境内裁判机构在审理境外工程纠纷时，面临很大挑战。

例如，在上述"江河创建集团股份有限公司与中国建设银行股份有限公司徐州城中支行、鑫宏达集团有限公司建设工程施工合同纠纷"一案中，涉及原告在海外设立分公司，而分公司以自己的名义与被告签订分包合同，总公司是否具备起诉主体资格？在境外工程中，《涉外民事关系法律适用法》第 14 条规定，法人及其分支机构的民事权利能力、民事行为能力、组织机构、股东权利义务等事项，适用登记地法律。据此，分公司的权利能力应适用工程所在国登记地法律。在该

① 潘军锋"'一带一路'背景下国际工程审判疑难问题研究"，载《中国建设工程法律评论》第七辑，法律出版社 2018 年版，第 145-146 页。

② 江河创建集团股份有限公司与中国建设银行股份有限公司徐州城中支行、鑫宏达集团有限公司建设工程施工合同纠纷案（2015）苏民终字第 00384 号民事判决书。笔者注：该案已经由最高院根据（2016）最高法民申 3260 号民事裁定书裁定提审。

案中，一审法院认为：签约的主体 Branch of Beijing Jangho Curtain Wall Co., Ltd. 独立登记，故总公司无原告主体资格。二审法院则认为：沙特分公司的民事权利能力及行为能力应适用沙特法律，但沙特分公司的登记文件译本并未载明分公司在沙特享有不受限制的权利，也无法查明沙特国的法律，此时应适用中国《中华人民共和国公司法》第 14 条的规定“分公司不具有法人资格，其民事责任由公司承担”，总公司具备原告主体资格。

又如，在最高院 2015 年 7 月发布的第一批“人民法院为‘一带一路’建设提供司法服务和保障的典型案例”中，第 7 号案例为“江苏太湖锅炉公司与印尼卡拉卡托工程公司、无锡中行保函欺诈纠纷案”[①]。在该案中，印尼公司工作人员签署《6.15 会议纪要》是否对印尼公司具有约束力的法律适用问题，一审法院认为涉及公司职员行为能力的确定，依照《涉外民事关系法律适用法》第 14 条规定，适用法人及其分支机构的登记地法律即印尼公司登记地印度尼西亚共和国法律。二审法院则认为：工作人员以公司名义签署法律文件，涉及工作人员是否在授权范围内履行职责，该行为的性质属于代理法律关系，因此应当依照《涉外民事关系法律适用法》第 16 条规定适用代理行为地法律。本案《6.15 会议纪要》的签署地在中国境内，即代理行为地在中国，故该代理行为效力的认定依法应当适用中华人民共和国法律。

3. 关于域外取证问题

境外工程纠纷中较为复杂的是事实认定，如何认定各方之间的法律关系，如何确定工程价款，如何认定工期违约，如何判断质量缺陷，如何把握工程签证等，都需要证据予以证明。

但是，由于工程在境外，需要当事人补充提交和调查取证的情形较多，有些域外证据还需要公证、使领馆认证，会大大增加境外工程争议事实认定的审理期限和成本。在此背景下，涉外工程争议当事人或参与方均为中方的情况下，约定在中国境内进行仲裁，应当是减轻讼累的有效途径。

五、结语与展望

2017 年我国建筑业采取的一系列简政放权措施，在减轻行政监管对建设工程交易影响方面的效果已经开始显现。

---

① （2013）苏商外终字第 0006 号民事判决书。

与此同时，我国建筑业史无前例地在2017年一年里集中发布了一系列有较大影响力的征求意见稿，涵盖了PPP、招投标、工程总承包、施工合同司法解释等多个建设工程核心领域。其中任何一个征求意见稿按计划在2018年正式发布实施，都将给建筑业带来新一轮的深远影响，进而对建设工程争议的解决甚至发展趋势产生重要影响。

在此趋势的长期作用下，我们预测我国建设工程争议解决的裁判重点，将可能逐渐从黑白合同、挂靠及违法分包、实际施工人等具有中国特色的争议领域，向与国际工程争议解决接轨的方向发展。

对此，我们欣喜地注意到：以北仲为代表的中国领先仲裁机构，已经走在了这一发展趋势的前沿。2017年，北仲通过持续引入国际工程争议解决最佳实践——如英国建筑法学会《延误与干扰分析准则（2017版）》，不断在建设工程合同争议解决的精细化方面砥砺前行。

中国房地产争议解决年度观察（2018）

赵　平[①]　马志成[②]　夏明亮[③]　陈　锐[④]

一、概述

（一）2017 年房地产发展的新趋势

1. 2017 年，全国房地产开发投资 10.98 万亿元（指人民币，以下同），增 7.0%[⑤]；商品房销售 16.94 亿平米，增 7.7%；销售额 13.37 万亿元，增 13.7%；全国商品房销售面积、金额仍双双创下新高。同时，2017 年是中国房地产市场历年出台调控政策最多的一年，近 110 个城市及国家相关部委，出台了 250 多个调控文件，彻底改变了房地产市场的格局，房地产市场重新洗牌，行业集中度进一步提升，2017 年百强房企新增土地货值约 12.28 万亿元。其中，TOP10 房企新增土地货值约 6.23 万亿元，TOP11–TOP100 房企新增土地货值约 6.05 万亿元[⑥]。

2. 2017 年，中央提出加快租售并举的住房制度改革和长效机制建设，国家相关部委和地方政府纷纷出台共有产权、租赁住房、集体建设用地建设租赁住房等政策，引导了越来越多的房地产企业进入房地产租赁市场。2017 年 8 月 3 日，北京市住房和城乡建设委员会面向社会各界公开征求对于《北京市共有产权住房管

---

① 赵平，北京金诚同达（上海）律师事务所高级合伙人，中国仲裁法学研究会房地产仲裁研究专业委员会主任，仲裁员。

② 马志成，北京金诚同达律师事务所高级合伙人。

③ 夏明亮，北京金诚同达（上海）律师事务所高级合伙人。

④ 陈锐，北京金诚同达（上海）律师事务所合伙人。

⑤ 国家统计局网：http://data.stats.gov.cn，访问时间：2018 年 1 月 31 日。

⑥ 克而瑞地产研究中心：http://www.cricchina.com/Research/Details/7412，访问时间：2018 年 1 月 31 日。

理暂行办法》的意见，希望通过引入政府与购房人按份共有产权，有效调节产权比例，对引导新的住房消费理念有重要影响，这些对房地产供给侧的改革，将在未来对房地产的投资、开发、交易等产生重大的影响，可以想象，未来房地产企业的增量开发业务比重将逐步降低，存量运营业务占比将逐渐提高，创新性的住房建设模式、产权划分、产权转让、运营管理必然带来新的争议类型，亟待房地产领域法律专业人士的探索与实践。

3. 2016 年 10 月 8 日，国家发展和改革委员会（以下简称发改委）发布《加快美丽特色小（城）镇建设的指导意见》；2016 年 12 月 31 日，中共中央、国务院发布《关于深入推进农业供给侧结构性改革加快培育农业农村发展新动能的若干意见》。这两份文件明确提出加大盘活农村存量建设用地力度。允许通过村庄整治、宅基地整理等节约的建设用地采取入股、联营等方式，重点支持乡村休闲旅游养老等产业和农村三产融合发展。2017 年 8 月 21 日，国土资源部、住房和城乡建设部印发《利用集体建设用地建设租赁住房试点方案》，提出完善集体租赁住房建设和运营机制。村镇集体经济组织可以自行开发运营，也可以通过联营、入股等方式建设运营集体租赁住房；2017 年十九大报告明确提出实施“乡村振兴战略”。因此，越来越多的房地产企业开始与农村集体经济组织联营、合作，利用自己的资金实力与开发优势，开发、盘活农村的闲置建设用地，从而带来房地产领域中新的开发、合作、运营模式。

4. 2017 年，楼市调控新规频出，非标融资收紧，顺应这个形势，房地产金融行业尤其是资产证券化取得了长足发展。2017 年资产证券化规模 1.4 万亿元，而房地产行业的基础资产各类证券化将近占据了半壁江山，房地产信托基金（类 REITs）、个人住房抵押贷款支持证券（RMBS）、商业房地产抵押支持证券（CMBS）、租赁合同债权 ABS、购房尾款 ABS、物业费 ABS 等各种品类的证券化产品，尤其 2017 年 12 月，招商蛇口总计发行了 260 亿元长租公寓资产证券化融资，房地产行业的金融化趋势越来越明显。在如此规模的资产证券化产品中，已经出现部分违约的证券化产品。而由于资产证券化的产品设计交易结构复杂、各种金融工具相互嵌套、存在各种非常规的增信措施，在具体的案件争议解决中，存在主体、法律关系、责任边界、增信措施的定性等诸多问题。①

① 中国证券投资基金业协会网：http://www.amac.org.cn/tjsj/xysj，访问时间：2018 年 1 月 31 日。

（二）2017 年房地产争议的特点[①]

1. 房地产合同包括房屋买卖合同、房屋租赁合同、物业服务合同等一直在房地产纠纷领域占主要地位。随着各地限购政策的出台，2017 年房屋买卖合同纠纷约为 134246 件，较 2016 年进一步增加，近五年来房屋买卖合同纠纷案件呈持续上升趋势。房屋租赁合同纠纷约为 83412 件，较 2016 年有所下滑。物业服务合同纠纷约为 305638 件，与 2016 年案件数基本相当。

2. 房地产工程类合同包括房地产开发经营合同、合资、合作开发房地产合同、项目转让合同、委托代建合同等也是常见的纠纷高发领域。2017 年房地产开发经营合同纠纷约为 1957 件，较 2016 年略有上升。合资、合作开发房地产合同纠纷约为 1333 件；项目转让合同纠纷约为 126 件；委托代建合同纠纷约为 194 件，较 2016 年均有所下滑。

3. 随着农村土地征收、集体经营性建设用地入市、宅基地制度改革等制度的推出，以及土地承包经营权流转制度改革的深入，2017 年以来，除传统的涉及建设用地使用权的争议外，涉及土地承包经营权、土地租赁、承包地征收补偿的纠纷进一步增多。2017 年涉及土地使用权、承包经营权的纠纷累计约为 32180 件，其中包含建设用地使用权合同纠纷约为 2968 件，土地租赁合同纠纷约为 8083 件，承包地征收补偿纠纷约为 9277 件，土地承包经营出租、转包纠纷约为 6760 件。

二、新出台的法律法规或其他规范性文件

（一）土地制度方面的新法律法规和规范性文件

2016 年 12 月 31 日，国土资源部、发改委、财政部、住房和城乡建设部、农业部、中国人民银行、国家林业局、中国银行业监督管理委员会八部委联合发布《关于扩大国有土地有偿使用范围的意见》，提出对公共服务项目，除可按划拨方式供应土地外，鼓励以出让、租赁方式供应土地，支持市、县政府以国有建设用地使用权作价出资或者入股的方式提供土地，与社会资本共同投资建设。[②]

---

① 本节数据自中国裁判文书网搜索总结而成，由于并非全部诉讼案件都在中国判例文书网上有所公开，该统计数据仅为估算；另，由于仲裁案件的保密性，该统计数据将仲裁案件的数量和分类排除在外，中国裁判文书网：http://wenshu.court.gov.cn/，访问时间：2018 年 1 月 30 日。

② 国务院新闻办公室网：http://www.scio.gov.cn/xwfbh/xwbfbh/wqfbh/35861/36237/xgzc36243/Document/1541746/1541746.htm，访问时间：2018 年 1 月 19 日。

2017 年 4 月 1 日，住房和城乡建设部、国土资源部联合发布《关于加强近期住房及用地供应管理和调控有关工作的通知》（建房〔2017〕80 号），提出合理安排住房用地的各项具体措施。例如，强化住宅用地供应“五类”调控目标管理；尽快编制公布住宅用地供应三年滚动计划和中期规划；保证住宅用地供应平稳有序，灵活确定竞价方式，防止出现区域性总价、土地或楼面单价新高等情况，严防高价地扰乱市场预期等。①

2017 年 7 月 4 日，国土资源部发布《关于〈中华人民共和国土地管理法（修正案）〉（征求意见稿）公开征求意见情况的公告》，旨在促进农村土地资源有效利用及城乡一体化发展。②

（二）房屋制度方面的新法律法规和规范性文件

1. 共有产权房制度的探索

2017 年 9 月 14 日，住房和城乡建设部发布《关于支持北京市、上海市开展共有产权住房试点的意见》（建保〔2017〕210 号），鼓励、支持北京、上海积极发展共有产权住房，决定在北京市、上海市开展共有产权住房试点，明确发展共有产权住房是加快推进住房保障和供应体系建设的重要内容，要求认真贯彻落实党中央、国务院决策部署，坚持“房子是用来住的、不是用来炒的”的定位，以满足新市民住房需求为主要出发点，以建立购租并举的住房制度为主要方向，以市场为主满足多层次需求，以政府为主提供基本保障，通过推进住房供给侧结构性改革，加快解决住房困难家庭的基本住房问题。③

2016 年 3 月 16 日，上海市人民政府发布《上海市共有产权保障住房管理办法》④，该办法于 2016 年 5 月 1 日正式实施。2017 年 9 月 20 日，北京市住房和城乡建设委员会、北京市发展和改革委员会、北京市财政局、北京市规划和国土资

---

① 国土资源部网：http://www.mohurd.gov.cn/wjfb/201704/t20170406_231387.html，访问时间：2018 年 1 月 19 日。

② 国土资源部网：http://www.mlr.gov.cn/zwgk/zytz/201707/t20170712_1525017.htm，访问时间：2018 年 1 月 19 日。

③ 住房和城乡建设部网：http://www.mohurd.gov.cn/wjfb/201709/t20170921_233369.html，访问时间：2018 年 1 月 19 日。

④ 上海政府网：http://www.shanghai.gov.cn/nw2/nw2314/nw2319/nw2407/nw39527/u26aw47129.html，访问时间：2018 年 1 月 19 日。

源管理委员会共同制定并印发《北京市共有产权住房管理暂行办法》[①]，该办法于2017年9月30日正式实施。北京、上海两地陆续制定共有产权房管理办法，加快了对共有产权房制度的探索。

2. 住房租赁制度的完善

2017年7月18日，发改委、中国证券监督管理委员会、财政部、住房和城乡建设部、公安部、国土资源部、国家税务总局、国家工商行政管理总局及中国人民银行九部委联合发布《关于在人口净流入的大中城市加快发展住房租赁市场的通知》（建房〔2017〕153号），要求进一步贯彻落实《国务院办公厅关于加快培育和发展住房租赁市场的若干意见》（国办发〔2016〕39号），加快推进租赁住房建设，培育和发展住房租赁市场。该意见提出：培育机构化、规模化住房租赁企业；鼓励地方政府出台优惠政策，积极支持并推动发展房地产投资信托基金（REITs）；建设政府住房租赁交易服务平台；增加租赁住房有效供应等。[②]

2017年5月19日，住房和城乡建设部发布《住房租赁和销售管理条例》（征求意见稿）[③]，向社会公开征求意见，体现了政府推动购租并举的住房制度的决心。

3. 其他新出台的法律法规、司法解释、规范性文件

2017年9月17日，国土资源部、住房和城乡建设部联合发布《关于房屋交易与不动产登记衔接有关问题的通知》（国土资发〔2017〕108号）。该通知要求不动产登记机构和房屋交易管理部门加强配合，共同协商，推动地方政府依法合规分类妥善处理，及时为群众解决问题，但要防止小产权房通过不动产登记合法化。[④]

2017年12月15日，住房和城乡建设部办公厅发布《关于做好取消物业服务企业资质核定相关工作的通知》（建办房〔2017〕75号），提出做好取消物业服务企业资质的后续管理工作的各项指导要求。例如，各地不再受理物业服务企业资质核定申请和资质变更、更换、补证申请；建立健全物业服务标准和服务规范，

---

① 北京市住房和城乡建设委员会网：http://www.bjjs.gov.cn/bjjs/xxgk/xwfb/432914/index.shtml，访问时间：2018年1月19日。

② 住房和城乡建设部网：http://www.mohurd.gov.cn/wjfb/201707/t20170720_232676.html，访问时间：2018年1月19日。

③ 住房和城乡建设部网：http://www.mohurd.gov.cn/wjfb/201705/t20170519_231923.html，访问时间：2018年1月19日。

④ 国土资源部网：http://www.mlr.gov.cn/zwgk/zytz/201709/t20170920_1595568.htm，访问时间：2018年1月19日。

规范物业服务合同完善物业服务投诉平台；建立信用信息共享平台，定期向社会公布物业服务企业信用情况等。[①]

2017 年 11 月 10 日，国土资源部发布的《关于〈不动产登记资料查询办法（征求意见稿）〉公开征求意见的通知》，该办法今后的颁布对于规范不动产登记资料的查询活动，加强不动产登记资料的管理、保护和利用，维护不动产交易安全和不动产权利人的合法权益具有重要的意义。[②]

2017 年一线城市出台了更为严格的调控措施。以北京为例，2017 年 3 月 17 日，北京市人民政府出台《关于完善商品住房销售和差别化信贷政策的通知》《关于加强北京地区住房信贷业务风险管理的通知》《关于本市企业自持商品住房租赁管理有关问题的通知》等一系列房地产调控新政，称为“3.17 新政”，对北京市房地产市场进行全方位调控。调控范围包括商品住房、住宅平房、非住宅类房屋、涉房企业管理、土地供应等方面；调控政策包括限制购房条件，提高首付款比例，实施差别化信贷，严控商业办公类用房购买资格和信贷条件，严格购房资格审查，加强住宅平房购买、测绘、落户政策管理等。[③]

三、典型案例

【案例 1】以房抵债合同的性质和效力如何认定？[④]

【基本案情】

汤龙、刘新龙、马忠太、王洪刚与新疆鄂尔多斯彦海房地产开发有限公司（以下简称彦海公司）于 2013 年先后签订多份借款合同，通过实际出借并接受他人债权转让，取得对彦海公司合计 2.6 亿元借款的债权。为担保该借款合同履行，四人与彦海公司分别签订多份商品房预售合同，并向当地房屋产权交易管理中心

① 住房和城乡建设部网：http://www.mohurd.gov.cn/wjfb/201712/t20171221_234469.html，访问时间：2018 年 1 月 19 日。

② 国土资源部网：http://www.mlr.gov.cn/zwgk/zytz/201711/t20171110_1671781.htm，访问时间：2018 年 2 月 23 日。

③ 北京市住房和城乡建设委员会网：http://www.bjjs.gov.cn/bjjs/xxgk/gfxwj/zfcxjswwj/416704/index.shtml，访问时间：2018 年 2 月 23 日。

④ 指导案例 72 号“汤龙、刘新龙、马忠太、王洪刚诉新疆鄂尔多斯彦海房地产开发有限公司商品房买卖合同纠纷案”，载最高人民法院（以下简称最高院）网：http://www.court.gov.cn/fabu-xiangqing-34292.html，访问时间：2018 年 2 月 23 日。

办理了备案登记。该债权陆续到期后，因彦海公司未偿还借款本息，各方经对账，确认彦海公司尚欠四人借款本息 361398017.78 元。各方随后重新签订商品房买卖合同，约定彦海公司将其名下房屋出售给四人，上述欠款本息转为已付购房款，剩余购房款 38601982.22 元，待办理完毕全部标的物产权转移登记后一次性支付给彦海公司。

【争议焦点】

本案的争议焦点在于债务人到期未能偿还债务，各方当事人协商对账后签订的《商品房买卖合同》是否有效。

汤龙、刘新龙、马忠太、王洪刚认为，根据各方合同约定，彦海公司应于 2014 年 9 月 30 日向四人交付符合合同约定的房屋。但至今为止，彦海公司拒不履行房屋交付义务，故彦海公司应向汤龙、刘新龙、马忠太、王洪刚支付违约金 6000 万元。

彦海公司认为，四人与彦海公司没有购买和出售房屋的意思表示，各方之间的房屋买卖合同名为买卖实为借贷，该商品房买卖合同系为借贷合同的担保，该约定因违反了《中华人民共和国担保法》第 40 条、《中华人民共和国物权法》第 186 条的规定无效。各方签订的商品房买卖合同存在显失公平、乘人之危的情况。四人要求的违约金及损失费用亦无事实依据。

【裁判观点】

最高院经审理认为，本案争议的商品房买卖合同签订前，彦海公司与汤龙等四人之间确实存在借款合同关系，且为履行借款合同，各方签订了相应的商品房预售合同，并办理了预售商品房预告登记。但各方系争商品房买卖合同是在彦海公司未偿还借款本息的情况下，经重新协商并对账，将借款合同关系转变为商品房买卖合同关系，将借款本息转为已付购房款，并对房屋交付、尾款支付、违约责任等权利义务作出了约定。民事法律关系的产生、变更、消灭，除基于法律特别规定，需要通过法律关系参与主体的意思表示一致形成。民事交易活动中，当事人意思表示发生变化并不鲜见，该意思表示的变化，除为法律特别规定所禁止外，均应予以准许。本案各方经协商一致终止借款合同关系，建立商品房买卖合同关系，并非为各方之间的借款合同履行提供担保，而是借款合同到期彦海公司难以清偿债务时，通过将彦海公司所有的商品房出售给汤龙等四位债权人的方式，实现各方权利义务平衡的一种交易安排。尊重当事人嗣后形成的变更法律关系性质的一致意思表示，是贯彻合同自由原则的题中应有之意。彦海公司所持本案商品房买卖合同无效的主张，不予采信。此外，汤龙等四人作为购房人，尚未足额支付合同约定的购房款，彦海公司未按照约定时间交付房屋，不应视为违约。

【争议观察】

以物抵债、以房抵债并不是一个新鲜的议题，本案的特殊之处在于，最高院以公告案例的方式确定了在债务期满后，双方当事人达成了以房抵债的合意，并以以房抵债协议取代了原来的债权债务协议，此时，双方当事人应当根据以房抵债协议的约定履行各自的义务。除此之外，最高院在通州建总集团有限公司与内蒙古兴华房地产有限责任公司建设工程施工合同纠纷案[①]中对以物抵债合同的性质作了明确的定义，对以物抵债协议衍生出的后续问题作了具体的分析，意义重大。

最高院在通州建总集团有限公司与内蒙古兴华房地产有限责任公司建设工程施工合同纠纷案的判决中明确了以下几点问题：

1. 以物抵债合同系诺成性合同，其生效不以债权人现实地受领抵债物，或取得抵债物所有权、使用权等财产权利为构成要件。只要双方当事人的意思表示真实，合同内容不违反法律、行政法规的强制性规定，合同即为有效。

2. 债务清偿期届满后，债权人与债务人所签订的以物抵债协议，如未约定消灭原有的金钱给付债务，应认定系双方当事人另行增加一种清偿债务的履行方式，而非原金钱给付债务的消灭，即此时旧债务与新债务并存。

3. 若债务人未实际履行以物抵债协议，则债权人与债务人之间的旧债务并未消灭。只有在新债务合法有效并得以履行完毕后，因完成了债务清偿义务，旧债务才归于消灭。

4. 若新债务届期不履行，致使以物抵债协议目的不能实现的，债权人有权请求债务人履行旧债务。而且，该请求权的行使，并不以以物抵债协议无效、被撤销或者被解除为前提。

而在杨利民与罗琳、罗敏等民间借贷纠纷案[②]中，债务人到期不能偿还债务，双方当事人签订《协议书》，约定债务人愿意以涉案房屋抵顶债务，但同时约定“罗琳或相关方在协议签订之日起四个月内偿还全部借款本息，否则杨利民有权选择自行处置上述抵债房屋或要求继续偿还借款本息；本协议作为原借款合同的从合同，原借款合同及相应保证合同、担保函等仍然有效，相关方有义务积极筹

---

① 案号：(2016)最高法民终字第484号，“通州建总集团有限公司与内蒙古兴华房地产有限责任公司建设工程施工合同纠纷案”，载《最高人民法院公报》2017年第9期。

② 案号：(2017)最高法民申974号，“杨利民与罗琳、罗敏等民间借贷纠纷申诉、申请民事裁定书”，载中国裁判文书网：http://wenshu.court.gov.cn/content/content?DocID=3a980a64-1fdb-48e7-948a-a77f011ea446，访问时间：2018年1月19日。

款按原约定偿还借款本息，杨利民也有权按原约定随时要求偿还借款本息；若杨利民得到部分偿还，及时配合将相应比例的房屋退还罗琳。”最高院经审理认为，从协议整体约定来看，杨利民的本意并非支付对价购买商品房，其真实意思仍是要求罗琳偿还借款本金及利息，双方签订协议的目的在于保障杨利民的债权得以顺利受偿。在债务履行期届满之后，若当事人无意以房屋抵顶债务而仅仅把签订《商品房预售合同》并备案当成实现债权的一种担保，那就不构成以房抵债，应当按照担保来处理。

以物抵债作为债务清偿的方式之一，属于当事人意思自由的范围内，为我国法院所认可。当事人在订立以物抵债合同时需特别注意其与流质、担保之间的区别，明确各自的权利义务，才能成功构建相应的法律关系。

【案例2】如何确定基于容积率调整所产生的需要补缴的土地出让金？

【基本案情】

申请人系某市国土局，被申请人系A房地产开发公司。2010年7月9日，申请人与被申请人签订《国有建设用地使用权出让合同》，约定被申请人受让取得某地块的国有建设用地土地使用权。合同约定，建筑容积率不高于2，被申请人应当依照合同约定的土地用途、容积率利用土地，不得擅自改变。在被申请人履行合同的过程中，申请人发现其在经原规划部门批准后，对涉案土地容积率进行了调整。申请人遂委托评估公司对此进行评估，确定被申请人应补缴的土地出让金数额，并通知被申请人补缴土地出让金。

其后申请人提起仲裁，要求被申请人补缴土地出让金。被申请人提出反请求，要求申请人支付土地补偿款。经审理，仲裁庭支持了申请人的全部仲裁请求，支持了被申请人的部分仲裁反请求。

【争议焦点】

（1）补缴土地出让金的评估基准日如何确定?

申请人认为，申请人委托评估公司以2015年3月3日为基准日对涉案土地进行评估后，确定的补缴土地出让金数额也在某市土地招拍挂委员会办公会议上审议通过。故申请人同意补缴土地出让金的时间为2015年3月3日，即应以2015年3月3日作为补缴土地出让金的评估基准日。

被申请人认为，评估基准日应当是某市人民政府同意调整容积率的2010年11月10日，而不是国土局认定的2015年3月3日。

（2）仲裁反请求中申请人需要返还的土地补偿费数额如何确定？

申请人认为，土地补偿款应当以市政府批准的数额为准。

被申请人认为，容积率调整后，被申请人需要补缴土地出让金，则土地补偿款应根据补缴的土地出让金相应增加。

【裁判观点】

（1）补缴土地出让金的评估基准日如何确定？

仲裁庭认为，2014 年 8 月至 11 月，国家审计署驻某市审计组对市本级土地出让实施审计，申请人此时知悉涉案土地容积率的调整问题。因此，2013 年 4 月 8 日起实施的《国有建设用地使用权出让地价评估技术规范（试行）》（国土资厅发〔2013〕20 号）适用于本案。《国有建设用地使用权出让地价评估技术规范（试行）》第 6.3.2 条规定："土地出让后经原出让方批准改变用途或者容积率等土地使用条件的，在评估需补缴地价款时，评估期日应以国土资源主管部门同意补缴地价时为准。"因此，仲裁庭认为，鉴于申请人于 2015 年 3 月 3 日委托北京 B 不动产评估公司对补缴出让价款进行评估，本案中的国土资源主管部门即申请人同意容积率调整的时间为 2015 年 3 月 3 日，即 2015 年 3 月 3 日为补缴土地出让金的评估基准日。

（2）仲裁反请求中申请人需要返还的土地补偿费数额如何确定？

仲裁庭认为，涉案地块 2010 年 11 月 22 日的《储备土地成本审批表》中载明土地补偿费及地上物居民补偿费为 118689700 元。2010 年 12 月改造方案经过审批，调整后的土地补偿费及地上物居民补偿费根据 2015 年 1 月 5 日的《储备土地成本审批表》为 118585100 元。仲裁庭注意到，2010 年及 2015 年两份《储备土地成本核算表》中均有市政府领导审批签字，申请人对于土地补偿费及地上物居民补偿费的数额并没有最终决定权。申请人需要返还的土地补偿费总额应该按照该市政府核定的数额进行，即申请人需要返还被申请人的土地补偿费共计 118585100 元，申请人已累计返还土地补偿费 116334510 元，申请人需返还的土地补偿费数额为 2250590 元。

【纠纷观察】

本案是一起较为典型的基于容积率调整而产生补缴土地出让金的纠纷案件。在实践中，虽然国土局与土地受让人之间签署的《国有建设用地使用权出让合同》有条款约定若土地容积率调整，受让人应当补缴土地出让金，但其中的标准却非常模糊。容积率调整虽然需要经过原规划部门的许可，但确定并收取土地出让金的是国土局。补缴土地出让金的计算标准需要在国土资源部发布的各类通知、规范之中查找。

《国有建设用地使用权出让合同》在履行过程中往往伴随着政策及规划的改变，这使得合同的履行出现很多可变因素。本案国土局划拨土地补偿款是基于政府相关部门核定标准进行的，因此土地补偿款的计算应当以政府核定的数字为准。同时，本案的典型意义在于国土局作为政府部门，主动请求以仲裁的方式解决与土地受让人之间的争议，公平合理的解决纠纷。

【案例3】购房政策调整是否属于不可抗力？

【基本案情】

申请人系购房人田某某，被申请人系北京A资产管理公司。2016年12月25日，申请人与被申请人签订《认购协议书》并缴纳了首付款435629元。合同约定交付定金后30日之内进行网签。2016年12月8日，申请人之子王某某签署了《免责声明》，表示其知悉涉案房屋处于期房转现房网签停止阶段，并声明如因国家相关政策调整致使最终不能网签属不可抗力，双方互不承担责任。申请人在合同约定的期间未能办理网签，后北京市住房政策调整，申请人丧失购房资格。

申请人提起仲裁，要求解除《认购协议书》、退还购房款、被申请人支付违约金及利息。被申请人同意解除合同并返还购房款，但拒绝支付违约金及利息。经审理，仲裁庭支持了申请人的部分仲裁请求。

【争议焦点】

关于解除双方签订的《认购协议书》，双方没有争议，仲裁庭裁定《认购协议书》自裁决作出之日起解除。本案的争议焦点为：被申请人是否应支付违约金？

申请人主张，涉案房屋一直无法网签与本次政策调控没有关系，被申请人无法开通网签端口才是导致涉案房屋一直没有网签的主要原因，因此本次政策调控不属于不可抗力，被申请人应当按照《认购协议书》的约定承担违约金。被申请人则与申请人持完全相反的观点，主张其不应承担违约金。

【裁判观点】

仲裁庭认为，本案购房文件中的《延期付款申请书》及《免责声明》由申请人之子王某某单独签署。王某某较为深入地参与了涉案房屋的买卖过程，申请人也认可由其儿子签署的《延期付款申请书》及《免责声明》的真实性，因此对于涉案房屋正在期房转现房，其间无法办理网签申请人应当知情。按照商品房交易的基本流程，在期房转现房完成以后，是可以办理网签手续的，但在涉案房屋期房转现房期间，由于政策出现变化，导致以申请人名义无法购买涉案房屋，也就是说即使涉案房屋办理了现房手续，申请人也因本次政策调整而丧失了购买涉案房屋的资格，而在《认购协议书》第10条明确约定政策调整为不可抗力，《免责声明》中更明确指出因政策调整，致使申请人本人不能或无资格购买涉案房屋的属不可抗力，双方无责，被申请人无须向申请人支付违约金。

【纠纷观察】

近年来，各地纷纷推出“限购令”，购房人丧失购房资格而请求解除合同的案件层出不穷。本案的特殊之处在于，申请人之子签订了《免责协议》，明确知悉期房转现房期间无法办理网签手续，即被申请人履行了其告知义务。被申请人在交易的过程中没有过错，且《免责条款》中明确表示购房政策调整属于不可抗力。尽管《免责条款》的签署人是申请人之子，但基于申请人之子从头至尾参与了购房的过程，仲裁庭认定申请人同样知悉《免责条款》的内容，并最终未支持申请人要求被申请人支付违约金的仲裁请求。

【案例4】大型超市退租时的违约责任应当如何认定？

【基本案情】

申请人系江苏A置业公司，被申请人系上海B超市发展公司。2010年4月26日，申请人与被申请人签订《物业租赁合同》，约定申请人将涉案建筑物出租给被申请人开设超市大卖场。2011年12月5日，被申请人工程资产部出具证明，表示由申请人建设的中央广场已经满足物业交付条件，被申请人工程部已于2011年12月初进行招投标事宜以确定施工单位进场施工，并开始办理大卖场装修的相关事宜。之后自2013年11月16日至2015年4月28日，双方就合同履行中开业时间问题、物业综合验收问题等进行多次协商，未达成一致意见。被申请人未按照合同约定开设超市大卖场。

申请人提起仲裁，要求继续履行合同。后申请人与被申请人在庭审中确认解除《物业租赁合同》，仲裁庭先行裁决确认自2015年10月18日起申请人与被申请人签订的《物业租赁合同》解除。申请人变更仲裁请求，要求被申请人支付租金、滞纳金等。被申请人以申请人未能办妥房屋租赁证或其他因出租物业所需的许可或手续，并且存在其他违约行为为由提出仲裁反请求。经审理，仲裁庭支持了申请人及被申请人的部分仲裁请求及反请求。

【争议焦点】

1. 涉案租赁物业何时交付？

申请人认为，2011年12月5日，被申请人工程资产部出具《证明》，确认申请人交付的租赁物满足物业交付条件，应认为此时申请人已交付涉案租赁物业。

被申请人认为，申请人也未按照合同的约定办理租赁许可证、房屋所有权证和商业规划批文，申请人未能在合同约定的时间内如期交付完整物业。

2. 被申请人应否向申请人支付解除合同前的租金？

申请人认为，根据合同约定，被申请人 2012 年 5 月 31 日前应当装修完毕，因此，租金应当自 2012 年 6 月 1 日起计算至 2015 年 10 月 18 日。

被申请人认为，若申请人提出的从 2012 年 6 月开始计算租金的请求成立，也应当从申请人提起仲裁的日期 2015 年 6 月 25 日，向前推算一年计算，其余时间的租金已经过了仲裁时效。

3. 申请人应否赔偿合同解除前被申请人已经发生的装修费用、被遣散员工工资损失？

申请人认为，被申请人提供的付款凭证无法证明是否为装修支出，此外，在不具备开业条件的情况下，被申请人招收员工，员工工资、年终奖的支出是非必要的支出，无论所谓的装修损失、员工工资是否真实，均应由被申请人自行承担。

被申请人认为，申请人不提供租赁物业的相关许可及证明文件的违约行为导致合同无法继续履行，应赔偿被申请人由此产生的装修损失及被遣散员工工资。

【裁判观点】

1. 涉案租赁物业何时交付？

仲裁庭认为，合同第 4 条约定的申请人应于 2011 年 12 月 31 日前向被申请人交付物业，应解释为满足附件 7《租赁合同工程交付一在建》中的交接项目要求及附件 6《租赁物业交接条件及标准》有关进场装修的条件和标准即为交付，这应是双方当事人订立合同时的本意，2011 年 12 月 5 日，被申请人工程资产部出具《证明》，确认建筑物已经满足物业交付条件，并进场装修施工等行为可以印证。此时，租赁物业已经取得项目立项、审图意见书、环境保护局出具的工程项目环评批复、消防设计审核意见书、建设工程质量监督站出具的建设工程质量监督报告，符合附件 7 规定的在建工程交付条件，具备附件 6 约定的进场条件和标准。申请人已按照合同约定于 2011 年 12 月 31 日前向被申请人交付了物业。此外，申请人未按约定履行配合义务，使得物业外立面的改造、灯箱广告等外部形象问题一直没有得到解决，合同履行存在一定瑕疵。被申请人在合同主要目的尚可实现的情况下，提出解除合同，应承担主要违约责任。

2. 被申请人应否向申请人支付解除合同前的租金？

仲裁庭多数认为，申请人要求租金的仲裁请求未超过仲裁时效。申请人在取得租赁物业消防验收合格后，于 2013 年 10 月 26 日发出交接通知书，之后多次发函要求被申请人办理交接手续，尽快开业，并提出如果不能按期开业，要承担各项损失。申请人一直在向被申请人主张自己的各项合同权利，仲裁庭对被申请人关于租金的请求超过仲裁时效的抗辩不予支持。如上所述，申请人已按照合同约定于 2011 年 12 月 31 日前向被申请人交付了物业。根据合同约定，租赁物业租金的起算日为物业交付之日起 150 天的装修期满次日，装修期不足 150 天的以开业时间为起算点。本案中，被申请人装修期超过 150 天，至今未开业，起租日则应以交付之日起第 151 天开始计算。2011 年 12 月 5 日，被申请人亦出具《证明》并进场施工。申请人以 2012 年 6 月 1 日起计算租金的主张符合合同约定，仲裁庭予以支持。

3. 申请人应否赔偿合同解除前被申请人已经发生的装修费用、被遣散员工工资损失？

仲裁庭认为，根据《物业租赁合同》的约定，租赁许可证应由申请人在被申请人开业后 12 个月内提供、房屋所有权证或其他证明申请人拥有租赁资格的法律文件等在开业后 6 个月内提供，现被申请人未开业，以此为据提出终止合同的理由不充分。被申请人在租赁物业装修过程中，已经形成了附合装饰装修物，本着最大限度发挥装修物价值的原则及公平原则，在租赁合同解除的情况下，考虑到本案中双方当事人在合同履行过程中的违约情况，参照装修费用的鉴定结论，酌定申请人对被申请人按照鉴定确定的装修费用的 50% 赔偿装修费（装修物的所有权可以由申请人取得）。被申请人在申请人未履行租赁物业外部门面装修、改造的配合义务，但并不影响被申请人开业的情形下提出解除合同，且未及时采取积极、有效措施防止人员培训和工资等费用的损失发生及扩大，对该部分损失，应自行承担。

【纠纷观察】

本案涉及大型超市退租问题，由于近年来实体经济的下滑，大型超市关闭、退租时有发生。本案被申请人虽然进行了装修和招收员工并培训等前期准备活动，但最终未能按照合同约定使超市正常开业，双方确认解除合同。解除合同后往往伴随着租金、滞纳金及装修费用由谁承担的问题。《物业租赁合同》中对租赁物业交付有多种描述，仲裁庭将其概括为三种情形，一是被申请人进场装修的物业交付，二是被申请人准备开业的物业交付，三是租赁物业的最终交付，三种情形的物业交付标准和条件均不一致。仲裁庭认定《物业租赁合同》约定的交付物业应解释为满足《租赁合同工程交付一在建》中的交接项目要求，及《租赁物业交接条件及标准》有关进场装修的条件和标准即为交付，这是解决本案的争议焦点，是厘清双方当事人违约责任的关键。

【案例5】开发商交付的房屋与购房合同约定的方位布局相反，且无法调换，购房者能否以合同目的不能实现为由解除合同？①

【基本案情】

2014年2月7日，张俭华、徐海英与启东市取生置业有限公司（以下简称取生置业）签订了《商品房买卖合同》，取生置业承诺涉案房产的具体房间方位为：以入户朝向为标准，主卧、次卧、卫生间等房间在右手边；餐厅、客厅等在左手边。同时将双方约定的房间布局与方位平面图作为合同附件并加盖公章予以确认。2015年7月初，张俭华、徐海英应取生置业的通知前去验房，在验房过程中，张俭华、徐海英发现所购房产的实际房间布局与双方合同约定的完全不一致：实际该房的主卧、次卧、卫生间与餐厅、客厅等房间正好相反。双方沟通无效，后张俭华、徐海英诉至法院，请求判令解除合同，退还购房款并按银行同期贷款利率支付利息。一审驳回张俭华、徐海英的诉请；二审撤销一审判决，确认涉案购房合同的解除时间为一审期间起诉状副本送达取生置业之日。

【争议焦点】

本案的争议焦点在于张俭华、徐海英能否以合同目的不能实现为由解除涉案购房合同？

张俭华、徐海英认为，商品房买卖合同有效成立，取生置业理应严格按合同约定来履行合同义务。取生置业所交付的房屋与合同约定的房屋左右布局完全相反。即便同一楼层的商品房属于轴对称设计，张俭华、徐海英也有权选择位于轴左边或右边的房屋。取生置业的行为已严重违反合同约定及诚实信用原则，致使合同目的不能实现。

取生置业认为，在签订商品房买卖合同之前，被告方的销售人员向张俭华、徐海英作出了详细的说明且向其提供了原告购房所在栋户型的平面图，该平面图显示一层有四套，每两套是相向的，使用的平面图是一致的，当时约定两个卧室朝南，厨房和餐厅朝北，没有进户后的左右方位区分。该事实不仅在签约前原告是清楚的，且签约前取生置业的销售人员还带张俭华、徐海英去涉案房屋处查看

① 案号：（2015）通中民终字第03134号，“张俭华、徐海英诉启东市取生置业有限公司房屋买卖合同纠纷案”，载《最高人民法院公报》2017年第9期。

过，故 2015 年 6 月，取生置业所交的房屋与张俭华、徐海英所知晓的房屋是完全一致的，取生置业不存在违约行为，更不构成根本违约。

【裁判观点】

一审法院经审理认为，张俭华、徐海英对涉案房屋的质量、面积、小区配套设施等均未提出异议，显然，取生置业实际交付的房屋并不影响投资、就学等合同目的。对于日常居住，房间布局是否合理、朝阳房间的数量、光照时间等影响居住质量的因素为购房人首要考虑之问题，现本案取生置业实际向张俭华、徐海英交付房屋的格局、朝阳房间数量、阳台进深等与房型图、合同附件图一致，仅存在方向的反差，并不影响张俭华、徐海英的居住目的，且住宅楼每层两侧的房屋布局呈轴对称方向亦为一般常规，张俭华、徐海英据此主张取生置业构成根本违约，缺乏事实与法律基础。

二审法院经审理认为，本案中，双方当事人对于房屋的内部左右布局约定明确。从现有证据来看，无论是被上诉人取生置业的宣传图片还是购房合同附件中的房屋平面图，均明确了房屋进门后的左右布局。张俭华、徐海英对于房屋内部左右布局明确约定并作为特定的合同目的，并不违反法律、行政法规的禁止性规定，亦未侵害第三人权益，属于当事人意思自治的范畴，法律尊重和保护个体通过自身价值判断自由选择合适房屋的合法权利。取生置业并未交付符合合同约定布局的房屋且无法调换，致使张俭华、徐海英购买符合购房合同附件中约定布局房屋的合同目的落空，张俭华、徐海英要求解除合同于法有据，法院予以确认。

【争议观察】

本案的意义在于，法院的裁判确定了当事人将特定主观目的作为合同条件或成交基础并明确约定，则该特定主观目的之客观化，属于《中华人民共和国合同法》第 94 条第 1 款第 4 项的规制范围。本案中，张俭华、徐海英对房屋的布局有方位布局的特殊要求，诚如一审法院所言，涉案房屋的质量、面积、小区配套等没有问题，房屋方位布局并不影响投资、就学等合同目的，也不会对日常居住产生不利影响，但是，判断合同目的应当以签订合同的当事人的目的为标准，并不能以普通大众的一般标准为准。购房者不论是出于什么原因希望所购房屋为某一方位的房屋，且在合同中有相关条款明确约定的情况下，如开发商交付的房屋与购房合同约定的方位布局相反，且无法调换，购房者可以合同目的不能实现为由解除合同。

四、热点问题观察

（一）农村集体经营性建设用地使用权入市稳步推进

2017 年 11 月 4 日，第十二届全国人民代表大会常务委员会第三十次会议通过关于延长授权国务院在北京市大兴区等三十三个试点县（市、区）行政区域暂时调整实施有关法律规定期限的决定，将 2015 年 2 月 27 日第十二届全国人民代表大会常务委员会第十三次会议授权国务院在北京市大兴区等三十三个试点县（市、区）行政区域暂时调整实施有关法律规定的决定施行期限届满后，试点期限延长一年至 2018 年 12 月 31 日。

全国人大常委会授权暂停实施的相关法律条款是土地管理法最核心的条款，尤其是暂停第 43 条和第 63 条关于“集体建设用地使用权不得出让”的法律规定，涉及土地制度法律根本原则，该试点将很大程度影响《中华人民共和国土地管理法》的修改。根据全国人大常委会的决定，国务院有权在试点行政区域暂时调整实施上述法律中关于集体建设用地使用权不得出让的规定。在符合规划、用途管制和依法取得的前提下，允许存量农村集体经营性建设用地使用权出让、租赁、入股，实行与国有建设用地使用权同等入市、同权同价。

关于农村集体建设用地入市的探索，在 2009 年国土资源部发布《国土资源部关于促进农业稳定发展农民持续增收推动城乡统筹发展的若干意见》（国土资发〔2009〕27 号）即已开始，当时仅为部门规章，在法律上尚无法突破上位法的规定。之后，2013 年 11 月，中共十八届三中全会审议通过了《中共中央关于全面深化改革若干重大问题的决定》；2014 年 12 月 2 日，中央全面深化改革领导小组第七次会议审议了《关于农村土地征收、集体经营性建设用地入市、宅基地制度改革试点工作的意见》；2015 年 1 月，中共中央办公厅和国务院办公厅联合印发了《关于农村土地征收、集体经营性建设用地入市、宅基地制度改革试点工作的意见》。上述文件逐步确定了“符合规划和用途管制前提下，允许农村集体经营性建设用地出让、租赁、入股，实行与国有土地同等入市、同权同价的原则”。目前，试点地区都进行了农村集体建设用地入市的实践，稳步推进，为完善土地管理法律制度打好基础。

（二）利用集体建设用地建设租赁房屋开始破冰

2017 年 8 月 21 日，国土资源部、住房和城乡建设部联合发布了《利用集体建设用地建设租赁房屋试点通知》，确定第一批将北京、上海、沈阳、南京、杭州、合肥、厦门、郑州、武汉、广州、佛山、肇庆、成都13个城市纳入试点。

利用集体建设用地建设租赁用房，从短期来看，可以增加租赁住房供应，缓解住房供需矛盾，有助于构建购租并举的住房体系，有助于健全房地产平稳健康发展；有助于拓展集体土地用途，拓宽集体经济组织和农民增收渠道；有助于丰富农村土地管理实践，促进集体土地优化配置和节约集约利用，加快城镇化进程。从长期来看，和农村集体经营性建设用地使用权入市的尝试一样，也是要解决集体建设用地与国有建设用地使用权同等入市、同权同价的问题。

根据试点方案，村镇集体经济组织可以自行开发运营，也可以通过联营、入股等方式建设运营集体租赁住房。除北京、上海外，由省级国土资源主管部门和住房和城乡建设主管部门汇总本辖区计划开展试点城市的试点实施方案，报国土资源部和住房和城乡建设部批复后启动试点。2018年1月16日，国土资源部办公厅、住房和城乡建设部办公厅发布了《关于沈阳等11个城市利用集体建设用地建设租赁住房试点实施方案意见的函》，试点城市大部分都明确了利用集体建设用地建设租赁住房，项目建成后，只能进行出租使用，不得销售或以租代售，坚决杜绝变相开发经营性房地产或建设小产权房的意见。

（三）一线城市商业用房改建为租赁住房，土地用途调整为居住用地政策将逐步稳定

"商住房"，是将商业、办公的规划性质用地改建成住宅形式的房屋，它不是一个法律概念。我国土地用地性质划分很明确，包括住宅、商业、办公、工业用地等，其中没有"商住"这个种类，并不存在商住房对应的土地使用性质，商住房是房产开发商根据使用用途打造出来的概念，从来没有任何文件认可商住房的合法性，商住房一直随房地产政策摇摆。

2016年5月17日，国务院办公厅公布了《关于加快培育和发展住房租赁市场的若干意见》（国办发〔2016〕39号），其中第12条规定允许将商业用房等按规定改建为租赁住房，土地使用年限和容积率不变，土地用途调整为居住用地，调整后用水、用电、用气价格应当按照居民标准执行。正当大家以为商住房将合法化的时候，一线城市出台了系列政策，限制商住房的发展，2017年3月26日，北京市出台《关于进一步加强商业、办公类项目管理的公告》。从各个角度限制了商住房的生存空间，针对开发商，商业、办公类项目不得擅自变为居住用途，且最小分隔单元不得低于500平方米。2017年3月30日，上海发布《关于加强本

市经营性用地出让管理的若干规定》，规定从2017年4月10日起，出让合同中明确办公用地不得建设公寓式办公，商业用地未经约定不得建设公寓式酒店。2017年5月17日，上海市住房和城乡建设管理委员会发布了《关于开展商业办公项目清理整顿工作的意见》，明确停止审批公寓式办公项目。2017年3月30日，广州发布了《关于进一步加强房地产市场调控的通知》，要求商业办公类项目不得改变用途，新项目最小分隔单元不小于300平方米。房地产开发企业销售商服类物业，销售对象应当是法人单位；法人单位购买的商服类物业不得作为居住使用，再次转让时，应当转让给法人单位。

初看起来，以上一线城市的政策限定和国务院的国办发〔2016〕39号文的精神并不完全一致，但实际上，以上政策与增加租赁住房供应、缓解住房供需矛盾、构建购租并举的住房体系的目标是一致的。从用地性质的规划上看，一线城市住宅地块供应不足，而商业用地明显过剩，在电商冲击下，商业地产过剩尤为明显。在这种现状下，默许并不合法的商住房存在并不是最优选择，将存量商业用房改造为租赁用房，消化过量的商业用房以填补不足的住宅供应缺口才是最佳策略。综合系列政策变迁来看，一线城市存量商业用房改建为租赁住房，土地用途调整为居住用地政策将逐步稳定。

五、总结与展望

2017年，我国出台了关于房地产的各项政策和法规，农村集体经营性建设用地使用权入市、利用集体建设用地建设租赁房屋和商业用房改建为租赁住房等，都将对未来的房地产市场产生巨大的影响，也会在一定程度上影响房地产争议的发展走向。

从房地产的争议类型上看，房地产物业合同纠纷仍居首位，其次是买卖和租赁纠纷。值得注意的是，随着电商的不断扩张，原来的实体店铺，尤其是大卖场等，将持续萎缩，这样将导致因退租发生的纠纷增加。而且，从处理的实际案例看，每一家大卖场退租，还联系着承租方与众多的小商户之间的纠纷。这方面的纠纷在将来的一段时间，预计还将处于上升的趋势。

近几年来，房地产金融方面的争议不断。房地产开发的过程中，需要巨额融资，通常的银行贷款往往不能满足需求，其他融资方式，比如信托、资管计划等也派上了用场。一旦发生纠纷，金额巨大。法院和仲裁机构处理房地产金融争议时，要注意一要有效解决纠纷，二要尽量减少对社会的负面影响。

中国能源争议解决年度观察（2018）

张伟华①

一、概述

2017 年能源行业可谓热点纷呈：各国纷纷推出电力脱煤计划和公布禁售燃油车时间表，汽油消费将面临巨大冲击；美国总统唐纳德·特朗普宣布美国退出《巴黎气候协定》；石油输出国组织（Organization of the Petroleum Exporting Countries，简写 OPEC）与部分非 OPEC 产油国再达减产协议，力促石油市场恢复平衡，使得油价在 2017 年末逼近 70 美元高点；随着技术进步，新能源在某些领域已经开始具备竞争能力。此外，中国的“一带一路”倡议对能源投资影响巨大，中缅原油管道、亚马尔 LNG 等一批大型项目竣工投产，在“一带一路”国家的能源投资已经成为中国企业的重要方向；中国能源领域相关重要改革文件相继出台，油气体制改革总纲领出台、电力体制改革正在进行、煤炭行业总体下行，中国能源结构正向清洁化、低碳化转型；传统能源面临剧烈变革，新能源发展迅速，能源互联网、区块链等的出现，也带来了新型的法律问题。另外，随着中国能源企业经营日益全球化，海外运营带来的合规、合约纠纷时有出现；随着全球能源并购交易动量回升，中国能源企业海外收购逐渐回暖。

从能源领域发生纠纷的类型来看，主要仍集中在传统能源，如煤炭、石油、天然气等，同时涉及新能源的纠纷，如涉及风、电、核、热及太阳能等领域的纠纷数量也在不断增加。以北京仲裁委员会/北京国际仲裁中心（以下简称北

---

① 张伟华，香港上市公司联合能源集团副总经理兼总法律顾问，国务院国资委特聘“海外并购法律专家”。北京济和通咨询顾问有限公司高级副总裁陈学军、陈学军助理刘嘉璐、联合能源法律部张茵莉对本报告亦有贡献。

仲）2017 年受理的能源领域案件情况为例：

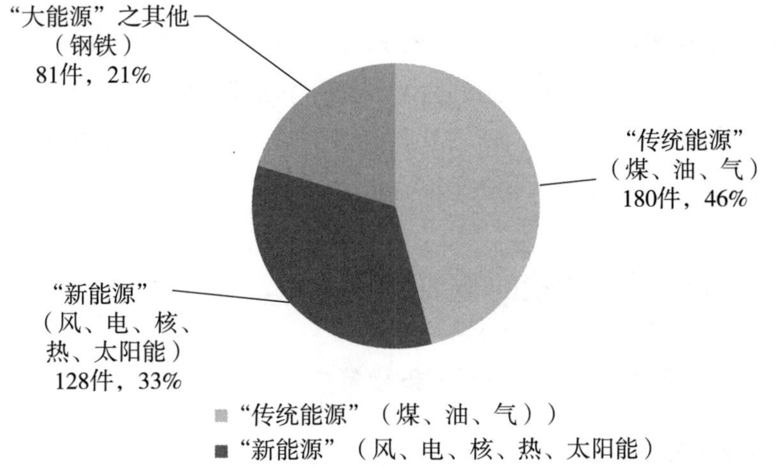

图 1　北仲 2017 年受理能源领域案件数和构成比例

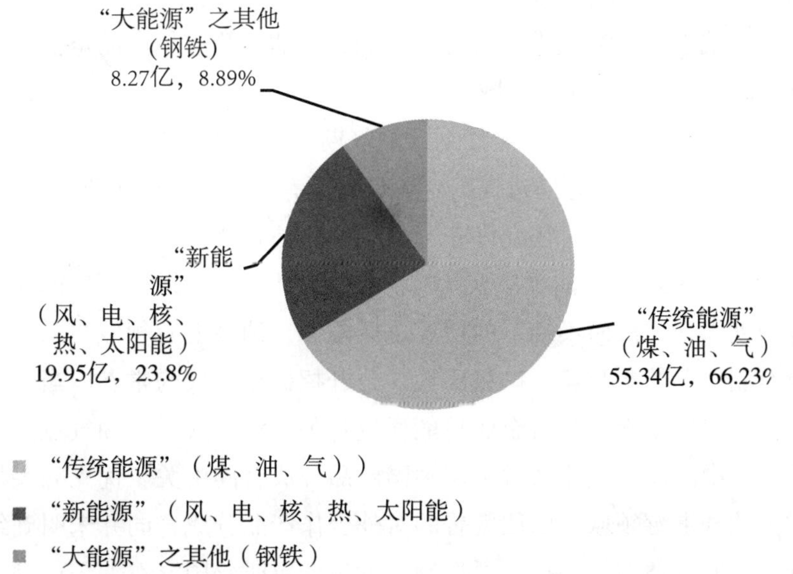

图 2　北仲 2017 年受理能源领域案件标的额和构成比例

依照图示，北仲 2017 年受理能源案件数和为 389 件，回顾对比 2016 年案件数总和数据（北仲 2016 年受理能源领域案件数和为 244 件，其中传统能源为 154 件，所占比例为 63.11%；新能源为 32 件，所占比例为 13.11%；其他能源为 58 件，所占比例为 23.78%）可以得出：2017 年度案件数总和相较于 2016 年度案件数总和增长了约 59%，其中，传统能源所占比例有所下降，但仍然占据优势地位，新能源与其他能源案件数所占比例均有所上升。

北仲2017年受理能源案件标的额为83.56亿元（指人民币，下同），相较于2016年案件标的额（北仲2016年受理能源领域标的额为140.54亿元，其中传统能源为134.82亿元，所占比例为95.93%；新能源为1.15亿元，所占比例为0.82%；其他能源为4.57亿元，所占比例为3.25%），案件标的总额有所下降，但新能源与其他能源所占比例大幅提升。

二、法律法规及政策的重要变化

（一）石油天然气行业的法律和政策

1. 油气改革方案出台

2017年5月，中共中央、国务院印发了《关于深化石油天然气体制改革的若干意见》（以下简称为《油气改革意见》），该《油气改革意见》部署了八个方面的改革任务，涵盖上游、油气进出口管理体制、炼油、管道、产品定价机制、油气国企改革、储存、安全环保等领域。

上游方面，《油气改革意见》计划在油气勘查开采领域引入竞争机制，允许符合资质的企业参与竞标，并通过提高企业保留原有油气开采区块所需满足的条件，来制定区块退出机制。政府还允许非国有企业申请资质，参与常规油气的勘查开采。这些措施将起到鼓励非国有所有制企业参与油气上游勘探开发的作用，并对国有企业长期以来“占而不勘”的情况进行限制，油气上游领域在未来将出现更多其他所有制企业的参与者，矿权出让的公开招标也将成为常态。当然，现有上游领域的开放速度较慢，民营企业只能通过各种灵活方式进入油气业上游。过去一段时间内，中国民营企业通过利用中国产品分成合同中关于优先购买权的漏洞来进入中国油气上游领域。以往签署的对外合作产品分成合同并未明确约定在持有产品分成合同权益的外国投资者控制权发生变更时，国家石油公司是否有优先购买权。而这一合同漏洞，让民营企业通过购买外国卖方持有产品分成合同下权益的离岸公司而间接进入了中国的上游油气业。民营企业复星能源集团和光汇石油（控股）有限公司，就是通过购买外国投资者在海外的离岸公司，避开了中国国有石油公司的同意权与优先购买权，从而间接持有了中国海上的石油资产。近来的新产品分成合同则已经将此漏洞堵上。新的产品分成合同中明确规定，无论外国投资者在何种层面上处置产品分成合同所涉及的权益，国家公司均有同意权及优先购买权。

对于管网，《油气改革意见》要求分步推进国有大型油气企业干线管道独立，实现管输和销售分开；完善油气管网公平接入机制，油气干线管道、省内和省际管网均向第三方市场主体公平开放。一些国企已经开始在内部计划对管网资产进行拆分。如何实现管网的公平接入，尚有待法律的具体细化。由于拆分的时间表与路线图尚付阙如，未来在海外购买 LNG（Liquefied Natural Gas，即液化天然气）气源的民营企业和国企的油气管网准入与开放之间，将可能会产生市场主体平等接入、“照输不议”合约义务、管网企业垄断等争议。

2. 石油天然气价格改革

经过多年的实践，国内成品油价格已经接近完全市场化调节的状态。现行政策中汽、柴油价格调整周期由 22 个工作日缩短至 10 个工作日，取消国际市场油价波动 4% 调价的幅度限制使得成品油价格市场化基本实现。

2017 年，天然气价格改革的重点仍然是“管住中间、放开两头”，即对中游管网输配气价格进行政府监管，对上游气源价格和下游销售价格逐步实行市场定价。国家发展与改革委员会（以下简称发改委）在 8 月、9 月和 10 月分别印发了《关于进一步加强垄断行业价格监管的意见》《政府制定价格行为规则》和《政府制定价格成本监审办法》，进一步规定了垄断行业政府定价的基本原则、具体程序、定价过程中对经营者成本进行审核等事项；在 11 月 8 日印发了《关于全面深化价格机制改革的意见》，进一步强调，到 2020 年，市场决定价格机制基本完善，在自然垄断行业（包括输配电、天然气管道运输等）中，以“准许成本 + 合理收益”为核心的政府定价制度基本建立。就上下游市场定价机制而言，其中一个重大举措是搭建石油天然气交易中心，引入现货竞价交易机制。2017 年 6 月 20 日，发改委发布《关于加强配气价格监管的指导意见》的通知，明确配气价格按照“准许成本 + 合理收益”的原则制定，新建配气管网核定价格时，按全投资税后内部收益率不超过 7%，经营期不低于 30 年确定。省级发改部门应在 2018 年 6 月底制定出台配气价格管理和定价成本监审规则。2017 年 8 月，发改委发布《关于核定天然气跨省管道运输价格的通知》和《降低非居民用天然气基准门站价格的通知》，根据天然气管道定价成本监审结果分别核定及下调管道运输价格，核定后的管道运输平均价格下降 15% 左右，大大减轻了下游用气企业负担。

3. 油气管网规划

2017 年 5 月 19 日，发改委、国家能源局印发了《中长期油气管网规划》（以下简称《管网规划》），对 2016 年到 2025 年我国油气管网进行了空间布局规划，并针对油气管网建设提出了若干保障措施。

《管网规划》提出了拓展“一带一路”进口通道、加强天然气管道基础网络、完善原油管道通道布局、优化成品油管道网络结构、加快油气储备调峰设施建设五大举措。油气管网体系要做到“衔接上下游、沟通东西部、贯通南北方”，要有利于巩固拓展油气进口通道，不断提升进口能力和应对突发事件的水平，保障国家能源安全和公共安全，最终达到建成覆盖多层次的油气管网、形成安全稳定的储运系统、提供公平开放的公共服务的目标。

4. 进出口政策

我国原油进口采取国营贸易和非国营贸易两种形式。原油国营贸易进口实行自动许可管理，无数量限制；原油非国营贸易进口实行配额管理，企业进口资格由商务部审批，配额由商务部进行分配；成品油国营贸易由央企控制，实行自动许可管理，成品油非国营贸易进口则仅限于燃料油。原油非国营贸易进口权采取“分批下达、追加调整、严格考核”的分配新原则，对于未兑现申请原油进口使用权承诺的企业，发改委开出罚单，将其进口原油使用量进行下调。发改委在2017年4月发布《关于有关原油加工企业申报使用进口原油问题的通知》，明确自2017年5月5日起停止接收有关原油加工企业使用进口原油的申报材料，要求“获准用油企业须切实兑现承诺，严格执行产业政策，未经批准一律不得再新建、改扩建炼油装置；按有关要求保持最低原油库存量，按规定报送原油进口、加工使用及主要产品等情况。”2017年起，我国恢复发放成品油一般贸易出口配额，同时未向地炼下放成品油出口配额。未来对于来料加工贸易采取的是限制的倾向，因为来料加工只收取炼油环节加工费，所以增加了污染排放和能源消耗。

5. 天然气利用政策

2017年6月23日，国家发改委、科技部、工业和信息化部等十三个部门共同印发了《加快推进天然气利用的意见》（以下简称《利用意见》）。《利用意见》指出，将天然气培育成为我国现代清洁能源体系的主体能源之一，到2020年，天然气在一次能源消费结构中的占比力争达到10%左右，地下储气库形成有效工作气量148亿立方米。到2030年，力争将天然气在一次能源消费中的占比提高到15%左右，地下储气库形成有效工作气量350亿立方米以上。《利用意见》中明确了实施城镇燃气工程、实施燃气发电工程、实施工业燃料升级工程、实施交通燃料升级工程等几大任务，还进一步提出了建设天然气市场、完善价格机制、拓宽融资渠道、严格环保政策等要求。

（二）煤炭行业

1. 继续化解煤炭产能过剩

2017年3月21日，人力资源和社会保障部等五个部门共同发布了《关于做好2017年化解钢铁煤炭行业过剩产能中职工安置工作的通知》，强调多渠道安置职工，保障职工合法权益，在去产能的过程中确保社会稳定。4月7日，国家发改委发布了《关于进一步加快建设煤矿产能置换工作的通知》，提出九项措施，意在通过煤矿减量置换发展优质产能，在去产能的同时优化产业结构和实现转型升级。2017年11月28日，发改委、国家能源局联合印发《关于建立健全煤炭最低库存和最高库存制度的指导意见(试行)》和《煤炭最低库存和最高库存制度考核办法(试行)》。这一系列煤炭库存制度将煤炭行业相关产能、价格、环保等政策予以串联，完善了多层次的产能调控政策，通过库存制度引入"产能利用率"沟通产量，通过产量与需求量匹配保障供应，实现价格的稳定、市场的平稳。随着市场需求大幅增加和南方部分地区小煤矿关闭退出力度超出预期，煤炭生产、运输格局发生明显变化，对统筹做好煤炭去产能、稳供应工作提出了更高要求，因此发改委在2017年10月与11月分别发布《关于做好迎峰度冬期间煤炭市场价格监管的通知》《关于推进2018年煤炭中长期合同签订履行工作的通知》，要求防范煤价异常波动，严厉打击煤炭行业哄抬价格和价格垄断行为。

2. 国家能源投资集团建立

2017年11月28日，原中国国电集团公司与神华集团有限责任公司正式合并重组为国家能源投资集团有限责任公司，率先启动煤电央企重组。重组后的国家能源投资集团资产规模超过1.8万亿元，并成为全球最大煤炭生产公司，最大火力发电公司，最大风力发电公司和最大煤制油、煤化工公司①。

（三）电力行业

1. 深化电力体制改革

2017年3月29日，发改委发布了《关于有序放开发用电计划的通知》(以下简称《放开发用电计划的通知》)。过去由于电力短缺，为了保证供应，中国长期以来由政府制定发电计划和用电计划，规定发电企业和用电企业在一定时期内的发电量、用电量，同时管制发电企业的上网电价和用电企业的购电价格。《放开发

---

① 新闻稿"国家能源集团正式成立"，载国电电力发展股份有限公司网：http://www.600795.com.cn/publish/main/19/21/20171129135435263841894/index.html，访问时间：2018年1月8日。

用电计划的通知》规定了有序放开发用电计划的具体要求，其中包括：鼓励发电企业（尤其是燃煤发电企业）与售电企业、用户及电网企业签订中长期的三方发购电协议，并在协议中约定价格调整机制；其中燃煤发电企业的协议期限应与电煤中长期协议挂钩，发售电价格应与电煤价格联动；新建煤电机组在投产后全部纳入市场化交易和由市场定价等。

新一轮电力体制改革在全国广泛开展，基本完成交易机构组建，输配电价改革实现省级电网全覆盖，发用电计划有序放开，市场化交易机制逐步完善，配售电业务加快放开，全国在交易机构注册的售电公司约2600家，8个地区启动电力现货市场建设试点，东北等地区电力辅助服务市场建设取得良好成效，形成了综合试点为主、多模式探索的新格局①。未来电力消费增长的不确定性仍然存在、煤电风险仍然存在、电力改革将进一步推进。2018年，加快推进增量配电业务改革试点工作、地区电力现货市场交易试点，进一步扩大电力市场化交易规模等都会成为电力体制改革的新工作。

2. 防范和化解煤电产能过剩

2017年7月26日，发改委、国家能源局、国土资源部等十六个部门共同印发了《关于推进供给侧结构性改革、防范化解煤电产能过剩风险的意见》，重点任务包括淘汰落后产能、清理整顿违规项目、完善煤电规划建设风险预警机制、推进煤电机组改造提升、保障电力安全供应等；政策措施则包括：发展电力容量市场、辅助服务市场等电力市场机制，鼓励大型发电集团实施重组整合，推动煤炭企业和电力企业中长期合作，鼓励金融机构为煤电企业结构调整和改造提升提供信贷支持，做好职工安置工作等。

（四）新能源行业

1. 进一步推进新能源发展

2017年7月28日，国家能源局印发《关于可再生能源发展“十三五”规划实施的指导意见》（以下简称为《指导意见》），这是继2016年12月发布《可再生能源“十三五”规划》后对该规划文件的实施意见，旨在有效解决可再生能源发展中出现的弃水、弃风、弃光和补贴资金不足等问题，以实现可再生能源产业持续健康有序发展。按照《指导意见》，到2020年，我国风电装机将达27500万千

① 新闻稿“2017年预计市场化交易电量1.6万亿千瓦时”，载中国电力新闻网：http://www.cpnn.com.cn/zdyw/201712/t20171226_1041690.html，访问时间：2018年1月8日。

瓦，远超《风电发展“十三五”规划》中设定的 21000 万千瓦的发展目标。2020 年我国光伏装机可能达到 23000 万千瓦，超过“十三五”规划 1.05 亿千瓦一倍以上。

2. 促进可再生能源消纳

为促进可再生能源消纳，2017 年 1 月 18 日，发改委、财政部、国家能源局联合发布了《关于试行可再生能源绿色电力证书核发及自愿认购交易制度的通知》，规定从 2017 年 1 月 1 日起，社会中的消费主体可自愿向风电、光伏发电企业认购绿色电力证书，作为消费绿色电力的证明；同时明确，国家将根据市场认购情况，自 2018 年起适时启动可再生能源电力配额考核和绿色电力证书强制约束交易。2 月 14 日，国家能源局发布了《关于开展跨区域省间可再生能源增量现货交易试点工作的复函》，批准开展西北、四川等水电、风电、光伏跨区域省间可再生能源增量现货交易试点。11 月 8 日，国家发改委和国家能源局联合发布了《解决弃水弃风弃光问题实施方案》，全方位梳理了可再生能源消纳的各项措施，其中包括：在技术上，加强可再生能源电力输送能力、提高电力系统调峰能力等；在政策上，实行可再生能源电力配额制、落实可再生能源优先发电、扩大跨省跨区消纳可再生能源电力现货交易、多渠道拓展可再生能源电力本地消纳、建立可再生能源电力消纳激励机制、完善可再生能源发电价格形成机制等。

发改委副主任、国家能源局局长努尔·白克力在 2017 年 12 月 26 日召开的 2018 年全国能源工作会议上表示，“清洁能源消纳难题得到明显缓解，预计 2017 年全国水能利用率达 95%，弃风率和弃光率同比分别下降 6.7 和 3.8 个百分点”。① 未来政府将从生产消费环节着手，解决新能源的消纳问题。

3. 新能源汽车领域频出新规

2017 年 1 月至 10 月，国家累计出台 32 项新能源汽车相关政策（包括征求意见稿 5 项），涉及宏观、补贴、基础设施、安全管理、技术研发、智能网联等诸多方面。

在 32 项国家新能源汽车政策中，《乘用车企业平均燃料消耗量与新能源汽车积分并行管理办法》是今年最重要的一项政策，其决定了未来中国汽车产业新格局，无论是燃油车还是新能源汽车都将步入积分时代。如何在新能源汽车的“双积分”政策下理解、掌握相关法律规则并获得竞争中的优势，是车企应当重点关

---

① 新闻稿“清洁能源消纳难题明显缓解”，载人民网：http://paper.people.com.cn/rmrb/html/2017-12/27/nw.D110000renmrb_20171227_2-14.htm，访问时间：2018 年 1 月 14 日。

注的问题。

4. 核安全法出台

2017 年 9 月 1 日，全国人民代表大会常务委员会发布了《中华人民共和国核安全法》（以下简称《核安全法》）（自 2018 年 1 月 1 日起施行）。这是我国首次以法律形式系统地对核安全管理制度、核安全责任主体和责任范围、核损害赔偿责任，以及核安全管理机构的设置和职责分工进行规定。其中在核安全责任和核损害赔偿责任方面，明确规定由核设施营运单位对核安全负全面责任，为核设施营运单位提供设备、工程及服务等的单位负相应责任，并对各自职责提出了详细要求，对违反职责的行为规定了相应处罚措施，对发生核事故时各自的损害赔偿责任分别进行了规定。鉴于核电发展速度加快，与此同时风险累积也就越多。因此，《核安全法》在法律层面明确规定应当从高、从严建立核安全标准体系。

（五）环境保护的法律与政策

2017 年 11 月 4 日，第十二届全国人民代表大会常务委员会第三十次会议作出关于修改《中华人民共和国海洋环境保护法》（以下简称为《海洋环境保护法》）的决定。根据新修改的《海洋环境保护法》，入海排污口位置的选择，应当根据海洋功能区划、海水动力条件和有关规定，经科学论证后，报设区的市级以上人民政府环境保护行政主管部门备案。环境保护行政主管部门应当在完成备案后十五个工作日内将入海排污口设置情况通报海洋、海事、渔业行政主管部门和军队环境保护部门。

2017 年 11 月 20 日，最高人民法院（以下简称最高院）审判委员会第 1727 次会议通过了《最高人民法院关于审理海洋自然资源与生态环境损害赔偿纠纷案件若干问题的规定》，将自 2018 年 1 月 15 日起施行。该规定对于依法行使海洋环境监督管理权的机关根据《海洋环境保护法》第 89 条第 2 款规定的海洋自然资源与生态环境损害而提起的诉讼进行了细化。

近几年我国环境保护的立法力度逐渐从严，一切用海和审批行为，必须严格遵守生态保护红线，实行严格保护。并且，沿海地方各级人民政府（省、市、县）应当共同承担保护和科学合理地使用海域的责任。可以预见的是，与环保相关的民事纠纷、公益民事诉讼将随着环保力度的加大而更加频繁地出现。

（六）能源争议解决层面两个重要文件

关于能源纠纷解决，《国家能源局能源争议纠纷调解办法》和《最高人民法院关于审理矿业权纠纷案件适用法律若干问题的解释》是 2017 年能源争议领域不容忽视的重要文件。

1.《国家能源局能源争议纠纷调解规定》

2017 年 3 月 17 日，国家能源局印发了《国家能源局能源争议纠纷调解规定》，规定从 2017 年 4 月 1 日起，平等主体之间发生的，涉及电力、煤炭、石油、天然气、新能源、可再生能源的争议纠纷，且争议纠纷事项属于能源局职责范围的，均可由当事人向国家能源局申请调解。

2.《最高人民法院关于审理矿业权纠纷案件适用法律若干问题的解释》

继 2016 年 7 月发布的《人民法院矿业权民事纠纷十大典型案例》，最高院于 2017 年 6 月 24 日发布了《最高人民法院关于审理矿业权纠纷案件适用法律若干问题的解释》（以下简称为《矿业权纠纷解释》）。《矿业权纠纷解释》对于矿业权转让合同成立后至国土资源主管部门审批前合同的效力问题进行了重要阐述，对长期以来“合同成立与生效两分法”进行了符合实际的规定，尤其明确了“矿业权转让合同自依法成立之日起具有法律约束力”这一重要的原则，在很大程度上解决了“成立与生效”两分法所具有的问题。《矿业权纠纷解释》明确“成立日的法律约束力”和“当事人仅以矿业权转让申请未经国土资源主管部门批准为由请求确认转让合同无效的，人民法院不予支持”，挑战了传统民法视角下无效合同不得履行的观念，使签署矿业权转让合同的受让方在出让方拒绝履行合同义务的情况下享有实际履行或解除合同、返还已付转让款及违约索赔等救济方式。《矿业权纠纷解释》中同时规定了转让人对于履行报批的义务[①]，“当事人一方对矿业权转让申请未获批准有过错的，应赔偿对方因此受到的损失”。《矿业权纠纷解释》亦明确了以承包的方式转让采矿权与采矿权租赁、承包应当区别对待，认为采矿权租赁、承包不是法律所禁止的行为，采矿权租赁合同与承包合同也无需经过国土资源主管部门批准生效，因此，“当事人请求确认矿业权租赁、承包合同自依法成立之日起生效的，人民法院应予支持”[②]。另外，《矿业权纠纷解释》中，也明确规定了矿业权人将矿业权抵押给债权人的，抵押合同自依法成立之日起生效，当事人

---

① 这一义务似乎有法定的意味，在国外的矿业权转让合同中，常常通过“最大努力义务（Best Efforts）”“合理努力义务（Reasonable Efforts）”“合理最大努力义务（Reasonable Best Efforts）”或者“排除万难义务（Hell or High water）”等合约义务条款来进行对报批义务的明确。

② 《矿业权纠纷解释》中并未对于承包的方式转让采矿权与采矿权租赁、承包的区别进行详细阐明，同时对于通过转让持有采矿权主体股权方式的转让行为效力的认定并未涉及，这种在国外能源法管理中经常由监管机构明确有管理权的方式在立法、司法层面仍然是一个可能的漏洞。

仅以未经主管部门批准或者登记、备案为由请求确认抵押合同无效的，不予支持。这一规定，也体现了作为债权行为的抵押合同生效与物权行为的矿业权抵押分离的原则。

三、能源领域典型案例

（一）石油天然气行业

【案例1】云南盈鼎生物能源股份有限公司（以下简称为云南盈鼎公司）、中国石化销售有限公司云南石油分公司（以下简称为中石化云南分公司）拒绝交易纠纷（云南省高级人民法院二审）

【基本案情】

云南盈鼎公司系采用地沟油加工生产生物柴油的企业，在昆明建有生产能力为15000吨／年的地沟油制生物柴油生产线，已经投产多年。云南省人民政府曾向中石化云南分公司、中石油云南销售分公司以及各州市人民政府等部门发出的《关于做好地沟油制生物柴油工作的指导意见》规定："（五）明确地沟油制生物柴油的销售渠道和方向……地沟油制生物柴油企业应当将所生产的生物柴油全部销售给成品油销售企业，不得直接面向成品油终端市场销售。"

中石化云南分公司是云南省内最具实力的石油成品油销售企业，在营加油站1200余座，在云南省地区成品油销售市场占有率为67%。

云南盈鼎公司委托云南冰鉴律师事务所律师去到中石化云南分公司位于昆明市世博大厦的办公地点送达律师函，在函中要求该公司于2013年9月17日之前将云南盈鼎公司生产的生物柴油纳入其销售体系，或者在此期限内派人与云南盈鼎公司协商销售生物柴油事宜。

中石化云南分公司经公证保全购买了云南盈鼎公司生产的地沟油制生物柴油，送交国家石油产品质量监督检验中心、中石化云南省质量检验站、通标标准技术服务有限公司等机构进行检验，检验结果显示，云南盈鼎公司的地沟油制生物柴油存在若干不符合国家标准的情况。

云南盈鼎公司向一审法院起诉请求：（1）中石化云南分公司及中石化公司按照《中华人民共和国可再生能源法》（以下简称为《可再生能源法》）第16条第3款规定将云南盈鼎公司符合国家标准的生物柴油纳入其燃料销售体系；（2）中石

化云南分公司及中石化公司赔偿云南盈鼎公司经济损失 300 万元；（3）中石化云南分公司及中石化公司承担本案全部诉讼费。一审法院判决（重审）云南盈鼎公司败诉，云南盈鼎公司向云南省高级人民法院提起上诉。

【争议焦点】

本案中争议焦点有两个：（1）中石化云南分公司是否负有法定义务收购云南盈鼎公司生产的地沟油制生物柴油；如有，该法定义务应当如何履行；（2）中石化云南分公司是否具有垄断行为，并是否应承担相应的法律责任。

【裁判观点】

2017 年 8 月，云南省高级人民法院经二审认为：《可再生能源法》第 16 条第 3 款虽然规定石油销售企业应当按照国务院能源主管部门或者省级人民政府的规定，将符合国家标准的生物液体燃料纳入其燃料销售体系，中石化云南分公司作为石油销售企业，依法负有该项法定义务。但是，该项法定义务应当如何履行，《可再生能源法》并没有具体规定，还有待国务院能源主管部门或者云南省人民政府制定出台相关的针对地沟油制生物柴油销售的配套政策之后方能得以施行。在没有国务院能源主管部门或者省级人民政府以相关规定的形式对地沟油制生物柴油的销售主体、销售数量（或配额）、销售定价、销售方式、销售奖励和亏损补贴等一系列问题都予以明确的情况下，对中石化云南分公司作为石油成品油销售企业因《可再生能源法》第 16 条第 3 款所担负的法定义务不宜用强制命令的方式在不考虑任何条件的前提之下去完成，而是应当遵循社会主义市场经济规律，遵守公平和诚实信用原则，按照《中华人民共和国合同法》的规定，经过相关市场主体协商一致达成交易。违背这些规律和原则，不经过协商一致强行交易，既不符合上述法律规定的本意，在现实当中也不具有可行性。

《中华人民共和国反垄断法》（以下简称为《反垄断法》）禁止的垄断行为包括多种形式，本案云南盈鼎公司所诉滥用市场支配地位拒绝交易是其中的一种。本案中，中石化云南分公司没有与云南盈鼎公司建立地沟油制生物柴油交易关系，是否符合上述拒绝交易行为的构成要件，是本案云南盈鼎公司的诉讼理由能否成立的关键。在本案诉讼之前，云南盈鼎公司从未向中石化云南分公司提出过明确的交易请求和交易条件，中石化云南分公司因此无法做出承诺或者再要约的商业回应。

云南省高级人民法院认为原审判决认定事实清楚，适用法律正确，应予维持。

【纠纷观察】

本案被称为“石油系统反垄断第一案”，具有较为重要的社会及经济意义。占据市场支配地位的企业，尤其是国有企业，如何在市场中的经济行为做到合规，对于风险控制非常重要。对于民营企业来说，将《可再生能源法》《反垄断法》等经济性法律作为武器，也是维护权益的有效思路。

在这个案例中，原告被判决败诉的关键点在于未能有效证明“要求交易”的事实，未能提供可供法院采信的与被告多次磋商的证据，因此诉求的“中石化云南分公司滥用市场支配地位拒绝交易”无法与原告的主张关联。原告找准了经济性法律法规作为主张诉求的“武器”，但是在实际操作中因缺乏具体可行的战术和充分的证据而败北。对于具有垄断地位的油气国有企业来说，随着包括上游开放、管网放开、下游竞争加剧等在内的一系列油气改革举措的实行和深化，反垄断合规的风险将变得越来越大。

垄断协议、滥用市场支配地位和经营者集中是中国反垄断法所规定的垄断行为。反垄断的合规风险来自企业的经营行为，无论是公司日常经营行为、并购、合资合作或是战略联盟，都存在反垄断合规的风险。比如，公司的高管和竞争公司高管讨论价格的行为、交易双方在反垄断监管机构审批交易之前交换敏感商业数据的行为、能源公司缔结惯常的共同利益协议的行为等，都有可能招致反垄断监管机构的调查或处罚。因此，对于公司来说，需要确立日常的反垄断合规体系。对于西方的大型能源公司来说，无不在公司规范文件中设有反垄断合规专章，要求公司的管理层、员工遵守。因此，对于反垄断合规的风险控制，一在于对日常经营行为的合规要求，二在于从事经营人员具有反垄断合规意识，三在于专业人员的参与和及时警示。

【案例 2】中广核双闽燃气江苏有限公司（以下简称中广核公司）与蚌埠利拓车用能源有限公司（以下简称利拓公司）买卖合同纠纷（江苏省南京市中级人民法院上诉案）

【基本案情】

2015 年 5 月，中广核公司与利拓公司签订了《液化天然气与设备供应合同》，约定由中广核公司按合同规定向利拓公司出售液化天然气并通过租赁方式提供设备给利拓公司使用，供气时间为两年，天然气价格为：签订合同当月价格为蚌埠城区 3.45 元 /m^3，滁州城南加气站 3.5 元 /m^3，双方每月 28 日以“LNG 价格确认函”方式确定下月供气价格，任何单方调整无效，任何调整的价格须经双方协商及书面确认。2015 年 7 月，双方签订了上述合同的《补充协议书》，其中规定天然气价格实行“最低气量照付不议”原则，即利拓公司承诺实际用气量不低于 1

万方 / 日（约等于 8 吨 / 日），自中广核公司正式供气之日起 30 日后如利拓公司的实际用气量低于最低气量标准时，中广核公司按照 1 万方 / 日收取气款。其后，中广核以利拓公司拖欠气款为由，向江苏省南京市六合区人民法院提起诉讼。

利拓公司则认为，中广核公司并未在 2015 年 7 月 15 日正式供气，中广核公司提供的气化特种设备存在严重质量问题，双方一直处于设备测试阶段，实际供气量和合同约定供气量差距很大。由于没有正式供气，中广核公司按照“最低气量照付不议”原则收取天然气价款没有依据。

一审法院经审理认为：中广核公司于 2015 年 7 月 9 日开始向利拓公司供应天然气，其陈述前两次供气是试运行，实际从 2015 年 7 月 15 日正式供气，利拓公司于 2015 年 11 月 3 日向中广核公司的发函中也明确自 2015 年 7 月 15 日开始使用中广核公司的气化设备给公交车站供气，且 2015 年供货明细表显示利拓公司此后一直使用中广核公司的天然气至 10 月 24 日，故能够认定中广核公司自 2015 年 7 月 15 日正式向利拓公司供气。根据双方《补充协议书》的约定，自正式供气之日起 30 日后按照“最低气量照付不议”收取气款，即自 2015 年 8 月 16 日起如利拓公司实际用气量低于最低气量标准 1 万方 / 日（约等于 8 吨 / 日），则中广核公司按照最低气量收取气款。案涉合同于 2016 年 6 月 24 日解除，故最低气量计算期间应为 313 天（2015 年 8 月 16 日至 2016 年 6 月 24 日），按照最低气量标准计算用气量约为 2504 吨（313 天 ×8 吨 / 天），利拓公司已支付该期间 228.37 吨气款，剩余应付气款约为 2275.63 吨。但上述天然气中广核公司并未实际供应，如果按照此标准要求利拓公司支付气款，明显高于中广核公司的预期利益损失。结合双方合同履行情况及液化天然气行业平均利润，酌定利拓公司支付中广核公司 150 万元。利拓公司不服一审判决，向江苏省南京市中级人民法院上诉。

【争议焦点】

本案争议焦点为：（1）中广核公司与利拓公司签订的《液化天然气与设备供应合同》及《补充协议书》是否已经解除；（2）双方所约“最低气量照付不议”条款的适用问题。

【裁判观点】

法院认为关于违约解除合同，并无大的争议，而关键在于双方所约“最低气量照付不议”条款的适用问题。二审法院认为：首先，根据《中华人民共和国特种设备安全法》的规定，压力容器、压力管道元件等特种设备的制造过程和压力容器、压力管道等安装、改造、重大修理过程，应当经特种设备检验机构按照安全技术规范的要求进行监督检验；未经监督检验或者监督检验不合格的，不得出厂或者交付使用。特种设备使用单位应当使用取得许可生产并经检验合格的特种设备。本案中，双方当事人均确认，案涉设备未取得生产许可，故不具备正式使用条件。即便利拓公司已实际存在供气行为，亦不足以证实案涉设备具备实际供气条件。其次，现有证据亦证明在2015年12月8日，中广核公司仍就案涉项目向杭州台连低温设备有限公司订购设备，该公司称该设备系由利拓公司在案涉合同外另行订购，并无证据证明，且该公司亦在诉讼中将此列入损失清单中，故足以证明中广核公司称其于2015年7月15日已正式供气缺乏事实根据。由于2015年8月16日至2016年6月24日不应视为正式供气期间，且中广核公司亦未按约实际履行完毕合同义务，故其主张适用“最低气量照付不议”条款计算损失缺乏事实根据，应不予支持。同理，因利拓公司存在违约情形，且对于“最低气量照付不议”条款并无约定可由利拓公司选择适用，故该公司提出反诉，并据该条款计算损失缺乏根据，亦应不予支持。因此，二审法院撤销了一审法院要求利拓公司给付中广核公司150万元的判决。

【纠纷观察】

“照供不误、照付不议”的交易模式是国际和国内大宗能源销售的主要交易模式，其含义是，卖方应不间断的生产和提供产品，买方应不间断的购买产品，在卖方持续供应的前提下，无论买方是否实际提取产品，均应按照双方约定的最低产品数量支付价款。该条款是双方分担风险的机制，确保当市场价格低于合同价格时，买方不会拒绝提取产品，将风险全部转移给卖方。

然而，在本案中，尽管一审和二审法院均认可最低气量照付不议条款的有效性，但一审法院在认定卖方履行了供气义务后，却以卖方未实际供应为由，认为完全执行照付不议条款有失公允；二审法院则以气化特种设备未取得生产许可为由否定卖方的供气行为，认为不应适用照付不议条款来计算卖方损失。笔者注意到，似乎中国法院在适用照付不议条款时，往往更多考虑合同法中“损失赔偿额应当相当于因违约所造成的损失，包括合同履行后可以获得的利益，但不得超过违反合同一方订立合同时预见到或者应当预见到的因违反合同可能造成的损失”的规定，认为“照付不议”约定超过了“预期利益”而不予以支持，却忽略了其作为合同双方分担市场价格波动风险机制的作用。

（二）煤炭行业

【案例 3】犍为县正业建材有限责任公司（以下简称正业公司）、乐山川犍电力有限责任公司（以下简称川犍电力公司）合同纠纷（最高院再审案）

【基本案情】

2006 年 11 月，宁辉建材公司（以下简称宁辉公司）作为甲方与四川犍为大利电力有限公司（以下简称大利公司）作为乙方签订了《粉煤灰处理协议》，约定由宁辉公司对大利公司的粉煤灰进行加工处理，期限为 10 年。且，《粉煤灰处理协议》第 8 条约定："出于甲方投资风险考虑，在其经营的前三年内，除国家宏观调控政策和不可抗力自然灾害外，若因乙方体制改变致使甲方无法经营满三年，乙方应根据甲方未满三年的年限（算至月份）按下列公式的计算结果向甲方支付投资补偿金。"后来，宁辉公司将上述两份协议的相关权利义务转让给正业公司，由正业公司为大利公司处理粉煤灰。

2009 年 3 月，大利公司更名为乐山川犍电力有限责任公司火电分公司（以下简称川犍电力公司火电分公司），同年 4 月，川犍电力公司火电分公司全面停产。其后，四川省乐山市环保局于 2010 年 6 月 4 日发文载明，川犍电力公司火电分公司 54MW 机组应于 2010 年 5 月 8 日 15:00 时关闭，于 2010 年 6 月 20 日拆除。川犍电力公司火电分公司的停产导致上述《粉煤灰处理协议》不能继续履行，由于川犍电力公司火电分公司是川犍电力公司的分公司，正业公司因此向四川省乐山市中级人民法院提起诉讼。川犍电力公司认为，川犍电力公司火电分公司终止履行《粉煤灰处理协议》是由国家政策因素所致，根据《粉煤灰处理协议》第 8 条之规定，不构成违约，不应赔偿正业公司的投资损失。

一审法院经审理认为：川犍电力公司火电分公司构成违约，判决其向正业公司赔偿解除合同所产生的损失 3059677.6 元，双方均不服上诉。二审法院认可了一审法院对于事实的认定，但认为损失的计算有误。二审法院对《粉煤灰处理协议》第 8 条的解读是：因国家宏观政策导致正业公司无法经营满三年，川犍电力公司火电分公司不需向正业公司支付任何补偿金，而国家要求关停的时间为 2010 年 5 月 8 日，因此，2010 年 5 月 8 日之后不应再计算损失。据此，本案参照适用合同第 8 条约定内容计算损失的期间为川犍电力公司火电分公司 2009 年 4 月 19 日全面停止运行至 2010 年 5 月 8 日国家要求其关停的期间，累计为 12.6 个月，因此判决川犍电力公司向正业公司支付投资损失 1330040.23 元。正业公司不服并向最高院申请再审。

【争议焦点】

本案争议焦点为：川犍电力公司是否应向正业公司承担相关责任以及责任金额应如何认定。

【裁判观点】

最高院认可了一审和二审法院认定的事实，并且确认，国务院于 2007 年 1 月 20 日颁发的国发（2007）2 号国务院《批转发展改革委、能源办关于加快关停小火电机组若干意见的通知》载明：单机容量 5 万千瓦以下的常规机组属于国家在“十一五”期间加快关停的对象。最高院经审理认为：《粉煤灰处理协议》系双方当事人真实意思表示，不违反法律、行政法规强制性规定。《粉煤灰处理协议》第 8 条的内容，实质上是双方当事人就正业公司投资风险如何进行补偿的约定。关于约定的风险范围，合同中使用的措辞是“……除国家宏观调控政策和不可抗自然灾害外，若因乙方体制改变致使甲方无法经营满三年……”，双方对“除……外”的理解存在歧义。因国家宏观调控政策导致的投资风险不属于该条的适用范围并非根据该措辞能得出的唯一理解，考虑到案涉小火电机组关停时国家宏观调控的政策背景，二审法院参照适用《粉煤灰处理协议》第 8 条关于投资补偿金之约定，计算并认定川犍电力公司应向正业公司支付 1330040.23 元，并无不当。再审法院驳回了正业公司的再审申请。

【纠纷观察】

本案是在煤电去产能过程中发生的纠纷。在本案中，最高院认可小火电机组关停由国家宏观调控政策因素所致，并认可合同双方通过合同约定来控制风险和补偿损失。各企业在签署合同时，需考虑国家政策变更对实现合同目的的影响，并在合同中设置适当的机制来控制商业风险。

对于国家政策变更在合约中的风险分配，可以作两类情况讨论。第一类为商业主体和政府或政府控股公司所签署的商业类合约，在这类合约中控制风险，应主要考虑采取如下方式来进行风险控制：（1）明确合约的商业化性质，强调政府或政府控股公司商业主体的性质。（2）明确政府或政府控股公司放弃国家主权豁免，强化合约的商业属性。（3）约定经济稳定性条款，主要有如下几类：①稳定法律条款，即将合同签署日的法律法规固定下来，明确产品分成合同签署后的法律法规的变动不适用于该产品分成合同；②不得修改条款，非经资源国与外国合同方双方同意，不得修改产品分成合同的任何条款；③重新沟通条款，如果新的法律法规导致了外国合同方经济性的变化，则需要重新谈判修改产品分成合同，以使外国合同方的经济回报回复到原有程度；④立法条款，签署商业合约后，该商业合约即提交资源国立法部门通过，形成法令；⑤分配条款，如果法律法规改变影响外国合同方的利益，则由政府或政府控制的公司承担相应的损失。（4）采用商事仲裁作为争议解决方式。第二类为商业主体之间的所签署的合约，在这类合约中控制国家政策变更的风险，主要需要注意如下几点：（1）明确将合约一方承担国家政策变更风险进行约定；（2）在成文法允许下，注意排除国家政策变更风险在不可抗力中的适用或者限制适用（普通法下对于不可抗力的具体事项可以自行约定，不存在此问题）；（3）对于国家政策变更对合约双方带来经济性影响的处理进行明确约定。在两类情况之下，都需要考虑在适用法下合约一方是否能以国家政策变更导致“合同目的落空”挑战合约。

（三）电力行业

【案例 4】中广核能源开发有限责任公司（以下简称中广核公司）与四川省洪雅禾森电力有限责任公司（以下简称禾森公司）、黄锐及四川天全脚基坪水力发电有限公司（以下简称脚基坪公司）合同纠纷（最高院上诉案）

【基本案情】

自 2008 年 8 月至 2011 年 5 月，禾森公司与中广核公司签订了系列协议，约定由中广核公司从禾森公司处取得脚基坪水电站的经营、收益权，并为此支付对价 7.2 亿元；同时，禾森公司应在 2009 年 12 月 31 日前，向中广核公司交付已建成且并网发电的水电站。2008 年 9 月，脚基坪公司完成工商变更登记，股东由禾森公司变更为中广核公司。后中广核公司认为其实际支付的金额超过了 7.2 亿元，且水电站实际投产时间为 2012 年 4 月 11 日，晚于合同约定时间。因此，中广核公司向四川省高级人民法院提起诉讼，要求禾森公司向中广核公司支付因收购本项目实际超付的款项 337942858.59 元，以及赔偿金 155520000 元；并要求履约担保人黄某对禾森公司的上述全部支付义务承担连带清偿责任。一审法院认定中广核公司的诉讼请求部分成立，判决禾森公司支付中广核公司超付的项目收购款 18629465.1 元，以及违约金 69120000 元；并判决黄某对禾森公司承担连带保证责任。中广核公司、禾森公司和黄某均对判决不服，向最高院提起上诉。

【争议焦点】

本案焦点为：（1）一审判决对中广核公司超付项目收购款的认定是否存在遗漏、错扣情形；（2）禾森公司因迟延交付案涉水电站应支付中广核公司违约金的数额如何确定。

【裁判观点】

最高院对一审法院查明的事实予以确认。对中广核公司超付项目收购款的认定问题，中广核公司主张一审判决对超付的项目收购款金额认定遗漏了利息、建设管理费、已支付工程款、建设期已签合同剩余质保金及尾款，以及建设期遗留尾工项目费用，遗漏金额共计114826912.05元。最高院分析了中广核公司和禾森公司的系列合同约定、司法会计鉴定报告、会计账簿及财务凭证等内容，认为一审法院的认定并无不当。

关于禾森公司因迟延交付水电站给中广核公司应赔偿金额的确定，最高院经审理认为：禾森公司和黄锐作为违约方，主张合同约定的违约金过高并提出调减申请，应由禾森公司和黄锐就实际损失问题进行初步举证，一审法院要求中广核公司就其不主张的事实承担举证责任，举证责任分配错误，对此最高院对此予以纠正。一审法院还认为：中广核公司在股权转让协议确认“针对本次股权转让，中广核公司已委托专门机构完成了评估、财务、法律尽职调查工作”，但实际上中广核公司仅对脚基坪水电站的财务进行了审计，并未对工程量进行核实，应当认定其未能尽到合理的谨慎注意义务，对于工期延长存在一定责任。对此，最高院认为：中广核公司对未完工工程量进行核实，并非中广核公司的约定或法定义务。中广核公司基于对合同相对方所作陈述的信赖，善意相信禾森公司在合同中关于案涉工程已完工70%的陈述，并非导致剩余工程工期被延误的原因，一审判决关于中广核公司未对工程量进行核实、未尽合理谨慎注意义务应承担相应责任的认定无事实和法律依据，应予纠正。

综上，最高院认为：一审法院认定事实清楚，审判程序合法，就违约金问题的法律适用虽有不当，但处理结果可予以维持。故，驳回上诉，维持原判。

【纠纷观察】

对能源行业大型在建项目的投资，经常会发生工期延长和超出预算的问题，从而引起各投资者之间、业主和承包商之间的纠纷。本案例对于投资者的启示是：需加强投资前的尽职调查工作，并注意通过合同安排来明确责任、分担风险。尤其对于合同签订过程已经披露的风险以及披露的事实是否构成对陈述与保证的例外，披露是否对责任承担产生影响，均应当明确表明。

本案所带来的实务启示包括：第一，关于买方尽职调查是否影响买方索赔，双方在合约中应当进行明确约定，在国际交易中，其实践可以分为几类：（1）买方尽职调查发现事项视为买方已知风险，在交易完成后不能进行索赔；（2）买方尽职调查发现事项尽管买方已知，但在交易完成后仍然能够进行索赔；（3）对买方尽职调查是否影响交易完成后买方索赔不进行约定。由于在中国法上欠缺相关的实务案例，因此双方应当尽量对于买方尽职调查对于交易完成后是否影响买方索赔进行明确约定。第二，对于买方尽职调查带来影响的约定，不应当放在合约的说明部分，而应当放入权利义务主体部分相关条款中。第三，何种方式构成披露、何时进行披露、是否允许交易一方进行持续披露、交易一方何等层级人员及何种程度的披露视为一方依约进行披露、披露对于卖方所提供陈述与保证带来的影响等问题均应当进行明确约定。交易双方常常忽视对上面三点问题的约定，因此往往容易就这些问题产生争议。

关于交易总体风险控制，主要通过前期尽职调查、交易过渡期控制、交易文件风险分配与交易完成后的索赔四个阶段进行。尽职调查发现问题后，应当采取减少交易价格、要求交易完成前解决问题或者采取其他合适的处理方式；在交易过渡期，应当对于交易确定性及交易过程中的风险进行明确约定；在交易文件风险分配阶段，可以考虑将逻辑上5%发生概率的情况写入合约进行风险分配（这是西方国家交易中较为常见的措施，而中国式交易对此的处理则较显粗糙）；交易完成后的索赔，需要考虑尽职调查是否影响索赔、披露是否影响索赔、交易文件中是否对风险分配作出明确约定以及是否存在对索赔的限制。

四、热点问题观察

（一）《矿业权纠纷解释》中的两个问题

1. 在最高院于2016年发布10起矿业权民事纠纷典型案例的基础上，《矿业权纠纷解释》直接明确了“矿业权转让合同成立即有法律约束力”。这就从根本上解决了在有关机关尚未批准矿业权转让、矿业权合同的生效之前转让人的履行报批义务的问题。违反该等履行报批义务应当承担的是违约责任，而非传统上合同不生效之“缔约过失责任”。因为在缔约过失责任之下，仅能要求缔约过失一方承担另一方信赖利益之损失。而追究违约责任，除了有多种救济方式之外，违约一方应承担另一方期待利益之损失。在国内仍然有法学家认为：“对矿业权转让合同中的报批义务的定位和定性上，应采取法定义务、先合同义务的解释路径，属于异于矿业权转让义务及相应付款义务之外的独立义务，其效力不受转让合同未经审批的影响。”[①] 在普通法下，对合同成立与生效并未明确区别，因此在具体实务中采取了“先决条件”“义务程度”“反向分手费”等机制在合约中对于监管审批义务、风险的承担进行明确，并已经形成市场化的惯例，属合约义务管辖的范畴。

2.《矿业权纠纷解释》明确了以承包的方式转让采矿权与采矿权租赁、承包应当区别对待，但并未明确两者区别的具体判断标准。根据司法中的一般实践，矿业权租赁、承包以不变更矿业权的主体为特点，无须办理矿业权的变更登记；矿业权人依然负有监控矿山合法经营的义务，履行安全生产、环保等法定职责。如果在租赁、承包合同中约定矿业权人仅收取租金或者承包费而放弃矿区管理，则构成变相转让采矿权的行为，应认定为无效。实际上，对于矿业权人能否未经政府主管部门的允许即可对矿业权进行租赁、承包是有不同认识的。从国际上一般实践来看，大多数是采用对矿业权的处置（包括租赁、承包）需要得到政府主管部门事先同意的模式。因为矿业权实际上是一种特殊的权利，从事矿产资源的勘探、开发及生产都需要有一定的资金及技术实力，而该等资金与技术实力的认定非有权政府主管部门难能胜任，而矿业权的租赁、承包均需要以验证租赁方和承包方的资金及技术实力、能够严格按照环保法律法规进行作业为前提。因此，现行《矿业权纠纷解释》明确将以承包的方式转让采矿权与采矿权租赁、承包区别对待，在笔者看来，实际上是片面强调了矿业权的用益物权属性，在某种程度上忽略了矿业权的行政管理属性，而将一定的管理权限在客观上让渡给了矿业权人，让矿业权人对矿业权租赁方、承包方的资质进行认定。因此，在相关法律法规规定未明确矿业权租赁方、承包方应当具有何种资质的情况下，径行规定“当事人请求确认矿业权租赁、承包合同自依法成立之日起生效的，人民法院应予支持”。可能并不妥当。

（二）“照付不议”合约义务与“价格回顾”条款

1. 照付不议（take-or-pay）义务是在采矿业和天然气长期销售合同中的常见条款，主要是买方需按照合约约定，无论是否按照合约足量提取所购矿产品或天然气，仍需在年合同量内按约定的比例向卖方支付价款的安排。这种安排是为了

---

① “案例分析——采矿权转让需再审批才生效”，载中国矿业报网：http://www.zgkyb.com/zygl/20160722_32463.htm，访问时间：2018 年 2 月 3 日。

满足天然气项目的卖方巨大投资的回收风险。在普通法下，买方对照付不议义务的挑战主要是将其归为罚金。仲裁庭或者法庭对于普通法下的照付不议义务持支持态度，因为照付不议义务实际上是卖方为买方保证供应矿产品或气量而获得的支付对价，不存在违约上的罚金性质问题。另外，由于大多数照付不议条款和补提（Make-up）条款并存，一些仲裁庭或者法庭还将照付不议义务解释为预付款，因此，对于照付不议义务从罚金角度的挑战很难成功。在中国法下，照付不议的合约义务受到传统民法项下违约责任思维的限制，尤其是违约金不得过分高于非违约方实际损失的限制，因此其可执行性存疑。在本报告的典型案例部分案例2中，就出现了这一问题。其实，如果不将照付不议义务视为违约损害，而直接解释为合同付款义务或者预付款，则问题将迎刃而解。鉴于仲裁庭比法院更容易倾向于从商业角度解释问题，因此在含有照付不议条款的采矿业和天然气长期销售合同中，使用仲裁作为争议解决方式，可能是对卖方更为有利的保护手段。

2. 价格回顾条款

价格回顾 (Price Review) 条款也是能源行业长期合约中的常见条款，尤其是在天然气销售合同中常见，是买卖双方约定在出现特定事件时重新谈判价格的相关机制。在过去一段时间内，由于国际石油价格的走低，很多天然气销售协议的买方要求启动长期合约中的价格回顾谈判机制，从而引发争议。近来不少的能源国际纠纷，就和价格回顾条款的争议相关。从近来的一些实践来看，选择将价格回顾条款争议提交仲裁，在实务上应当注意如下几点：

第一，应当在合约中约定价格回顾的触发条件、回顾时间及回顾价格计算方式等；并应谨慎定义启动价格回顾的触发事件。一般来说，买卖双方常见约定的触发事件无非是“市场的重大变化”，但如何定义“重大”往往很难达成一致。所以，尽量在“重大”定义中放入可操作指标，以为未来可能产生的争议提供更好的解决基础。第二，对适用法律给予足够重视，不要轻易选择支持“显失公平”“经济困境”下就给予一方可以提出修改合同条款的适用法律。第三，应谨慎对仲裁庭的权限进行约定，在实践中就出现了由于合约未对仲裁庭裁判权限进行限定，仲裁庭对于合约中的价格公式进行改动的情况。第四，需要明确排除仲裁员有权依照公平原则进行裁判的权利；同时，买卖双方提前约定价格回顾区间，要求仲裁庭只能在价格区间内进行裁判，对于买卖双方来说都可能是一个重大保障。第五，注意价格回顾条款的争议解决和其他争议进行区别解决。比如，对于技术性较强的天然气质量等条款，独任仲裁员裁判可能已经胜任；而对于价格回顾条款引发的争议，则三名仲裁员组成的合议庭可能更为合适。

五、总结与展望

2017年的油气改革是能源行业的焦点。《油气改革意见》、石油天然气“十三五”规划等重要文件相继出台，上游探矿权、价格改革、原油的进口和成品油的出口权、管网独立等都是改革的重点和难点。未来，电力改革将进一步深化，扩大天然气利用、煤炭去产能和可再生能源消纳同时推进，能源产业的多元化和市场化逐渐成为趋势。各项改革和政策的落实难免催生新的矛盾和新的纠纷。此外，面对新能源业的继续发展，新技术、新模式的出现，比如能源区块链的出现可能引发的法律问题，需要及时根据行业发展出台相关的新规来进行规制。

对于能源纠纷争议来说，《国家能源局能源争议纠纷调解办法》的出台，为企业之间纠纷争议的解决提供了一种新方式。可以预见，涉及能源局管理范围内的纠纷，尤其涉及国企之间、民企和国企之间能源类争议，涉及垄断性行业、管网开放、价格等问题的，争议方今后将可能会在诉讼、仲裁之外首先选择通过调解解决。比如，2017年新疆能源监管办组织召开华能吐鲁番风力发电有限公司与大唐新疆清洁能源公司之间的调解会，就顺利解决了双方之间关于顺唐变电站投资分摊、运维费用、恢复送电几个重要问题的争议。

对于能源纠纷争议解决而言，专业性比较强的合约，选择更加注重商业化、注重国际惯例的仲裁方式进行解决相对更加合适。在中国法下处理关于能源商业纠纷争议的一些重大问题，因国际常见的一些合约商业安排（如本报告提到的照付不议、价格回顾等）尚未在司法裁判中有清晰明确的反映，这使得商业化和灵活性更强的仲裁机构将更有作为。在中国能源改革如火如荼、传统能源的变革和新能源的新规则出台的背景之下，中国企业的海外能源收购及运营，将可能进一步促使能源争议数量和金额上涨，能源纠纷的商事仲裁实践将得到更多、更快的发展。中国的仲裁机构也将在这一变革期，迎来发展的新挑战和新机遇。

中国投资争议解决年度观察（2018）

鲍　治[①]　张儒平[②]　李海峰[③]　王泽坤[④]

一、概述

2017 年是中国经济发展方式发生重大变化的一年。党的十九大报告指出，经过长期努力，中国特色社会主义进入了新时代，我国经济已由高速增长阶段转向高质量发展阶段，正处在转变发展方式、优化经济结构、转换增长动力的攻关期，建设现代化经济体系是跨越关口的迫切要求和我国发展的战略目标。

根据笔者对北京仲裁委员会/北京国际仲裁中心（以下简称北仲）等机构于 2017 年度处理的投资争议案件的观察，本年度的投资争议案件的类型分布体现出以下特点：其一，关于解除相关投资合同并赔偿损失的案件数量比重逐步上升；其二，特定领域的投资纠纷比重上升，尤其是国家政策监管趋严相关领域的投资纠纷；其三，由于金融监管的趋紧，投机行为导致的纠纷也占据了一定比重。

究其原因，笔者认为，可能涉及如下因素：首先，随着经济发展方式的转变，从行业之间来看，国家相关法律制度、政策对于不同行业的态度区分明显，如投资行业未被纳入国家支持、鼓励的行业范围，则可能面临着因资金紧缩带来的违约风险的上升。从企业规模来看，由于信贷控制、环保限产等因素的影响，中小企业受制于其企业规模，抵御风险的能力相对较差。其次，在我国严控金融风险的环境下，部分投资者为满足其逐利的需求甘愿铤而走险，加入投机的行列。鉴于投机行为的高度风险性，投机活动导致的纠纷也随之接连产生。再次，从全球

---

① 鲍治，北京市奋迅律师事务所合伙人。
② 张儒平，贝克·麦坚时律师事务所合伙人。
③ 李海峰，北京市奋迅律师事务所顾问。
④ 王泽坤，北京市奋迅律师事务所律师。

经济的大环境来看，我国经济回暖的时间与以欧洲为代表的其他经济体经济回暖的时间存在着时间差，使得我国关于外商投资立法、境外投资立法以及外汇管制立法发生较大变化。在这样的环境下，投资行业、类别的风险系数也将随之发生改变，同样会导致纠纷的产生。最后，由于近年来我国一直保持经济高速增长的趋势，投资环境带来的风险相对较小，导致部分投资人存在侥幸心理或惯性思维，在进行投资行为时未能对投资项目的风险进行充分评估，未能与经济发展方式转变相适应，也是导致纠纷数量增加的重要因素之一。前述投资环境的变化对我国2017年投资立法与纠纷类型带来的重要改变，是本文重点关注的问题。

在下文中，笔者试图对2017年度与投资相关的重要立法及市场关注的争议案件进行梳理和总结，并提出自己的理解与分析，并试图对今后的市场形势作出研判。

二、新出台的法律法规或其他规范性文件

根据笔者观察，2017年度是我国投资领域法律制度改革的重要一年，在中国特色社会主义进入“新时代”、中国经济全面步入“新周期”，即处在转变发展方式、优化经济结构、转换增长动力攻关期的环境下，我国关于投资领域不同层面的立法也体现出鲜明的特征，即在全面深化改革、现有法律制度不断完善的同时，加大对符合国家政策层面的投资方式与行业的支持力度，同时，不符合国家政策的投资行为与投资行业则遭到更加严格的限制，以保证我国经济建设由高速增长阶段向高质量发展阶段稳步转变。笔者认为，2017年是投资立法目的与立法价值发生较为显著变化的一年，这种变化产生的深远影响，值得我们持续关注。

（一）《最高人民法院关于适用〈中华人民共和国公司法〉若干问题的规定（四）》

在《中国投资争议解决年度观察（2017）》[①] 中，笔者曾经对《最高人民法院关于适用〈中华人民共和国公司法〉若干问题的规定（四）》（以下简称《公司法解释（四）》）（征求意见稿）的内容进行了简要梳理。随着《公司法解释（四）》于2017年8月25日正式颁布，笔者发现，相较此前公布的征求意见稿，正式落地

① 鲍治、王泽坤：“中国投资争议解决年度观察（2017）”，载北京仲裁委员会/北京国际仲裁中心编：《中国商事争议解决年度观察（2017）》，中国法制出版社2017年版，第140—141页。

的《公司法解释（四）》展现出一些细节方面的修改与进步。在本节内容中，笔者将会对《公司法解释（四）》中对投资行为产生重大影响的主要修改点进行评述与分析。

（二）有条件的强制利润分配制度

自《公司法解释（四）》（征求意见稿）出台以来，关于其中规定的有条件的强制利润分配制度一直为理论界与实务界关注的热点问题。这是因为自《中华人民共和国公司法》（以下简称《公司法》）实施以来，裁判机构关于利润分配的诉请通常采取不支持的态度。《公司法》第74条已经规定了保护中小股东的回购请求权制度，但从投资实务上来看，中小股东因其不能对公司经营决策产生较大影响，其投资目的一般是获取公司分红等期间受益以及处分股权的处置收益。据此，现有的股权回购制度对中小股东的保护并不完善，也不能满足其继续获得期间受益的投资需要。因此，规定强制利润分配制度对于投资者的全面保护具有重要的意义。

然而，《公司法解释（四）》（征求意见稿）虽然规定了公司利润分配之诉，但未能详细规定提起该诉的前提条件，导致该制度适用范围过大，招致较多异议。《公司法解释（四）》与此前的征求意见稿相比，关于强制利润分配制度修改的最大亮点在于明确了提起该诉的前提条件，即股东会决议必须有效，且必须可以执行。《公司法》规定股东享有分取红利或分配利润的权利，但该等权利并不能被认定为请求权，而应当是一种期待权。只有关于利润分配的有效决议作出后，该权利才能转化为请求权。[①]《公司法解释（四）》的相关规定确认了前述关于利润分配请求权的观点，与征求意见稿相较之下适用范围更加清晰，立法目的指向也更加明确，符合一般的投资实践经验。笔者相信，该规定的出台将会对我国的投资活动起到更为积极的促进作用。

（三）股东优先购买权相关制度

在各界关于《公司法解释（四）》的热点讨论中，第16条至第22条规定的股东优先购买权相关制度均存在理论与实务方面的争议。由于篇幅所限本节内容无法面面俱到，笔者着重就前述相关条款的规定对股权转让合同效力的影响进行简要点评。

---

① 刘俊海:《股份有限公司股东权的保护》（修订版），法律出版社2004年版，第195页。

《公司法》第71条规定了股东优先购买权，第72条规定了股东对外转让股权针对股东优先购买权应履行的程序。但关于损害优先购买权的股权转让合同后果是否为无效合同，一直以来存在争论。关于这一问题，《公司法解释（四）》（征求意见稿）规定，有限责任公司的股东对外转让股权损害其他股东优先购买权，存在下列情形之一的，合同无效："（一）未履行公司法和司法解释规定的程序订立股权转让合同；（二）其他股东放弃优先购买权后，股东采取减少转让价款等方式实质改变公司法和司法解释规定的同等条件向股东以外的人转让股权；（三）股东与股东以外的人恶意串通，采取虚报高价等方式违反公司法和司法解释规定的同等条件，导致其他股东放弃优先购买权，但是双方的实际交易条件低于书面通知的条件。"从前述规定看出，征求意见稿明确认定该等股权转让合同无效，但无效的理由并非认定《公司法》相关规定为效力性、强制性规定，而是分别从关于合同不成立的法律规定以及《中华人民共和国合同法》（以下简称《合同法》）第52条第2项的规定出发进行解释。然而，从实务角度来看，前述逻辑仍存在一定问题，即如果司法解释贯彻的是《合同法》第52条第2项的立法思路，前提一定为对外转让股权的行为对其他股东的利益即优先购买权造成了损害。然而，签订股权转让合同的行为并不能等同于股权发生了转让，只有股东实际实施了关于股权转让的处分行为，才会发生股权转让的效果。但是，合同无效的法律后果是自始无效，按照征求意见稿的逻辑，则是在履行股权转让合同中进行了对标的股权的处分才会导致合同无效；如果转让股东未实施处分行为，则并未损害其他股东的期待利益，则无从主张合同无效，这与《合同法》的前述规定在逻辑上仍然存在一定冲突。

《公司法解释（四）》第21条第1款、第2款规定："有限责任公司的股东向股东以外的人转让股权，未就其股权转让事项征求其他股东意见，或者以欺诈、恶意串通等手段，损害其他股东优先购买权，其他股东主张按照同等条件购买该转让股权的，人民法院应当予以支持，但其他股东自知道或者应当知道行使优先购买权的同等条件之日起三十日内没有主张，或者自股权变更登记之日起超过一年的除外。前款规定的其他股东仅提出确认股权转让合同及股权变动效力等请求，未同时主张按照同等条件购买转让股权的，人民法院不予支持，但其他股东非因自身原因导致无法行使优先购买权，请求损害赔偿的除外。"从前述规定可以看出，《公司法解释（四）》将股东优先购买权的性质确定为一种特殊权利，即期待权与附条件的形成权的结合体。在股东履行对外股权转让合同义务，对标的股权实施了处分行为之时，其他股东的期待利益受到损害，触发优先购买形成权生效的条件。此时，如其他股东行使优先购买权，可以起到撤销处分行为，同时与转让股东强制缔约的法律后果。《公司法解释（四）》的前述规定摒弃了关于损害优先购买权的股权转让合同效力问题的争论，即关于该合同的效力问题，《公司法解释（四）》不直接作出明确评价，但仍可以按照《合同法》的一般条款进行判断。这一规定结束了损害优先购买权的股权转让合同效力的不确定状态，不仅体现了立法技术的进步，同时也体现了对于股权转让交易安全保护的价值取向。

除上述修改亮点外，《公司法解释（四）》关于公司决议瑕疵、股东知情权的行使以及股东代表诉讼等制度又进行了进一步细化与完善，鉴于前述类型纠纷较少见于仲裁机构受理的案件，同时最高人民法院（以下简称最高院）公布的指导案例中也未包括前述类型纠纷，限于本文篇幅，遂不进一步详述。

可以看出，《公司法解释（四）》虽然自征求意见稿初次发布至最终落地几经波折，被称为“最难产的司法解释”，但最终带给我们的是一套既在逻辑上具有严密性，又能准确切入法律实务的较为完善的法律制度。

（四）利用外资类立法

2017年是我国在利用外资类立法方面建树颇丰的一年。在全球经济回暖、投资活动加速活跃的背景下，为进一步推动深化经济体制改革、深化供给侧改革，国务院于2017年1月出台了《关于扩大对外开放积极利用外资若干措施》，并于同年8月出台《关于促进外资增长若干措施的通知》。为贯彻实施前述规定，国务院相关部委又陆续公布了《国务院办公厅关于促进开发区改革和创新发展的若干意见》《中西部地区外商投资优势产业目录（2017年修订）》《自贸区负面清单（2017年修订）》《外商投资产业指导目录（2017年修订）》《公平竞争审查制度实施细则（暂行）》等规定。

在《外商投资产业指导目录（2015年修订）》中，关于限制类和禁止类以及鼓励类条目中有股权要求、高管要求的限制性措施共有93条（包括鼓励类条目有股权要求、高管要求的19条、限制类条目38条、禁止类条目36条）；而在《外商投资产业指导目录（2017年修订）》中，限制性措施减少至63条（包括限制类条目35条、禁止类条目28条）。限制类条目包含了鼓励类条目中有股权要求、高管要求的限制性措施，例如，公共航空运输公司属于鼓励类条目，但是公共航空运输公司的限制性措施为中方控股，且一家外商及其关联企业投资比例不得超过25%，法定代表人须具有中国国籍。

此外，《外商投资产业指导目录（2017年修订）》还进一步减少了服务业、制造业、采矿业的外商投资准入的限制。例如，如与中方合资伙伴联合兼并国内其他汽车生产企业以及建立生产纯电动汽车整车产品的合资企业可不受设立两家合资企业的限制。但与此同时，《外商投资产业指导目录（2017 年修订）》增加了文化、互联网领域的外商投资准入限制。例如，新增禁止音像制品和电子出版物的编辑业务、互联网公众发布信息服务。

除《外商投资产业指导目录》的变化之外，国务院办公厅还对《自由贸易试验区外商投资准入特别管理措施（负面清单）》（以下简称《自贸区负面清单》）也进行了修订。《自贸区负面清单（2017 年修订）》共有 40 个条目、95 项特别管理措施，与 2015 年版相比，减少了 10 个条目、27 项措施。我国在自由贸易试验区鼓励先行先试，但是《自贸区负面清单》特别管理措施的条目数却超过了《外商投资产业指导目录（2017 年修订）》的条目数，而且有的限制性措施更加严格。例如，《外商投资产业指导目录（2017 年修订）》对于学前、普通高中和高等教育机构的限制性措施是限于中外合作办学、中方主导；中方主导是指校长或者主要行政负责人应当具有中国国籍，中外合作办学机构的理事会、董事会或者联合管理委员会的中方组成人员不得少于 1/2。《自贸区负面清单》对于普通高中教育机构、高等教育机构和学前教育的限制性措施是须由中方主导（校长或者主要行政负责人应当具有中国国籍，在中国境内定居；理事会、董事会或者联合管理委员会的中方组成人员不得少于 1/2；教育教学活动和课程教材须遵守我国相关法律法规及有关规定）。当然，有的属于《外商投资产业指导目录（2017 年修订）》的限制性措施未被纳入 2017 年版《自贸区负面清单》的范围内，如《外商投资产业指导目录（2017 年修订）》就禁止投资互联网上网服务营业场所，而《自贸区负面清单（2017 年修订）》已将其删除。

可以看出，为应对“新常态”经济局势中出现的新挑战，我国在利用外资立法制度方面采取了原则上扩大开放规模，但在关键行业中加强监管的价值取向。

需要注意的是，在外商投资法律实践中仍然要注意不同时期、不同范围法律规定的冲突与适用的问题，如《外商投资产业指导目录（2017 年修订）》不能视为外商投资准入的唯一标准，仍需同时综合适用我国现行有效的关于外商投资准入的相关法律、行政法规、地方性法规以及政策文件等。例如，《外商投资产业指导目录（2017 年修订）》与《中西部地区外商投资优势产业目录（2017 年修订）》并非选择适用关系，而是并列适用的关系。此外，关于不同年度《外商投资产业指导目录》的时间效力，也应以办理相关核准或备案手续的时间点来划分。

（五）境外投资类立法

2017 年是我国境外投资类立法发展历程中具有重要意义的一年。在国务院办公厅转发国家发展改革委、商务部、中国人民银行、外交部《关于进一步引导和规范境外投资方向指导意见的通知》（以下简称《通知》）中明确指出，在国内经济转型升级、国际环境发生深刻变化的背景下，境外投资同样要由“保量”向“保质”的方向发展，在鼓励企业进行境外投资的同时，还需做好引导工作，推动境外投资持续合理有序健康发展，有效防范各类风险，以更好地适应国民经济与社会发展需要。

《通知》在鼓励与规范引导境外投资的具体政策中重申了 2016 年“十三五”规划纲要中提到的负面清单制度，明确强调将按照“鼓励发展 + 负面清单”模式引导和规范企业境外投资方向。在《通知》的具体内容中，也初步按照鼓励类、限制类以及禁止类的划分，具体为：支持境内有能力、有条件的企业积极稳妥开展境外投资活动，推进“一带一路”建设，深化国际产能合作，带动国内优势产能、优质装备、适用技术输出，提升我国技术研发和生产制造能力，弥补我国能源资源短缺，推动我国相关产业提质升级。限制境内企业开展与国家和平发展外交方针、互利共赢开放战略以及宏观调控政策不符的境外投资。禁止境内企业参与危害或可能危害国家利益和国家安全等的境外投资。可以看出，《通知》规定的签署内容已初步具备了负面清单的雏形。

2017 年 12 月 18 日，发改委、商务部、人民银行、外交部、全国工商联发布了《民营企业境外投资经营行为规范》，从经营管理、合规诚信、社会责任、环境保护和风险防控五个方面对民营企业境外投资进行了引导和规范。2017 年 12 月 26 日，发改委发布了《企业境外投资管理办法》（以下简称《管理办法》），对境外投资的定义、备案以及核准等事项进行了进一步修订，对境外投资活动的全面、系统管理进行了更高的要求。其中包括将内保外贷、VIE 架构、个人特殊目的公司、金融机构境外投资纳入发改委境外投资管理。

需要注意的是，《管理办法》规定，自 2018 年 3 月 1 日正式实施起，2014 年发布的《境外投资项目核准和备案管理办法》（以下简称《核准备案办法》）同时废止。在境外投资的适用范围方面，《管理办法》相较《核准备案办法》的区别值得重视。《核准备案办法》笼统规定适用于境内各类法人的境外投资项目，自然人和其他组织在境外实施的投资项目另行制定相关规定，不适用《核准备案办法》。这条规定具有一定的漏洞，境内企业可以通过高管个人或非企业组织形式在海外设立企业开展境外投资活动而绕开《核准备案办法》的监管。为填补这一漏洞，《管理办法》明确规定适用于境内企业、事业单位和社会团体等非企业组织和境内自然人通过其控制的境外企业或港澳台企业对境外开展的投资活动。从境内到境外的纵向投资架构来看，《管理办法》重点关注中方最终出资人的组织形式，若最终出资人是企业或非企业组织，就需要按照《管理办法》进行核准或备案。自然人以个人的名义对外投资，受限于个人年度外汇额度，不适用《管理办法》。此外，《核准备案办法》规定，投资主体在香港、澳门实施的投资项目参照本办法执行，在台湾地区实施的投资项目另行制定管理办法。《管理办法》不再区分对港澳和台湾地区的投资，统一规定投资主体通过其控制的企业对港澳台的投资或者通过其控制的港澳台企业对境外开展投资，均参照适用本办法。无论是《核准备案办法》还是《管理办法》，均未明确对企业通过其控制的港澳台企业对境内开展的返程投资是否适用。

三、典型案例

【案例 1】股权转让合同的股权价值瑕疵担保责任

【基本案情】

2015 年 8 月，自然人 Q 为收购 A 公司 100% 的股权，与 A 公司的全资股东 B 公司以及 B 公司的全资股东自然人 L 共同签订《股权转让合同》，约定 L 将其持有的 B 公司 100% 的股权转让给 Q；同时，B 公司保证其直接持有 A 公司 94% 的股权，通过案外人自然人 W 代持的方式持有 A 公司 6% 的股权，合计持有 A 公司 100% 股权。

2015 年 9 月，Q 按照《股权转让合同》的约定向 L 支付了 50% 的首期股权转让款，L 将 B 公司 100% 的股权转让给 Q。在 Q 准备履行剩余 50% 的股权转让款支付义务前发现，B 公司与 W 并未存在股权代持关系，B 公司仅实际持有 A 公司 94% 的股权。因此，Q 拒不支付剩余股权转让价款，并于 2017 年 10 月提起仲裁申请，请求解除股权转让协议并连带返还已支付的股权转让款。

庭审过程中，L 辩称其已充分履行了《股权转让合同》项下的主要义务，已将其持有的 B 公司 100% 股权转让给了 Q，而确保 B 公司持有 A 公司 100% 股权的义务系 B 公司的保证义务，L 并未存在违约行为，Q 无权单方解除与 L 之间的股权转让关系；B 公司辩称，其确实违反了《股权转让合同》中的保证义务，但因

B公司不是股权转让关系中的出让方，也并未收取股权转让款，B公司不同意就返还股权承担连带责任。

同时L主张，因《股权转让合同》约定，L将其持有的B公司全部股权转让给Q之日起30日内，Q应当支付剩余50%的股权转让款。据此，L向仲裁庭提起反请求，请求Q履行剩余股权转让款的支付义务。

【争议焦点】

仲裁庭认为，L是否已经充分履行《股权转让合同》项下的主要义务，是本案的争议焦点。

【裁判观点】

仲裁庭认为：虽然保证B公司持有A公司100%股权的义务为B公司的合同义务，但根据《合同法》第174条的规定，《股权转让合同》中约定的Q与L之间的股权有偿转让法律关系可以准用《合同法》关于买卖合同的相关规定。仲裁庭经审理查明，《股权转让合同》明确约定签订该合同的目的是Q通过受让B公司100%股权从而间接取得A公司100%股权。自L向Q转让B公司股权之时起，B公司即一直未能持有A公司100%股权。根据《合同法》第148的规定，因B公司的股权存在瑕疵导致《股权转让合同》的目的不能实现，Q有权解除其与L之间的股权转让关系。

关于L提出的反请求，仲裁庭认为，根据《合同法》第67条的规定，由于B公司自始未能持有A公司100%的股权，L向Q转让的B公司股权不符合《股权转让合同》的约定，据此，Q有权拒绝履行支付剩余股权转让款的义务。

【纠纷观察】

在投资争议纠纷仲裁案件中，股权转让合同的纠纷占据相当比例。随着今年以来企业并购行为的不断活跃，在该类仲裁案件中，投资人作为股权转让合同中的受让人，基于其受让的股权未能满足其签订合同的目的而提起仲裁的情况占该类案件的比重亦不在少数。

股权转让合同作为《合同法》中的无名合同，受让人面对不符合其投资目的的股权，如合同本身关于违约责任的承担方式约定不明确或未约定，根据《合同法》第107条关于违约责任的一般规定，可以提起的仲裁请求主要包括继续履行、采取补救措施或者赔偿损失等违约责任。如受让人希望基于出让人的违约行为解除合同，则该等违约行为还需达到《合同法》第94条规定的预期违约、根本违约的情形。在这种情况下，裁判机构通常会根据《合同法》第174条的规定，将股权转让合同准用买卖合同的规定，通过适用瑕疵担保责任来保护受让人的合法权益。

然而，股权不同于民法中所称的物权，其瑕疵的表现形式也与民法中的“物”有所不同。理论界有观点将关于股权瑕疵的表现形式分为两种类型：一是股权价值之瑕疵，对应标的物的瑕疵，具体包括股权不符合合同约定描述的瑕疵以及股权背后公司资产的瑕疵等情形；二是股权行使的瑕疵，或称股权的权利瑕疵，对应标的物权利的瑕疵，具体包括标的股权存在权利负担或出资存在瑕疵等情形。[①]关于标的股权的权利瑕疵担保相关问题，目前在理论界和实务界尚不存在太大争议，故关于这一问题本文不作进一步探讨，仅就本案而论，对股权价值瑕疵的情况下准用《合同法》关于买卖合同瑕疵担保责任相关条款的若干问题进行分析。

首先，是关于股权价值瑕疵是否可以准用买卖合同瑕疵担保责任。经笔者检索相关裁判案例后发现，目前存在的股权价值瑕疵纠纷，主要是基于股权受让人和出让人的信息不对等，出让人隐瞒了标的股权对应目标公司的重要情况，导致合同目的不能实现或股权转让对价明显过高等情形的发生。《合同法》第 174 条规定，仅在法律对有偿合同没有规定的情形下，才可以准用买卖合同的有关规定。据此，笔者认为，在现有法律规定的框架中，当事人仍不能得到救济的情形下，才可以考虑准用买卖合同瑕疵担保责任，而不宜过分扩大瑕疵担保责任的适用范围。例如，在前述情形下，受让人有权根据《合同法》第 54 条的规定行使合同撤销权；如合同明确约定了合同目的，但目标公司的财产情况或资质等方面存在瑕疵，出让人存在违约行为导致不能实现合同目的的，受让人也可以行使《合同法》第 94 条规定单方解除权。在能够通过适用前述法律规定使当事人的请求得到支持的情况下，则不宜准用买卖合同的瑕疵担保责任。只有在现行法律不能使当事人的请求得到支持，且当事人请求如得不到支持则有违公平原则的情况下，此时准用瑕疵担保责任才较为适宜。

例如，在本案中，确保 B 公司持有 A 公司 100% 的股权并非 L 的义务，但 B 公司事实上又未能实际持有 A 公司 100% 的股权。如申请人请求继续履行，各方当事人业已形成僵局，不利于纠纷的解决。另外，如申请人请求解除股权转让合同关系，则不符合法律规定的可单方解除合同的情形。虽然合同约定了合同目的，但单纯导致合同目的不能实现的违约行为并不一定可以适用根本违约情形下单方

---

① 安晋城：“论股权转让瑕疵担保责任的认定——以仲裁实践为中心”，载北京仲裁委员会编：《北京仲裁》第 91 辑，中国法制出版社 2015 年版，第 124 页。

解除权的规定。合同目的无法实现与根本违约存在一定的差异，根本违约是从行为角度来看性质严重的违约行为；而合同目的不能实现是从结果的角度来看，即因违约行为而导致的后果。[①] 在该等情况下，通过准用瑕疵担保责任解决案件纠纷，满足当事人诉求，实现公平正义，是值得参考的裁判思路。

其次，是一方当事人是否有权以标的股权存在瑕疵为由对其付款义务进行抗辩。《合同法》第 66 条和第 67 条分别对同时履行抗辩权和顺序履行抗辩权进行了规定。行使同时履行抗辩权、顺序履行抗辩权的条件均为“对方履行期限届满时，不履行债务或履行债务不符合约定”。那么，标的股权存在瑕疵的情形是否满足属于可以行使前述抗辩权的情形呢？笔者认为，《合同法》第 107 条关于违约责任的一般规定为“当事人一方不履行合同义务或者履行合同义务不符合约定的，应当承担继续履行、采取补救措施或者赔偿损失等违约责任”。可以看出，主张对方承担违约责任的情形与行使前述抗辩权的条件均为“当事人一方不履行合同义务或者履行合同义务不符合约定”。据此，如瑕疵担保责任属于违约责任，受让人即可以以标的股权存在瑕疵为由主张抗辩。关于瑕疵担保责任的性质，理论界目前尚存争议，有学者认为，瑕疵担保责任应为独立于违约责任的一种特殊民事责任。[②] 但笔者认为，从《合同法》的结构体例上看，第 107 条和第 111 条均为第七章“违约责任”项下条款，而第 107 条可以看作违约责任的一般条款；第 111 条、第 155 条亦明确规定瑕疵担保责任为违约责任。此外，如果股权转让合同未对质量要求作出明确约定，亦不能视为未约定，而可以根据《合同法》第 155 条确定。据此，如果当事人在股权转让合同中未对标的股权的质量进行约定，亦不妨碍作为违约责任的瑕疵担保责任的形成。综上，笔者认为，如标的股权的质量不符合约定，受让人在主张对方承担瑕疵担保责任的同时，也可以行使同时履行抗辩权或顺序履行抗辩权。

最后，是关于质量异议期间的问题。《合同法》第 158 条对于瑕疵担保责任的质量异议期间进行了规定。据此，有别于一般的违约责任，在股权转让纠纷中需准用瑕疵担保责任的情况下，关于质量异议期间的问题同样需要处理。在上述案例中，《股权转让合同》未就质量异议期间进行约定，质量异议期间应为法定的两年除斥期间。虽然 Q 未能证明其在质量异议期间内将标的股权的质量问题通知了

---

① 崔建远：“论合同目的及其不能实现”，载《吉林大学社会科学学报》2015 年第 3 期，第 40 页。

② 崔建远：“物的瑕疵担保责任的定性与定位”，载《中国法学》2006 年第 6 期，第 32 页。

单方解除权制度体现了对民事行为静态利益的保护，则支付全款请求权制度则体现了对商事行为交易安全的保护。在股权转让合同中，如标的股权已通过工商变更登记变更至受让人名下，即已产生了公示效力，受让人通过登记公示产生了股东的外观，风险即已发生了转移。在这种情况下，出让人将会面临不能及时收回股权转让款的风险，其利益更需要进行保护。此外，从审判实践来看，在出让人在基于《合同法》第 167 条的规定对受让人提出的诉讼或仲裁请求的案例中，选择请求受让人支付全款的案件比例亦高达 90%。[①] 据此，在分期付款股权转让纠纷中准用支付全款请求权制度，与第 67 号指导案例的明文规定与立法目的均不冲突，亦符合商事行为的一般惯例。

一个值得注意的问题是，主债务加速到期后，连带责任保证的保证期限是否自加速到期后的履行期限届满日起算？对此，就该问题应否适用《最高人民法院关于适用〈中华人民共和国担保法〉若干问题的解释》（以下简称《担保法解释》）第 30 条第 2 款之规定，即“债权人与债务人对主合同履行期限作了变动，未经保证人书面同意的，保证期间为原合同约定的或者法律规定的期间”，存在不同理解。笔者认为，虽然在本案中出让人通过行使支付全款请求权使股权转让合同中受让人尚未到期的支付股权转让款义务提前到期，但该请求权属于形成权，无须经受让人同意，经出让人单方意思表示即可发生法律效力。因此，行使支付全款请求权与双方变更合同条款的法律性质不一致，不属于前述条款规定的“债权人与债务人对主合同履行期限作了变动”。据此，在本案中不应适用《担保法解释》的前述条款。

【案例 3】公平原则在股权对赌合同纠纷中的适用

【基本案情】

2015 年 4 月 15 日，自然人 C 与有限合伙企业 Y、Z 公司共同签订《投资合同》，约定 C 将其全资持有的 Z 公司 60% 股权作价 5250 万元转让给 Y 企业。《投资合同》同时约定，Z 公司应当于其股权交割日起 18 个月内按照合同约定的标准完成合计 12 个能源供给项目的建设；如期限届满未能完成能源供给项目建设的，C 应当将其所持的 Z 公司 9% 股权以 3 元的价格转让给 Y 企业，同时按照 12%/ 年的收益率回购其已出让的 Z 公司 27% 股权。

---

① 钱玉林：“分期付款股权转让合同的司法裁判——指导案例 67 号裁判规则质疑”，载《环球法律评论》2017 年第 4 期，第 33 页。

2015年4月24日，C与Y企业完成了股权交割，但截至2016年10月24日，Z公司未能完成任何一个能源供给项目的建设。2017年6月，Y企业提起仲裁申请，请求C按照《投资合同》的约定将其所持的Z公司9%股权以转让给Y企业的金额，同时回购Y企业持有的Z公司27%股权。

【争议焦点】

仲裁庭认为，《投资合同》约定的股权转让及回购的条件是否成就，是本案的争议焦点。

【裁判观点】

仲裁庭认为：《投资合同》约定的股权转让、回购的条件及股权转让、回购的安排系各方当事人之间的真实意思表示，且不违反法律效力性强制性规定。股权转让、回购的条件已成就，C应当按照《投资合同》的约定履行股权转让义务及股权回购义务。同时，仲裁庭也注意到，本案亦存在双方当事人权利义务不甚对等、投资收益与风险承担不甚平衡的情形。一方面，根据仲裁庭查明的事实，Z公司现行有效的章程规定，股东会是公司最高权力机构；公司设董事会，董事会成员3人，董事会具有决定公司经营计划和投资方案、财务预决算方案和聘任或解聘公司总经理等职权，董事长具有主持公司生产经营管理工作、组织实施公司年度经营计划和投资方案、拟定公司的基本管理制度等职权。C于交割日将其持有的Z公司60%股权转让给Y企业后，Y企业即成为Z公司的控股股东；自2015年4月30日Z公司董事会决议作出之日起，Z公司董事2人系Y企业委派，其中1人担任董事长，C任总经理。可以认为，Y企业能够对Z公司的生产经营活动产生重大影响。另一方面，根据《投资合同》的约定，股权转让、回购的条件成就后，Y公司有权在以3元的对价从C处受让Z公司9%的股权的同时，要求C溢价回购27%的股权，回购价格计算公式为：回购价格=5250万元×（1+12%×n），其中n=（交割日至全部收购价款支付完毕日期间的天数）/365日。仲裁庭认为，根据交易惯例，股权回购相关交易安排的目的通常为平衡投资人的投资风险，同时对目标公司进行激励、引导或约束，促使目标公司不断成长、提升盈利能力；而当目标公司的成长或盈利能力不及预期时，则触发估值补偿条款。可见，在投资行为的股权回购安排中，股权回购的溢价系因目标公司生产经营情况不及预期的风险而对投资人进行的补偿。然而，在本案中，Y企业已经能够对Z公司的生产经营活动产生重大影响，本应相应承担Z公司生产经营情况不及预期的风险。而在Z公司产生经营风险的情况下，仍要求C对其进行补偿，不但与《投资合同》的目的不符，且与投资活动的交易惯例以及《合同法》第5条关于公平原则的规定相违背。综合本案在案证据等因素，仲裁庭认为：股权回购安排中12%/年的收益率过高，仲裁庭予以酌情降低至原收益率的70%，即8.4%/年。

【纠纷观察】

《中华人民共和国民法通则》（以下简称《民法通则》）第4条规定："民事活动应当遵循自愿、公平、等价有偿、诚实信用的原则。"《合同法》第5条规定："当事人应当遵循公平原则确定各方的权利和义务。"这一规定包含的公平原则具体既表现在合同订立时的公平，也包含发生合同纠纷时的公平处理。其中，公平原则含了等价有偿原则。[①] 具体而言，可以理解为，在有偿民事活动中，应当保证交易各方的风险和收益的对等。

根据《合同法》及其解释的规定，关于有违公平原则合同的救济途径主要包括《合同法》第54条第2项规定的显失公平的合同的撤销、第40条和第41条规定的格式条款无效规则与解释规则以及《最高人民法院关于适用〈中华人民共和国合同法〉若干问题的解释（二）》（以下简称《合同法解释（二）》）第26条规定的合同履行情势变更原则等。然而从本案案情来看，C并未于法定期限内向仲裁机构提起撤销《投资合同》的请求。另外，显失公平合同的构成要件既包括客观上合同约定的不平等，也包括一方利用了优势地位或利用另一方轻率、无经验的故意的主观要件，[②] 即签订合同的意思表示存在瑕疵。根据仲裁庭认定的事实，《投资合同》的签订并不符合显失公平的主观要件。《投资合同》亦不属于格式条款，不能通过《合同法》第40条和第41条的规定寻求救济。此外，《投资合同》的履行过程中亦不存在可以适用情势变更原则的情形。笔者认为，在合同不符合公平原则，但当事人无法通过法律规则寻求救济的情况下，裁判机构可以将《合同法》第5条规定的公平原则作为裁判的依据。另经笔者检索相关裁判案例，直接依据《合同法》第5条进行裁判的情形亦不乏先例。

根据笔者观察，股权对赌回购纠纷已经构成投资争议纠纷的主要案件类型之一。在投资实务中，根据投资交易安排的具体情况，关于股权对赌回购触发条件以及回购金额计算方式的约定也呈多样化发展的趋势。投资合同和一般民间借贷合同的主要区别在于各方当事人签订投资合同的目的在于投资人通过投资目标公司来获取投资收益，同时相应承担与目标公司经营状况相关联的投资风险，而非通过借出资金获得一段期间内的利息收益，而仅承担相对较小的违约风险。据此，

---

① 王胜明："关于合同法的基本原则"，载《中国法学》1999年第3期，第29页。

② 崔建远：《合同法》，法律出版社2007年版，第109–110页。

在关于对赌回购的安排造成交易各方在收益分配与风险承担方面的不对等、不符合投资合同的目的与商业惯例的情况下，如已穷尽法律规则规定的救济途径，裁判机构依据《合同法》第5条的公平原则进行裁判，不失为一种值得借鉴与参考的裁判思路。

四、热点问题观察

（一）问题的提出

据笔者观察，中国境内与投资有关的争议日益体现出法律关系复杂化、案件类型多元化以及利益主体多样化的趋势。从法律关系看，除了传统的股权转让或增资行为之外，越来越多的投资活动可能会涉及股权回购、股权质押等法律关系以及所谓“明股实债”“协议控制”“通道业务”等操作安排。从争议类型观察，除了传统的债务履行顺序争议之外，关于交割条件满足、调整价款支付、公司控制权争夺、小股东保护、分红争议等事项亦成为争议焦点。从利益主体看，除了传统的行业投资者之外，越来越多的财务投资者，包括但不限于风险投资基金、私募股权投资基金、信托公司、资产管理公司等机构投资者，已介入各类投资争议之中。其中，股权回购及对赌类案例一直是理论界与实务界持续关注的热点话题。

在前一年度投资争议观察的“热点问题观察”部分，笔者曾以最高院对于2012年年底苏州工业园区海富投资有限公司与甘肃世恒有色资源再利用有限公司、香港迪亚有限公司、陆波增资纠纷再审案（以下简称“海富案”）为代表，分析了股权回购及对赌类案件纠纷的裁决思路。在该类纠纷的法律关系中，裁判机构通常会考虑到投资人在目标公司控制、经营参与程度以及信息获取等方面的弱势地位，在其合理合法的自由裁量权范围内对投资人进行适当保护。

然而，并非所有的股权投资人均处于弱势地位。2017年度，以中国国际经济贸易仲裁委员会（以下简称贸仲）受理的北京蓝色光标品牌管理顾问股份有限公司（以下简称蓝色光标）与李某等关于西藏山南东方博杰广告有限公司（以下简称博杰广告）股权对赌纠纷一案（以下简称蓝色光标案）[①] 引发社会各界广泛关注。

---

① 笔者注：本文关于该案包括但不限于裁决结果的案情描述系来源于蓝色光标于深圳证券交易所官方网站刊登的公告，公告编号分别为2016-055、2016-084、2017-034、2017-078和2017-138。网址：http://www.szse.cn，访问时间：2018年3月2日。

2013年，蓝色光标向李某等收购了博杰广告合计89%的股权，收购完成后，博杰广告成为蓝色光标的全资子公司。同时，博杰广告与李某、西藏山南博杰投资咨询合伙企业（有限合伙）（以下简称博杰投资）、西藏山南博萌创业投资管理合伙企业（有限合伙）（以下简称博萌投资）等博杰广告原股东签订《北京蓝色光标品牌管理顾问股份有限公司现金及发行股份购买资产之盈利预测补偿协议书》（以下简称《补偿协议书》），约定李某等作为转让方承诺博杰广告2016年经审计的税后利润应不低于28745万元，如实际利润低于前述承诺，则转让方应以现金补齐承诺利润的不足部分，计算方式为：应补偿现金 =（2016年博杰广告承诺利润—2016年博杰广告实际利润）×89%。后因博杰广告2016年经审计的税后利润低于承诺利润，蓝色光标向贸仲提起仲裁，其最终仲裁请求主要包括四部分，分别为：（1）回购并注销李某与博杰投资持有的蓝色光标股份（含持有股份期间获得的派股）；（2）李芃与博杰投资向蓝色光标支付持有蓝色光标股份期间获取的分红收益；（3）李某、博杰投资、博萌投资向蓝色光标返还其提前支付的博杰广告股权收购调增价款；（4）李某与博杰投资根据约定的计算方式向蓝色光标支付现金补偿。根据贸仲对该案作出的裁决，除前述第（3）项请求得到仲裁庭支持外，第（1）、（2）、（4）项请求均被仲裁庭驳回。

在该案中，双方有关利润补偿的约定并不违反法律的强制性规定，但申请人的相关仲裁请求却未能得到仲裁庭的支持。该案裁决作出后，引发了理论界及实务界的热议。

（二）对现有裁判思路的分析、归纳与建议

1. 投资人“强势”情形下的股权对赌纠纷典型特征

在具体投资案例中，投资人所追求的直接投资目的主要为通过目标公司股权内在价值的增长获取目标公司股权的增值收益以及因持有股权而获得利润分配等收益，而目标公司股权的内在价值又通常与其盈利能力与资产增值能力相关联。因此，以“蓝色光标案”与上文典型案例3为例，投资人通常采取利润承诺或经营状况承诺的方式与目标公司的原股东进行对赌。这种对赌安排从消极的方面看，可以保障投资人的投资成本不受损失，并在一定合理范围内保障其预期的基本投资收益；从积极的方面看，投资人可以通过对赌条款的约束对目标公司的经营管理层或实际控制人起到正面激励作用，从而获取更高的投资收益。

然而正如前文所述，在股权投资关系中，投资人通常因未能支配目标公司的经营而处于弱势地位，在这一情况下，通过对赌协议的安排保护其自身利益则合

情合理，一旦发生争议，裁判机构通常也会基于自由裁量权对其合法诉请予以支持。但在某些特殊情形下，若投资人处于“强势”地位，其可通过股权收购成为目标公司的控股股东甚至达到全面掌握目标公司的决策、经营与管理。笔者建议，在这种情况下则同样可以进行利益衡量，对处于相对弱势的对赌义务人进行适当保护。

以“蓝色光标案”为例，虽然该案裁决书未向社会公众公开，但从蓝色光标的一系列公告内容中可以了解到该案的基本案情。结合公告内容，笔者的推测是：一方面，蓝色光标在收购博杰广告后，已成为该公司的全资股东，又于2014年年末免去原股东李某的总经理职务，可以认为，蓝色光标已完全掌控博杰广告的决策权、经营权与管理权；另一方面，博杰广告作为典型的商业服务业公司，其盈利能力与经营管理层的能力关联性较强，而博杰广告出现未能完成承诺利润的情形正是始于2015年度，故撤换管理层后导致的经营风险，蓝色光标理应独自承担。如完全依照《补偿协议书》的约定，则会出现李某等在基本完全丧失对博杰广告的决策权、经营权、管理权以及直接获取利润分配的情况下，又要替蓝色光标承担其应当承担的经营风险，既有违风险收益对等原则，又不符合商事交易的一般惯例。又以上文提到的典型案例3为例，虽然C仍然担任Z公司总经理的职务，但包括总经理任免权在内的Z公司决策权已由Y公司掌控，如在该案纠纷中完全按照合同约定进行裁判，则同样会遭遇与公平原则的要求不一致的情形。

综上所述，本类案件的典型特征为投资人处于较强势的地位，能够在较大程度上控制目标公司的决策权、经营权、管理权，但另一方面，投资人又通常根据股权对赌回购等交易安排规避其对目标公司的经营风险，甚至达到无论目标公司盈亏均能获得稳定收益的程度。在这样的情况下，如完全依照合同约定来解决纠纷，则会出现裁判结果不符合公平原则的问题。

2. 投资人强势情形下的股权对赌纠纷裁判思路的归纳与建议

关于本类纠纷的裁判思路如笔者于《中国投资争议解决年度观察（2017）》①中所述，股权回购及对赌类合同作为合同法中的无名合同，并没有专门的法律规定加以规范，裁判机构可以在合理合法的自由裁量权范围内作出裁判，即以各方当事人的真实意思表示为基础，根据交易各方在合同中的实际地位进行利益衡量，同时利用存在自由裁量空间的法律规定为工具作出具体的判决、裁定或裁决。就

① 鲍治、王泽坤：“中国投资争议解决年度观察（2017）”，载北京仲裁委员会／北京国际仲裁中心编：《中国商事争议解决年度观察（2017）》，中国法制出版社2017年版，第153—155页。

本类纠纷的裁判思路而言，笔者认为，可以考虑分为以下三个层次：

其一，是从交易各方当事人的真实意思表示出发，即主要从是否参与经营并承担经营风险、是否有确定的还本要求、是否无论盈亏均要分配利润、是否希望获得处分股权时增值部分收益等方面来确定投资关系的法律性质。如投资人在不承担经营风险的前提下仍无论盈亏都要保障投资本金安全并获取较为确定的收益，则存在适用“明股实债”类案件裁判思路解决纠纷的空间。

其二，是根据利益衡量的结果决定对处于弱势一方的对赌相对方（如目标公司原股东、管理层等人）的保护程度，具体则表现为根据投资人与对赌向对方在交易安排中关于目标公司产生的利润分配比例与各自对目标公司经营风险承担的比例，来确定是否支持投资人关于投资收益及投资成本的诉请，或在合理区间内酌情减少对前述诉请的支持程度。

其三，是选择合适的具体法律规则、法律原则或争议解决纠纷机制作出具体裁判。根据上文的总结，本类纠纷的典型特征体现为与民法公平原则相违背。而在体现公平原则的法律规则中，通常也存在裁判机构进行自由裁量的空间，如显失公平的合同撤销规则、格式条款无效规则与解释规则、合同的情势变更原则以及《合同法》第 45 条第 2 款规定的条件成就或不成就推定规则等。据此，裁判机构可以首先根据案件具体情况适用前述法律规则，在自由裁量空间内作出裁判。在前述法律规则无法直接适用的情况下，裁判机构则可以适用公平原则。虽然我国相关立法并未明确规定法律原则构成法律的正式渊源，但参照《最高人民法院关于裁判文书引用法律、法规等规范性法律文件的规定》第 4 条的规定，公平原则作为《合同法》第 5 条的明文规定，同样可以在裁判文书中进行直接适用。另根据笔者对历年裁判案例的观察，包括最高院在内的裁判机构在其裁判文书中均常见直接以《合同法》第 5 条作为裁判依据的情形。可见，在其他法律规则无法进行直接适用的情况下适用公平原则进行裁判，同样符合我国法律的相关规定。此外值得一提的是，以北仲为代表的部分仲裁机构已在近年内陆续引进国际商事仲裁中友好仲裁制度。据此，在法律规则与法律原则均难以直接适用的情况下，具体的仲裁机构还可以依照其仲裁规则的规定，在当事人授权前提下的适用友好仲裁程序，以获得较大的自由裁量空间。

（三）现有裁判思路的影响与展望

根据笔者观察，和以最高院受理的“海富案”为代表的一般股权对赌回购纠纷裁判的思路不同，本部分重点分析的投资人占据优势地位的股权对赌回购纠纷尚未形成较为一致的裁判思路。除利用法律规则及自由裁量权对对赌相对方进行适当保护的案例外，仍存在部分案件因存在特殊情况无法根据法律规则进行自由裁量，裁判机构完全依照投资合同约定作出裁判的情形。此外，在裁判机构行使自由裁量权的情形下，因缺乏较为权威的裁判思路标准，在具体责任分配中亦存在分配标准不一致的情形。

笔者相信，随着本类纠纷的不断增多，在各裁判机构不断的努力与创新下，本类案件最终将会形成较为确定的裁判思路。一方面，可以体现为法律规则、法律原则以及特殊仲裁规则的灵活适用；另一方面，根据利益衡量的结果，对于当事人诉请的支持程度与结果也将不断细化。例如，可具体表现为：是否支持投资人关于投资收益的请求，或根据一定预期收益率的标准确定对收益请求的支持程度；是否支持投资人关于返还投资成本的请求，以及对可能包括的投资成本带来的机会成本的请求等。

五、总结与展望

与传统商事争议所不同的是，投资争议具有法律关系复杂、利益主体多元、政府管控及公共政策因素较多的特点。我们相信，在今后相当长的一定时间内，上述特点将继续存在。从时效性上来看，投资争议的类型则呈现出与投资市场发展趋势较强的相关性。从争议类型上来看，股权代持、委托投资、回购、对赌争议等案件仍系 2017 年度的较为典型的案件。

鉴于投资产生的原因及其存在的特点，笔者建议，在具体的裁判实践活动中，我们应当在以事实为基础、以法律为准绳的前提下，从当事人真实意思出发，把握投资活动中投资者获取投资收益、回避风险的本质需求，依法行使裁判职权。同时，我们还应当加强与学术界与实务界的沟通和交流，把握投资市场各个主体及其行为的特点。笔者相信，在立法机关、实务界及学术界的共同努力下，我国投资市场一定会不断成熟发展，投资争端解决机制也将随之日益完善。

中国国际贸易争议解决年度观察（2018）

刘 炯 汤旻利①

一、概述

（一）全球2017年度国际贸易概览

2017年，全球经济与贸易温和复苏，国际市场需求回暖。世界贸易组织（以下简称WTO）及联合国贸发会议（以下简称UNCTAD）的数据统计显示，截至2017年第3季度，全球服务贸易出口同比增长8.9%，进口同比增长6.7%；截至2017年第3季度，全球货物贸易出口同比增长4.8%，进口同比增长4.3%。②

（二）我国2017年度国际贸易概览

2017年，我国国际贸易稳中有进，虽仍受到全球经济形势波动、地缘政治等的影响，也遇到欧盟、美国等发达国家针对我国出口贸易的质疑与压力，但总体形势持续向好。

2017年全年，我国货物贸易保持传统增势。进出口总额27.79万亿元（指人民币，下同），同比增长14.2%。其中，出口额15.33万亿元，增长10.8%；进口额12.46万亿元，增长18.7%。传统劳动密集型产品依旧为出口主力。对三大贸易伙

---

① 刘炯，锦天城律师事务所高级合伙人。汤旻利，锦天城律师事务所律师。同时，衷心感谢团队律师助理郭彤、金苹果、乔予、田佳、吴慧洁、张洞天的辛勤付出。

② UNCTAD官网数据：http://unctadstat.unctad.org/EN/Infographics.html；WTO官网数据：https://www.wto.org/english/res_e/statis_e/short_term_stats_e.htm，访问时间：2018年2月19日。2017年全球贸易量排名前五的国家，参见附录表一。

伴（欧盟、美国、东盟）及其他“一带一路”国家的进出口涨势良好。[①]

截至2017年9月，我国服务贸易进出口总额3.44万亿元，同比增长8.8%。其中，出口额1.05万亿元，增长4.1%；进口额2.39万亿元，增长10.9%。新兴服务贸易（覆盖知识产权、电信、计算机、信息、保险等领域）、离岸服务外包、“一带一路”国家间的技术、旅游、文化等合作都给我国服务贸易的发展注入了新动力。[②]

（三）我国国际贸易领域争议解决概览

1. 多发纠纷类型

2017年，除传统的国际货物买卖合同纠纷、跨境服务合同质量纠纷、国际贸易领域单证纠纷、跨境运输合同纠纷、涉外知识产权纠纷、WTO框架下的争端等，也涌现出了不少新兴纠纷类型，其中与跨境电商交易有关的涉互联网纠纷颇为引人瞩目。

2. 争议解决架构创新

针对涉外仲裁，2017年最高人民法院（以下简称最高院）颁布了一系列司法解释，明确了涉自由贸易试验区仲裁的特殊制度框架、涉外仲裁的司法审查。[③]中国互联网仲裁联盟发布《中国互联网仲裁联盟临时仲裁与机构仲裁对接规则》，为涉外临时仲裁提供云平台服务。

针对在线争议解决，杭州互联网法院正式挂牌运营，为电商消费者提供快捷、经济的在线争议解决途径。同时，以北京仲裁委员会/北京国际仲裁中心（以下简称北仲）为代表的多家仲裁机构也都积极研究互联网仲裁服务。

针对国际商事纠纷解决途径，中国加入海牙《选择法院协议公约》，将为我国当事人提供解决国际商事争议的多元化保障。最高院宣布筹建“一带一路”国际商事法庭，将与沿线国家法院合作建立跨境纠纷解决机制，旨在高效解决“一带一路”建设中出现的跨境纠纷。

---

① 中华人民共和国海关总署：“海关总署2017年全年进出口有关情况新闻发布会”，载http://fangtan.customs.gov.cn/tabid/539/InterviewID/119/Default.aspx，访问时间：2018年1月22日。

② 商务部：《中国对外贸易形势报告（2017年秋季）》，“附件四：中国服务贸易状况”，载http://zhs.mofcom.gov.cn/article/cbw/201711/20171102666142.shtml，访问时间：2018年1月22日。

③ 2017年1月9日，最高院发布了《最高人民法院关于为自由贸易试验区建设提供司法保障的意见》。2017年12月29日，最高院发布了《最高人民法院关于审理仲裁司法审查案件若干问题的规定》以及《最高人民法院关于仲裁司法审查案件报核问题的有关规定》。

二、新出台的法律法规或其他规范性文件

2017 年，我国出台、签订了一系列与国际贸易有关的法律法规及合作协议，涉及促进贸易便利化、区域间经贸合作、行业标准的制定、电子商务领域立法、自由贸易试验区改革开放、市场诚信建设、海关监管去行政化、产品质量监管等。同时，《中华人民共和国民法总则》（以下简称《民法总则》）的出台也对涉外争议解决有一定影响。

（一）推动跨境间贸易便利化

促进我国与其他国家、地区间贸易手续便利化。我国与孟加拉人民共和国、柬埔寨王国两国于 2017 年 8 月 29 日签署《亚太跨境无纸贸易便利化框架协定》，进一步推动了我国与他国间贸易数据文件交换电子化、提高通关效率和贸易透明度。

此外，中华人民共和国海关总署（以下简称海关总署）通过《关于亚太贸易协定项下中韩原产地电子信息交换系统上线运行事宜的公告》（海关总署公告 2017 年第 10 号），至此，对于协定下中韩进出口货物，如有与申报内容一致的原产地证书信息，只需提交电子信息而无需证书原本。

我国先后落实与新西兰、瑞士之间的“经认证的经营者（AEO）”的互认安排（新西兰：海关总署公告 2017 年第 23 号；瑞士：海关总署公告 2017 年第 40 号），为相互间 AEO 企业的进口货物提供通关便利。

（二）《贸易便利化协定》待落实

2017 年 2 月 22 日，WTO《贸易便利化协定》（Trade Facilitation Agreement, TFA）正式生效，给我国落实相关措施提出紧迫要求。该协定生效后，批准协定的成员国必须履行各自在协定下的承诺。对我国而言，除对少量措施设定了过渡期外，包括简化单证手续、规范进出口费用等方面的措施须立即实施。[①] 此外，“一带一路”沿线国家的贸易便利化程度差别很大，作为“一带一路”的主导国，

---

① 目前，我国接受的 TFA 的 A 类条款（自 TFA 生效之日起立即实施的条款）占比为 94.6%。B 类条款（可在 TFA 生效后经过一段过渡期再实施的条款，我国的过渡期到 2020 年 2 月 22 日）占比为 5.4%，包括单一窗口、确定和公布平均放行时间、海关合作（信息提供和交换）等。参见 WTO 下属 TFA 官网下我国国家概况页面：“Measure Breakdown”，载 https://www.tfadatabase.org/members/china/measure-breakdown?#collapse36，访问时间：2018 年 1 月 22 日。

我国带头落实 TFA 的压力较大。

（三）巩固“一带一路”经贸合作

我国与“一带一路”国家的往来继续升温，在自由贸易、电子商务、银行金融、能源等重点领域签订了一系列细化合作文件。我国与马尔代夫共和国于 2017 年 12 月 7 日签署了首个中马自由贸易协定。2018 年 1 月 1 日，《中华人民共和国政府和格鲁吉亚政府自由贸易协定》也生效并实施。在电子商务领域，我国与越南社会主义共和国、爱沙尼亚共和国分别于 2017 年 5 月 11 日、2017 年 11 月 27 日签订了《关于电子商务合作的谅解备忘录》，以借助网络电商提升国家间的贸易便利化水平。在银行金融领域，与蒙古国[①]、菲律宾共和国（以下简称菲律宾）[②]、匈牙利[③]等国分别就货币互换、融资授信、人民币清算等签订了协议，以促进国际间金融合作的便利性。在能源领域，与阿拉伯联合酋长国（以下简称阿联酋）签订了针对油气、新能源、可再生能源等领域的产能和投资合作协议[④]；为加强与缅甸联邦共和国（以下简称缅甸）在油气运输方面的合作，两国于 2017 年 4 月 10 日签订了《中缅原油管道运输协议》，中缅原油管道工程在缅甸马德岛正式投运。

除常规经贸领域外，迪拜国际金融中心（DIFC）法院和上海市高级人民法院签署了《关于加强交流与合作的谅解备忘录》，奠定了未来双方间司法协作的基础。

（四）加深与港澳间经贸关系

内地分别与港澳签订了《关于建立更紧密经贸关系的安排（CEPA）》及子协议，以加强在投资和经济技术领域的合作。

---

① 与蒙古国央行续签《双边本币互换协议》，旨在便利双边贸易和投资。该协议的规模为 150 亿人民币，有效期为三年，经双方同意可以展期。

② 中国进出口银行和菲律宾首都银行签署《融资授信额度战略合作框架协议》，标志着两国金融同业合作的突破。中国进出口银行给予了菲律宾首都银行目前东盟地区单个商业银行最高金额的授信额度。

③ 中国银行与匈牙利央行签署《银行间代理协议》和《人民币清算账户合作协议》。此外，中国银行还与布达佩斯证券交易所、匈牙利政府债务管理机构、匈牙利进出口银行以及银联国际签署《战略合作备忘录》。据此，中匈将建立长久对话机制，匈方将支持中国银行在匈牙利的业务开展，匈牙利央行将在中国银行的协助下进入中国金融市场。

④ 2017 年 5 月 2 日，中华人民共和国国家发展和改革委员会（以下简称发改委）与阿联酋经济部签署了《关于加强产能与投资合作的框架协议》，双方将加强在油气加工、建材、通信、可再生能源和新能源以及轻工纺织领域的产能和投资合作。

内地与中华人民共和国香港特别行政区（以下简称香港）《CEPA投资协议》、内地与中华人民共和国澳门特别行政区（以下简称澳门）《CEPA投资协议》在内容和体例上相似，全面覆盖两地间的投资准入和保护、投资便利化以及争端解决等事宜，这是内地首次以“负面清单”的方式对外签署投资协议。

内地与香港《CEPA经济技术合作协议》为香港参与“一带一路”经贸合作设置了专章，还提出了双方的重点合作领域。内地与澳门间《CEPA经济技术合作协议》除了同样为澳门参与“一带一路”经贸合作设置了专章、提出双方重点合作领域以外，还新增了“深化澳门中葡商贸合作服务平台建设合作”一章，以充分发挥澳门作为内地与葡语国家间的桥梁作用。

（五）深化国内贸易业标准化

在国家层面深化针对总体贸易行业及具体领域的标准化。中华人民共和国国务院（以下简称国务院）颁布的《贯彻实施〈深化标准化工作改革方案〉重点任务分工（2017—2018年）》及修订后的《中华人民共和国标准化法》（以下简称《标准化法》，于2017年11月4日第十二届全国人民代表大会常务委员会第三十次会议修订）先后出台，旨在落实标准化重点任务、扩大标准制定范围、取消行业性和地方性的强制标准，整合为强制性国家标准。就细分领域出台了一系列涵盖工程及基础设施建设服务①、互联网②、电力等能源行业③、运输服务④和金融服务⑤的标准化法律法规和政府文件。

---

① 2017年1月，中华人民共和国住房和城乡建设部（以下简称住房和城乡建设部）颁布了《工程建设标准涉及专利管理办法》。住房城乡建设部会同有关部门起草了《工程建设标准体制改革方案（征求意见稿）》，于2017年7月17日发布。

② 2017年7月25日，中华人民共和国工业和信息化部发布了《移动互联网综合标准化体系建设指南》。

③ 2017年4月1日，国家能源局发布了《2017年能源领域行业标准化工作要点》，其中要求尽快发布《水电行业技术标准体系》。2017年1月11日，发改委和中国国家标准化管理委员会（以下简称国标委）联合发布了《节能标准体系建设方案》。

④ 2017年4月5日，交通运输部和国标委联合发布了《交通运输标准化体系》。2017年3月，国务院发布了新修订的《国内水路运输管理条例》。

⑤ 2017年5月，中国人民银行、中国银行业监督管理委员会（以下简称银监会）、中国证券监督管理委员会（以下简称证监会）、中国保险监督管理委员会（以下简称保监会）、国标委五个部委联合发布《金融业标准化体系建设发展规划（2016—2020年）》（银发〔2017〕115号），提出了“十三五”金融业标准化工作的指导思想、基本原则、发展目标、主要任务、重点工程和保障措施。

（六）推进国家标准之国际化

加深国家及区域间标准化合作，增强“中国标准”的国际影响力。在国家间层面上，我国与俄罗斯联邦（以下简称俄罗斯）①、大不列颠及北爱尔兰联合王国（以下简称英国）②、法兰西共和国（以下简称法国）③ 等就国家间的标准互认、专业术语的界定、向国际标准化组织（ISO）提交国际标准提案等工作进行了相关文件的互换或签署。

在区域层面上，基于我国已与“一带一路”沿线国家签署的标准化合作协议④，国标委牵头发起与12个“一带一路”沿线国家的标准化机构于2017年5月10日共同签署《关于加强标准合作，助推“一带一路”建设联合倡议》（以下简称《联合倡议》）。《联合倡议》致力于共同努力以提升“一带一路”沿线国家标准的一致化程度。其后，国标委新发布了《标准联通共建“一带一路”行动计划（2018—2020年）》，重点部署了九大重点任务。此外，我国正在筹建南亚标准化研究中心，力图加强与南亚各国以及南亚区域标准组织（SARSO）之间的合作。

（七）电商立法获得重点关注

作为重点新兴行业，电子商务领域的立法及标准化得到特别关注。除了上文提到的国家间签署的有关电商合作的备忘录⑤，国内立法也相继出台。《中华人民共和国电子商务法（草案二次审议稿）》公布，进一步完善了电商平台经营者的义务规范；加强了对知识产权、消费者权益以及平台内中小经营者权益的保护；信息安全和竞价排名、争议解决机制的构建成为立法重点。

---

① 2017年3月，中俄民机标准专题组第三次工作会在上海召开，会议完成了中俄宽体客机和重型直升机标准目录（第二版）的互换工作，确定了中俄民机标准正文互换机制，中俄双方对联合编制直升机名词术语ISO国际标准达成共识。

② 2017年11月8日，中英石墨烯标准化合作工作组会议在重庆召开，双方计划于2018年2月携手向ISO提出石墨烯国际标准提案。

③ 2017年4月，中法标准化合作委员会会议在巴黎举行，双方先后签署了《“未来工业/中国制造2025”合作意向书》《中法第一批互认标准清单》和《2017中法标准化合作委员会会议纪要》等重要成果文件。

④ 2016年9月12日，第39届国际标准化组织大会（ISO大会）在北京举行，会议期间，我国国标委举办了“一带一路”沿线国家标准化合作协议签署仪式，并与9个“一带一路”沿线国家签署了标准化合作协议。至此为止，我国已与21个“一带一路”沿线国家签署了标准化合作协议，在“一带一路”沿线国家中占比32%。

⑤ 见前文第二部分下“（三）巩固‘一带一路’经贸合作”。

在行业标准化方面，中华人民共和国商务部（以下简称商务部）于2017年1月13日发布《电子商务商品验收规范》，对在线销售商和平台服务商的进货验收管理等工作进行了规范。《网络零售标准化建设工作指引》（商电字〔2017〕12号）要求重点加强网络零售数据管理标准、电子证照互认共享标准、网络零售快递物流标准，以及网络零售支付服务标准等方面的建设。

（八）自由贸易试验区新政策

2017年4月，经国务院批准，第三批共7个自由贸易试验区（辽宁、陕西、浙江、河南、湖北、重庆和四川自由贸易试验区）全部正式挂牌运营。除国务院发布的总体方案以外，各自由贸易试验区当地政府也发布了许多支持自由贸易试验区改革开放的文件①，并针对工商②、税务③、银行金融④、产业投

---

① 2017年10月9日，辽宁省政府出台《关于在中国（辽宁）自由贸易试验区和沈抚新区先行先试深化简政放权放管结合优化服务改革的指导意见》。陕西省政府分别于2017年3月30日、11月17日发布了《关于中国（陕西）自由贸易试验区实施部分省级管理事项的决定》和《陕西省推进"证照分离"改革试点方案》。2017年7月30日，浙江省政府出台《中国（浙江）自由贸易试验区建设实施方案》，提出了自由贸易试验区建设的主要工作任务。河南省政府分别于2017年3月29日、4月6日、8月28日出台了《中国（河南）自由贸易试验区管理试行办法》《中国（河南）自由贸易试验区建设实施方案》《关于中国（河南）自由贸易试验区实施第一批省级经济社会管理权限的决定》，并公布了首批《省级经济社会管理权限目录》。2017年4月18日、5月5日，湖北省政府先后出台《中国（湖北）自由贸易试验区建设管理办法》《中国（湖北）自由贸易试验区实施的第一批省级经济社会管理权限目录》。2017年8月14日，武汉市政府出台了《中国（湖北）自由贸易试验区武汉片区实施方案》。2017年11月2日，重庆市政府出台了《重庆市推进"证照分离"改革试点方案》。2017年8月6日，四川省政府发布了《中国（四川）自由贸易试验区管理办法》。

② 2017年6月14日，浙江省工商行政管理局出台《关于支持中国（浙江）自由贸易试验区建设的若干意见》。2017年8月21日，中共浙江省工商行政管理局委员会出台《关于加强工商登记窗口队伍建设的若干意见》。两份文件均立足简政放权、放管结合和优化服务，以营造良好的营商环境。2017年4月25日，湖北省工商行政管理局出台《关于服务中国（湖北）自由贸易试验区建设的意见》。

③ 2017年4月13日，湖北省地方税务局发布了《关于支持中国（湖北）自由贸易试验区创新税收服务的通知》。2017年6月30日，重庆市国家税务局出台了《服务中国（重庆）自由贸易试验区税收优惠政策指引》和《关于服务中国（重庆）自由贸易试验区十项税收措施的通告》。

④ 2017年11月1日，中国人民银行杭州中心支行出台了《关于金融支持中国（浙江）自由贸易试验区建设的指导意见》。为鼓励银行入驻自由贸易试验区，中国银行业监督管理委员会重庆监管局（以下简称"重庆银监局"）于2017年6月6日出台了《简化中国（重庆）自由贸易试验区银行业机构和高管准入方式的实施细则（试行）》，重庆自由贸易试验区内的银行和金融机构设立支行及以下的分支机构、高管任职的程序将由先前的事前审批制度改为事后报告制度。同时，为了促进自由贸易试验区内银行业监管互动和风险评估两项监管机制的创新发展，重庆市银监局于2017年11月3日出台了《关于试行中国（重庆）自由贸易试验区银行业务创新监管互动机制的通知》以及《关于做好中国（重庆）自由贸易试验区业务风险评估的通知》。

资[①]及外资利用[②]、自由贸易试验区基地建设[③]等方面作出了细节管理规划。

上海作为首个自由贸易试验区，在2017年出台了诸多深化改革和扩大开放的措施，在总体工作目标[④]、企业援助[⑤]、平行进口[⑥]、金融[⑦]、自由贸易试验区企业纠纷解决[⑧]等方面都出台了政府文件，对重点行业及关键问题进行细化部署、优化营商环境、助推自由贸易试验区的改革开放建设。

---

① 2017年8月7日，浙江自由贸易试验区管理委员会出台了《中国（浙江）自由贸易试验区关于加快发展总部经济暂行办法》和《中国（浙江）自由贸易试验区重点产业培育和扶持暂行办法》，旨在对在自由贸易试验区注册的境内外大中型企业给予重金奖励。

② 在《国务院关于扩大对外开放积极利用外资若干措施的通知》（国发〔2017〕5号）的基础上，浙江省自由贸易试验区管理委员会于2017年5月19日出台了《中国（浙江）自由贸易试验区扩大对外开放积极利用外资暂行办法》，鼓励外商积极投资以油品全产业链为核心的大宗商品储存、中转、供应等产业，绿色石化、现代航空、海洋生物等先进制造业，以及海事服务产业和海洋旅游服务业等。

③ 2017年5月18日，浙江省交通运输厅出台《关于支持中国（浙江）自由贸易试验区建设的实施意见》，重点支持浙江省内国际油品储运基地、国际海事服务基地、国家矿石中转基地、舟山江海联运服务中心的建设。

④ 2017年3月30日，国务院出台《全面深化中国（上海）自由贸易试验区改革开放方案》，肯定了上海自由贸易试验区的建设进展并提出了下一阶段的工作目标。

⑤ 2017年6月5日，上海市商务委员会和中国（上海）自由贸易试验区管理委员会联合发布《中国（上海）自由贸易试验区贸易调整援助试点办法》，对于因进口激增、出口遭遇严重壁垒或国外企业低价倾销导致经营困难的国内企业，提供贸易调整援助。

⑥ 先后出台了《关于中国（上海）自由贸易试验区平行进口汽车试点企业动态调整的通知》和《关于进一步促进中国（上海）自由贸易试验区汽车平行进口若干支持措施》。前者于2017年4月27日颁布，重新确认了开展汽车平行进口试点业务企业的申请条件和手续，且规定每年对试点企业进行动态调整。后者于2017年9月20日颁布，简化了汽车平行进口自动进口许可证的申领程序，优化了海关审价机制，提高了通关便利化。

⑦ 2017年3月15日，全国银行间同业拆借中心出台了《关于为中国（上海）自由贸易试验区提供债券交易流通服务的通知》，符合相关条件的投资者，可通过中心国际金融资产交易平台开展自由贸易试验区债券交易业务，包括现券买卖、债券质押式回购、债券买断式回购、债券远期、债券借贷等债券交易。

此外，2017年6月26日，上海市金融服务办公室和上海自由贸易试验区管理委员会联合发布了《中国（上海）自由贸易试验区金融服务业对外开放负面清单指引（2017年版）》。

⑧ 为进一步深化商事纠纷特别是涉自由贸易试验区案件多元化纠纷解决机制的探索，加强诉讼与非诉讼纠纷解决机制的衔接，上海市第一中级人民法院于2017年5月3日通过了《上海市第一中级人民法院商事多元化纠纷解决机制实施细则》。

（九）建设对外经贸诚信体系

在对外经贸领域共享信用信息、惩戒严重失信主体。各中央部委联合颁布《关于加强对外经济合作领域信用体系建设的指导意见》（发改外资〔2017〕1893号）和《关于对对外经济合作领域严重失信主体开展联合惩戒的合作备忘录》（发改外资〔2017〕1894号），以加强信用体系建设，就对外工程承包和劳务合作、对外金融合作和对外贸易领域，推进信用信息的共享及对失信企业的惩戒。[①] 此外，《最高人民法院关于为改善营商环境提供司法保障的若干意见》（法发〔2017〕23号）也强调要严厉制裁虚假诉讼行为、诉讼失信行为，构建让失信主体"一处失信、处处受限"的信用惩戒大格局。

（十）加工贸易监管去行政化

放宽海关对加工贸易的监管，推动监管模式改革。《中华人民共和国海关法》的第五次修订取消了原第33条下对加工贸易企业在申请海关备案及申请保税进口料件或制成品转内销时提交"批准文件"的要求。海关总署废止《海关关于异地加工贸易的管理办法》（海关总署令第234号），企业从事异地加工贸易将更为便利；发布《关于取消加工贸易银行保证金台帐制度有关事宜的公告》（海关总署、商务部公告2017年第33号），为企业节省大笔银行手续费；基于《关于以企业为单元加工贸易监管模式改革试点的公告》（海关总署公告2017年第29号），开展以企业为单元进行加工贸易监管模式改革的试点工作。

（十一）加强商品质量监管风控

从国家层面实施商品质量风险防控，加强重点行业商品质量监管。国务院《关于完善进出口商品质量安全风险预警和快速反应监管体系切实保护消费者权益的意见》及一系列针对细分行业相关文件[②] 的出台，明确从国家层面实施进出口商

---

① 惩戒措施包括重点监控，不予受理其投资备案和核准申请，不予办理其外汇登记、购汇和汇出手续，降低企业资质登记乃至取消其经营资格，不通过其海关认证，下调企业信用等级等。

② 2017年9月5日，国务院发布了《关于开展质量提升行动的指导意见》。2017年3月6日，国家质检总局颁布《进出口工业品风险管理办法》，加强进出口工业品的风险信息收集、风险信息评估、风险预警及快速反应和监督管理等工作。2017年2月22日，国家质检总局颁布了《关于进一步规范和促进出口食品农产品企业内外销"同线同标同质"的公告》，为"三同"食品、农产品建立信息公共服务平台和商务服务平台，并规范"三同"宣传标识的使用。

品质量安全风险监测计划。[①] 此外，商务部颁布《汽车销售管理办法》，针对进口汽车的销售管理、产品“三包”、召回、质量保证及保修、随车凭证及文件等问题作出了具体规定。

（十二）《民法总则》影响争议解决

对国际贸易纠纷诉讼时效的影响——《民法总则》将请求保护民事权利的普通诉讼时效从两年延长为三年，但同时规定“法律另有规定的，依照其规定”。[②] 据此可认为，国际货物买卖合同纠纷及技术进出口合同纠纷的诉讼时效仍遵循《中华人民共和国合同法》（以下简称《合同法》）第129条的规定，应为四年；其他与国际贸易有关的诉讼时效则为“权利人知道（包括应当知道）权利受侵害以及义务人”起三年。此外，诉讼时效中断事由以及重新起算点的变化也值得在实务中加以注意。[③]

贸易惯例或被认可成为正式法律渊源。《民法总则》将“习惯”列为正式的民事法律渊源。[④] 虽然“习惯”需要进一步的明确，但可预见的是“交易习惯”“商业惯例”等将成为解决民事纠纷的一类重要依据。对于存在大量交易习惯和行业惯例的国际贸易领域，该微妙的变化可能对争议解决产生重大影响。

三、典型案例

国际贸易由于其跨境性、参与方的多元性、交易标的之重要性等特点，一直

---

① 尤其关注边境贸易等重点领域以及“一带一路”沿线国家等重点区域的假冒伪劣商品信息；建立风险信息共享交换机制，优化评估机制和推动风险评估机构的发展；完善风险分类、分级预警机制；健全快速反应、口岸风险应急处置措施；对缺陷商品采取召回、退运、限制或禁止进出口等措施；对不落实质量安全责任、不履行风险消减义务的企业采取降低信用等级、质量失信联合惩戒等措施。

② 参见《民法总则》第188条。目前，在两部法律的新旧更迭期间，有关诉讼时效应当如何适用，还没有正式的司法解释，可参见北京市高级人民法院民一庭于2017年12月20日发布的《关于〈民法总则〉施行后适用诉讼时效制度的参考意见》。

③ 根据《民法总则》第195条，诉讼时效的中断事由增加了权利人申请仲裁，以及与提起诉讼或申请仲裁具有同等效力的其他情形这两类事由。虽然，“其他情形”还待司法解释的进一步明确，但可认为包括申报债权、申请破产、申请支付令及诉前财产保全等行为。诉讼时效中断后的重新起算点，增加了“有关程序终结时”，即当中断事由具备延续性（比如仲裁程序）时，则需等到程序终结后再重新起算。

④ 参见《民法总则》第10条、第140条、第142条。

以来都是争议较为频繁的领域。其中的争议大多集中在货物买卖、服务提供、跨境运输、关联金融单证、进出口海关等细分领域。由于篇幅原因，本报告以新兴争议、常见争议及争议解决中的程序性问题为框架，从中各选取一经典案例，从实体问题及争议解决模式两方面加以评析。

【案例 1】新兴争议：个人消费者在跨境电商网购活动中的争议解决①

【基本案情】

上诉人金某某（一审原告）在被上诉人广州市全球购网络科技有限公司（一审第一被告）于国内电商平台当当网（一审第二被告）的商铺中购买进口奶粉。其中，第一笔订单商品描述为“保税区发货”奶粉，第二笔为“澳洲直邮”奶粉。在第二笔订单下，上诉人向被上诉人提供了个人信息，以供被上诉人代其报关。上诉人收到两笔订单项下的奶粉后，发现两笔订单下的奶粉均未加贴中文标签。

上诉人遂向北京市朝阳区人民法院起诉，要求退货、退款并依法给予赔偿。上诉人同时主张电商平台疏于审查涉案产品的相关标识，也应承担相应责任。一审法院支持了上诉人就第一单奶粉退货并退款的诉讼请求，对其他诉讼请求予以驳回。上诉人不服判决，向北京市第三中级人民法院提起上诉，二审法院维持原判。

【争议焦点】

本篇报告对本案例关注的争议焦点有三：

1. 上诉人与被上诉人之间发生的两笔交易的法律性质；
2. 入境商品未加贴中文标签是否违反我国食品安全标准；
3. 电商平台是否应当承担法律责任。

【裁判观点】

1. 上诉人与被上诉人之间发生的两笔交易的法律性质

《合同法》第 130 条、第 396 条分别对买卖合同及委托合同给出了定义。就第一笔保税区发货的交易而言，上诉人与被上诉人之间仅就交付商品和支付货款达成合意，而均未有任何涉及委托的意思表示，双方成立买卖合同关系。

就第二笔交易而言，被上诉人已声明其所提供的是跨境直邮购买服务，上诉

① 北京当当网信息技术有限公司、金某某与广州市全球购网络科技有限公司合同纠纷二审案，裁判文书号：（2017）京 03 民终 5015 号。

人明知声明内容仍然购买，应视为双方达成了委托购买商品的合意。实际履行中，上诉人预付了处理委托事务的费用，包括货款、运费、税费；被上诉人以上诉人个人名义将商品报关入境，也符合委托合同的特征，因此双方成立委托合同关系。

2. 入境商品未加贴中文标签是否违反我国食品安全标准

《中华人民共和国食品安全法》（以下简称《食品安全法》）第66条[①]规定，进口食品应当有中文标签，否则不得进口；《国家质量监督检验检疫总局公告2013年第133号——关于加强进口婴幼儿配方乳粉管理的公告》第5条规定，进口婴幼儿配方奶粉无中文标签的，应按不合格产品做退货或销毁处理。

由于第一单奶粉系被上诉人预先购买并取得所有权后再销售给上诉人，属于进口食品，依法应当加贴中文标签而未加贴，被上诉人作为卖方应当承担退货责任。但是，未加贴中文标签不等于《食品安全法》下定义的“不符合食品安全标准”，在无相关质量证明的情况下，不予支持上诉人基于《食品安全法》提出的赔偿请求。

第二单奶粉是上诉人委托被上诉人直接向海外商家购买、以上诉人个人名义报关进境的，属于自用物品，现行法律法规并无加贴中文标签的要求。

3. 电商平台是否应当承担法律责任

案涉两个合同关系均发生在上诉人与被上诉人之间，电商平台不是合同的当事人，根据合同相对性原则，不应承担合同责任。此外，电商平台也不是商品的销售者，因此不应承担《中华人民共和国消费者权益保护法》（以下简称《消费者权益保护法》）以及《食品安全法》项下的侵权责任。

【纠纷观察】

由本案很容易联想到当下火热的跨境网购现象，这种新兴的交易模式使得个人消费者也可成为国际贸易中的一方。[②]从目前的电商类纠纷案件来看，以消费者与商户、平台间的网购纠纷，以及第三方权利人基于知识产权起诉商户或平台[③]的案件最为常见。鉴于本报告的主题及篇幅，笔者在此主要讨论个人消费者电商网购纠纷中的争议解决。

---

① 注：上诉人下单时，2015年《食品安全法》尚未颁布实施。因此，本文中提到的《食品安全法》均为2009年版本，其第66条对应2015年《食品安全法》第67条。

② 个人消费者可以通过电商平台直接与海外商户进行交易、直接在境外电商平台购物，或通过国内网上商户进行海外代购。

③ 例如，奢侈品集团开云（KERING）集团曾在美国先后两次起诉阿里巴巴，主张其联合旗下商家销售假货。案件最终通过双方协商解决。

当消费者在网购过程中遇到纠纷时，应先厘清法律关系，应当考虑的主要问题包括但不限于：法律适用、管辖[①]、主体是否具有涉外性[②]、主张的是违约责任（为何种合同）还是侵权责任、消费者能否要求电商平台承担连带责任等。[③]

1. 消费者与电商平台间的法律关系

网购较之一般的商品交易，其特殊性在于电商平台的介入。电商平台的具体性质将直接影响到交易结构和责任认定。目前，我国的电商平台大体可以分为两类：第三方平台类与自营平台类。

（1）第三方平台

其中典型的涉外平台即为天猫国际、京东全球购（不包括该类平台内部的平台自营店），特点是平台仅为消费者与商户间的交易媒介。在此种模式下，消费者与平台的法律关系主要体现为：第一，消费者直接与商户成立买卖或委托合同关系；第二，平台虽与消费者及商户间的买卖合同无关，但在涉及交易纠纷、支付货款等问题时，则可能与消费者存在居间、委托关系，具体内容依协议而定。[④]

（2）自营类平台

其中典型的涉外平台为海外平台的中国版（注册地仍在境外），如英国著名美妆网站 Lookfantastic（https://www.lookfantastic.cn/）的中国版。该种模式下，电商平台一般先取得商品所有权，再以买卖合同的方式与国内消费者进行交易。[⑤]

在分析消费者与电商平台的关系时，需要着重考虑平台属于第三方平台还是自营平台、以交易媒介身份还是直接以合同当事人身份参与交易。需要注意的是，根据《消费者权益保护法》第 44 条第 2 款，平台“明知或者应知”商户利用平台侵害消费者合法权益，而未采取必要措施的，应当与商户承担连带责任。实践中，

---

① 管辖的问题较为复杂，涉及的是侵权亦或是合同之诉、当事人双方的国别、连接点等，在此不做展开。

② 在我国现有的法律框架下，除在自由贸易试验区有一些例外情况外，不具有涉外因素的纠纷只能适用中国法、通过国内诉讼或仲裁的方式解决争议。对于有涉外因素的案件，当事人可以依据《涉外民事关系法律适用法》的约定适用外国法，在域外进行诉讼或仲裁。

③ 此处，为方便理解，笔者主要从中国法的角度对当事方之间的关系加以简析。

④ 例如，天猫国际《用户服务协议》第 5 条第 1 项委托天猫国际代表用户解决与商家的争议：“您完全理解并不可撤销地授权公司或公司授权的第三方或您与公司一致同意的第三方，根据本协议及有关规则的规定，处理您在天猫国际网站上发生的所有交易及可能产生的交易纠纷。您同意接受公司或公司授权的第三方或您与公司一致同意的第三方的判断和调处决定。该决定将对您具有法律约束力”，载 https://rule.tmall.hk/rule/rule_detail.htm?spm=0.0.0.0.pNthxr&id=1521&tag=self，访问时间：2018 年 1 月 22 日。

⑤ 少数也可能存在代购，即委托的情形。

有案例表明，对于第三方平台上所展示的产品图片中含有足以引起消费者误解的信息，平台有义务采取必要措施，否则，应当与商户承担连带责任。[①]

（3）电商平台服务协议中的格式条款

需要注意的是，消费者与电商平台之间法律关系的一大特色，即是存在电商平台服务协议。该类协议类似格式条款，其中一般都包括争议解决条款，明确管辖法院或仲裁委员会。[②]

此类条款的存在限制了消费者选择争议解决方式的自由度。不过，此类争议解决条款的效力时常受到质疑。鉴于此类交易中往往以格式合同订立争议解决条款，如果该条款在形式上未能以合理方式引起消费者注意，或者争议解决条款的内容违反法律规定，则该条款无效。[③] 对于此类争议解决条款，目前较为明确的司法实践还包括："无需打开协议即可注册，且协议约定争议由电商平台所在地法院管辖的"，应当认定条款无效。[④] 反之，如果平台已经尽到合理提示义务，比如把争议解决条款特别加粗等，则条款有效。[⑤]

2. 消费者与商户间的法律关系

在分析消费者与商户的法律关系时，应当重点考察商户是否预先告知消费者其所购买的是代购服务、是否以消费者名义进行报关（体现为是否需要消费者提

---

① 北京京东叁佰陆拾度电子商务有限公司与王娴买卖合同纠纷二审民事判决书，裁判文书号：（2015）三中民（商）终字第 05302 号。

② 《天猫国际争议处理规范》第 47 条规定："天猫国际对争议做出处理并通知支付宝公司支付争议款项后，买家或（和）卖家对天猫国际的处理有异议的，您必须在天猫国际处理后的 20 日内将争议诉诸香港国际仲裁中心 HKIAC 进行仲裁。"载 https://rule.tmall.hk/rule/rule_detail.htm?spm=0.0.0.0.odirGu&id=1519&tag=self，访问时间：2018 年 1 月 22 日。

《淘宝平台服务协议》第 10 条第 2 款规定："【管辖】您因使用淘宝平台服务所产生及与淘宝平台服务有关的争议，由淘宝与您协商解决。协商不成时，任何一方均可向被告所在地有管辖权的人民法院提起诉讼。"载 http://terms.alicdn.com/legal-agreement/terms/TD/TD201609301342_19559.html?spm=a2145.7268393.0.0.5327bdc0xaFfpz，访问时间：2018 年 1 月 22 日。

③ 《合同法》第 39 条第 1 款规定："采用格式条款订立合同的，提供格式条款的一方应当遵循公平原则确定当事人之间的权利和义务，并采取合理的方式提请对方注意免除或者限制其责任的条款，按照对方的要求，对该条款予以说明。"第 40 条规定："……提供格式条款一方免除其责任、加重对方责任、排除对方主要权利的，该条款无效。"

④ 江金龙与北京创锐文化传媒有限公司网络购物合同纠纷，裁判文书号：（2016）粤 01 民辖终 3214 号。

⑤ 屈淑娟与杭州网易雷火科技有限公司、杭州网易严选贸易有限公司网络购物合同纠纷一审民事裁定书，裁判文书号：（2017）浙 8601 民初 2713 号。

供相关个人信息）、在进行交易时商户是否已经取得商品所有权等。基于这些分析，再行判断两者之间是买卖合同关系还是委托代理关系。

3. 个人消费者电商网购案件争议解决的困境与创新

在普通的国际贸易纠纷中，一旦案件进入正式的争议解决过程，所要花费的人力、财力都较高，后续的执行过程甚至更加繁复。但是，对于个人消费者的跨境网购案件来说，往往涉案标的额低，因此当事人对案件受理费、律师费等的心里估价较低。而且，消费者个人的财力、精力都非常有限。因此，较之电商平台或商户来说，消费者在争议解决过程中往往处于非常被动的状态。

除上述特点外，涉及消费者的跨境电商案件还有其他明显区别于普通民商事争议的特点：比如案件的涉网在线性、案件的相关事实和法律问题较为简单、案件量较大，当事人身处不同地区或国家、就适用法存在争议等。

针对消费者跨境电商网购案件的上述特点，包括我国在内的不少国家正在探索有针对性的创新型争议解决模式。对此，本报告将在下述第四部分的热点观察中再做进一步分析。

【案例 2】常见争议：基础合同法律关系对独立保函欺诈纠纷的影响①

【基本案情】

再审申请人东方置业房地产有限公司（一审被告、二审上诉人，以下简称再审申请人）作为开发方，与作为承包方的再审被申请人安徽省外经建设（集团）有限公司（一审原告、二审被上诉人，以下简称再审被申请人）、作为施工方的安徽外经建设中美洲有限公司（以下简称外经中美洲公司）在哥斯达黎加签订了一份《施工合同》。

合同第 20 条约定：“承包方应向开发商提交银行开具的履约保函……用于保证施工期间材料的使用质量和耐性，赔偿或补偿造成的损失，和 / 或承包商未履行义务的偿付……”再审被申请人依此向中国建设银行安徽省分行（以下简称建行安徽省分行）提出申请，并以哥斯达黎加银行作为转开行，向作为受益人的再审申请人开立履约保函。哥斯达黎加银行开立履约保函，建行安徽省分行同时向哥斯达黎加银行开具反担保函。

① 东方置业房地产有限公司、安徽省外经建设（集团）有限公司信用证欺诈纠纷再审民事判决书，裁判文书号：（2017）最高法民再 134 号。

《施工合同》履行过程中，建筑师（无美国建筑师协会国际会员资格）出具《项目工程检验报告》，认定施工项目存在施工不良、品质低劣、且需要修改或修理的情形。之后，再审被申请人主张再审申请人拖欠工程进度款，提起仲裁请求。其后，再审申请人向哥斯达黎加银行提出索赔，要求支付履约保函项下的款项。最终，仲裁庭裁决再审申请人拖欠进度款的行为构成严重违约；同时就工程质量问题，认定再审被申请人作为承包商必须改善或修正。

再审被申请人向合肥市中级人民法院提起保函欺诈纠纷诉讼，一审法院判决中止支付履约保函及反担保函。再审申请人上诉至安徽省高级人民法院，二审法院支持原判。再审申请人遂向最高院提出再审申请，最高院判决撤销一、二审法院判决。

【争议焦点】

本篇报告对本案例关注的争议焦点有二：

1. 再审申请人作为受益人是否具有基础合同项下的初步证据证明其索赔请求具有事实依据？

2. 仲裁裁决认定再审申请人在基础交易项下构成违约，再审申请人在基础合同履行中存在违约情形又要求实现保函权利，是否可以认为构成欺诈？

【裁判观点】

1. 再审申请人作为受益人是否具有基础合同项下的初步证据证明其索赔请求具有事实依据？

再审申请人向哥斯达黎加银行提交的由工程师出具的《项目工程检验报告》已显示工程存在质量问题，且该文件符合履约保函下有关提交单据的具体要求。《施工合同》和履约保函下均未规定出具检验报告的工程师必须具有美国建筑师协会国际会员的资格，故出具报告的工程师无该资格不影响再审申请人据此请求银行支付履约保函下款项的权利。而该报告已构成证明再审被申请人在基础合同项下就工程质量问题存在违约行为的初步证据，属于履约保函下的担保范围，再审申请人据此提出实现独立保函项下的权利不构成保函欺诈。

2. 仲裁裁决认定再审申请人在基础交易项下构成违约，再审申请人在基础合同履行中存在违约情形又要求实现保函权利，是否可以认为构成欺诈？

再审被申请人认为根据《最高人民法院关于审理独立保函纠纷案件若干问题的规定》（以下简称《独立保函规定》）第 12 条第 1 款第 3 项（法院判决或仲裁裁决认定基础交易债务人没有付款或赔偿责任的）、第 4 项（受益人确认基础交易债务已得到完全履行或者确认独立保函载明的付款到期事件并未发生的）、第 5 项

（受益人明知其没有付款请求权仍滥用该权利的其他情形）应当认定再审申请人构成独立保函欺诈。然而，《独立保函规定》第25条明确规定该司法解释不适用于再审案件。鉴于再审被申请人坚持认为本案虽为再审案件，亦不应违反该独立保函司法解释的规定精神，因此最高院对第12条下的相关问题进行了阐释。

就第3项问题的认定，法院认为独立保函独立于相关的基础合同交易，签发银行应仅负责审查受益人提交的单据是否符合保函下的规定，其付款义务不受委托人与受益人之间基础交易项下抗辩权的影响。虽然，本案中再审被申请人针对再审申请人拖欠进度款的行为提起仲裁，且仲裁庭最终认定了该违约事项的存在，但该违约情形不会必然成为构成保函欺诈的充分必要条件。

案涉履约保函担保的事项是施工质量，而再审申请人作为受益人未支付进度款的违约事实与质量问题不存在因果关系。再审申请人作为受益人，其自身在基础合同履行中存在的违约情形，并不必然构成独立保函项下的欺诈索款。

除非保函另有约定，对基础合同的审查应限定在担保范围内的履约事项（即，工程质量以及承包方应履行的其他合同债务）。虽然，相关仲裁裁决认定再审申请人未支付进度款的行为属于违约行为，但并未认定再审被申请人因该违约行为而免除其自身的付款或者赔偿责任（即，主要是质量责任）。

就第4项、第5项而言，双方对工程质量发生争议的事实、相关仲裁裁决下有关工程质量的认定（承包商应当改善、修正）能够佐证再审被申请人作为债务人，其在《施工合同》项下的义务尚未完全履行。现有证据亦不能证明再审申请人明知其没有付款请求权仍滥用权利。

【纠纷观察】

独立保函纠纷是国际贸易中单据类纠纷的常见争议，其中又以保函止付、保函欺诈类争议更为多见。此类争议往往涉及保函与关联基础合同之间的关系，当事人或法院、仲裁庭往往对基础合同争议与独立保函之间的关联关系存在不同见解，已成为交易实践及司法实践当中的一个争议焦点。就此问题，《独立保函规定》的出台，对贸易活动及司法审判起到了一定的规范指引作用。就该规定的基本介绍详见本报告第四部分热点观察中的进一步论述。此处，结合本案案情，仅论述独立保函的独立性、欺诈纠纷及实务中的相应风险防范。

1. 独立保函的独立抽象原则

独立保函的交易框架下，开立人往往并不熟悉关联的基础交易，信息不对称的存在使得开立人很难完全厘清、辨别关联基础合同下当事人之间的权利义务。为保障受益人及时获得付款、开立人不被卷入基础交易合同下当事人之间的纠纷，独立抽象性原则已成为独立保函交易机制下的基本法律原则。

独立性原则指独立保函一经开立，其下的基本法律关系即与关联基础交易相分离。抽象性原则则从单据审核的角度再次强调了独立保函的独立性——如无特别约定，开立人仅负责确认相关单据的表面真实性和相符性，而不论基础交易项下的履约情况。

2. 开立独立保函时应尤其关注具体条款设计

独立保函的独立抽象性原则凸显了独立保函虽源于基础交易合同而开立，却具有自治性——即使受益人在基础交易下存在违约情况，也不必然导致其丧失自身在独立保函下索款的权利。同时，基础交易合同下的相关约定，即使涉及关联单证问题，也不必然适用于独立保函。这均提示出一个关键问题，即当事人在约定独立保函开立及付款的相关事项时，也必须将保函与基础交易分割开来、区别对待。对于核心条款，比如索赔条款、失效条款、法律适用、争议解决条款等，都应当详细列明。

对于索赔条款（索赔通知的形式、应提交的支持性文件等）及失效条款（失效时间、失效事项）应尽量具体而详细地列明。特别是针对索赔条款，应尽量单据化，涉及第三方证明文件（比如上述案件中工程师出具的《项目工程检验报告》）时，应尤其注意对第三方的资质问题及文件形式应事先明确约定，避免事后产生纠纷。

对于法律适用及争议解决条款也应单独列明——由于独立保函的独立抽象性，关联基础合同下有关法律适用及争议解决的约定不必然适用于保函下的纠纷，因此在独立保函下仍旧应当对法律适用及争议解决做出单独约定。

3. 独立保函欺诈纠纷管辖的特殊性

需要特别注意的是，独立保函欺诈案件的管辖更具特殊性。独立保函的当事人为开立人和受益人，而保函欺诈类纠纷中的保函申请人、指示人等止付申请人不是保函下的合同当事人。故而，独立保函下的争议解决条款不制约止付申请人。因此，《独立保函规定》第 21 条第 2 款规定：“独立保函欺诈纠纷案件由被请求止付的独立保函的开立人住所地或被告住所地人民法院管辖，当事人书面协议由其他法院管辖或提交仲裁的除外。当事人主张根据基础交易合同或独立保函的争议解决条款确定管辖法院或提交仲裁的，人民法院不予支持。”

可见，即使独立保函下已经约定争议解决条款，该约定仍不适用于独立保函欺诈纠纷案件。该类案件下，当事人如果希望自行决定保函欺诈纠纷的争议解决方式，则应该特别针对欺诈纠纷的争议解决方式做出明确约定。

【案例 3】争议解决的程序性问题：域外平行程序对涉外商事争议解决的影响①

【基本案情】

案外第三人西班牙德卡公司（Deca 1285 SL，以下简称德卡公司）委托上诉人西班牙商业银行（CaixaBank, S. A.，原审被告，以下简称上诉人），向被上诉人东亚泛海国际商务咨询（北京）有限公司（原审原告，以下简称被上诉人）开具了不可撤销、可转让的跟单信用证，适用最新版本 UCP600 规则。被上诉人交单后，上诉人同意偿付。

在上诉人付款之前，德卡公司就其与被上诉人之间的买卖合同向西班牙王国（以下简称西班牙）法院起诉。诉讼过程中，德卡公司向西班牙法院申请采取保全措施，要求上诉人止付信用证下款项。西班牙法院对此予以批准，向上诉人发出止付令。上诉人遂将法令副本寄送给被上诉人并拒绝支付信用证下款项。

被上诉人向北京市东城区人民法院起诉，要求上诉人支付信用证下的款项，并支付相应利息，一审法院支持了被上诉人的诉讼请求。上诉人不服，向北京市第二中级人民法院提起上诉，二审法院驳回上诉，维持原判。

【争议焦点】

本篇报告对本案例关注的争议焦点有三：

1. 本案法律适用的问题；

2. 上诉人能否基于西班牙法院签发的止付令而不履行其在信用证下的付款义务；

3. 第三人与被上诉人在西班牙进行的有关基础合同纠纷的诉讼程序是否是中止本案审理的事项。

【裁判观点】

1. 本案法律适用的问题

首先，本案应适用 UCP600 规则。根据《民法通则》第 142 条第 3 款②之规

① 西班牙商业银行股份有限公司与东亚泛海国际商务咨询（北京）有限公司信用证纠纷案，裁判文书号：（2017）京 02 民终 5995 号。平行程序下的多个程序必须为“一事”（当事人、法律关系、诉讼标的等相同），因而本案中实则并非平行程序问题，但其事实背景是平行程序多发的情况。因此，笔者仅以本案为引，分析涉外商事争议解决中的平行程序问题。

② 本案发生在《民法总则》生效前。《民法总则》将“习惯”列为正式的民事法律渊源。详见本报告第二部分第十二项下有关《民法总则》的评述。

定，我国法律或参与缔结的国际条约没有规定的，可以适用国际惯例。《最高人民法院关于审理跟单信用证纠纷若干问题的规定》（以下简称信用证规定）第 2 条规定，法院审理信用证纠纷案件时，当事人约定适用国际惯例的，从其约定。因此，UCP600 规则为本案争议处理的依据之一。

其次，对于信用证欺诈等 UCP600 没有涉及的内容，按照《中华人民共和国涉外民事关系法律适用法》第 41 条的规定，在当事人没有约定适用法的情况下，则“适用履行义务最能体现该合同特征的一方当事人经常居所地法律或者其他与该合同有最密切联系的法律”。

银行在开证、审核、付款等方面所履行的义务与受益人提交单据的行为都可被看作体现合同特征的行为。但是，双方在庭审中都援引了《信用证规定》作为依据，可看作当事人就适用中国法达成一致；同时，上诉人也认可西班牙法律与中国法在信用证欺诈方面并无实质性区别。法院据此指出，涉外案件中确定准据法的必要性在于不同国家法律对于同一实体问题可能有不同规定，因此当不同国家的法律就某一问题不存在冲突时，没有必要纠结法律适用问题。故而，本案的准据法应为中国法。

2. 上诉人能否基于西班牙法院签发的止付令而不履行其在信用证下的付款义务

中国法下，合理拒付的理由一般包括出现信用证下拒付条款事项，或法院根据《信用证规定》第 10 条认定存在信用证欺诈。上诉人未就前述两点提供任何证据，应履行付款义务。

虽然上诉人主张其必须遵守西班牙法院签发的止付令①，然而鉴于该止付令系在西班牙发生法律效力，未经法定程序②，不能在我国产生法律效力。因此，对于上诉人的主张，我国法院不予支持。

---

① 上诉人辩称：按照西班牙法律的规定，案涉止付令属于《西班牙民事诉讼法》所规定的禁止性措施。按照《西班牙宪法》《西班牙组织法》《西班牙组织法关于刑事修正案》及《西班牙民事诉讼法》的规定，其依法应当严格执行止付令，否则将承担包括罚金直至刑事责任等在内的严重后果。

② 法院指出，西班牙法院作出的裁决书及止付令在中华人民共和国境内的承认问题，应当按照《中华人民共和国和西班牙王国关于民事、商事司法协助的条约》与《中华人民共和国民事诉讼法》的相关规定办理，而不能在本案中直接得到承认与执行。有关承认与执行的申请与本案无关，法院不予评述。

3. 第三人与被上诉人在西班牙进行的有关基础合同纠纷的诉讼程序是否是中止本案审理的事项

德卡公司与被上诉人在西班牙法院进行的是关于基础贸易合同的纠纷，而本案系信用证纠纷。信用证关系与作为其开立基础的合同关系互相独立。信用证纠纷与基础合同纠纷互不冲突，因此本案不存在《中华人民共和国民事诉讼法》（以下简称《民事诉讼法》）第 150 条规定的“本案必须以另一案件的审理结果为依据”之中止诉讼情形。

【纠纷观察】

本案为国际贸易中常见的信用证开立行与受益人之间就付款义务产生的纠纷，较具有代表性。同时，本案的特殊之处还在于存在关联域外诉讼程序，以及来自外国法院的裁判文书。这也与国际贸易中的典型交易结构有关——交易在来自不同国家或地区的当事人之间进行，纠纷发生后，更容易出现当事人各自在其母国寻求救济的情况。此处仅对涉外商事案件中的平行程序问题加以浅析，就我国企业如何事先预防、事后如何积极应对给予实务建议。

1. 国际商事争议中的平行程序

国际商事争议中的平行程序一般指当事人基于同一法律关系和同一诉因、同时或先后在两个或以上不同国家（地区）提起诉讼（或 / 和仲裁），并均被受理的现象。①“平行程序”在纯国内争议中主要体现为一事不再理问题，而在涉外程序中还关系国家司法主权、司法协助等事宜。

（1）存在域外平行诉讼

当平行诉讼发生在纯国内诉讼程序中时，当事人一般可基于“一事不再理”原则提出管辖权异议，法院应当支持。②然而，当平行诉讼发生在境外时，基于国家司法主权原则，我国司法实践并不排斥涉外平行诉讼——无论域外法院是否已受理案件、作出判决，只要我国法院有管辖权，且受理该案不违反我国法律、我国参加的国际条约和缔结的司法协助条约中的管辖规定，我国法院可予受理。③

（2）存在域外平行仲裁

与法院诉讼不同，仲裁一般不涉及司法主权问题（此处仅就仲裁过程而言。仲裁裁决的执行往往会涉及司法主权）。故而，只要当事人之间存在有效的域外仲

---

① 体现为平行诉讼程序（多个诉讼程序共存）、平行诉讼仲裁程序（诉讼与仲裁共存）和平行仲裁程序（多个仲裁程序共存）。

② 参见《最高人民法院关于适用〈中华人民共和国民事诉讼法〉的解释》第 247 条。

③ 参见《最高人民法院关于适用〈中华人民共和国民事诉讼法〉的解释》第 533 条。

裁协议，且已提交域外仲裁的争议不超出当事人约定的仲裁事项范围，即可排除我国法院对该事项的管辖权（参见《民事诉讼法》第124条第2项、《中华人民共和国仲裁法》第5条等）。

2. 国际商事争议中平行程序的风险及防范

平行程序的存在极易导致一系列问题，最明显的就是当事人要花费额外的时间、金钱成本应对多个程序，其中大量的支出甚至只是用于解决程序问题（如管辖权异议）而非实体问题，极大拖慢了争议解决的正常进行。同时，不同法域下还极易出现同案不同判的情况，互为冲突的案件结果给执行带来了巨大挑战。

针对平行程序的问题，在不少国际投资条约中都有相应的预防条款[①]，但在普通的民商事领域，主要还是要靠当事人通过明确约定争议解决方式、主张不方便法院、申请禁诉令等方式来加以防范或对抗。

（1）约定争议解决方式

考虑到执行力的问题，诉讼和仲裁是当事人较多选择的涉外商事争议解决方式。但在国际商事争议解决中，考虑到司法主权的问题，一国法院很可能无视当事人的管辖协议及已依据该管辖协议启动的外国法院诉讼程序，仍旧强行对案件行使管辖权。

因此，谨慎起见，当事人可以在争议解决条款中约定仲裁，以避免某一国家强行行使司法主权。另外，《承认及执行外国仲裁裁决公约》（以下简称《纽约公约》）的存在，也在极大程度上保障了相关仲裁裁决的跨境执行问题[②]，更好地维护了当事人的合法权益。

（2）主张不方便法院

不方便法院原则只是对抗平行程序的一种可能，司法实践中其实际作用仍旧偏弱。以我国为例，根据《最高人民法院关于适用〈中华人民共和国民事诉讼法〉的解释》第532条的规定，不方便法院原则在我国的适用条件非常苛刻：

---

① 比如，不少早期的国家间BIT下的用尽当地救济条款（exhaust local remedies）、新兴的保护伞条款（Umbrella clauses）；北美自由贸易协定（NAFTA）第11章下第1126条的合并程序条款（Article 1126 Consolidation）等。

② 虽然，我国于2017年9月正式签署《选择法院协议公约》（The Hague Convention on Choice of Court Agreements），而该公约从某种程度上也能保障法院判决的跨境执行，但是其在全球范围内的影响力及成员国数量远不及《纽约公约》。目前，该公约在欧盟（包括英国，但除丹麦）、墨西哥和新加坡都已生效。我国、黑山、乌克兰和美国签署了这个公约，但尚未批准生效。相比之前，《纽约公约》的成员国多达159个（截至2018年4月）。

第一，该条下所规定的六项条件必须全部满足，即①被告提出案件应由更方便外国法院管辖的请求，或者提出管辖异议；②当事人之间不存在选择我国法院管辖的协议；③案件不属于我国法院专属管辖；④案件不涉及我国国家、公民、法人或者其他组织的利益；⑤案件争议的主要事实不是发生在我国境内，且案件不适用我国法律，人民法院审理案件在认定事实和适用法律方面存在重大困难；⑥外国法院对案件享有管辖权，且审理该案件更加方便。

第二，即便条件全部满足，法院对于是否驳回起诉仍有自由裁量权。换言之，法院仍旧有权决定行使管辖权，继续审理案件。这与涉外案件中当事人约定协议管辖的情况相似，涉及主权国家的司法主权问题。

（3）申请禁诉令

实践中，同样因为司法主权问题，禁诉令的跨境执行效力很低。以我国为例，中国法院历来倾向于对外国（或香港）法院的禁诉令持置之不理的态度。在2017年7月，我国法院首次对来自香港特别行政区高等法院的禁诉令予以官方回击，在认定我国法院对案件具有管辖权的基础上，责令外方当事人立即向香港高院申请撤回案涉禁诉令。①

我国法院的这一做法无疑保护了中方当事人的合法诉权。不过，需要注意的是，虽然域外禁诉令在我国法院或被直接忽略，或被明确判令无效，但我国当事人也不能因此就完全无视针对自身的域外禁诉令。以英国为例，违抗禁诉令可构成藐视法庭罪，英国法院对违反者拥有较大的强制权力，包括查封财产、罚款甚至监禁。因此，对于有涉外业务、海外资产、有出入境需求的我国企业或个人来说，还是要区分情况进行个案处理。

四、热点问题观察

2017年度，面对来自贸易伙伴的外部压力，我国企业逐渐展现出善用国际规则维护权益、有效解决纠纷的实力。同时，内部法律制度的完善，也助力我国经济主体更好地参与国际贸易。在此两方面，均涌现出不少学术及实务热点问题。

---

① 华泰财产保险有限公司深圳分公司、克利伯租船公司船舶租用合同纠纷、其他民事裁定书，裁判文书号：（2017）鄂72行保3号。

（一）我国市场经济地位遭欧美否认，我国出口贸易面临挑战和机遇

【热点事件】

2016 年 12 月 11 日，依据 WTO 规则，我国的“非市场经济（non-market economy）”状态正式到期。然而，美国与欧盟却先后拒绝承认我国的市场经济地位。2017 年 11 月中旬，美国正式通知 WTO，拒绝承认我国的市场经济地位。2017 年 12 月 12 日，欧盟公布了新修订的反倾销和反补贴法将“非市场经济地位国家”名单删除，但新增“严重市场扭曲”经济体这一新概念，并将中国列入其中。[①] 新规下，欧盟针对“严重市场扭曲”经济体仍可不使用出口国的原始数据，而使用“国际市场价格”或者替代国的数据确定倾销幅度。

【热点观察】

“非市场经济（non-market economy）”是 WTO 规则下进行反倾销调查时确认倾销幅度的一个重要概念。如果一个国家被认定为“非市场经济”体，则意味着 WTO 进口成员国在调查来自该国家的进口商品时，可不使用对应产业在该国的价格和成本，而使用替代国数据来确定倾销幅度。[②] 替代国的数据往往使得进口国可

---

① Regulation (EU) 2017/2321 of the European Parliament and of the Council of 12 December 2017— Amending Regulation (EU) 2016/1036 on protection against dumped imports from countries not members of the European Union and Regulation (EU) 2016/1037 on protection against subsidised imports from countries not members of the European Union，载 http://eur-lex.europa.eu/legal-content/EN/TXT/HTML/?uri=CELEX:32017R2321&from=EN，访问时间：2018 年 1 月 22 日。

并于次日发布了“On Significant Distortions in The Economy of the People’s Republic of China for the Purposes of Trade Defence Investigations（关于中国市场严重扭曲的报告）”，载 http://trade.ec.europa.eu/doclib/docs/2017/december/tradoc_156474.pdf，访问时间：2018 年 1 月 22 日。

② 《中国加入世贸组织议定书》（Protocol of Accession of The People’s Republic of China）：

第 15 条 确定补贴和倾销时的价格可比性

……

(a) 在根据 GATT 1994 第 6 条和《反倾销协定》确定价格可比性时，该 WTO 进口成员应依据下列规则，使用接受调查产业的中国价格或成本，或者使用不依据与中国国内价格或成本进行严格比较的方法：

(i) 如受调查的生产者能够明确证明，生产该同类产品的产业在制造、生产和销售该产品方面具备市场经济条件，则该 WTO 进口成员在确定价格可比性时，应使用受调查产业的中国价格或成本；

(ii) 如受调查的生产者不能明确证明生产该同类产品的产业在制造、生产和销售该产品方面具备市场经济条件，则该 WTO 进口成员可使用不依据与中国国内价格或成本进行严格比较的方法。……

英文原版参见 WTO 官网，https://www.wto.org/english/thewto_e/acc_e/completeacc_e.htm#list。中文标准版参见人民网，http://www.people.com.cn/GB/jinji/31/179/20020125/656050.html，访问时间：2018 年 1 月 22 日。

以人为提高倾销幅度。

2001 年 12 月 11 日，我国加入 WTO 时，明确在议定书中声明，WTO 对于我国“非市场经济”地位的认定以 15 年为限，[①] 因此我国在 WTO 规则下的“非市场经济”状态于 2016 年年底到期。这也就意味着 WTO 进口成员国在对来自中国的进口商品确定倾销幅度时，应适用中国的产业价格或成本而非替代国数据。这对于长期遭受欧美国家严苛反倾销调查的我国出口企业来说是一重大利好消息。

美国及欧盟拒绝承认我国“市场经济”地位的做法，均是为了规避 WTO 的规则，确保其对来自我国的进口商品进行反倾销调查时，仍可自主选择计算倾销幅度的基数，进而掌控调查结果。

美国及欧盟拒绝承认我国“非市场经济”地位的到期，给我国的出口企业带来了机遇和挑战。一方面，我国“非市场经济”地位的到期，使得我国出口企业更容易通过 WTO 进口成员国的反倾销调查。在对外出口时，可依据我国相关行业的价格和成本来确定更具竞争力的出口价格，以此扩大出口、提升收益。

另一方面，在价格更具竞争力的同时，也意味着更可能受到来自进口国的反倾销调查。对此，我国出口企业应当提前搜集好相关市场价格和产品成本的有力证据，未雨绸缪，防患未然。而且，我国企业对来自美国及欧盟的反倾销调查仍需提高警惕。在接受调查时应当基于 WTO 的相关规定[②]，积极主张应当适用相关行业在我国的价格和成本、并提供相关证据。在受到不公平待遇的时候要主动使用 WTO 框架下的争端解决机制以维护自身利益。

令人欣喜的是，虽然我国出口企业在接受 WTO 进口国的反倾销、反补贴调查中常常遭遇阻力甚至落败，然而 2017 年 2 月，中国轮胎业在应对美国国际贸易委员会的“双反”调查中获得首胜。在该调查案中，我国代表团阵容强大，联合了多家地方商务局、行业协会、出口企业、驻美使馆代表、律师团等，在调查听证

---

① 《中国加入世贸组织议定书》:
第 15 条 确定补贴和倾销时的价格可比性
……
(d) 一旦中国根据该 WTO 进口成员的国内法证实其是一个市场经济体，则 (a) 项的规定即应终止，但截至加入之日，该 WTO 进口成员的国内法中须包含有关市场经济的标准。无论如何 ,(a) 项 (ii) 目的规定应在加入之日后 15 年终止。此外，如中国根据该 WTO 进口成员的国内法证实一特定产业或部门具备市场经济条件，则 (a) 项中的非市场经济条款不得再对该产业或部门适用。

② 参见《中国加入世贸组织议定书》《1994 年关税与贸易总协定》（GATT 1994）第 6 条、《反倾销协定》（Agreement on Implementation of Article VI of the General Agreement on Tariffs and Trade 1994 (Anti-Dumping Agreement)）第 2.1 条、第 2.2 条等。

会上沉稳作证、积极抗辩，最终赢得胜利。

可见，当我国在国际贸易中的地位得以巩固、优势持续显现的今日，我国企业在走出去的过程中也应当更有信心。在接受调查时，应当善于、敢于利用规则，维护自身利益，对不公平待遇予以反制。[①]

（二）最高院法官评独立保函司法解释，保函护航企业“一带一路”项目安全

【热点事件】

前文第三部分典型案例中已有提及，最高院于2016年11月22日发布《独立保函规定》，该规定一经发布就引来了业内人士的高度关注，围绕如何理解、适用该规定进行了深度讨论。最高院张勇健法官、沈红雨法官在2017年第1期《人民司法（应用）》发表了《〈关于审理独立保函纠纷案件若干问题的规定〉的理解和适用》[②]，针对规定的起草背景及意义、调整范围、主要内容进行了详细分析。[③]

【热点观察】

现代国际贸易实践中，对贸易伙伴的商业信用及履约能力、货款收讫、货物质量的风险防范等是贸易当事方最为担心的问题。保函的使用为交易链中的重要履约行为、赔偿责任等提供了担保。在降低交易风险的同时，也使得相关资金可以提前得到周转利用，从而维护了国际贸易的有序进行。

近年来，独立保函已经成为我国企业参与境外交易必备条件之一。随着“一带一路”战略的深入发展，我国与沿线国家之间的经贸往来更为密切，保函在其中的作用也日趋重要。我国与“一带一路”沿线国的贸易除了传统的进出口货物

---

① 就美国、欧盟不承认我国市场经济地位的事宜，我国已申请启动了WTO争端解决机制。针对美国的价格比较计算方法，我国已提出磋商请求。具体信息及进展可参见WTO官网：“DS515: United States — Measures Related to Price Comparison Methodologies”，载 https://www.wto.org/english/tratop_e/dispu_e/cases_e/ds515_e.htm，针对欧盟的价格比较计算方法，截至2017年7月10日，案件专家组正式组成。具体信息及进展可参见WTO官网：“DS516: European Union — Measures Related to Price Comparison Methodologies”，载 https://www.wto.org/english/tratop_e/dispu_e/cases_e/ds516_e.htm，访问时间：2018年1月22日。

② 张勇健、沈红雨：“《关于审理独立保函纠纷案件若干问题的规定》的理解和适用”，载《人民司法（应用）》2017年第1期，第23页。

③ 其中涉及了规定下11个与独立保函有关的重要问题：定义、性质、与保证的区分标准、交易示范规则的性质、在国内交易中的可适用性、独立抽象原则及当事人权利义务、欺诈原则的例外及证明标准、临时止付程序、管辖权、涉外纠纷的准据法、开立保证金的性质。

贸易，还有与基础设施建设、工程项目有关的服务贸易等。其中涉及的保函种类繁多，对于保函的独立性、合规性的要求很高。常见的纠纷集中体现在保函的开立与效力、保函下的追索、保函止付、保函欺诈等问题上。

《独立保函规定》的出台，对于学术界一直存在争议而在实务界又多见纠纷的一些重大问题给出了权威性的论断，在保证适法统一的同时，也为我国企业在国际贸易中的实践操作给出了重要的规范指引。

同时，需尤其警惕的是，在国际贸易中使用保函还具有许多额外的交易风险。如国别风险、地缘政治、战争风险、东道国法律风险、当地市场风险、货币风险，等等。面对这些风险，仅仅靠推进本国对于保函的立法、熟悉本国的相关法律规定还远远不够。我国企业在走出去的过程中，为了有效防范与保函有关的风险，还必须熟悉相关国际规则与惯例[①]、知晓基础交易的细节、掌握东道国的各种当地情况、注重保函下争议解决条款的起草等。

（三）在线争议解决平台纷纷涌现，跨境电商争议解决另辟蹊径

【热点事件】

2017 年 6 月 26 日，习近平主席主持召开中央全面深化改革领导小组第 36 次会议，会议审议通过了《关于设立杭州互联网法院的方案》。其后，我国首家互联网法院于 8 月 18 日在素有“电子商务之都”美誉的杭州正式挂牌成立，集中受理杭州市基层法院辖区内的涉互联网案件。[②]通过其在线互联网法院诉讼平台，所有的案件流程、材料提交都可以在线进行，实现“涉网纠纷在线审”，并同时发挥调解在相关案件争议解决过程中的积极作用。

【热点观察】

如本报告第三部分案例 1 的纠纷观察中所提及的，面对新兴的互联网案件，

---

① 比如，国际商会制定的《见索即付保函统一规则》（Uniform Rules for Demand Guarantee，URDG），联合国国际贸易法委员会制定的《联合国独立保证和备用信用证公约》(United Nations Convention on Independent Guarantees and Standby Letter of Credit)，以及与备用信用证有关的国际规则，如国际商会制定的《国际备用证惯例》（International Standby Practice 1998，ISP98）及《商业跟单信用证统一惯例》(Uniform Customs and Practice for Commercial Documentary Credits，UCP) 等。

② 目前暂定受理互联网购物、服务、小额金融借款等合同纠纷，互联网著作权权属、侵权纠纷，利用互联网侵害他人人格权纠纷，互联网购物产品责任侵权纠纷，互联网域名纠纷，因互联网行政管理引发的行政纠纷。详见官网：“关于互联网法院”，载 https://www.netcourt.gov.cn/portal/main/domain/wikiIntroduce.htm?spm=a1z8s.8020632.0.0.30ed8d92flNi9Q，访问时间：2018 年 1 月 22 日。

如何创新出适应其特点的争议解决模式也是各国正在尝试的方向。

与杭州互联网法院较为类似的是欧盟新设立的在线争议解决 (online dispute resolution，ODR) 平台，旨在于法院诉讼之外，通过仲裁及调解的方式协助欧盟境内的消费者及网上商户快速、低成本地解决与在线购买商品或服务有关的纠纷。① 消费者在该 ODR 平台在线填写纠纷信息后，系统将通知商户。如商户接受该在线申诉，并愿意通过该平台解决争议，则当事人双方将合意选择一家非诉讼争端解决机构（alternative dispute resolution body，ADR）作为案件的争议解决机构。②

值得一提的是，上述两个在线争议解决平台都十分注重调解在争议解决过程中的运用：当事人将案件提交至杭州互联网法院后将自动进入为期 15 日的调解期，在此期间法院提供专业的调解协助。而参与欧盟在线争议解决平台的 350 多家非诉讼争议解决机构中，绝大多数为第三方调解机构，或是同时向公众提供调解服务的仲裁机构。③

以调解为主的争议解决模式无疑更适合涉及个人消费者小额网购纠纷的争议解决——当事人可在相对宽松、去专业技术化的氛围中，通过专业调解员的协助，以普通民众更为熟悉与接受的方式进行协商。整个争议解决过程更为亲民、灵活、经济。

此外，欧盟的在线争议解决平台由于其特殊的地理位置，已显现出处理跨境电商纠纷的优势——目前，该平台受理的欧盟区内跨境电商纠纷案件占总数的近 40%。④ 这也为我国在“一带一路”区域内牵头成立跨境电商在线纠纷解决平台提供了可借鉴学习的模板。

---

① 该平台于 2016 年 2 月 15 日正式上线，平台官网：“European Commission: Online Dispute Resolution”，载 https://ec.europa.eu/consumers/odr/main/?event=main.home2.show，访问时间：2018 年 1 月 22 日。

② 目前为止，加入该平台的非诉讼争议解决机构有 350 多家，来自 31 个欧盟国家。平台官网：“Dispute Resolution Bodies”，载 https://ec.europa.eu/consumers/odr/main/?event=main.adr.show，访问时间：2018 年 1 月 22 日。

③ 与此相类似，我国的许多仲裁机构也为当事人提供专业化的调解服务。比如，北仲专门设立了调解中心，载 http://www.bjac.org.cn/page/tj/mediation.html，访问时间：2018 年 1 月 22 日。

④ 平台官网：“Reports and Statistics”，载 https://ec.europa.eu/consumers/odr/main/?event=main.statistics.show，访问时间：2018 年 1 月 22 日。

（四）我国代表首次参与 Incoterms 修订工作，关注我国外贸企业出口风险防范

【热点事件】

2017 年 9 月 25 日，国际商会（ICC）中国国家委员会（ICC China，即中国国际商会 / 贸促会）在北京举办了 Incoterms 亚洲研讨会。会议期间参会嘉宾围绕 Incoterms 2020 版本的修订工作进行了深入讨论。值得一提的是，这是中国国际商会 / 贸促会首次承办 Incoterms 起草小组讨论会，也是中国代表首次以起草小组专家的身份参与 Incoterms 的修订工作。

【热点观察】

值得一提的是，本次 Incoterms 的修订工作首次邀请中国代表加入起草委员会、首次将起草小组会议安排在我国进行。这两个“首次”说明我国在国际性贸易规则修改与制定中取得了话语权，显示出我国从贸易大国向贸易强国的转变。同时，业内人士也特别关注我国出口企业在使用 Incoterms 时的风险防范。

我国出口企业最常用的贸易术语之一为 FOB 术语，该术语下我国出口企业（卖方）承担的风险主要包括：当货物风险尚未转移给买方就发生货损；买方不付款或破产；当其自身为运输合同下的托运人时，对运费的支付义务；承运人无单放货等。针对如何防范这些风险，本报告在此稍加简述。①

针对当货物风险尚未转移给买方就发生货损的风险，建议我国出口企业在货物装船前阶段自行为货物及运输过程购买保险。

当货物已发运，而买方不付款或破产时，如果卖方合法持有托运人指示提单，则可以通过转让提单的方式转卖在途货物。相比之下，如果此时提单为记名提单，则卖方处于非常被动的状态——记名提单不得转让，只能由提单下的收货人（即买方）凭单提货。甚至，有些国家的法律允许记名提单中记载的收货人可以直接无单提货。② 因此，建议我国出口企业要求取得以自身为托运人的指示提单。③

标准 FOB 术语下，跨境运输由买方安排，卖方不负责签订相关运输合同。然

---

① 由于交易的涉外性，系列合同下常常约定适用外国法。因此，此处不仅仅基于中国法进行讨论。

② 比如，美国法，参见 Federal Bill of Lading Act 49 U.S.C §§80110。

③ 需要特别注意的是，在《鹿特丹规则》下，FOB 卖方要成为提单下记载的托运人并取得提单，必须获得运输合同下托运人的同意。因此，当交易适用《鹿特丹规则》且卖方并非运输合同缔约方时，应该提前在买卖合同下与买方约定：要求买方在与承运人签订运输合同时，明确要求承运人向卖方签发以卖方为托运人的指示提单。

而，实践中经常出现双方约定由卖方替买方安排运输的情况。① 当卖方直接与承运人签订运输合同时，即使与承运人约定了运费到付，卖方仍是合同下付款义务方，不能以买方不付款作为抗辩理由。而且，如果发生货损，卖方基于运输合同可从承运人处获得的赔偿也受制于承运人在运输合同下的责任限制。② 因此，建议卖方应当在货物买卖合同下与买方约定补偿条款，从而在买方未付到付运费，或实际货损超过承运人的责任限制时就差额部分从买方处获得相应赔偿。

针对承运人无单放货的风险，应尽量争取与买方约定使用 CIF 或 CFR 术语，以此获得自主安排运输的主动权。在不得不使用 FOB 时，则应仔细审查承运人及买方（包括买方货代）的资质、尽量取得以自身为托运人的指示提单。

五、结语与展望

（一）全球 2018 年国际贸易展望

WTO 于 2017 年 9 月预测全球贸易在 2018 年将继续温和增长，增长率预计在 3.2% 左右，浮动区间为 1.4%—4.4%。③ 国际货币基金组织（IMF）预估 2018 年全球经济将同比增长 3.7%。贸易上行趋势明显，消费者、企业的市场信心将持续上升。但仍存在下行风险：发达国家（特别是美国）货币政策的变化，可能会引起价格和汇率的巨大波动，对国际贸易格局产生重大影响；北美自由贸易协定（NAFTA）的重新谈判以及英国的脱欧进程也将扰乱国际贸易；内向型经济政策的涌现，将引发资产估值的调整，金融市场波动也将因此加剧。④

（二）我国 2018 年国际贸易展望

据 IMF 预估，我国 2018 年的经济涨幅约为 6.5%，在全球范围内仅次于印度（7.4%）。⑤ 据商务部预测，2018 年，我国外贸仍将面临有利的需求环境、继续平稳增长。WTO 认为，我国强劲的经济复苏将继续增加进口需求，促进我国与贸易

---

① 对于 FOB 的各类主要变形的适用，建议参考在国际上颇具权威价值的英国法经典判例 Pyrene Co Ltd v Scindia Navigation Co Ltd [1954] 2 QB 402 一案中 Devlin 法官的论述。

② 例如，《中华人民共和国海商法》第 56 条，《海牙规则》第 4.5 条等。

③ WTO 官网："WTO upgrades forecast for 2017 as trade rebounds strongly"，载 https://www.wto.org/english/news_e/pres17_e/pr800_e.htm，访问时间：2018 年 1 月 22 日。

④ 参见 IMF 于 2017 年 10 月发布的"World Economic Outlook"，第 14—15 页、第 22 页。

⑤ 参见 IMF 于 2017 年 10 月发布的"World Economic Outlook"，第 14—15 页。

伙伴之间的贸易。同时，我国经济总体从制造业向服务业的转变，将促进长期更强劲、可持续的增长。①

然而，外部风险和不确定因素依旧存在。“逆全球化”将继续以贸易保护主义的形式显现：限制进口竞争、征收高额进口关税、滥用贸易救济措施、频繁对我国出口企业发起反倾销反补贴调查等，都是我国在国际贸易领域面临的挑战。②IMF 也指出债务高企、信贷扩张、贸易壁垒等都将延缓我国的经济增长、影响商品价格、减弱市场信心。③

此外，人民币兑美元汇率的连续大涨过程中的汇率波动对于我国的国际贸易将是一把“双刃剑”。一方面，出口企业的竞争力有可能减弱，而进口企业的交易成本则有望降低。另一方面，汇率波动的影响也将影响中美之间的贸易摩擦态势。对此，我国外贸企业应当积极做好防范措施。比如，在合同起草阶段注重收入与债务货币的币种保持一致，以对冲风险敞口；避免投机心理，合理使用包括贸易融资、金融工具（如外汇远期、掉期、期权之间的合理选用及组合）、避免以汇率波动较大的货币作为结算货币、加强企业内部财务管理及风险预警等避险措施。

（三）争议解决机制的完善与创新

从对全球及我国国际贸易的展望中不难看出 2018 年仍将是多事之秋，更需要争议解决机制的不断完善来为我国经济主体的“走出去”与贸易伙伴的“引进来”保驾护航。为此，我国应当继续积极促进国家及区域间针对国际商事争议解决的合作与互认，努力争取我国在全球贸易争议解决领域的话语权与影响力。

同时，面对新时代中需要解决的新兴争议、可以利用的新型技术（如互联网、人工智能、大数据、云计算、区块链等），争议解决机制也应与时俱进。仲裁作为一种同时具有灵活性及跨境强制执行力的争议解决方式，也必能更好地适应国际贸易领域日新月异的变迁，为当事人提供因时制宜的争议解决方式。

---

① WTO 官网：“WTO upgrades forecast for 2017 as trade rebounds strongly”，载 https://www.wto.org/english/news_e/pres17_e/pr800_e.htm，访问时间：2018 年 1 月 22 日。

② 商务部：《中国对外贸易形势报告（2017 年秋季）》，“三、2018 年中国对外贸易发展环境分析”，载 http://zhs.mofcom.gov.cn/article/cbw/201711/20171102666142.shtml，访问时间：2018 年 1 月 22 日。

③ 参见 IMF 于 2017 年 10 月发布的“World Economic Outlook”，第 22 页。

附录表一：2017 年全球贸易量排名前五国家

单位：百万美元

服务贸易出口排名

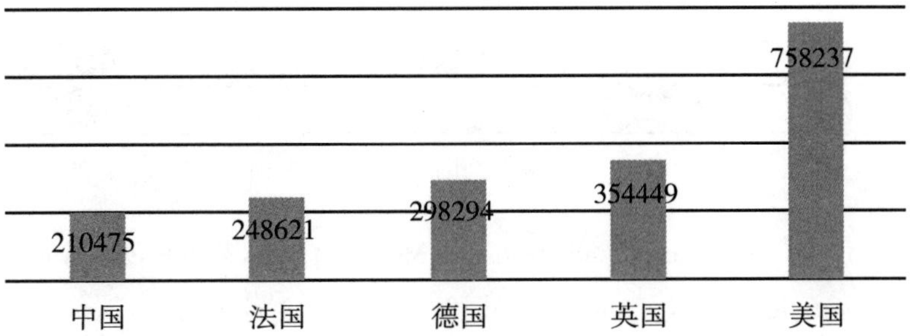

服务贸易进口排名

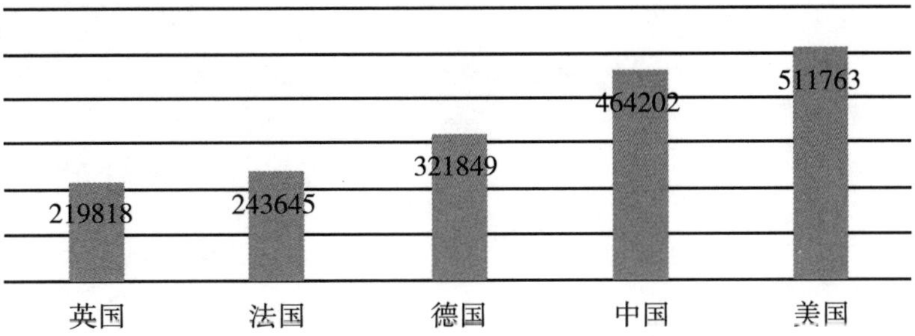

货物贸易出口排名

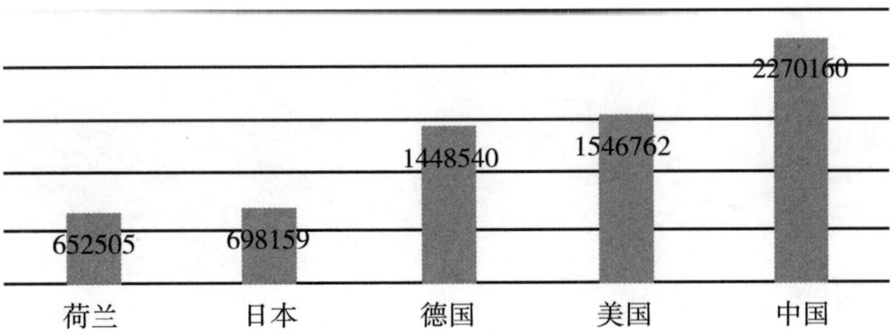

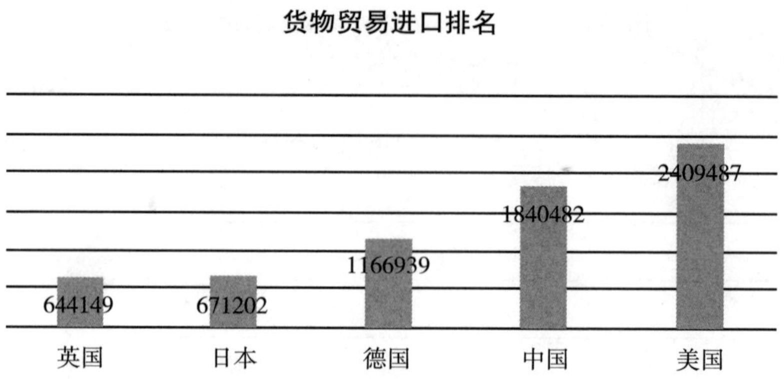

数据来源：WTO Short-term Trade Statistics: Monthly Data，载 https://www.wto.org/english/res_e/statis_e/short_term_stats_e.htm，访问时间：2018 年 2 月 19 日。

中国金融争议解决年度观察（2018）

陶修明[①]　张　红[②]　张晨歌[③]　邓　纯[④]

一、2017年中国金融市场概述

2017年中国金融市场的最显著特点就是严控风险。尽管风险控制历来是金融工作的核心要素，但是过去的一年，针对风险控制的金融监管可谓是中国金融业史上监管最严的一年。金融监管部门共出台重要监管文件超过20个，行政处罚超2700件，罚没金额超80亿元（指人民币，下同）[⑤]。若干监管政策对过往的金融业务进行了比较激烈的调整和限制。为何如此呢？

（一）2017年及之前中国金融市场监管政策变化回顾

纵观过去几年，中国的金融市场可以说是繁荣与混乱相伴，成长与风险并存。从2012年开始，各监管部门相继逐步放松监管力度，出台了一系列有利于市场创新和业务扩展的监管措施，金融市场迎来了一波大繁荣大发展。2013年，政府与监管部门鼓励业务创新、提倡增加业务杠杆、宽容互联网金融发展。2014年，经济持续下行加之融资成本高企，为了缓解实体企业特别是中小企业的融资困难和压力，政府积极鼓励民间金融创新；同时，监管放松和金融创新也开始带来一些

---

① 陶修明，君泽君律师事务所创始合伙人暨管委会主任。

② 张红，君泽君律师事务所合伙人。

③ 张晨歌，君泽君律师事务所律师。

④ 邓纯，君泽君律师事务所律师。

⑤ “行政处罚超2700件，罚没金额超80亿元——透视2017年‘史上最严’金融监管年”，新华社北京2017年12月14日，载 http://www.gov.cn/xinwen/2017-12/14/content_5247034.htm（中华人民共和国中央人民政府网站），访问时间：2018年2月13日。

问题，市场违约行为明显增多，特别是金融纠纷案件大幅增长。2015年，股票市场场外配资业务激增和不当监管措施引发中国股市的剧烈异常波动，使得防范系统性金融风险成为重要而迫切的监管议题。2016年，市场违约事件继续增多，控制风险成为金融市场的核心任务。2017年，防范金融风险更上升成为国家核心宏观经济管理任务。可见，中国金融市场在2012—2017年短短5年时间，走过了一个由放松管制、鼓励创新、业务爆发、杠杆提升、违约增多、风险累积到加强监管、限制业务、降低杠杆和严控风险的循环过程。严控金融风险成为未来三年里国家的三项核心工作之一（另两项是精准扶贫和治理环境）。

回顾2017年的金融风险控制工作，可以说是国家最高决策层非常重视和直接主导的一项工作。早在4月份，中央政治局会议就明确要求“确保不发生系统性金融风险”；7月份召开的五年一次的全国金融会议更是强调统一金融监管、深化金融监管的专业性、重视对金融业务穿透性审查、严控地方政府举债，并认为国企降杠杆是工作的重中之重，同时为了有效进行金融监管协调，补齐监管短板，决定设立国务院金融稳定发展委员会（以下简称金稳会）。10月召开的中国共产党第十九次全国代表大会，一改以往历次大会强调的稳增长、保增长主题，强调要防范和控制金融市场的风险，并把防范金融系统性风险问题提到战略高度，这是前所未有的做法，这同时也说明，中国的金融风险已经到了不得不严防、不得不严控的地步。2017年年底召开的中央经济工作会议再次强调防控金融风险，加强薄弱环节监管制度建设。由此可见，过往几年金融市场快速膨胀、创新失度以及监管滞后等因素导致的系统性风险隐患已经积累到相当的程度。

（二）2017年金融市场重点事件

1．严厉资管新规出台。2017年11月，一行三会[①]和国家外汇管理局（以下简称外管局）出台了《关于规范金融机构资产管理业务的指导意见（征求意见稿）》（以下简称《征求意见稿》），这也是金稳会成立后一行三会联合出台的第一个监管规则，意义重大，旨在加强和调整市场业务体量巨大、问题诸多、风险最集中、涉及利益面最广泛的资产管理行业，努力控制并化解其中的风险。该《征求意见稿》就打破刚性兑付，限制多层嵌套、非标、通道业务、P2P和资金池业务等资管产品中存在的突出问题进行了规制（本报告第四部分就此有进一步介绍

① “一行三会”指：中国人民银行、中国银行业监督管理委员会（以下简称银监会）、中国证券业监督管理委员会（以下简称证监会）、中国保险业监督管理委员会（以下简称保监会）。

和分析）。该《征求意见稿》出台后，虽然还未定稿实施，但已经立即对资管业务市场产生了重大影响，各类金融机构的此类业务开始处于停滞观望状态，扩展动力消退。同时，部分监管机构开始按照此《征求意见稿》的精神出台监管细则，规范具体业务类别①。

2. 企业 IPO（首次公开发行）数量出现史上最大增加。中国资本市场的 IPO 业务异常活跃。全年主板市场 IPO 企业达 438 家，超过 2010 年的 347 家，创资本市场有史以来年发行家数的最高纪录；融资金额达 2348.49 亿元，创 7 年来新高。这主要得益于证监会根据中国资本市场的发展变化，改进了企业 IPO 的审核工作。新三板新增挂牌企业 2176 家，但增速放缓。IPO 企业数量大幅增多，一定程度上提升了中国金融市场企业通过股权直接融资的比例（但相比于债权间接融资，股权融资比例仍然偏低，还有巨大增长空间）。

3. 中国股指纳入 MSCI。2017 年中国大陆股票终于被认可纳入美国摩根士丹利资本国际公司（以下简称 MSCI）证券交易所股票指数（新兴市场）②，这对中国资本市场逐步走向国际，吸收国际投资是有帮助的。有数据显示，一国股市在加入 MSCI 股票指数之后，国际资本流入量将逐年增加，国内股市指数也将大幅上涨。

4. 中国大陆资本市场与香港市场的进一步互联互通。过去几年，中国大陆股票市场和香港股票市场实现了互联互通，即“沪港通”“深港通”③，这为两地投资人进行两地市场股票投资提供了直接渠道和便利。2017 年 5 月，两地市场相关机构又通过合作安排，实现了大陆与香港两地债券市场的互联互通合作（以下简称

---

① 2018 年 1 月 11 日，证监会发布通知，叫停集合资管产品投资信贷类业务。2018 年 1 月 13 日，银监会发布《关于进一步深化整治银行业市场乱象的通知》，将严查同业、理财、表外等业务层层嵌套，业务发展速度与内控和风险管理能力不匹配，违规加杠杆、加链条、监管套利等行为。

② 摩根士丹利资本国际指数（MSCI）是摩根士丹利所编制的一系列股价指数，涵盖不同的行业、国家以及区域。MSCI 指数是在投资界最为广泛使用的用以代表各国家、地区资本市场表现的参考指数。MSCI 此次将 222 支中国大企业集团的股票纳入其新兴国家股票指数。

③ 2014 年 4 月，证监会与香港证券及期货事务监察委员会决定批准开展“沪港通”；2016 年 12 月，证监会与香港证券及期货事务监察委员会决定批准开展“深港通”。

“债券通”）[①]。“债券通”以国际债券市场通行的模式，为境外机构增加了一条可通过境内外基础设施连接，从而可以便捷入市的新渠道。此举进一步丰富了境外投资者的投资渠道，加强了内地和香港的合作，推动了中国大陆金融市场对外开放的进程。

5. 香港证券市场新规。2017 年年末，香港联合交易所（以下简称港交所）修改了《主板规则》，有两点重要变化，一是允许尚未盈利或尚未有收入的生物科技发行人在主板上市，二是允许“同股不同权”公司上市。前者是为了积极鼓励创新企业及时获得资本市场的融资支持[②]，后者更被认为是阿里巴巴当初不符合香港市场上市标准而转至纽交所后，港交所痛定思痛作出的决定。相信在相互竞争的格局下，特别是为了争夺中国大陆优质上市企业上市方面，港交所的这等制度变革在未来也会对大陆证券市场产生影响。

（三）金融纠纷案件继续增加

2017 年是严控金融市场系统性风险的开局之年，同时也是金融资本市场违约纠纷以及破产事件激增的一年，而且时常出现涉及多达数十亿、数百亿金额的事件。除法院系统受理了大量此类案件外，中国的几家主要商事仲裁机构受理的金融投资案件，无论在案件数量和平均个案金额方面均继续增加，而且相比以往，涉及案件类型更多，甚至更为复杂。以北京仲裁委员会 / 北京国际仲裁中心（以下简称北仲）为例，2017 年北仲共受理案件 3550 件，比去年增加 538 件。其中，金融类纠纷 488 件，占全部案件数量的 13.76%；争议标的额达 165.16 亿元，占争议标的总额的 38.23%。

---

① “债券通”是指境内外投资者通过香港与内地债券市场基础设施机构连接，买卖香港与内地两个市场交易流通债券的机制安排，包括“北向通”和“南向通”。目前先开通“北向通”，即香港及其他国家与地区的境外投资者经由香港与内地基础设施机构之间在交易、托管、结算等方面互联互通的机制安排，投资于内地银行间债券市场。未来将适时研究扩展至“南向通”，即境内投资者经由两地基础设施机构之间的互联互通机制安排，投资于香港债券市场。

② 目前在大陆证券市场，未实现一定数目盈利的企业是无法进行 IPO 融资的。作为新经济最具代表性的几家中国企业：百度、阿里巴巴、腾讯和京东即所谓的 BATJ，都是在境外资本市场上市的，这无疑是中国资本市场和中国本地投资者的重大损失。

二、2017 年中国金融市场的重要监管制度变化

2017 年，为落实防范金融风险的国家宏观政策，银行业、证券业、保险业等金融监管部门纷纷出台新的监管规则，与此同时，各监管部门还持续完善市场制度建设，推动市场发展。其中主要涉及以下几个方面：

（一）银行业开展专项整治

银监会于 2017 年 3—4 月密集出台多个监管文件[①]，全面启动银行业的“三三四十”专项整治行动[②]。自 2017 年 3 月末以来，共查出问题 5.97 万个，涉及金额 17.65 万亿元，整治效果明显，但某些领域因问题积淀太多，还需继续保持严厉的监管态势。2018 年 1 月，银监会印发《关于进一步深化整治银行业市场乱象的通知》，明确了银行业 2018 年整治的重点问题，主要涉及公司治理、违反宏观调控政策、影子银行、金融消费者权益保护等方面。

（二）整顿网络借贷

近年来，P2P 网络借贷盛行，但是因为监管机构不明，监管规则缺位，导致网络借贷违约情况严重。2017 年 2 月 22 日，银监会发布了《网络借贷资金存管业务指引》，重点旨在解决网贷资金需要第三方存管的问题，明确了网贷资金存管业务应遵循的基本规则和实施标准、委托人和存管人开展网贷资金存管业务应具备的条件、网贷资金存管业务各方的职责义务、网贷资金存管业务的具体操作规则以及相关保障措施，以促进网贷行业规范发展。2017 年年底，互联网金融风险专项整治工作领导小组办公室、网络借贷风险专项整治联合工作办公室发布了《关于规范整顿“现金贷”业务的通知》，明确开展“现金贷”需遵守的准入管理、严守利率规定、了解客户、审慎经营等原则，要求开展对网络小额贷款清理整顿

---

① 包括《关于银行业风险防控工作的指导意见》《关于开展银行业“监管套利、空转套利、关联套利”专项治理工作的通知》《关于开展银行业“违法、违规、违章”行为专项治理工作的通知》《关于开展银行业“不当创新、不当交易、不当激励、不当收费”专项治理工作的通知》和《关于集中开展银行业市场乱象整治工作的通知》。

② “三三四十”专项整治行动是指在银行业全系统开展的“三违反、三套利、四不当、十乱象”大检查。其中，“三违反”指违反金融法律、违反监管规则、违反内部规章；“三套利”指监管套利、空转套利、关联套利；“四不当”指不当创新、不当交易、不当激励、不当收费；“十乱象”指股权和对外投资、机构及高管、规章制度、业务、产品、人员行为、行业廉洁风险、监管履职、内外勾结违法、涉及非法金融活动十个方面的市场乱象。

工作（包括禁止发放“校园贷”和“首付贷”），进一步规范银行业金融机构参与“现金贷”业务，完善网络借贷信息中介机构业务管理。

（三）修订上市公司股份减持制度

2017 年 5 月 26 日，证监会公布并实施了《上市公司股东、董监高减持股份的若干规定》（以下简称减持新规），这是继 2015 年 7 月和 2016 年 1 月后，证监会第三次修改上市公司股东减持股份规则，主要针对的是上市公司股东集中减持套现等市场反应强烈的突出问题。总体而言，减持新规主要从扩大适用范围、强化信息披露、细化减持规则、加强违规减持的法律责任等方面作出规定。具体而言，新规要求通过大宗交易转让股份的受让方也应遵守关于 6 个月禁止转让的限制规定，以弥补 2016 年减持规定对“过桥减持”① 未作限制的漏洞。此外，新规还就持股 5% 以上股东减持时与一致行动人的持股应合并计算，证券交易所对异常交易行为可以依法采取限制交易等作出规定。减持新规对引导上市公司股东等有关人员更规范、理性、有序地减持股份，健全上市公司治理、维护证券市场交易秩序起到了积极作用。

（四）新增投资者适当性管理规则

投资者适当性管理是现代金融服务的基本原则和要求，也是成熟市场普遍采用的保护投资者权益和管控创新风险的做法。2017 年 7 月 1 日，证监会发布了我国市场首部专门规范证券期货市场投资者适当性管理的部门规章——《证券期货投资者适当性管理办法》（以下简称《适当性管理办法》）。该办法系针对证券期货经营机构统一适用的制度，从共性出发，规定了投资者分类、产品分级、强化经营机构适当性义务及突出违规行为惩戒方面的要求。为进一步落实《适当性管理办法》，证监会下属的证券投资基金业协会发布了《基金募集机构投资者适当性管理实施指引（试行）》，同时发布了投资者信息表、投资者风险测评问卷、基金产品或者服务风险等级划分参考标准、投资者风险匹配告知书及投资者确认函、风险不匹配警示函及投资者确认书、投资者转化表六大类业务参考模板。这些规则和指引是切实保护投资者合法权益的重要举措，对于健全投资者适当性管理基础制度、维护资本市场稳定健康发展产生了积极影响。

---

① “过桥减持”指一些大股东通过非集中竞价交易方式，如大宗交易方式转让股份，再由受让方通过集中竞价交易方式卖出，以该种方式可以规避集中竞价交易的减持数量限制。

（五）规范保险资金运用

为进一步规范保险资金的运用，特别是应对过去两年里出现的部分保险机构利用创新保险产品获取巨额资金强势举牌上市公司引起市场热议的问题，保监会于2017年1月发布《关于进一步加强保险资金股票投资监管有关事项的通知》，将股票投资分为一般股票投资、重大股票投资和上市公司收购三种情形，实施差别监管；投资权益类资产的账面余额合计不得高于本公司上季末总资产的30%；明确禁止保险机构与非保险一致行动人共同收购上市公司等。2017年5月，保监会又发布《关于开展保险资金运用风险排查专项整治工作的通知》，要求核查保险资产的真实性及资产质量，全面掌握保险资金运用状况，重点排查合规风险、监管套利、利益输送、资产负债错配等问题。而此后出台的《关于债权投资计划投资重大工程有关事项的通知》，则旨在鼓励保险资金通过债权投资计划投资重大工程，支持实体经济建设。

（六）完善外汇审核制度

为进一步促进贸易投资便利化，防范跨境资金流动风险，外管局于2017年1月26日发布《关于进一步推进外汇管理改革完善真实合规性审核的通知》，扩大外汇贷款结汇范围，加强境外直接投资真实性和合规性的审核。其中允许“内保外贷”项下的资金回流境内使用的规定，则是改变了《跨境担保外汇管理规定》对于“内保外贷的债务人不得通过向境内进行借贷、股权投资或证券投资等方式将担保项下资金直接或间接调回境内使用”的限制，明确了内保项下资金以外债形式调回境内使用的正当性，有利于进一步便利企业跨境投融资。

（七）升级金融涉税信息管理

2017年5月9日，国家税务总局、财政部、中国人民银行、银监会、证监会、保监会联合制定并发布了《非居民金融账户涉税信息尽职调查管理办法》（以下简称《管理办法》），旨在履行《多边税收征管互助公约》和《金融账户涉税信息自动交换多边主管当局间协议》规定的义务，兑现我国向G20的承诺，打击跨境逃避税[①]。《管理办法》的主要内容是规范金融机构对非居民金融账户涉税信息的尽职调查行为，要求依法在我国境内设立的存款机构、托管机构、投资机构和特定的保险机构等金融机构按照《管理办法》的规定了解、识别、收集账户持有人或者有关控制人的税收居民身份、金融账户和相关账户信息，这对于在中国境内开立账户的非居民或者有非居民控制人的消极非金融机构影响较大[②]。《管理办法》为我国实施标准提供了法律依据和操作指引，是我国积极推动标准实施的重要举措。

三、典型案例

【案例 1】信托计划投资纠纷（关于授权代表交易地位和损失原因的认定）

【基本案情】

庄某某（申请人）与上海 A 投资管理公司（被申请人）共同作为信托计划一般委托人（即次级投资人，上海 A 投资管理公司同时是提供投资建议的“授权代表”，实际是具体投资决策人）、B 银行作为信托计划优先委托人和 C 信托公司作为信托计划受托人，共同签订《信托合同》，设立信托计划，优先次级投资资金比例为 2∶1。《信托合同》约定：信托资金主要投资于 A 股股票；采用授权代表投资建议和受托人指令相结合的投资管理模式：对于授权代表的投资建议，除特殊情况外（如授权代表出具签名、密押或指令密码不符、授权代表未及时变现信托财

---

① 受二十国集团（G20）委托，经济合作与发展组织（OECD）于 2014 年 7 月发布金融账户涉税信息自动交换标准（以下简称标准），中国曾向 G20 承诺实施这一标准。根据该标准开展金融账户涉税信息自动交换，首先由一国（地区）金融机构通过尽职调查程序识别另一国（地区）税收居民个人和企业在该金融机构开立的账户，按年向金融机构所在国（地区）主管部门报送账户持有人名称、纳税人识别号、地址、账号、账户余额或价值、利息、股息以及出售金融资产（不包括实物资产）的收入等信息，再由该国（地区）税务主管当局与账户持有人的居民国税务主管当局开展信息交换，最终为各国（地区）进行跨境税源监管提供信息支持。

② 如果一家非金融机构取得的大部分收入是股息、利息、租金、特许权使用费等消极经营活动收入，则该机构属于消极非金融机构，例如设立在某避税地、仅持有子公司股权的中间控股公司。由于消极非金融机构容易被当作跨境逃避税的工具，金融机构需要识别出这些机构及其背后的实际控制人。如果消极非金融机构的控制人是非居民，金融机构则需要收集并报送控制人相关信息。

产等），受托人应通过系统（自动）发出投资指令；信托计划优先委托人分取固定收益，如有剩余，则为一般信托利益，被申请人有权先从中提取 20%（实际是投资管理报酬），剩余部分再按投资资金比例在申请人和被申请人之间分配。在信托计划存续期间，因多次触及预警线 / 平仓线，被申请人实际进行了 4 次补仓。就此，申请人和被申请人签署了一份《备忘录》，约定补仓资金全部来自被申请人，申请人不支付任何补仓资金；同时，被申请人的超额收益率从 20% 提高到 25%；信托计划终止后，被申请人可以优先取回补仓资金。其中最初两次补仓行为实际发生在《备忘录》签署之前。

申请人认为，被申请人作为投资顾问，违法违规发出交易指令并操作信托计划股票账户，最终导致信托计划亏损，给申请人造成了巨额损失，被申请人应予以赔偿。被申请人则认为，所有的投资指令、数据下单及委托均来自 C 信托公司，被申请人不存在违法违规发出交易指令并操作信托计划股票账户的情形；信托计划亏损是市场整体下行所致，信托计划各方投资人应自担风险；而且，申请人已经签署了《备忘录》，该《备忘录》效力已经被前案仲裁庭认定为合法有效，申请人已经对被申请人的补仓行为予以认可。因此，被申请人无需对申请人进行任何赔偿。

【争议焦点】

本案的争议焦点包括被申请人的真实交易角色、补仓资金的性质以及被申请人实际管理行为的妥当性。

【裁判观点】

针对第一个争议焦点，仲裁庭认为，在信托计划中，“授权代表投资建议和受托人指令相结合”是市场中比较普遍的投资管理方式，这种安排形式上可以满足信托公司“亲自处理信托事务、自主决策”以及“不得将投资管理职责委托他人行使”的监管要求[①]。但是鉴于本案《信托合同》的约定，作为受托人的 C 信托公司，仅在非常特定的情况下才有权拒绝作为授权代表的被申请人提出的投资建议，因此，从实质重于形式的角度看，被申请人在信托计划投资活动中的实际角色就是投资管理人。而《信托合同》中有关被申请人有权提取信托计划超额收益 20%

---

① 《信托公司证券投资信托业务操作指引》第 21 条规定：“证券投资信托设立后，信托公司应当亲自处理信托事务，自主决策，并亲自履行向证券交易经纪机构下达交易指令的义务，不得将投资管理职责委托他人行使。信托文件事先另有约定的，信托公司可以聘请第三方为证券投资信托业务提供投资顾问服务，但投资顾问不得代为实施投资决策。聘请第三方顾问的费用由信托公司从收取的管理费和业绩报酬中支付。”

（该比例后通过双方签署的《备忘录》提高至25%）的约定也说明，被申请人按照市场惯例收取投资管理报酬。因此，仲裁庭认为，被申请人作为信托计划实际管理人，尽管自身不是金融机构，但仍应比照遵循信托资产管理业务中对于资产管理人（即信托公司）的基本原则和要求，如诚实信用、勤勉尽职、专业规范、避免利益冲突、不得侵害委托人利益等。

仲裁庭关注的第二个问题是被申请人补仓资金的性质。按照《信托合同》的约定，补仓资金的性质本应与先前投入的一般信托资金的性质一致，二者混同，共同确保优先投资人的信托利益，但双方之后签订的《备忘录》却约定被申请人对其单方提供的补仓资金有优先取回权（即优先于一般信托资金），且该等资金获得的对应投资收益全部归属该等资金。因此，仲裁庭认定，被申请人的补仓资金实质上是中间级或夹层资金，被申请人用该等性质的资金连续补仓，实际上是在不断增加一般信托资金的杠杆。

第三，仲裁庭对被申请人行为妥当性问题进行了分析。仲裁庭认为，被申请人作为专业资产管理人，本应该严格遵守《信托合同》中设置的预警线和止损线，以有效控制投资风险，但其在实际管理信托计划时却置之不顾；并且在签订《备忘录》时，被申请人也未向申请人如实披露已经发生过两次补仓行为的事实，而是通过倒签《备忘录》的方式以企实现让申请人追认其擅自补仓行为的目的。因此，仲裁庭认定被申请人存在不妥当、不诚信的行为。

综上，仲裁庭认为，被申请人作为信托计划资金的实际管理人，存在不当管理行为，违反了诚实信用、勤勉尽职、专业规范等对管理人的职责要求，风险控制严重失职，严重违反合同义务，擅自不断补仓，增加投资杠杆，隐瞒重要信息，剥夺申请人控制风险的机会，实际扩大了申请人的投资损失，由此给申请人造成的实际损失之扩大部分，被申请人应该承担赔偿责任。

【纠纷观察】

针对市场上常见的“授权代表投资建议加受托人指令”的模式，仲裁庭基于市场交易逻辑，从实质重于形式的角度，刺破了被申请人“授权代表”的面纱，直接将其在信托计划中的角色定性为投资管理人，使得其无法再以“授权代表”身份为由而主张不承担（因其实际不当投资管理行为所造成损失的）赔偿责任，还投资人以公平和正当利益保护，同时对规范投资管理具有积极意义。

另外，对《备忘录》的分析也是本案裁决书的一个亮点。事实上，《备忘录》已经由前案仲裁庭认定为合法有效，双方对其约束力本应再无争议。但是，本案仲裁庭意识到，申请人之所以再次提出本次仲裁申请，正是因为前案裁判没有实际解决双方纠纷，而其中主要原因就是对《备忘录》的分析不充分。当然，本案仲裁庭并未推翻前案仲裁庭对《备忘录》效力的认定，而仅是从事实角度再次进行分析，认为申请人在签署《备忘录》时并不知晓被申请人实际上已经进行了两次补仓，因此（倒签）签署《备忘录》的行为并不足以构成申请人对该两次擅自补仓行为的追认及其后果的认可，而且事实上，申请人事后知道此等情况时，一直对被申请人的行为提出强烈异议。仲裁庭如此分析认定，一方面巧妙地避开了后案裁决与前案裁决存在矛盾的可能性，另一方面又实际有效地解决了引发双方争议的核心问题。

【案例 2】金融衍生品交易纠纷（关于实际交易安排与标准合同文本约定之间的差异）

【基本案情】

吕某某（申请人）与前海 A 期货子公司（被申请人）于 2014 年 8 月签订《金融衍生品交易主协议》（以下简称《主协议》）和《补充协议》，其主要条款内容直接针对的是场外金融衍生品交易。此后，双方又陆续签订了主要针对股票的权益互换交易的《场外交易保证金及交易费标准》《场外权益互换保证金及交易费标准》等一系列协议，约定申请人向被申请人支付一定数额的初始履约金（保证金）并有义务将该金额保持在一定水平；如低于该水平，申请人应追加保证金；如其在某一时点为负数，申请人应赔偿被申请人的损失；申请人应向被申请人支付一定比例的额度使用费（实为资金占用费），而申请人则有权获得浮动收益（实为股票投资收益）。在协议履行过程中，申请人的保证金在 2015 年 9 月时为负数，被申请人对申请人的账户进行平仓。2015 年 11 月，在申请人关联方将开在被申请人处账户内的保证金合并至申请人账户后（账户合并后申请人保证金数额满足进行交易的合同约定），申请人与被申请人重新开始交易。2016 年 1 月底，申请人的保证金余额再次为负数，被申请人对申请人的账户进行了强制平仓，并终止了双方之间的系列协议。双方争议随之产生。

申请人认为，双方签订的系列协议实为场外股票融资协议，违反《中华人民共和国证券法》（以下简称《证券法》）以及有关监管规定[①]，应认定为无效。而根

---

① 《证券法》第 122 条规定：“设立证券公司，必须经国务院证券监督管理机构审查批准。未经国务院证券监督管理机构批准，任何单位和个人不得经营证券业务。”

《证券法》第 142 条规定：“证券公司为客户买卖证券提供融资融券服务，应当按照国务院的规定并经国务院证券监督管理机构批准。”

据某些裁判指引以及地方法院的司法实践，在股票触及平仓线而配资方（即提供融资的一方）未能及时平仓的情况下，对于超过平仓线的损失应由配资方即被申请人承担。被申请人则认为，双方签订的系列协议系约定双方进行以股票为标的的权益类互换业务，不存在违反法律、行政法规效力性强制性规定的情形，合法有效；其在申请人账户内保证金不足时强制平仓，符合约定；被申请人不仅无需向申请人赔偿任何损失，申请人还应向被申请人赔偿保证金敞口损失。

【争议焦点】

本案的争议焦点是双方的交易类型以及所签订系列协议的效力。

【裁判观点】

仲裁庭认为，尽管双方签署了旨在规制金融及商品衍生品业务的《主协议》《补充协议》（属于市场上的标准格式化主协议）以及后续一系列具体交易协议（相当于交易确认书），但是双方之间实际进行的是场外股票配资交易——申请人向被申请人支付一定数额的资金（保证金），被申请人则利用包括该资金在内的资金进行股票投资，申请人需要向被申请人支付的额度使用费，也即被申请人有权获得的固定收益，实为申请人作为融资方，向配资方即被申请人支付的资金占用成本，而申请人有权获得的浮动收益，实为其作为股票投资人有权获得的投资收益。基于此，仲裁庭认为，双方签订的合同（形式）与实际从事的交易（实质）不符。但是，从形式上看，双方签订的关于金融衍生品的系列协议不存在违反法律、行政法规强制性规定的情形；从实质上看，双方之间从事的有关股票投资的融资交易也不违反法律规定。虽然被申请人作为期货子公司从事配资业务可能存在一定程度上的合规性问题（严格说，超出其经营范围），但是双方的交易不会仅因为此不合规而无效。

基于对交易性质的判断，仲裁庭认为，造成申请人股票投资损失的主要原因是当时证券市场监管措施的急剧变化而引发的交易系统风险。而对于损失的承担，双方在相关协议中则作出了明确的约定，即由获得融资的一方，也就是申请人承担。鉴此，仲裁庭对于申请人要求被申请人承担其投资损失的2000余万元仲裁请求未予支持。同时，对于保证金敞口损失，仲裁庭依据合同约定和证据状况，裁决申请人向被申请人赔偿一定的金额。

【纠纷观察】

权益互换（掉期）是金融衍生品交易的一种，指交易双方约定在将来某一期间内互换他们认为具有相等经济价值的现金流，市场上常见的权益互换交易（合约）包括利率互换和货币互换。但是本案中，双方所谓的互换，其实质是申请人支付一定数额的融资成本以取得更多资金投入股市进行投资，是典型的场外配资交易，而与金融衍生品交易无关。因此，本案关键问题之一是处理申请人和被申请人所使用的合同（权益互换）与所从事交易（场外配资）之间不匹配的问题。被申请人作为期货子公司为了使得自己提供的配资业务看上去合规，而故意采用适用其营业许可范围的金融衍生品的《主协议》和《补充协议》文件。笔者认为，裁判者不应因当事人利用衍生品交易协议文件来安排其他性质之真实交易，就认定合同无效或交易无效，而是应从实际交易出发，分析双方的真实交易意思表示，以作出符合事实情况和交易逻辑的理性判断。

本案第二个焦点是合规性问题。对某一主体从事某一金融行为是否合规的认定，首先是监管部门的职责。纵使裁判机构认为该行为不合规，也应将不合规与不合法的后果区别开来——不合规不等于违反法律、行政法规的效力性强制规定，不能当然导致双方的交易以及有关约定无效。由于过去几年普遍实施的鼓励创新的监管政策，市场中出现了各种各样的金融创新产品。但是之后由于监管口径不断收紧，各方对于创新产品的合规性和有效性均有不同认识（本案申请人就是在与被申请人进行了多次交易，特别是出现亏损后认为双方的协议以及交易无效）。本案仲裁庭立足于双方当事人在缔约时以及后续交易中的真实意思表示以及所从事的交易并没有违反强制性规定，最终认定双方的场外股票配资交易有效。仲裁庭认为，这样做不仅符合合同法关于有效 / 无效合同认定的基本原则，更有利于保护诚信一方的合法权益，以维护市场交易稳定性和市场秩序。

【案例 3】商业银行国有股份转让纠纷案

【基本案情】

2011 年 11 月 29 日，鞍山市财政局（以下简称鞍山财政局，委托方）与沈阳联合产权交易所（以下简称沈交所，受托方）签订一份《产权转让挂牌登记委托协议》，约定鞍山财政局委托沈交所将鞍山财政局所持有的鞍山银行 69300 万股国有股权出让信息登记并挂牌公布。2012 年 3 月 21 日，标榜公司向沈交所提交了挂牌公告中要求的摘牌材料。2012 年 3 月 29 日，沈交所向标榜公司发出《意向受让受理通知书》，载明：经与转让方（即鞍山财政局）共同审核，认为你公司符合意向受让资格，予以受理，请于 2012 年 3 月 30 日前交足保证金。2012 年 3 月 30 日，标榜公司向沈交所缴纳保证金 1650 万元（含本案 1350 万元）。2012 年 4 月 17 日，鞍山财政局（转让方、甲方）与标榜公司（受让方、乙方）签订《股份转让合同书》，约定：鞍山财政局拟转让其持有的标的公司（即鞍山银行）22500

万股份，根据评估基准日为2010年12月31日的《资产评估报告书》，以5亿元（每股2元）的价格转让给标榜公司；标榜公司向沈交所支付的保证金转为成交价款的一部分支付给鞍山财政局；本次转让依法应上报有权审批机关审批；自股权交割之日起5年内，标榜公司不得转让所持标的公司股份；合同自甲乙双方法定代表人或授权委托人签字及盖章，并依法律、行政法规规定获得有权审批机关批准后生效。

2013年3月25日，鞍山市××委作出《关于终止鞍山银行国有股权受让的函》，载明：银监部门向市政府反馈了明确意见，认为包括标榜公司在内的四户企业存在关联交易，不会通过审批，故终止鞍山银行国有股权转让事宜。

2013年6月6日，鞍山财政局作出《关于终止鞍山银行国有股权转让的函》，载明：截至2011年12月31日，根据资产评估机构对鞍山银行的资产评估报告，每股评估值为2.5元，与当初的转让价格相比发生了重大变化，国有资产明显增值，经研究，决定终止本次鞍山银行国有及国有法人股8.08亿股的转让。2013年6月14日，沈交所根据上述终止转让函，向标榜公司等4户企业发函，要求终止鞍山银行国有股权转让。

2013年10月11日，标榜公司等四户企业向鞍山财政局发函，要求退还保证金。2013年10月16日，标榜公司收到鞍山财政局退还的保证金4848万元（含本案1350万元）。

2013年12月31日，鞍山财政局在北京金融产权交易所将上述股权重新挂牌转让。2014年7月24日，鞍山财政局将案涉股权以每股2.5元（高于案涉协议约定的2元/股）转让给了中国华阳投资有限公司。

2015年9月，标榜公司向辽宁省高级人民法院提起诉讼，请求鞍山财政局赔偿标榜公司可得利益损失11250万元。一审法院认为，第一，案涉《股份转让合同书》未经政府部门审批，该合同已成立未生效。第二，2013年3月25日鞍山市××委要求终止交易（以关联交易为由）、2013年5月2日鞍山财政局要求对标榜公司重新审计、2013年6月16日鞍山财政局再次要求终止交易（以转让价格大幅变化为由），2013年10月11日标榜公司等要求退回保证金，说明标榜公司同意解除合同，故案涉《股份转让合同书》于2013年10月11日由双方合意解除。第三，鞍山市××委、鞍山财政局终止与标榜公司的交易后又将案涉股权转让他人，该行为有悖诚实信用原则，应向标榜公司承担损害赔偿责任。第四，根据《最高人民法院关于适用〈中华人民共和国合同法〉若干问题的解释（二）》（以下简称《合同法司法解释（二）》）之规定，鞍山财政局承担缔约过失赔偿责任，但只赔偿给标榜公司造成的实际损失；又根据案涉《股份转让合同书》的约定，标榜公司受让标的股权后5年内不得转让，而5年后的股权价格即交易纯利润损失无法确定，故标榜公司不能把鞍山财政局之后成交的2.5元/股与双方约定的2元/股的差价0.5元/股作为可得利益的依据，故对于标榜公司主张的可得利益损失11250万元不予支持。标榜公司不服该判决，上诉至最高人民法院（以下简称最高院）。

【争议焦点】

本案的争议焦点是鞍山财政局是否违约以及如果违约，其应承担何种（金额）违约责任。

【裁判观点】

最高院同意一审法院关于合同效力以及解除的认定，但是就鞍山财政局是否应赔偿标榜公司可得利益损失问题，最高院认为，案涉《股份转让合同书》需经批准才能生效，却未约定报批义务方；根据其他合同条款可以推知，鞍山财政局应承担合同的报批义务。但是鞍山财政局未履行报批义务，也未按照有权机关要求补充报送相关材料，属于违背诚实信用原则的行为，应认定鞍山财政局存在缔约过失。而《合同法》第42条和《合同法司法解释二》第8条均未排除缔约过失责任人对相对人交易机会损失等间接损失的赔偿责任，而鞍山财政局在终止与标榜公司交易后又向第三方转让了案涉股权，导致标榜公司丧失了交易机会，应对此承担赔偿责任。关于损失赔偿金额，最高院酌定，按鞍山财政局转售涉案股权价格与案涉约定价格之差的10%予以确定。

【纠纷观察】

本案裁判的亮点有二，一是一审法院和二审法院均认为，作为地方政府部门的鞍山财政局在履约过程中违背诚实信用原则，导致案涉《股份转让合同书》无法生效，具有缔约过失，应对交易相对方承担赔偿责任，这对于维护商事交易中交易双方的平等地位、保护诚实信用具有相当积极的作用；二是二审法院更是将违约方的责任量化，酌定按照第二次转让价格与约定价格的差价的10%作为赔偿金额。

【案例4】抵押合同纠纷（关于抵押权人对质物的审查义务）

【基本案情】

2014年6月，大连倖旗公司（债权人、质权人）与大连谷物公司（债务人、出质人）达成《欠款转让协议书》和《最高额动产质押合同》，确认大连谷物公司欠大连俸旗公司共计20800万元借款本金，大连谷物公司以其所有的145400吨玉米向大连俸旗公司出质。后，大连俸旗公司、大连谷物公司与辽宁储运公司（质物监管人）三方共同签订《动产质押监管协议》，约定辽宁储运公司接受大连俸旗公司的委托，对质物进行监管；如果大连谷物公司交予的货物与由质权人与出质人共同签发的书面说明的记载不一致，辽宁储运公司不得接受货物或签发《收到货物通知书》。但实际情况是，辽宁储运公司在收到大连俸旗公司与大连谷物公司共同签发的书面说明后，并未审查质物交付情况及实际库存情况，而是于签订监管协议的当日即出具了《收到货物通知书》。此后，因大连谷物公司没有偿还到期债权，大连俸旗公司要求实现质权；如果无法实现则要求辽宁储运公司与大连谷物公司就债务承担连带清偿责任。而在本案审理过程中，辽宁储运公司的监管人员也称，监管期间，其根据领导授意，在明知仓库内没有粮食的情况下，编造监管日志和明细分类账目，向大连俸旗公司证明质物存在并处于其监管中。

辽宁省高级人民法院一审认为，辽宁储运公司在明知质物根本不存在的情况下仍向大连俸旗公司出具《收到货物通知书》，违反了监管协议的约定，应向大连俸旗公司承担损失赔偿责任，依据公平原则，判决辽宁储运公司在大连谷物公司不能偿还大连俸旗公司债务的范围内承担赔偿责任也即补充赔偿责任。辽宁储运公司不服，向最高院提起上诉。

【争议焦点】

本案的争议焦点是作为质物监管人的辽宁储运公司承担的责任及责任范围。

【裁判观点】

最高院分别分析了大连谷物公司（债务人）、大连俸旗公司（债权人）以及辽宁储运公司（质物监管人）的责任。对大连谷物公司而言，其并未实际交付质物，对质物自始不存在而导致大连俸旗公司因质权不能设立所造成的损失，应承担主要责任。因其同时也是债务人，理应对全部债务承担还款责任。对于大连俸旗公司而言，其作为债权人应对大连谷物公司交付的质押财产进行严格审查，但是其并未对质物实际库存进行审查，也未督促辽宁储运公司按照监管合同的约定进行审查，对自己债权的实现疏于管理并听任债权不能实现的风险放大，对质物自始不存在致使质权不能设立所造成的损失，存在明显过错，也应承担相应责任。对于辽宁储运公司而言（重点分析），一方面，其在与大连俸旗公司和大连谷物公司签订《动产质押监管协议》当日便出具《收到质物通知书》，时间如此之短，显然没有对质物进行清点审核；另一方面，其工作人员在本案审理过程中也承认是根据领导授意，自行编造了监管日志和明细分类账目。因此可以认定，辽宁储运公司对于质权未设立而给大连俸旗公司造成的损失存在明显过错，而且该行为违反了《动产质押监管协议》的约定，故应对大连俸旗公司的损失承担相应责任。最高院判决作为监管人的辽宁储运公司对于债务人不能清偿债务部分承担 30% 的补充赔偿责任。

【纠纷观察】

笔者认为，关于辽宁储运公司承担责任的性质，最高院的分析是充分的，认定也是正确的。相对于债务人、担保人等债务的直接义务人而言，辽宁储运公司作为质物监管人，仅是帮助债权人实现债权的辅助人，责任具有一定的独立性，如果债权因清偿而不存在损失，那么其监管责任也应相应消灭，故辽宁储运公司只可能是直接义务人之后的辅助性补充义务人。具体而言，如果债权产生在先并已陷入不能清偿的风险，或如果债权人、担保人对于质权不能设立存在过错且过错在先，那么担保物（质物）监管人的责任都只应是辅助性的、补充性的。本案中，一方面，涉案债权有相当一部分形成于《动产质押监管协议》签订之前，即不能清偿的风险发生在先，辽宁储运公司应根据约定对质物进行监管发生在后；另一方面，质权不能设立的首要原因在于债务人的虚假出质以及债权人对虚假出质的审查存在过错，辽宁储运公司作为质物监管人的后续加入只是将这种虚假出质的状态延续下去，而非因为其不当监管行为而直接造成了虚假出质。因此，最高院判决辽宁储运公司在对大连谷物公司及其他担保人强制执行并穷尽一切执行措施后仍不能清偿部分，承担 30% 的补充赔偿责任是合适的。

【案例 5】票据纠纷亦或借款纠纷（“通谋虚伪表示”行为的效力）

【基本案情】

正拓公司对民生银行南昌分行负有 7000 余万元的逾期贷款未还。为偿还该笔贷款，正拓公司的实际控制人罗某某在与民生银行南昌分行和上海红鹭贸易公司协商后决定，由江西有色金属公司（也由罗某某实际控制）、上海红鹭贸易公司和正拓公司达成无实物交割的阴极铜买卖连环交易合同，江西有色金属公司以商业承兑汇票形式向上海红鹭贸易公司支付货款，上海红鹭贸易公司持该票据向民生银行南昌分行申请贴现，上海红鹭贸易公司在收取差价后再将剩余全部贴现款支付给正拓公司，以归还正拓公司对民生银行南昌分行的逾期贷款。2012 年 12 月 28 日，江西有色金属公司开具了一张票面金额为 1.1 亿元、到期日为 2013 年 6 月 28 日、收款人为上海红鹭贸易公司的商业承兑汇票，上海红鹭贸易公司随即向民生银行南昌分行申请贴现，民生银行南昌分行于当日向上海红鹭贸易公司支付了贴现款。上海红鹭贸易公司在收取了 20 万元差价后，将剩余贴现款全部付给了正拓公司，正拓公司使用其中的 7500 万元向民生银行南昌分行偿还了逾期贷款，剩余钱款被罗某某使用。此外，罗某某及其妻子陶某某还与民生银行南昌分行签订了《担保合同》，约定为江西有色金属公司对民生银行南昌银行的全部债务提供连带保证责任。

案涉商业汇票到期后，江西有色金属公司未能如期支付票据款项。民生银行南昌分行向江西省高级人民法院（以下简称江西省高院）提起诉讼，请求判令江西有色金属公司、上海红鹭贸易公司立即支付票据款项并承担迟延还款利息、罚息，并判令罗某某、陶某某对江西有色金属公司、上海红鹭贸易公司的前述债务承担连带清偿责任。

江西省高院认为：首先，江西有色金属公司、上海红鹭贸易公司和民生银行南昌分行对商业汇票的出票、承兑、贴现及贴现后的欠款清偿责任、救济方式等约定是明确的，因此将本案纠纷定性为票据追索权纠纷更符合事实。其次，民生银行南昌分行不存在《中华人民共和国票据法》（以下简称《票据法》）规定的以欺诈手段取得票据的情形，三方签订的《贴现宝合作协议》等协议是当事人的真实意思表示，内容不违反法律，也不存在哪方被欺骗的事实，是有效协议，因此，案涉商业汇票合法有效，民生银行南昌分行是合法的票据权利人。故而，上海红鹭贸易公司作为案涉商业汇票的申请贴现人，在汇票遭拒付持票人向其追索时，应承担票据责任；而罗某某、陶某某应承担连带保证责任。但是，民生银行南昌分行在明知正拓公司、江西有色公司尚有欠款未归还的情况下仍授信 1.1 亿元给江西有色金属公司，且对江西有色金属公司、上海红鹭贸易公司提供不真实材料申请贴现时审查不严，故民生银行南昌分行对江西有色金属公司、上海红鹭贸易公司到期不能支付案涉商业汇票款项负有责任，故不支持民生银行南昌分行对利息和罚息的主张。

民生银行南昌分行和上海红鹭贸易公司均不服一审判决，向最高院提起上诉。

【争议焦点】

本案的争议焦点是通谋虚伪表示的认定。

【裁判观点】

最高院认为，江西有色金属公司与民生银行南昌分行均明知本案票据开立、贴现及系列合同签订的真实意思表示是偿还借款，上海红鹭贸易公司也明知其与正拓公司、江西有色金属公司分别签订的《阴极铜购销合同》没有真实交易内容，故案涉票据活动是各方通谋虚伪行为，民生银行南昌分行与江西有色金属公司在本案中的真实意思表示是借款。2017 年 10 月 1 日起施行的《中华人民共和国民法总则》（以下简称《民法总则》）第 146 条规定：民事法律行为应当意思表示真实，行为人与相对人以虚假的意思表示实施的民事法律行为无效，以虚假的意思表示隐藏的民事法律行为的效力，依照相关法律规定处理。据此，最高院认定各方订立的与票据行为及票据贴现行为有关的《阴极铜购销合同》《贴现宝合作协议》《贴现申请书》《担保合同》等合同无效，而虚假票据行为所隐藏的，江西有色金属公司与民生银行南昌分行之间真实的借款关系，因本身不违反法律和行政法规的禁止性规定，属于有效。

鉴此，最高院对民生银行南昌分行主张其票据权利不予支持；又因借款关系实际发生在民生银行南昌分行与江西有色金属公司之间，而上海红鹭贸易公司与江西有色金属公司不能清偿借款的事实之间无因果关系，故上海红鹭贸易公司不承担借款偿还责任。最终，最高院判决江西有色金属公司向民生银行南昌分行清偿借款本金和利息，罗某某和陶某某承担连带责任（最高院认为，《担保合同》虽无效，但是二人对本案借款提供担保的意思表示真实，故认定二人应按照承诺对江西有色金属公司的债务承担连带保证责任）。

【纠纷观察】

笔者认为，本案一审和二审裁判都存在一些待商榷的问题，主要有如下几点：就一审裁判而言，江西省高院以民生银行南昌分行存在业务审查不严的过错而不支持其利息主张，这显然是把两个本质上没有任何关联的问题强行建立了因果关系。按理说，银行业务操作的不严格、不谨慎，完全不能成为借款人不支付利息的理由。

就二审裁判而言，最高院认为各方票据行为的真实意思（即实质交易目的）是借款，故该等票据行为构成通谋虚伪行为，依法应属无效，相关行为应认定为借款行为。笔者认为，仅就本案最终处理的结果而言，或许是恰当的。但是就裁判思路和方法而言，存在一些非常值得商榷甚至是警觉的问题。其一，当多个主体之间存在一系列相关交易合同和交易行为时，法院把所有这些合同和交易行为全部纳入一个案件的审理范围，这在程序上是很容易出现瑕疵的。比如，有关方在本案中没有参与相关程序，未得到正当陈述机会，相关事实调查也未必全面。其二，案件审理中涉及重新定性交易时需要特别关注涉案合同和争议事实及主体的相对性，如果仅在一个合同或交易关系（可以包括几个关联合同安排）范畴内，以实际交易目的或行为（即真实意思表示）而不是以合同表面文字约定来重新定性合同，通常是可以的，而且是恰当的，比如“名股实债”的合同就可以认定为债权合同，而不是名义约定的股权合同。但是，当存在一系列交易安排且涉及不同主体情形时（特别是其中某些交易本身可以独立存在的情况），这种以一系列交易安排最终要实现的目的（如本案中认定的借款目的）为依据来重新定性全部相关合同和交易，即以交易目的为基准穿透审查并定性全部交易安排，这在司法实践中需要非常慎重，否则有可能引发严重的法律和实践问题，主要体现为两个方面：一方面是不同的合同纠纷可能需要在不同的裁判机构进行处理，若某一裁判机构进行如此穿透审查定性全部交易合同，很容易导致与其他裁判机构对相关合同和交易性质认定的不一致，给交易纠纷的最终处理带来困惑，甚至使得相关当事人陷于裁判困境。另一方面，更为重要的是，就金融市场交易而言，存在大量的各种类型的交易产品和创新安排，交易品种和合同名称纷繁复杂，且交易套交易、产品套产品的情形非常多见，若就最终交易性质或目的而言，都可以简单归类，无非是股权融资交易或债权融资交易两大类。但是，如果因此而把所有金融交易都简单进行目的穿透，并进而认定为或股或债交易，这将给金融市场的正常交易活动和市场发展，特别是交易的个性化安排和金融创新业务发展带来阻碍。

四、热点问题观察：资管业务《征求意见稿》评析

如前所述，2017 年的金融监管“严”字当头，各监管部门在 2017 年纷纷出台针对各自行业的监管规则，以便与国家在宏观上对金融监管基调保持一致。其中特别重要的是 2017 年 11 月一行三会及外管局共同拟定的《征求意见稿》，该《征求意见稿》一公布，立即引起了市场的强烈反应。应该说，该《征求意见稿》虽然还不是正式生效文件，但其中的信息量巨大，对这几年蓬勃发展却又问题丛生的资产管理行业将产生巨大的影响。现简要分析如下。

（一）出台原因

中国金融产业分业经营、分业监管的弊端，在资产管理市场中的体现可能是最为突出的。随着中国资管业务的发展，各金融机构发行、管理的资管产品的同质化程度越来越高，行业壁垒实际上已被市场打破。但是，作为监管机构的一行三会却“无论产品，只问机构”，针对银行、证券、保险三大类金融机构分别制定监管规则，导致大量资管产品疯狂追逐监管套利或从事通道业务。这种监管体系与市场实践严重脱节的情况，一方面客观上给资管市场以高速发展的机会，另一

方面却也助长了市场乱象。因此，从2013年开始，市场上便出现了对资管业务进行统一监管的呼声，但是出于各种原因，一直没有落地。直到2017年金稳会成立后，才终于协调一行三会联合发布了《征求意见稿》。中国资管业务在经历几年的野蛮发展后，终于迎来了统一监管时代。

（二）主要内容

按照资金募集方式和资金投向，《征求意见稿》明确了资管产品的类型：公募产品、私募产品、固定收益类产品、权益类产品、商品及金融衍生品类产品和混合类产品。同时，基于此种分类标准，《征求意见稿》也对“合格投资者”作出了统一的规定①。

针对资管行业中普遍存在的“畸形”履约方式——刚性兑付，《征求意见稿》作出了专门的规定。《征求意见稿》从刚兑行为的认定、打破刚兑的方法——资管产品净值化管理以及将对作出刚性兑付行为的金融机构进行处罚等方面进行了全方位规制，以期从根本上改变盛行已久的刚兑局面，帮助投资者（特别是自然人投资者）建立正确的金融投资意识。

而针对往往走入庞氏骗局的“资金池”业务，《征求意见稿》则明确规定资管产品的资金要“单独管理、单独建账、单独核算”，不得滚动发行。同时，《征求意见稿》还对资管产品错配期（封闭式资管产品不得低于90天）、穿透监管（向上穿透至终端投资者、向下穿透至底层资产、私募产品不得变相突破200人的投资人数限制）等作出了规定。

此外，《征求意见稿》还统一了资管产品的负债杠杆和分级杠杆（公募和开放式私募产品不得分级；分级私募产品的总资产不得超过该产品净资产的一定比例等）；禁止多层嵌套和通道业务（资管产品只能再投一级资管产品）；防范影子银行（风险准备金要求）等内容。

必须承认，《征求意见稿》贯彻了全国金融工作会议精神，以严防风险、服务实体经济为目标，就过度杠杆、多层嵌套、刚性兑付等在资管业务中长期存在的问题提出了具体管理要求。总体而言，《征求意见稿》在统一资管产品监管标准、加强投资者利益保护等方面，有着积极的意义和重要的作用。

---

① 此前，《信托公司集合资金信托计划管理办法》《证券投资基金法》《私募投资基金监督管理暂行办法》对“合格投资者”均有不同定义。

（三）市场反应

《征求意见稿》出台后，市场总体持支持态度。但是，不同类资产管理机构结合自身的产品特性，对《征求意见稿》提出了诸多意见。例如，就资管产品只能再投一层资管产品的规定，银行机构就认为，一层嵌套只能解决银行理财产品的主体问题，故在赋予银行理财产品市场主体地位之前，该规定实际上限制了银行理财产品的投资渠道；再如，就《征求意见稿》中仍保留的私募产品不得超过200人的限制，就有金融机构指出，在《征求意见稿》对“合格投资人”有明确定义的情况下，规定私募产品的投资人人数上限将是一种重复限制等。笔者认为，这些意见都存在一定的客观合理性。也正因为存在这些问题，《征求意见稿》的正式成稿出台必将经历一个反复讨论乃是监管与市场进行激烈博弈的过程。

（四）观察意见

纵观这几年资管业务，包括整个中国金融市场，其乱象丛生的一个重要的根本性原因是市场化和法治化的不足。市场化不足整体表现为金融产品的供应远远不能满足实体经济和广大投资者的具体投融资需求。具体而言，中国金融业的严格“牌照”制度，使得市场上的持牌机构总数偏少，主体结构也不合理，这就导致市场上出租牌照（即业务通道）现象普遍发生，导致社会资金成本总体增加；中国金融产业业务体量虽大，但整体效率不高，发展不均衡，金融产品种类和投资渠道仍然偏少，市场的多样性不足，容易跟风形成单向市场，累积整体风险，金融机构的自主风险控制意识不足，存在信用上绑架政府的潜意识（总以为出了问题，政府会出面救助）。这也是这么多年，中国金融市场一直存在的高成本、高杠杆的主要原因。

法治化的不足，首先表现在立法层面，包括基础法律制度的不足。例如，资管业务（产品）的法律关系一直没有统一的制度基础，除了信托业务和公募基金业务因存在《中华人民共和国信托法》和《中华人民共和国证券投资基金法》（以下简称《证券投资基金法》）的明确规定，是基于信托法律关系的业务，其他资管产品的法律基础（属于信托关系或委托关系）一直没有明确，使得金融机构在开展此等业务与金融机构自有资产投资业务时在权利归属、财务处理、税收、业务监管标准以及金融机构破产投资人保护等方面始终存在混乱现象，即使是同类金融机构，不同的实际做法也直接导致其开展业务的要求和标准的不一致。

其次，法治化的不足也反映在监管层面。中国的市场一直是政府强势监管的市场，监管机构时常会忽视法律的基本规定，轻视市场规律，过度行使监管权力，过度干预市场，乃至出现公权力限制市场主体的基本私权利的正常行使的现象，从而使得市场的内在机制不能正常运转，导致市场容易出现剧烈变化和波动。2015年的股灾从某种意义上讲就是由不当监管行为所致。同时，对于资管业务而言，从产品层面或产品的实际内涵角度看，不同类金融机构实际从事的是同类性质业务，但因分业经营、分业监管的基本框架还在，不同的监管标准及其差异还在，出现了诸多监管博弈现象和市场监管套利现象，最终使得资管业务市场整体乱象丛生，问题多多，风险累积。

因此，此次《征求意见稿》以产品为监管维度，旨在革除分业监管的弊端，统一监管标准，思路是完全正确的。但值得注意的是，面对纷杂多样的市场情况，监管部门需要提高监管水平，尊重市场内在规律，避免延续以往的监管措施“过激”“过猛”和“一刀切”风格，要保持监管制度和措施的适当弹性，从而避免因监管本身的不当而导致或触发市场的风险。例如，《征求意见稿》虽然就资管业务新规的实施设置了一个过渡期，但统一的过渡期实际不能满足不同金融机构的不同类别的资产管理产品顺利到期和接续的需求。还有，《征求意见稿》对于资管产品投资非标准化债权产品也作出了严格的规定（包括禁投行业、投资限额、风险准备金要求、流动管理标准等），但目前市场上的资管产品，特别是银行理财产品，大量投资于非标准化股权或债权产品，而这些非标准化产品恰恰是金融服务于实体产业以及企业最直接的方式。如果只为严格监管而忽视市场实际需求情况，则结果很有可能与“金融应服务于实体经济”的国家政策相悖。

综上，笔者认为，监管部门出台资管业务的《征求意见稿》是非常及时和必要的，目的也是非常好的，但需要充分吸取以往的监管经验，从市场实际情况出发，实事求是，遵循市场规律，最终使得资管业务市场得到良好规制，风险得到良性控制，以实现稳定可持续发展。

五、总结与展望

就金融争议案件的裁判处理，笔者在前四年的年度观察报告中，结合中国市场的裁判实践，提出了若干的观察、评论和建议，涉及金融交易/争议的定性、诉求的定量分析、交易行为的合规性、损失与违约及违规行为之间的因果关系、尊重创新、保护诚信等多方面问题。笔者认为，对这些问题的适当关注将直接关系着金融争议的裁判质量。尽管如此，笔者并不准备在今年的报告中加以重复。

为今年报告之目的，笔者认为有一个问题值得提出、讨论和分享，就是国家宏观经济政策的变化对金融裁判活动的影响问题。

应该说，中国的市场经济，特别是金融投资等领域，受制于政府的强势管理。而且，国家宏观监管政策的变化有时还会直接影响到法律的修订、实施和司法裁判的取向。或换言之，在金融投资等领域，司法裁判不仅仅是商事主体解决纷争的途径，还在一定程度上是国家实施宏观经济政策的工具。

比如，为了配合中央严格控制金融风险的宏观政策，2017 年 8 月 9 日，最高院就金融案件审批工作出台了《关于进一步加强金融审判工作的若干意见》（以下简称《若干意见》），指出："……对以金融创新为名掩盖金融风险、规避金融监管、进行制度套利的金融违规行为，要以其实际构成的法律关系确定其效力和权利义务。对以金融创新名义非法吸收公众存款或者集资诈骗，构成犯罪的，依法追究刑事责任。"这个指导裁判工作的《若干意见》具有明显的政策色彩。须知，早在 2012 年，当时的金融环境是鼓励金融创新，最高院为此出台了《关于人民法院为防范化解金融风险和推进金融改革发展提供司法保障的指导意见》（以下简称《指导意见》），要求"……人民法院在审查金融创新产品合法性时，对于法律、行政法规没有规定或者规定不明确的，应当遵循商事交易特点、理念和惯例，坚持维护社会公共利益原则，充分听取金融监管机构的意见，不宜以法律法规没有明确规定为由，简单否定金融创新成果的合法性，为金融创新活动提供必要的成长空间"。在当时而言，这个《指导意见》也同样具有显明的政策色彩。而且，从该两个意见的内容看，对同样是创新金融产品的态度有着明显的不同，2012 年的《指导意见》要求法院采取积极鼓励和保护金融创新、不轻易否认交易效力的态度，2017 年的《若干意见》则是带有要求法院采取限制和严格审视金融创新的态度。

由于政策相对是多变的，而法律相对是稳定的，而裁判通常依据的是法律而不是政策，所以裁判结果的可预期性和在相当长时间内的一致性是有保障的。然而，这只是一般情况下的理解，正如上文所引用部分所显示，中国的司法系统其实也是具有中国特色的，中国法院的裁判标准相对是可以做到随着宏观经济政策的不时变化而及时适应和变化，以使得商事裁判活动与国家的宏观经济的调整相协调。就此，不同市场背景和法律背景的人，看法和评价肯定会是不一样的。笔者在此不想否认这种裁判思路变化存在一定的现实合理性。笔者只是认为，无论是《指导意见》或是《若干意见》，在技术上都不构成具体的法律条文，不能成为直接适用的裁判依据，但是却会影响裁判的价值取向和裁判对交易事实性质的分析认定和最终处理。这不仅需要法官有良好的法律素养，还需要法官对市场交易的充分理解。特别是后者，应该说在具体司法实践中是有相当挑战的。甚至难免出现这样的结果，即不同知识背景和对市场及交易有不同理解的法官，对同类金融交易纠纷的处理，会有不同的乃至相反的认定和裁判处理，如此会对市场的正确引导和有序发展产生不利影响。这是非常值得注意的问题。

笔者认为，无论监管环境如何变化，裁判指导思想如何随着宏观政策的变化而出现调整，裁判的底线是保护诚信和实现实质意义上的公平正义。相对而言，在中国，就商事争议特别是涉及基础交易不时创新变化的金融投资争议处理而论，仲裁是一个不错的争议解决方式。因为，纠纷当事人可以选择有行业知识背景的专业人士担任仲裁员组成仲裁庭，确保纠纷的裁判是基于对交易的充分理解和准确定性，裁判的说理是基于对交易逻辑和法律逻辑的正确且是一致性的阐述，从而最终实现保护诚信、公平正义和定分止争。

中国知识产权争议解决年度观察（2018）

胡　科[①]

一、概述

2017年，我国正式进入“十三五”规划期间，国家层面出台的一系列政策，极大促进了我国知识产权事业的蓬勃发展。我国政府围绕加强知识产权保护，继续推动一系列重大部署，包括实施知识产权战略，健全技术创新激励机制，探索建立知识产权法院，加强知识产权保护等。[②]

2017年11月20日，十九届中央全面深化改革领导小组第一次会议通过的《关于加强知识产权审判领域改革创新若干问题的意见》强调，加强知识产权审判领域改革创新，要充分发挥知识产权司法保护主导作用，树立保护知识产权就是保护创新的理念，完善知识产权诉讼制度，加强知识产权法院体系建设，加强知识产权审判队伍建设，不断提高知识产权审判质量效率，优化科技创新法治环境。这为知识产权审判领域的改革和创新指明了努力的方向。[③]

2017年4月，最高人民法院（以下简称最高院）发布《中国知识产权司法保护纲要（2016—2020）》，这是最高院第一次针对专门审判领域制定发布的保护纲要，在总结30年知识产权司法保护“中国道路”经验的基础上，首次系统地、创新性地提出了知识产权司法保护发展要达到的8个目标，力争创造更多的知识产权司法保护“中国智慧”和“中国经验”。其中，建立协调开放的知识产权司法保

① 胡科，竞天公诚律师事务所合伙人。

② 蒋建科：“保护知识产权打出‘组合拳’（砥砺奋进的五年）”，载《人民日报》2017年10月12日，第1版。

③ “习近平：贯彻十九大精神 将改革推向深入”，载 http://www.court.gov.cn/fuwu-xiangqing-69532.html，访问时间：2018年2月20日。

护政策体系、均衡发展的知识产权法院体系、科学合理的知识产权损害赔偿制度体系等规划，均具有鲜明的中国特色。①2017 年 12 月，最高院发布《最高人民法院关于充分发挥审判职能作用为企业家创新创业营造良好法治环境的通知》，明确要求“建立以知识产权市场价值为指引，补偿为主、惩罚为辅的侵权损害司法认定机制，提高知识产权侵权赔偿标准”。一系列高额赔偿判决也受到热议。

同时，最高院总结推广北京、上海、广州知识产权法院的实践经验，2017 年批准在杭州、深圳等 11 个市设立跨区域管辖的知识产权专门审判机构，促进裁判标准、尺度和质量的统一，为知识产权的创造运用提供更好的裁判指引。同时按照知识产权审判的特点和规律，建立技术调查官制度，形成技术调查官与专家辅助司法鉴定、专家咨询多元化的技术事实查明机制，确保技术事实查明的中立性、客观性和科学性。②

专利方面，标准必要专利关涉知识产权与反垄断交叉领域的案件层出不穷，并因涉案企业知名度较高、案件赔偿金额巨大，屡屡成为舆论焦点。从西安西电捷通无线网络通信股份有限公司（以下简称西电捷通公司）诉索尼移动通信产品（中国）有限公司（以下简称索尼公司）、华为终端有限公司（以下简称华为公司）诉三星（中国）投资有限公司（以下简称三星公司）涉 4G 标准必要专利侵权案件，到高通公司与苹果公司之间的系列诉讼，标准必要专利成为 2017 年专利诉讼的最大热点。2017 年，全国专利行政执法办案总量 6.7 万件，同比增长 36.3%。其中，专利纠纷办案 2.8 万件（包括专利侵权纠纷办案 2.7 万件），同比增长 35%；查处假冒专利案件 3.9 万件，同比增长 37.2%。2017 年，国家知识产权局专利复审委员会共受理复审请求 34123 件，同比增长 160%；受理无效宣告请求 4565 件，同比增长 15%。③

著作权方面，同人作品所涉及的作品改编权、商品化权的问题持续升温，涉及网络游戏与著作权的案件也显著增加，如广州网易计算机系统有限公司（以下简称网易公司）诉广州华多网络科技有限公司（以下简称华多公司）侵害著作权及不正当竞争案等。

① “最高人民法院首次发布知识产权司法保护纲要”，载 http://www.chinacourt.org/article/detail/2017/04/id/2822912.shtml，访问时间：2018 年 2 月 20 日。

② 林广海：“人民法院知识产权司法保护工作取得显著成效”，载 https://mp.weixin.qq.com/s/IPCoZtfYqTZ5n9CFWVWuZQ，访问时间：2018 年 1 月 30 日。

③ “2017 中国专利统计数据”，载 http://www.iprchn.com/Index_NewsContent.aspx?NewsId=105310，访问时间：2018 年 1 月 30 日。

商标方面，2017 年商标申请量继续大幅增长，达到 5538980 件，注册件数为 2656039 件，持续居于世界首位。[①]2017 年 1 月至 11 月，国家工商行政管理总局商标局全系统共查处商标侵权假冒案件 2.1 万件，涉案金额 2.73 亿元（指人民币，下同），罚没金额 3.65 亿元。[②]关于商标恶意抢注的争议成为国家工商行政管理总局商标局、法院和学界关注的焦点问题之一。此外，在涉及跨境许可、平行进口以及商标合理使用等问题上，出现了"FENDI"商标案、"中国好声音"案等一批具有代表性的案例。

在不正当竞争领域，《中华人民共和国反不正当竞争法》（以下简称《反不正当竞争法》）的修改，特别是"互联网专条"的引入，对不正当竞争领域产生了重大影响。新类型的不正当竞争诉讼也不断涌现，包括广告屏蔽相关案件以及大数据、个人信息相关案件。

在知识产权与反垄断领域，与标准必要专利、音乐版权许可等相关的议题也引起了业内高度关注。2017 年 3 月 23 日，国务院反垄断委员会发布了《关于滥用知识产权的反垄断指南（征求意见稿）》，向社会公开征求意见，该文件规定了涉及知识产权的反垄断审查的一般原则，针对涉及知识产权的垄断协议、滥用市场支配地位、经营者集中以及其他滥用知识产权排除、限制竞争的情形进行了较为系统的规定，其有望成为处理反垄断和知识产权交叉领域的系统性规则。[③]

二、新出台的法律法规及规范性文件

在立法方面，知识产权与反不正当竞争法各个领域全面推进，并取得了重要的成果，出台了若干重要的司法解释和其他规范性文件。

（一）专利法

2017 年 2 月，国家知识产权局正式发布最新版《专利审查指南》，修改主要涉及实验数据的补充和无效宣告程序中专利文件的部分修改。此外，《中华人民共和国专利法》（以下简称《专利法》）第四次修改工作也正在广泛听取公众意见，

① 数据来源：国家工商总局商标局网，载 http://sbj.saic.gov.cn/sbtj/201801/W020180115580889959930.pdf，访问时间：2018 年 2 月 20 日。

② 李晶："2017 年商标权保护工作成效显著"，载《中国工商报》2018 年第 6 期。

③ 征求意见稿全文：商务部反垄断局网，载 http://fldj.mofcom.gov.cn/article/zcfb/201703/20170302539418.shtml，访问时间：2018 年 2 月 20 日。

初稿新增了网络环境下第三方专利侵权中网络服务提供者的法律责任问题等规定。《专利代理条例》的修订工作亦在进行之中。

各地法院也对新形势下专利诉讼中的重点难点问题作出了回应。例如，北京市高级人民法院（以下简称北京高院）于2017年4月颁布并实施了最新版的《专利侵权判定指南》，进一步完善了专利权利要求的解释原则和方法。针对目前标准必要专利案件激增的现状，该指南规范了标准必要专利的审理规则，引导当事人通过诚信谈判解决纠纷。其中，第152条第1款规定，在双方均无明显过错的情况下，只要被诉侵权人履行了最低交付义务，则对权利人要求停止侵权行为的主张一般不予支持。第153条第1款规定，在双方均有明显过错的情况下，将判断被诉侵权人对谈判中断是否承担主要责任，从而决定是否颁发禁令。双方过错的认定具体情形分别规定在第152条第2款和第153条第2款中。①

（二）著作权法

《中华人民共和国著作权法》（以下简称《著作权法》）第三次修改正在进行中，主要方向包括健全侵权法定赔偿、著作权集体管理制度、著作权登记制度、网络环境下确权、授权和交易规则等顶层设计，以加强《著作权法》与我国加入国际条约的衔接。②

（三）商标法

2017年1月，最高院出台《最高人民法院关于审理商标授权确权行政案件若干问题的规定》，主要针对法院审理商标确权授权案件的规范和程序要求作出规定。该司法解释细化了违反《中华人民共和国商标法》（以下简称《商标法》）第10条相关规定的认定规则及驰名商标保护的相关规定，并对认定商标显著性的方法和考量因素作出规定。此外，还对“在先权利”的认定及保护作出了规定。《中国知识产权争议解决年度观察（2017）》已针对这一内容进行了介绍。

（四）反不正当竞争法

最新修订的《反不正当竞争法》于2017年11月发布，主要修改内容如下：第一，完善“经营者”的定义，删除了对“经营者”的“营利性”要求，与《中

---

① 北京市高级人民法院《专利侵权判定指南（2017）》。

② 选摘自国家版权局《版权工作“十三五”规划》。

华人民共和国反垄断法》对“经营者”的规定基本一致，扩大了《反不正当竞争法》的适用对象；第二，新增对互联网领域利用技术手段实施不正当竞争行为的条款，以立法的形式明确了《反不正当竞争法》对互联网经营活动的规制；第三，增加禁止“组织虚假交易”的规定，为刷单、删除差评、虚构交易、开展虚假荣誉评比等行为的查处提供了法律依据；第四，修订完善“仿冒混淆行为”的规定，对仿冒他人有一定影响的商品名称、包装、装潢、企业名称、字号、商业活动的标识行为均作了规定，对打击仿冒混淆行为的规定更为全面和完善，实现了与《商标法》的有机衔接；第五，完善法律责任规定，加大了对不正当竞争行为的处罚力度，明确了拒绝、妨碍调查的法律责任，并创新性地将企业信用信息公示系统运用到商标和企业名称权利冲突的法律责任中。

（五）知识产权诉讼和仲裁程序

2017 年 3 月，国家知识产权局发布了《关于开展知识产权纠纷仲裁调解试点工作》的通知，重申了非诉争议解决机制在知识产权纠纷解决领域的重要作用，并提出以下三点要求：一要持续规范知识产权纠纷仲裁调解业务；二要加快构建知识产权纠纷仲裁调解人才培训、选拔工作体系；三要推动建设知识产权信息交流及案件受理平台。

三、典型案件

（一）GUI 专利侵权的判断标准

【案例 1】北京奇虎科技有限公司（以下简称奇虎公司）等与北京江民新科技有限公司（以下简称江民公司）侵害外观设计专利权纠纷①

【基本案情】

奇虎公司等起诉江民公司在其图形用户界面（Graphical User Interface，简称 GUI）中使用了其图形用户界面外观设计专利。

① 北京知识产权法院（2016）京 73 民初 276 号民事判决书。

【争议焦点】

本案焦点在于，原告专利产品是“带有……设计的电脑”，在被诉侵权软件不属于外观设计产品的范畴时，是否可以认定被告实施了侵犯原告GUI专利的行为。

【裁判观点】

北京知识产权法院于2017年12月25日作出判决，驳回原告全部诉讼请求。法院认为：首先，原告专利产品是“带有……设计的电脑”，并非软件；其次，被诉侵权行为是被告向用户提供被诉侵权软件的行为，因被诉侵权软件并不属于外观设计产品的范畴，相应地，其与涉案专利的电脑产品不可能构成相同或相近种类的产品；最后，本案也不存在帮助侵权，因为用户不存在直接侵权。

【纠纷观察】

本案为国内首例GUI外观设计专利侵权案件。国家知识产权局虽然在第68号令中引入“图形用户界面的产品外观设计”的规定，但该规定中的具体内容均是在现有外观设计专利制度框架下做出的适应性调整。因此，在对该新类型外观设计并无专门侵权认定规则的情况下，有关专利的审理仍适用现有的外观设计侵权规则，因而GUI外观设计的保护必须同时考虑产品和设计两个方面。但是，舆论大多支持外观专利所保护的客体不应仅仅局限于整体产品，而应延及产品的局部。

本案判决结果引起社会舆论的热议，学者呼吁制定GUI专利的特殊侵权判断标准。消费者将GUI外观设计作为是否购买产品的关键考虑因素时，更多关注的是显示屏部分的设计而不是整个产品的外观——尤其是在硬件部分趋于一致性的情况下。因此，一味强调“整体观察”产品及其图形用户界面的做法不符合GUI外观设计专利的理念。

（二）间接侵权行为的认定、标准必要专利的FRAND谈判

【案例2】西电捷通公司诉索尼公司发明专利侵权案[①]

【基本案情】

2015年8月，西电捷通公司认为索尼公司生产、销售的手机产品侵犯其享有的ZL02139508.X号“一种无线局域网移动设备安全接入及数据保密通信的方法”发明专利权，向北京知识产权法院提起诉讼。

---

① 北京知识产权法院（2015）京知民初字第1194号民事判决书。

【争议焦点】

本案的核心争议焦点为：（1）涉案专利需要通过终端MT、接入点AP和认证服务器AS三个物理实体方能实施，被告制造、销售手机仅包含终端MT，其行为是否构成间接侵权？（2）被告手机中实现WAPI（无线局域网鉴别和保密基础结构，Wireless LAN Authentication and Privacy Infrastructure，简称WAPI）功能的芯片由芯片厂商提供，而芯片厂商得到了原告的许可，原告的专利权是否已经用尽？（3）在原告的涉案专利已经被纳入国家强制标准，且原告承诺进行合理无歧视专利许可的情况下，是否适用“停止侵权”的救济方式？

【裁判观点】

2017年3月22日，北京知识产权法院作出一审判决，判决被告立即停止侵犯原告涉案专利权，同时支持原告“以许可费的3倍确定赔偿数额”的主张。目前该判决尚未生效。

一审法院认为：（1）被告明知被控侵权产品中内置有WAPI功能模块组合，且该组合系专门用于实施涉案专利的设备，未经原告许可，为生产经营目的将该产品提供给他人实施涉案专利，该行为构成帮助侵权；（2）在我国现行法律框架下，方法专利的权利用尽仅适用于“依照专利方法直接获得的产品”的情形，单纯的“使用方法专利”并不存在权利用尽的问题，而涉案专利为使用方法专利；（3）被告拒绝进行FRAND（公平、合理、无歧视，Fair, Reasonable and Non-Discriminatory，简称FRAND）谈判的理由不合理，存在恶意拖延FRAND谈判的情形，应当适用“停止侵权”的救济方式。

【纠纷观察】

本案因为涉及WAPI国家强制标准，是近年颇受关注的标准必要专利侵权诉讼之一。本案最受关注的是法院关于分离式间接侵权认定的论述，为由用户实施“全面覆盖”的多主体专利侵权的成立提供了法律基础。法院指出：“一般而言，间接侵权行为应以直接侵权行为的存在为前提。但是，这并不意味着专利权人应该证明有另一主体实际实施了直接侵权行为，而仅需证明被控侵权产品的用户按照产品的预设方式使用产品时将全面覆盖专利权的技术特征即可，至于该用户是否要承担侵权责任，与间接侵权行为的成立无关。如果机械适用‘间接侵权行为应以直接侵权行为的存在为前提’，将导致涉及用户的使用方法专利不能获得法律保护，有违专利法针对该类使用方法授予专利权的制度初衷。”

另外，针对标准必要专利侵权的特殊问题，判决将FRAND承诺的法律性质界定为单方法律行为，明确承认了其约束力，并对权利用尽规则、损害赔偿计算模式等问题进行了阐释，这对标准必要专利的许可实践和争议解决都具有指引作用。

（三）商品化权作为商标注册中的“在先权利”

【案例3】上海游奇网络有限公司（以下简称上海游奇公司）诉国家工商总局商标评审委员会（以下简称商标评审委员会）商标权无效宣告请求行政纠纷案①

【基本案情】

《笑傲江湖》系著名作家金庸于1969年创作完成的一部武侠小说作品，“葵花宝典”系该小说中虚构的一部最高级别的武学秘籍名称。2008年后，金庸授权完美世界相关公司在中国大陆地区独家利用《笑傲江湖》作品及小说元素改编开发、发行、运营游戏软件产品。

上海游奇公司于2012年提出诉争第10572048号“葵花宝典”商标的注册申请，于2013年核准注册，核定使用服务为第41类：在计算机网络上提供在线游戏等。2015年，完美世界对诉争商标提出无效宣告申请。商标评审委员会经审理，宣告诉争商标无效。上海游奇公司针对商标无效决定对商标评审委员会提起了行政诉讼。

【争议焦点】

本案焦点在于，“葵花宝典”作为金庸小说作品《笑傲江湖》中武学秘籍的特有名称，能否构成受保护的“商品化权益”阻却诉争商标的注册。

【裁判观点】

少数意见认为：“葵花宝典”具有较高知名度，相关公众能够将“葵花宝典”与《笑傲江湖》及金庸产生关联。诉争商标申请注册的第41类“在计算机网络上提供在线游戏”等服务是武侠小说作品通常可能涉及的衍生服务行业，诉争商标使用在前述服务上，容易使相关公众误认为其与金庸存在特定联系，损害了“葵花宝典”的在先商品化权益。

多数意见认为：“商品化权益”适用对象为具有较高知名度的作品名称和作品中的角色名称，能否适用于“作品中的作品名称”应持审慎态度。“葵花宝典”随着《笑傲江湖》的广泛传播而为公众所熟知，因此日渐成为一种流行的词汇，可

---

① 北京知识产权法院（2017）京73行初2800号行政判决书。

以用来指代从事某一工作或任务的高级攻略或手册。此种情形下，如果仍将《著作权法》中不属于保护对象的虚拟作品名称纳入在先“商品化权益”的保护范畴，一定程度上损害了社会公众对法律的合理预期利益并限制了公众的表达自由。因此，“葵花宝典”不能作为在先“商品化权益”给予保护。

无论是按照合议庭少数意见还是多数意见，商标评审委员会作出的被诉裁定均存在部分事实认定不清，部分法律适用错误的问题，法院因此撤销被诉裁定、责令商标评审委员会重新作出裁定。目前尚不清楚该判决是否已生效。

【纠纷观察】

“商品化权益”源于“角色形象和名称”的保护需求。我国法律中尚未明确规定“商品化权益”，但司法实践中已经出现将“商品化权益”作为“在先权利”给予保护的案例。2017 年《最高人民法院关于审理商标授权确权行政案件若干问题的规定》第 22 条第 2 款首次在司法解释的层面明确了，如果将作品名称、作品中的角色名称作为商标注册容易导致混淆和误认，对该等作品名称、角色名称的“商品化权益”可以作为在先权益给予保护。

本案多数意见在认可“商品化权益”作为阻却商标注册的“在先权利”的基础上，考虑了特定作品名称经过社会公众广泛使用而产生第二含义的情况，以作品名称与著作权人及其作品之间是否存在稳定的指向关系，作为判断是否应当将特定名称作为“在先权利”予以保护的标准。这一意见对“商品化权益”的适用进行了适当的限制，有利于在遏制商标申请注册制度带来负面效应的同时，保护社会公众对法律的合理预期利益和公众的表达自由。

（四）商标合理使用的判断标准

【案例 4】芬迪爱得乐有限公司（以下简称芬迪公司）诉上海益朗国际贸易有限公司（以下简称益朗国际公司）、首创奥特莱斯（昆山）商业开发有限公司（以下简称首创奥特莱斯公司）侵害商标权及不正当竞争纠纷[①]

【基本案情】

原告芬迪公司经营的知名奢侈品品牌“FENDI”（中文译名为芬迪）在我国

---

① 一审：上海市浦东新区人民法院（2016）沪 0115 民初 27968 号民事判决书；二审：上海知识产权法院（2017）沪 73 民终 23 号民事判决书。

境内办理了商标注册，并通过推广、经营获得较高知名度。原告发现，被告首创奥特莱斯公司经营的奥特莱斯商场中有店铺未经授权，在店招、外墙等处使用了“FENDI”商标。涉案店铺由益朗国际公司经营。原告认为该行为侵犯其商标享有的注册商标专用权并构成不正当竞争，遂诉至上海市浦东新区人民法院（以下简称上海浦东新区法院），该院一审判决驳回原告全部诉讼请求，芬迪公司上诉至上海知识产权法院。二审法院于2017年7月作出判决，判令益朗国际公司立即停止对商标“FENDI”的注册商标专用权的侵犯，以及擅自使用芬迪公司企业名称的不正当竞争行为，同时判令两被告共同赔偿芬迪公司经济损失及合理支出35万元。

【争议焦点】

本案争议焦点是被告在销售合理获得的正牌产品时，未经产品商标所有人同意，对注册商标进行使用是否构成基于善意目的的合理使用。

【裁判观点】

法院认为，基于善意目的合理使用商标，要求相关公众仅根据该使用行为本身就足以作出清晰判断，而不会产生误认。在本案中，相关公众在施以一般注意义务的情况下，均会得出涉案店铺由芬迪公司经营或者经芬迪公司授权经营的认知，商标使用显然已经超过了说明、描述自己经营商品的必要范围。综上，该院认为在涉案店铺店招上单独使用“FENDI”标识并不属于基于善意目的的合理使用。

【纠纷观察】

本案涉及商标合理使用的认定标准问题。二审法院结合案情，对于相关公众“误认”的概念进行了解读，认为被告销售的虽然并非侵权商品，但是在店铺招牌上使用原告的商标应当遵守比例原则，以描述、说明自己经营的商品的需要为限，超出比例则不构成合理使用。这一判断标准有利于指引销售商合理使用相关品牌商标。

（五）音乐喷泉表演的著作权

【案例5】北京中科水景科技有限公司（以下简称中科水景公司）与北京中科恒业中自技术有限公司等侵害著作权纠纷案[①]

【基本案情】

原告中科水景公司于2013年完成青岛世界园艺博览会天水喷泉项目的设计及喷泉编曲工作，被评为中国十大音乐喷泉。西湖管理处对杭州西湖音乐喷泉进行整体改造过程中，到青岛实地参观考察，并索要了天水喷泉的详细设计图纸等详细资料。后原告发现西湖音乐喷泉表演效果，与天水喷泉项目所创作的音乐喷泉喷射效果完全一致，遂以侵犯著作权为由将被告诉至法院。

【争议焦点】

本案争议焦点在于音乐喷泉的表演是否可以被认定为作品，是否受我国著作权法保护。法院认为，音乐喷泉应受著作权法的保护，但并未明确音乐喷泉属于现行著作权法体系下的哪一作品类型。

【裁判观点】

法院认为，虽然著作权法规定的具体作品类型中，并无音乐喷泉作品或音乐喷泉编曲作品这种作品类别，但这种作品本身确实具有独创性，整个音乐喷泉作品进行舞美、灯光、水型、水柱跑动等方面编辑、构思并加以展现的过程，是一个艺术创作的过程，这种作品应受到著作权法的保护。本案还确定了音乐喷泉构成著作权侵权的标准，即“接触+实质性相似”规则。

【纠纷观察】

“音乐喷泉案”再次暴露现有立法难以满足作品保护需求的缺陷，《著作权法》中涉及作品定义的法律条文亟待完善。法院在实践中从实际需要和著作权法立法目的出发，将音乐喷泉作为一种新类型的作品客体加以保护，体现了对著作权制度的深入理解和创新的态度和勇气，在一定程度上克服了立法的局限性。

修订中的《著作权法》草案亦在作品的概念等方面作出了较大努力，如将原来的“电影作品和以类似摄制电影的方法创作的作品”改为“视听作品”，从而更具包容性和开放性。

---

① 北京市海淀区人民法院（2016）京0108民初15322号民事判决书。

（六）视频游戏的网络直播

【案例6】网易公司诉华多公司侵害著作权及不正当竞争纠纷①

【基本案情】

网易公司发现华多公司经营的YY游戏直播网站等平台上存在直播其拥有著作权的电子游戏作品《梦幻西游2》。与华多公司交涉无果后，网易公司向广州知识产权法院提起著作权侵权和不正当竞争诉讼。

【争议焦点】

本案的争议焦点是，游戏过程中显示的游戏画面的法律性质与权利归属；专业的游戏直播平台组织主播对游戏画面进行直播的行为是否构成对游戏画面著作权的侵权；若构成著作权侵权，是否能以“合理使用”进行抗辩。

【裁判观点】

2017年10月24日，广州知识产权法院作出一审判决，认定华多公司开设直播窗口，组织人员直播涉案电子游戏的行为，侵害了网易公司对其游戏画面作为类电影作品享有的著作权，判决华多公司立即停止侵权，赔偿网易公司经济损失2000万元。

法院认为：（1）游戏画面构成类电影作品，且著作权归属于游戏软件权利人。涉案电子游戏在被用户操作而运行时，形成一系列有伴音或无伴音的连续画面，且游戏的创作过程与“摄制电影”的方法类似，故涉案电子游戏的运行画面可认定为类似摄制电影的方法创作的作品。又因为用户只是在游戏预设范围内进行操作，对动态画面的形成无著作权法意义上的创作行为，故作品应归属于游戏软件的著作权人。（2）直播行为落入著作权的控制范围。直播时，用户操作所呈现的连续画面被通过信息网络，以直播窗口的形式实时播放，为网页观看者所感知。直播行为可归入“应当由著作权人享有的其他权利”的调整范围。（3）以“合理使用”抗辩不能成立。游戏画面不因“过关”等递进追求而丧失基本价值，针对游戏画面本身不存在转换性使用；且从现行法律的适用角度，游戏直播不属于《著作权法》第22条规定的任何一种“合理使用”的情形。

华多公司提起上诉，判决尚未生效。

---

① 广州知识产权法院（2015）粤知法著民初字第16号民事判决书。

【纠纷观察】

该案涉及游戏厂商与直播平台之间的重大利益分配，其判决结果可能会引起整个游戏直播产业的重大变革。该案同时也在学术界引发了广泛的热议。

关于游戏直播行为的性质，本案判决认为网络直播行为不属于通过放映机、幻灯机等技术设备公开再现类电影作品，也不属于以无线方式、有线方式、扩音器或类似工具向公众传播广播，不受放映权或广播权的控制，而是采用兜底条款中的“其他权利”进行处理。有观点认为，直播平台虽然可能在游戏画面的基础上添加解说内容、弹幕、音效等，但直播行为仍然复制了整个游戏画面，从而落入复制权的范畴，但本案未就此进行讨论。

关于直播行为是否构成“合理使用”，本案法院从转换性和条文封闭性两个角度出发，否认了“合理使用”的抗辩。判决认为，游戏技巧和战果展示并不能否认游戏画面本身的审美价值，在游戏画面本身的传播上不存在转换性使用。有专家认为，将游戏市场定义为“游戏玩家购买 / 下载游戏所产生的交易市场”并以此来判断直播行为的转换性高低具有逻辑错误，因为产品市场的定义被进行了不当限缩。游戏画面、视频固然是游戏的核心要素，但根据游戏视频、画面制作周边、拍电影、做直播都应包含在“游戏市场”之中。所以，以此判断直播行为具有高度转换性不能成立。

2017 年是网络游戏直播快速发展的一年，巨大的盈利空间使得各方的权益划分变得尤为重要，相关的争议和纠纷也纷至沓来。而相关的法律问题却还没有确定的结论。相信不断出现的案件和相应的判决会使该领域的诸多争议点逐渐明朗。

（七）云服务器提供者的侵权法律责任

【案例 7】北京乐动卓越科技有限公司（以下简称乐动卓越公司）诉阿里云计算有限公司（以下简称阿里云公司）侵害信息网络传播权纠纷案①

【基本案情】

乐动卓越公司作为移动端游戏《我叫 MT Online》的著作权人，发现某网站提供《我叫 MT 畅爽版》的下载及充值服务。经比对，乐动卓越公司认定上述游戏系侵权人非法复制的《我叫 MT Online》数据包。乐动卓越公司利用分析软件锁定

① 北京市石景山区人民法院（2017）石民（知）初字第 8279 号民事判决书。

侵权游戏数据存储并运行于阿里云公司的云服务器之中。乐动卓越公司先后两次致函阿里云公司，要求其删除相关内容，并提供服务器租用人信息，阿里云公司拒绝了相关要求。乐动卓越公司遂以阿里云公司构成共同侵权为由，向北京市石景山区人民法院（以下简称北京石景山法院）提起诉讼。

【争议焦点】

本案争议焦点是，阿里云公司作为服务器提供商，对于服务器使用者的侵权行为承担何种法律责任。

【裁判观点】

一审法院认为，阿里云公司作为网络服务提供者，虽不具有事先审查被租用服务器所存数据是否侵权的义务，但在他人的重大利益因其提供的网络服务而受到损害时，其应当采取必要、合理、适当的措施积极配合权利人维权，防止权利人的损失持续扩大。纵观全案，从乐动卓越公司首次发出通知到诉讼中阿里云公司首次采取相关措施，时间长达 8 个月，远远超过了合理的反应时间。阿里云公司未能意识到损害后果，故主观上存在过错，客观上又导致损害后果的持续扩大，依据《中华人民共和国侵权责任法》（以下简称《侵权责任法》）第 36 条之规定，阿里云公司应当就损失扩大部分承担法律责任。

一审判决作出后，阿里云公司不服并向北京知识产权法院提起上诉，该判决尚未生效。

【纠纷观察】

本案是首例针对云服务器提供者的侵权责任进行认定的案件，影响深远，值得关注。本案的认定过程有两个难点，首先，是如何对阿里云公司进行法律定性，也即根据阿里云公司的业务内容与结构，判断阿里云公司是否属于网络存储空间提供者或网络服务提供者。准确的定性是准确适用相关法律条文的前提。法院认定，阿里云公司属于网络服务提供者，否定了阿里云公司提出的其为网络基础设施提供者的抗辩，为适用《侵权责任法》第 36 条“通知—移除”规则作了铺垫。

对于云储存服务的法律性质，有学者表达了不同的看法，认为阿里云公司作为网络底层基础设施提供者，仅具有服务器租用、托管以及一些基础增值业务，且阿里云公司所获经营牌照为互联网数据中心（IDC）业务牌照，明显区别于一般网络服务提供者，故不应当适用“通知—移除”规则。

其次，在适用“通知—移除”规则的前提下，如何对阿里云公司的合理注意义务与必要措施作出具体界定，以与其控制能力相符合。并且，针对不同程度的侵权行为，注意义务和必要措施也应有所差异。针对本案，涉案数据具有非常明显的侵权可能性，达到了一般理性人能够判断的程度；根据阿里云公司的用户服务协议，阿里云公司甚至具有在特殊条件下断开链接、删除数据的控制能力。因此阿里云公司至少应当通知涉案数据的相关人并对投诉者给予及时的信息反馈。但是阿里云公司未在合理时间内做出任何积极配合维权的必要措施。法院由此判定阿里云公司具有过错，应当就损失扩大部分承担责任。

本案必将对今后同类案件的判决产生深远影响，二审的判决结果也值得期待。

（八）对其他经营者网站的用户原创内容（UGC）的正当使用界限

【案例8】上海汉涛信息咨询有限公司（以下简称汉涛公司）诉北京百度网讯科技有限公司（以下简称百度公司）不正当竞争纠纷案①

【基本案情】

“大众点评网”的经营者汉涛公司向上海浦东新区法院提起诉讼，诉称百度公司实施了以下不正当竞争行为：（1）在百度地图、百度知道中大量抄袭、复制“大众点评网”中的用户点评信息，直接替代“大众点评网”向用户提供内容；（2）擅自使用“大众点评”知名服务特有名称；（3）在新浪微博相关回复中虚假宣传，称双方存在合作关系。

2016年5月26日，上海浦东新区法院作出一审判决，认定百度公司大量抄袭、复制“大众点评网”用户点评信息的行为构成不正当竞争。百度公司不服，向上海知识产权法院提起上诉。

【争议焦点】

本案争议焦点为：百度公司实施的被诉行为，是否导致汉涛公司的利益受到损害，是否违反诚实信用原则和公认的商业道德，应根据《反不正当竞争法》第2条认定为不正当竞争行为。

【裁判观点】

2017年8月30日，上海知识产权法院作出终审判决，驳回上诉，维持原判。法院认为，汉涛公司通过长期经营“大众点评网”积累了大量的用户原创点评信息。百度地图和百度知道两款产品在用户搜索商户时，对点评信息进行大量的原

① 一审：上海市浦东新区人民法院（2015）浦民三（知）初字第528号民事判决书；二审：上海知识产权法院（2016）沪73民终242号民事判决书。

文显示。用户阅读这些点评信息后已无需再跳转至大众点评网，已经构成对“大众点评网”的实质性替代，因此必然会使汉涛公司的利益受到损害。

用户的点评信息是汉涛公司通过巨大投入所获取的劳动成果，是重要的商业资源和竞争优势。如果不加节制地允许其他市场主体任意使用，将不利于鼓励商业投入、产业创新和诚实经营，最终损害健康的竞争机制。本案中，百度公司在使用汉涛公司的点评信息时，本应当遵循“最少、必要”的原则，但百度公司在明显可以采取对汉涛公司损害更小的方法时，选择对点评信息进行全文展示，超过了必要的限度，违背了公认的商业道德。

【纠纷观察】

本案是用户原创内容（User Generated Content，简称 UGC）领域不正当竞争的典型案例。法院对作为互联网经营者劳动成果的用户原创内容的法律性质进行了界定，并强调了其他经营者在使用时应当遵守的原则和受到的限制。法院认为，“模仿自由”以及使用或利用不受法定权利保护的信息是基本的公共政策，也是一切技术和商业模式创新的基础，但是，如果不加节制地允许其他经营主体利用他人的劳动成果，又会损害良好的竞争机制。因此，经营主体在使用其他主体的用户原创信息时应当遵循“最少、必要”的原则，在不得不使用其他主体的劳动成果时，以“必要”作为标准，避免通过利用其他经营主体的用户内容而构成对其服务的“实质性替代”，以实现保护市场良性的竞争机制和发展状态。

本案法院的论述对 UGC 领域的不正当竞争判定作出了很好的诠释，对未来此类案件的审判提供了重要的参考。

（九）知名商品特有名称、包装、装潢的归属

【案例 9】加多宝（中国）饮料有限公司（以下简称加多宝公司）、广州王老吉大健康产业有限公司（以下简称王老吉大健康公司）擅自使用知名商品特有名称、包装、装潢纠纷案[①]

【基本案情】

加多宝公司为香港鸿道集团投资设立，而王老吉大健康公司为广药集团全资子公司。2000 年 5 月，广药集团与香港鸿道集团签订协议，许可鸿道集团使用其商标“王老吉”，范围为生产及销售红色罐装凉茶。香港鸿道集团通过长期投放

① 最高院（2015）民三终字第 2 号民事判决书。

广告等手段，不断为红罐“王老吉”积累商誉，且红罐“王老吉”曾蝉联2008—2012年罐装饮料市场销售额第一名。

许可期限届满后，广药集团将“王老吉”商标许可给王老吉大健康公司，用于生产、销售红色易拉罐“王老吉”凉茶。2012年7月，加多宝公司和王老吉大健康公司及广药集团分别提起诉讼，互诉对方侵犯其知名商品特有包装装潢。最高院指定广东省高级人民法院（以下简称广东高院）管辖并合并审理，并于2013年5月一审判决加多宝公司败诉。加多宝公司不服，上诉至最高院。

【争议焦点】

本案焦点为涉案知名商品红罐“王老吉”的特有包装装潢——红色底色和竖排黄色字体“王老吉”等色彩、图案及其排列组合在内的整体内容的权益归属。

【裁判观点】

法院认为，因广药集团及其前身和加多宝公司及其关联企业，均对涉案包装装潢权益的形成、发展及商誉建树发挥了积极作用。若将涉案包装装潢权益完全判归一方所有，会导致显失公平的结果，并可能损及社会公众利益。最高院判决该包装装潢权益由广药集团与加多宝公司在遵循诚实信用原则，尊重消费者认知并且不损害他人合法权益的前提下共同享有。

【纠纷观察】

本案被誉为“中国包装装潢第一案”，其实质核心在于产品的“商标”与“包装装潢”是否能够分离。加多宝公司认为，广药集团混淆了“商标”和“装潢”，装潢权自始至终归属于加多宝公司。广药集团则认为两者不可分割，“王老吉”商标被回收时，其红罐装潢应当一并被回收。广东高院认为，此案中装潢不能脱离于商标单独存在，故应当归属于广药集团。学术界对此亦争论不休，有学者持“后发商誉论”，主张红罐装潢由于“后发使用显著性”而知名，应当归属于其打造者加多宝公司。有学者则认为红罐装潢的核心即是“王老吉”商标，特有性也由“王老吉”商标带来，若分离必将导致消费者混淆。

最高院的判决则充分考量和尊重了纠纷形成的历史成因、装潢的使用现状、消费者的认知等因素，以维护诚实信用、尊重客观事实为基本原则，在尊重双方积极贡献的基础上，认可了加多宝公司做出贡献的价值。同时督促双方本着谅解、合理避让的精神，秉持企业应有的社会责任，珍视经营成果，为消费者提供更优质的产品。最高院这一判决，以解决纠纷为终极目标，有利于鼓励市场主体遵守诚实信用、进行公平竞争。

（十）大数据、个人信息引发的互联网不正当竞争纠纷

【案例10】北京微梦创科网络技术有限公司（以下简称微梦公司）与京淘友天下技术有限公司（以下简称淘友公司）不正当竞争纠纷案①

【基本案情】

微梦公司是新浪微博的运营商，而淘友公司是一款基于移动端的人脉社交应用“脉脉”的运营商。双方曾签订《开发者协议》，合作结束后，微梦公司发现淘友公司继续不当使用新浪微博用户信息，导致用户信息泄露和商业竞争利益受损。经两审终审，法院认定淘友公司构成不正当竞争行为。

【争议焦点】

本案争议焦点是淘友公司“获取、使用新浪微博用户信息的行为”“使用脉脉用户手机通讯录联系人与新浪微博用户对应关系的行为”是否构成不正当竞争。

【裁判观点】

法院认为，在开放平台（Open Application Programming Interface，简称 Open API）开发合作模式中，第三方通过 Open API 获取用户信息时应坚持“用户授权”+“平台授权”+“用户授权”的三重授权原则。淘友公司未经新浪微博用户的同意及新浪微博的授权，获取、使用脉脉用户手机通讯录中非脉脉用户联系人与新浪微博用户对应关系的行为，违反了诚实信用原则及公认的商业道德，破坏了 Open API 的运行规则，损害了互联网行业合理有序公平的市场竞争秩序，损害了新浪微博的竞争优势及商业资源，其行为构成不正当竞争行为。

【纠纷观察】

“微博诉脉脉案”作为大数据引发的互联网不正当竞争纠纷的典型案例，对大数据时代个人信息的保护具有重要警示意义。大数据时代更需要严格规范社交软件或平台的数据交换协议。

本案中，法院首次明确了 Open API 开发合作模式中“三重授权原则”。该原则立足于以下个人信息保护领域的基本公共政策：保护个人信息是整个大数据利用的前提与基础；大数据利用不可能突破个人信息保护这一基本前提；在涉及用户个人信息的情况下，用户明确、清晰的授权，是必要的前提。

---

① 一审：北京市海淀区人民法院（2015）海民（知）初字第24983号民事判决书；二审：北京市高级人民法院（2016）京73民终588号民事判决书。

（十一）通过仲裁程序解决知识产权争议

【案例 11】“中国好声音”相关权属仲裁案

【基本案情】

“中国好声音”成为现象级综艺节目之后，风波不断，前四季节目制作者灿星工作室、播出平台浙江卫视与荷兰版权方 Talpa 及新签约的制作公司唐德影视之间出现一系列纷争。

【仲裁结论】

针对灿星与 Talpa 就“中国好声音”等相关知识产权的权属提交的仲裁争议，香港国际仲裁中心于 2017 年 2 月 27 日作出裁决，裁定灿星方违反许可协议，Talpa 拥有授权协议中定义的所有知识产权专属性权利，包括对“the Voice of China”、拼音“zhong guo hao sheng yin”和汉字“中国好声音”的本地名称权，对原始标识、本地标识以及不适当注册或使用形成的标识的商标权和类似权利，对前四季“中国好声音”产生的音视频素材的权利，以及对网站 www.chvoice.com 的域名权等。这意味着前四季的制作者和播出平台，均不得再使用任何与“中国好声音”相关的知识产权制作新的综艺节目。

【纠纷观察】

仲裁作为知识产权纠纷的争议解决方式，存在一定的天然优势。首先，技术和商业模式的生命周期越来越短，仲裁程序一裁终局的高效性更有利于保护知识产权的市场价值。其次，知识产权交易趋于国际化，通过仲裁解决跨境知识产权纠纷，较之诉讼更有利于得到域外当事人的认可，裁决结果也更容易得到承认和执行。最后，仲裁保密性强的特点，也有利于纠纷处理过程中排除外界干扰。

四、热点问题观察

（一）标准必要专利

2017 年发生的西电捷通公司诉索尼公司涉 WAPI 标准必要专利侵权案件[①]和华为公司诉三星公司涉 4G 标准必要专利侵权案件[②]，是继华为公司诉美国 IDC 公

① 北京知识产权法院（2015）京知民初字第 1194 号民事判决书。

② 深圳知识产权法院（2016）粤 03 民初 816、840 号民事判决书。

司判决之后，标准必要专利（Standard-Essential Patent，简称 SEP）这一热点领域由中国法院作出的重要判决，引起了广泛的关注和讨论。

SEP 指的是执行技术标准时必须实施的专利。当技术标准具有法律上或者事实上的强制性时，获得 SEP 许可就实质上成为了专利实施者进入市场的必要条件。因此标准制定组织通常会要求 SEP 专利权人在标准制定过程中披露其专利并作出 FRAND 承诺，即承诺以“公平、合理、无歧视”的条件对专利实施者给予专利许可。

SEP 相关的争议解决，常常围绕 FRAND 原则进行。例如，华为公司诉三星公司涉 4G 标准必要专利侵权案件，其核心争议点即为双方在专利许可磋商过程中，是否在遵守 FRAND 原则方面具有过错，这会对适用停止侵害的救济措施与否产生实质性影响。依据《最高人民法院关于审理侵犯专利权纠纷案件应用法律若干问题的解释（二）》（以下简称《专利侵权解释（二）》）第 24 条之规定，法院最终认定三星公司恶意拖延许可谈判，违反 FRAND 原则，具有明显过错，判令三星公司停止侵害华为公司的相关专利。

北京高院于 2017 年 4 月颁布了修订后的《专利侵权判定指南》，其中对标准必要专利作了较大篇幅的规定，从而有益地补充了《专利侵权解释（二）》的空白之处。

具体而言，《专利侵权解释（二）》第 24 条第 2 款规定，在标准必要专利许可协商过程中，专利权人违反 FRAND 原则而实施方无明显过错的情况下，法院不应颁发禁令。由于“明显过错”较难证明，为防止此条被用于“反向劫持”SEP 专利权人，《专利侵权判定指南》第 150 条要求实施方在许可协商的过程中应当遵守诚实信用原则积极进行配合，从而明确了协商双方的对等义务。《专利侵权判定指南》第 152 条、第 153 条则补充规定了在双方均无过错，或双方均存在过错时，禁令的颁发原则，同时对 FRAND 原则下双方的具体义务进行了细化规定，明确了法院对“过错”的判断标准。另外，《专利侵权判定指南》多处规定都体现了对行业惯例的尊重，都明确赋予了行业惯例“准法律”的价值和地位，以行业惯例来指引双方的许可谈判。

SEP 的许可费计算也是 SEP 争议解决中的焦点问题。SEP 的许可费确定应当符合 FRAND 原则，但是原则的规定过于模糊，法律亦没有给出具体的判断标准，许可谈判的双方因为利益冲突往往难以达成一致，导致许可谈判往往进行数年而无果；而在确定 SEP 侵权损害赔偿时，原告的损失和被告的获利情况一般也难以举证。可见 SEP 的许可费确实是 SEP 争议解决中的核心问题之一。

专利许可费的计算本质上是专利价值的评估问题。《专利侵权解释（二）》第24条规定，人民法院在确定实施许可条件时，应当综合考虑专利的创新程度及其在标准中的作用、标准所属的技术领域、标准的性质、标准实施的范围和相关的许可条件等因素。而对于具体计算方法，从先前的国际实践来看，在微软公司诉摩托罗拉公司专利侵权案[①]以及华为公司诉美国IDC公司案[②]中，法院判定FRAND许可费率主要采取了可比许可协议的方法，而在处理Innovatio公司和数家企业间的专利诉讼案时，法院则采取了公式法计算专利许可费率。

我国法院在如何处理SEP争议解决方面已经进行了不少探索，并结合国际实践，形成了涉SEP专利和反垄断争议解决的基本规则体系。标准必要专利纠纷在我国得到公正高效的解决，能够为国际审理该类案件提供司法先例经验，更有利于营造我国公平的市场竞争环境，有助于对国内外知识产权人合法权益的平等保护。

（二）文学作品人物形象的著作权保护

人物形象以及人物之间的关系是一部文艺作品的核心元素，是情节发展的基石。一部优秀的文艺作品往往能够塑造令人难以忘怀的人物形象，也正是由于这种辨识度使得知名作品的人物形象受到游戏厂商等其他创作者的青睐。对文学作品的人物形象的使用是否构成著作权侵权，是最近几年的一个热点。

在之前的诸多类似案件中，法院主流观点认为：由于离开作品情节的人物名称与关系等要素过于简单，难以作为表达受到著作权法的保护。因此，是否构成对改编权的侵犯，关键在于被控侵权作品使用人物名称、关系等要素所呈现出的故事情节是否与原告作品的故事情节有相同或相似之处。

2017年比较知名的相关案件是上海玄霆娱乐信息科技有限公司诉张牧野等《摸金校尉之九幽将军》著作权侵权及不正当竞争案[③]（以下简称《摸金校尉》案）以及香港明河社出版有限公司等与北京火谷网络科技股份有限公司等侵害作品改编权及不正当竞争纠纷案[④]（以下简称《武林Q传》案）。在《摸金校尉》案中，上海浦东新区法院依据上述标准认定，“被控侵权图书有自己独立的情节和表

---

① Microsoft Corp. v. Motorola, Inc., 2013 U.S. Dist. LEXIS 60233, at *268 (W.D. Wash., Apr. 25, 2013).

② 广东省高级人民法院（2013）粤高法民三终字第305号民事判决书。

③ 上海市浦东新区人民法院（2015）浦民三（知）初字第838号民事判决书。

④ 北京市第一中级人民法院（2014）一中民初字第5146号民事判决书

达内容，形成了一个全新的故事内容，与原告享有著作财产权的作品在情节上并不相同或相似，也无任何延续关系，不构成侵权。”在《武林Q传》案中，法院依据上述标准认定，“被诉游戏软件对于涉案作品相关元素的使用主要体现为人物名称及性格特征等，从构成改编最重要的故事情节及脉络发展来看，被诉游戏软件中未包含足够具体的单部涉案小说的表达，且与单部涉案小说相对应的情节设置在被诉游戏软件中未达到较高的数量与比例，故而被诉游戏软件不构成对涉案作品的改编。”

但是，在2016年判决的温瑞安与北京玩蟹科技有限公司侵害作品改编权纠纷案[①]中，北京市海淀区人民法院作出了不同的认定。法院认为，“温瑞安武侠小说中‘无情’‘铁手’‘追命’‘冷血’及‘诸葛先生’的人物名称及形象，属于具有独创性的表达，应该受到著作权法保护，被告根据他们的人物形象制作卡牌游戏人物，侵犯了作者的改编权。”法院强调，“在《四大名捕》系列小说中，这五人是贯穿始终的灵魂人物，他们不只是五个人物名称，而是经温瑞安精心设计安排，有着离奇的身世背景、独特的武功套路、鲜明的性格特点以及与众不同的外貌形象的五个重要小说人物，构成了‘四大名捕’系列小说的基石。”

可见，在审判实践中，对于人物元素本身的可版权性，不同的法院的理解具有一定差异。因而对于使用人物元素是否侵犯原著改编权尚未形成绝对统一的审判标准。尚在审理中的金庸诉江南创作的“同人小说”《此间的少年》侵害著作权纠纷案，也许会给我们新的指引。

（三）互联网不正当竞争行为的规制

随着互联网的飞速发展与技术的不断创新，互联网领域的市场竞争日趋白热化。2017年出现的一系列判决裁定，以“大众点评”与百度公司之间的数据型不正当竞争纠纷、“2345导航”网页与“金山毒霸”之间的篡改网址型不正当竞争纠纷[②]、某智能手机对深圳市腾讯计算机系统有限公司旗下的应用商店进行流量劫持的不正当竞争纠纷案件[③]为代表，也印证了这个趋势。

总体来看，互联网领域不正当竞争的种类趋于多样化。从目前的司法判例来分析，涉及的不正当竞争行为大致可分为三类：流量劫持、不当干预以及数据

① 北京市海淀区人民法院（2015）海民（知）初字第32202号民事判决书。

② 上海市浦东新区人民法院（2016）沪0115民初5555号民事判决书。

③ 湖北省武汉市中级人民法院（2017）鄂01行保1号民事裁定书。

盗用。

因为2017年新修改的《反不正当竞争法》在2018年1月1日才生效，因此2017年内的此类案件均依据原《反不正当竞争法》的一般条款亦即第2条进行裁判。

司法实践对适用《反不正当竞争法》第2条的条件进行了长期探索，形成了一套相对成熟的原则，审慎地运用第2条规制新型不正当竞争行为。具体而言，适用第2条应当符合下列条件：（1）法律对该种竞争行为未作出特别规定。（2）其他经营者的合法权益确因该竞争行为而受到了实际损害。（3）该种竞争行为因确属违反诚实信用原则和公认的商业道德而具有不正当性。而在互联网环境中，司法实践还要求：（4）该竞争行为所采用的技术手段损害了消费者的利益，比如限制消费者的自主选择权、未保障消费者的知情权或损害消费者的隐私权等。（5）该竞争行为破坏了互联网环境中的竞争秩序，从而引发恶性竞争或者具备引发的可能性。（6）对于互联网中利用新技术手段或新商业模式实施的竞争行为，应首先推定其具有正当性，不正当性需要用证据加以证明。①

其中，关于竞争行为的不正当性判定是广受热议的核心问题。上海浦东新区法院提出，“商业道德本身是一种在长期商业实践中形成的公认的行为准则。但在互联网等新兴市场领域中，各种商业规则整体上还处于探索当中，诸多新型的竞争行为是否违反商业道德在市场共同体中并没有形成共识。”在涉及个人信息的情况下判断竞争行为是否违反公认的商业道德，需要在“考虑产业发展和互联网环境所具有信息共享、互联互通”特点的基础上“兼顾信息获取者、信息使用者和社会公众三方的利益，在利益平衡的基础上划定行为的边界”。②而为了不限制竞争，应当首先推定竞争行为具有正当性，而这可能对法院是否决定采取诉前行为保全等重要问题产生影响。

2018年1月1日，新修订的《反不正当竞争法》生效。新《反不正当竞争法》的第12条被称为“互联网专条”，该条主要针对互联网领域的具体不正当竞争行为类型进行规制。该条第1款强调，利用网络从事的经营行为，亦可能适用该法其他条款。该条第2款具体规定了强制跳转、误导用户操作、恶意不兼容的行为类型以及兜底条款。在互联网相关竞争行为并未落入第12条规定的具体类型时，亦存在适用一般条款的可能性，需要在个案中考虑行为对竞争秩序和社会福

---

① 北京知识产权法院（2016）京73民终588号民事判决书。

② 上海市浦东新区人民法院（2015）浦民三（知）初字第528号民事判决书。

利的作用。

（四）侵权损害赔偿额不断提升

2016年11月29日，最高院发布了《最高人民法院关于充分发挥审判职能作用切实加强产权司法保护意见》，其中明确提出加大知识产权侵权行为惩治力度，建立健全侵权惩罚性赔偿制度，提高知识产权侵权成本。在该意见精神的指导下，2017年的知识产权保护力度明显加强，高额判赔的案件不断出现。

2017年5月，北京石景山法院在一起信息网络传播权纠纷案[①]中，认定被告未经授权播放原告节目构成侵权，并赔偿原告经济损失共计606万元，其中单集赔偿额超过100万元，超过法定赔偿额（50万元）。

2017年6月，上海知识产权法院在一起侵害发明专利纠纷案[②]中，突破法定赔偿额限制，判决被告赔偿原告经济损失及合理费用550万元。

2017年9月，北京市第一中级人民法院在香港明河社出版有限公司等与北京火谷网络科技股份有限公司等侵害作品改编权及不正当竞争纠纷案[③]中，判决被告连带赔偿原告经济损失及合理费用共计1631万余元。

2017年11月，广州知识产权法院对网易公司诉华多公司侵害著作权及不正当竞争纠纷案[④]作出一审判决，判决被告停止通过网络传播《梦幻西游2》的游戏画面，并赔偿原告经济损失2000万元。

2018年1月2日，最高院发布《关于充分发挥审判职能作用为企业家创新创业营造良好法治环境的通知》，其中继续强调，要增强知识产权司法保护的整体效能，建立以知识产权市场价值为指引，补偿为主、惩罚为辅的侵权损害司法认定机制，提高知识产权侵权赔偿标准。

可见，不断提升判赔金额是知识产权领域司法赔偿的趋势。提高判赔额不但有利于鼓励创新，更能震慑潜在的侵权人，显示了人民法院打击侵权、保护知识产权人的决心。

知识产权领域关于确认损害赔偿金额的一系列特殊制度及其创新性的适用，对于加强知识产权保护力度起到了积极的作用。从2016年年底起，法院在多起案

---

① 北京市石景山区人民法院（2016）京0107民初4683号民事判决书。

② 上海知识产权法院网，载 http://www.shzcfy.gov.cn/detail.jhtml?id=10009160，访问时间：2018年1月31日。

③ 北京市第一中级人民法院（2014）一中民初字第5146号民事判决书。

④ 广州知识产权法院（2015）粤知法著民初字第16号民事判决书。

件中适用举证妨碍规则，通过举证责任的合理分配，在原告完成了初步举证的前提下，针对被告的怠于举证行为作出不利推定。此外，突破法定赔偿限额的酌定赔偿规则也常有应用，在无法证明准确损害赔偿金额、但法定赔偿限额明显不足以赔偿原告损失的情况下，将损害赔偿金额酌定至法定赔偿限额之上。此外，在商标法领域，惩罚性赔偿的应用实践亦已出现，如在“新华字典”案中，北京知识产权法院的法官基于被告的恶意而将损害赔偿定为被告获利的 1.5 倍，全额支持了原告 300 万元的判赔请求。①

由此可见，我国法院通过不断优化证据规则与探索新类型审判思路，实现了提高判赔金额以适应知识产权真实市场价值，这代表了现阶段人民法院保护知识产权价值、鼓励司法创新的重要趋势。随着我国经济向知识经济、创新经济的转型升级，知识产权的价值越来越得到市场和司法的认可，知识产权侵权赔偿金额的上升将是不可逆转的趋势，也将进一步促进知识产权的开发和运用。

五、总结和展望

2017 年是我国知识产权争议解决快速发展、锐意创新的一年。无论从中央战略决策、立法修法进程、司法体制改革，还是从蓬勃发展的司法实践，都反映出知识产权在国民经济整体中日益凸显的特殊性和重要性。

党中央和国务院多次在战略层面强调知识产权的重要性，要求加强知识产权保护，完善激励创新的产权制度，并在 2017 年达到了前所未有的关注度。立法方面的重大举措包括完成《反不正当竞争法》的修订工作，并继续积极推进《著作权法》和《专利法》的修订工作。司法体制改革方面，最高院及时总结知识产权专门法院运行的经验，在全国推广设立跨区域管辖的知识产权专门审判机构，继续推动知识产权审判的专业化进程。

司法实践中，知识产权案件损害赔偿金额呈现明显的提升趋势，反映真实的知识产权市场价值，成为激励创新的重要驱动力。新类型的知识产权案件层出不穷，除了信息网络传播权、标准必要专利、网络游戏等领域延续往年的热点之外，围绕互联网和技术创新形成的新型纠纷涌现出众多全新的热点，尤其是与大数据、智能终端、同人创作、游戏直播等紧密结合，法院在回应这些最新的文化现象、技术发展和商业模式的时候，并没有机械固守原有的规则和概念窠臼，而是作出

---

① 北京知识产权法院（2016）京 73 民初 277 号民事判决书。

了一系列的规则和观念的创新，通过对法律规则的弹性解释，积极呼应以互联网速度向前发展的现实需求，令人印象深刻。

回顾 2017 年，“创新”和“互联网”可以成为这一年我国知识产权争议解决发展的主要标签，知识产权的立法和司法实践继续向着专业化和创新性的方向纵深发展，并对于互联网时代作出了积极而有力的回应。展望未来，技术和商业的发展对法律的挑战将越来越深入和彻底，人工智能和区块链有可能成为挑战现状并改造现实的最重要技术力量。知识产权法律制度在回应挑战的同时，立法和司法的过程本身也可能被技术深度改变和全面优化。在实现鼓励创新、驱动创新制度功能的同时，知识产权的规则本身也面临着持续创新的压力和动力。随着案例指导制度的继续完善和推进，全国范围内知识产权裁判规则有望继续向着体系化和协调化的方向发展。知识产权仲裁等非诉纠纷解决机制的发展，也为构建高效、专业的替代性纠纷解决机制提供了重要的发展空间。

中国知识产权制度面临和处理的众多问题，实际上在世界层面亦是尚未达成共识的难题。我们期待，从中国的知识产权制度实践中发展出来的创新规则，可以作为呈现给全球的中国方案，实质性地影响甚至引领全球知识产权规则的变革和建构。

中国影视争议解决年度观察（2018）

张　峥　刘　鹏　刘玉枝[①]

一、概述

（一）本篇报告所述"影视"相对应的范围

所谓影视行业是人们约定俗成的一种简称，毫无疑问它是文化产业的一部分，同时这一行业又并非能够涵盖整个文化产业，而是对于作品的外在表现形式有具体的要求，即应当符合"固定于介质""一系列画面""可以放映或传播"这三个构成要件。传统时代，根据《中华人民共和国著作权法实施条例》第 4 条第 11 项对"电影作品和以类似摄制电影的方法创作的作品"含义的界定，"影视"一词的含义无非是指"电影"和"电视剧"。然而随着现代科技的发展和人类社会的进步，"影视行业"的范畴变得极为宽泛。网络剧、网络大电影、短视频、网络直播、综艺节目、真人秀、脱口秀这些以类似电影手法摄制的其他作品都被纳入了约定俗成的影视范畴，甚至在既有判例中已经将电子游戏的一系列整体画面判定为独立的类电影作品。

结合上述分析，本篇报告中所述影视争议的范围为围绕着电影、电视剧、以类似摄制电影的方法创作的其他作品，在其制作、发行、宣传推广、商务营销以

---

① 张峥，北京市高朋律师事务所创始合伙人，北京仲裁委员会 / 北京国际仲裁中心（以下简称北仲）仲裁员。刘鹏，北京市高朋律师事务所合伙人。刘玉枝，北京市高朋律师事务所律师。在本篇观察报告成文过程中，中国传媒大学法学院 2016 级法律硕士研究生吕然、中国人民大学法学院 2015 级法律硕士研究生王昱琦参与了大量工作，提出了宝贵意见和建议，作者在此一并致谢。

及衍生品开发等一系列过程中产生的权利冲突和纠纷。

本篇报告将回顾过去的一年里影视行业发生的与争议解决相关的事件，以上述概念作为落脚点，重点介绍和研讨影视行业的各个主体之间的权利边界、典型案例、热点问题，并进行法律评析。

（二）2017 年度中国影视行业总体情况概述

1. 2017 年度中国影视行业电影产业总体情况

根据国家新闻出版广电总局电影局（以下简称电影局）发布的数据，2017 年全国电影总票房为 559.11 亿元（此处指人民币，下文涉及以“元”为货币单位的，如无币种的特别注明，则指人民币），同比增长 13.45%；国产电影票房 301.04 亿元，占票房总额的 53.84%；票房过亿影片 92 部，其中国产电影 51 部；城市院线观影人次 16.2 亿，同比增长 18.08%.

电影局相关负责人称，在 2017 年“电影质量促进年”，中国电影发展取得了实质性成果，保持了良好发展态势。数据显示，2017 年，全国生产电影故事片 798 部、动画电影 32 部、科教电影 68 部、纪录电影 44 部、特种电影 28 部，总计 970 部；国产电影海外票房和销售收入 42.53 亿元，同比增长 11.19%.[①]

2017 年国产电影全国电影票房于 2017 年 3 月已近乎突破 100 亿元，基本与 2016 年同期持平；2017 年 9 月已突破 400 亿元，该时间点则比 2016 年快了整整两个月；2017 年 11 月 20 日，中国电影年度票房首次达 500 亿元，中国电影市场在 2017 年用时 324 天首次突破 500 亿元大关。截至 2017 年 11 月 20 日，全国观影人次达 14.48 亿，同比增长 19%。票房收入上，国产影片占据了前十的一半以上，国产影片票房 262 亿元，占比达到 52.4%，进口影片票房 238 亿元，占比达到 47.6%。[②] 据统计，2017 年共有 466 部电影上映，其中国产影片上映的比重超过 90%，取得了 262 亿元票房。其中《战狼 2》《羞羞的铁拳》两部电影票房总和已达国产影片总票房的 30%。

2017 年，全国新增银幕 9597 块，中国银幕总数已达到 50776 块，跃居世界第一位。但随着大银幕急速扩张，上座率仅达 13.3%，远低于日本的 45% 和北美

---

① 以上内容参见国家新闻出版广电总局官方网站：“2017 年中国电影票房 559 亿元同比增长 13%”，载 http://www.sapprft.gov.cn/sapprft/contents/6582/356707.shtml，访问时间：2018 年 2 月 23 日。

② 文慧生：“中国电影票房首破 500 亿大关”，载《科技智囊》2018 年第 1 期，第 54–55 页。

的 30%，用户年均观影频次也有所下降[①]（2017 年度内地电影票房排名情况可参见附表一）。

2. 2017 年度中国电视剧产业总体情况

截至 2017 年前三季度，全国各类电视剧制作机构共计生产完成并获准发行国产电视剧 186 部 7706 集，且现实题材剧、历史题材剧与重大题材剧部数占比为 61.83%、36.56%、1.61%，集数占比为 58.62%、40.06%、1.32%。截至 2017 年 11 月 30 日，年省级卫视黄金档和周播剧场共播出 132 部电视剧，较上年减少 55 部。网剧全年上线 213 部，总数较上年减少 43 部。[②]

2017 年是电视剧市场繁荣发展的一年。相较于 2016 年，2017 年的电视剧市场整体收视回温，涌现出了很多高收视率、高口碑作品。《人民的名义》和《那年花开月正圆》都获得了较好的口碑与收视率，平均收视率超过 2%，在豆瓣网豆瓣电影版块（https://movie.douban.com/）评分（以下简称豆瓣评分）超过 7 分，其中尤以《人民的名义》最受瞩目，获得 3.661% 的平均收视率，网络点播量超过了 260 亿次，豆瓣评分高达 8.3 分（2017 年度省级电视剧收视排名情况可参见附表二）。

2017 年电视剧在网络平台上的传播程度也明显超过 2016 年，网络点播量前十的电视剧，均是过百亿次的"流量电视剧"，其中两部电视剧的网络点播量突破了 450 亿次。名列网播量第一的周播剧《楚乔传》收获 459.9 亿的网络点播量，不管是收视还是网播，都进入了 2017 年度前五（2017 年电视剧网播量排名情况可参见附表三，2017 年晚间剧收视率排名情况可参见附表四）。

3. 2017 年度中国网络剧产业总体情况

2017 年网络剧产业在数量和质量上均迅速发展。网络点播量前十位的网剧，播放量全部超过了 20 亿次。其中，《热血长安》《白夜追凶》等四部网剧播放量超过了 40 亿次，《热血长安》两季的播放量已经超过了 100 亿次[③]。另外，《白夜追凶》无论从剧情、演技还是制作水平来看，质量都跟电视剧不相上下，甚至已经超越了不少电视剧，豆瓣评分高达 9.0 分，超越了《白鹿原》成为 2017 年豆瓣评

---

① 新闻晨报："国产爆款承包话题 观众观影审美提速"，载 http://newspaper.jfdaily.com/xwcb/html/2018-01/03/content_59698.htm，访问时间：2018 年 2 月 23 日。

② 新浪网："复盘 2017 年的国产剧市场，我们总结出了这五大现象"，载 http://tech.sina.com.cn/roll/2018-01-10/doc-ifyqqciz4385743.shtml，访问时间：2018 年 2 月 23 日

③ 新浪网："复盘 2017 年的国产剧市场，我们总结出了这五大现象"，载 http://tech.sina.com.cn/roll/2018-01-10/doc-ifyqqciz4385743.shtml，访问时间：2018 年 2 月 23 日。

分最高的国产剧，评分人数高达 18.5 万人[①]。《白夜追凶》《河神》《无证之罪》三部网剧的豆瓣评分都超过了 8 分（2017 年网络剧播放量排名情况可参见附表五）。

4. 2017 年度中国综艺节目产业总体情况

2017 年综艺节目产业进一步快速发展，且电视综艺节目已经打通了传统电视播出平台与互联网播出平台之间的界限。截至 2017 年 11 月 30 日，2017 年新播季播电视综艺共 168 部，共产生播放量 647 亿次。与此同时，与网络剧类似的是，各大视频网站也制作推出了大量的网络综艺节目作品，2017 年网络综艺节目共有 159 部，播放量达到 505 亿次，网络综艺节目与电视综艺节目之间的作品部数及流量差距进一步缩小。随着网络综艺投资规模、参演阵容及制作质量的不断提升，节目二次售卖价值水涨船高，开发模式向全产业链延伸，网络综艺市场显示出全面升级之势。[②]截至 2017 年 10 月 31 日，2017 年新播电视综艺播放量 TOP15 均超 10 亿次，前三名均超 38 亿次。腾讯视频、爱奇艺、优酷、芒果 TV 几乎覆盖了头部电视综艺版权。其中，《奔跑吧》由腾讯视频、爱奇艺、乐视视频联播，共斩获 85.4 亿次的播放量，位居榜单首位，在联播中腾讯视频贡献 41 亿次的播放量；由腾讯视频、爱奇艺、优酷联播的《王牌对王牌 2》《极限挑战 3》各收获播放量 42.8 亿次、38.3 亿次，分别排在榜单第二位、第三位。

2017 年热门电视综艺的节目类型表现较为单一，播放量 TOP15 全部为真人秀。热门节目的题材包括竞技、音乐、美食、喜剧、游戏、明星、旅游七类，其中竞技类节目领跑，《奔跑吧》《王牌对王牌 2》两档节目产生播放量 128 亿，占总流量的 32%；另外，音乐综艺一直表现较为稳定，2017 年播放量 TOP15 中 4 档音乐综艺共揽获 84 亿次播放量，占比 21%。腾讯视频覆盖竞技、音乐、美食、喜剧、游戏、明星六种类型，在视频平台中领先[③]（2017 年新播电视综艺播放量排名情况可参见附表六）。

2017 年网络综艺节目投资数额达到 43 亿元，同比增长 43.33%。2017 年播放量前十的网络综艺节目中，真人秀、脱口秀、纪实三大类节目形成网络综艺节目类型竞争格局。其中真人秀作品部数占 70%，脱口秀作为今年热门作品占比 20%，

---

① 新浪网："复盘 2017 年的国产剧市场，我们总结出了这五大现象"，载 http://tech.sina.com.cn/roll/2018-01-10/doc-ifyqqciz4385743.shtml，访问时间：2018 年 2 月 23 日。

② 艺恩网："2017 中国网络综艺市场白皮书"，载 http://www.entgroup.cn/report/f/1518180.shtml，访问时间：2018 年 2 月 23 日。

③ 付晓岚："2017 年度综艺市场大盘点，挖掘范围经济将成未来市场风向标"，载 http://www.entgroup.cn/Views/44070.shtml，访问时间：2018 年 2 月 23 日。

纪实类占到10%。其中，腾讯视频的《明日之子》和爱奇艺的《中国有嘻哈》成为热搜、流量双丰收的爆款网综节目[①]（2017年新上线网综播放量排名情况可参见附表七）。

二、新出台的法律法规或其他规范性文件

2017年度有多部有关影视行业的法律、法规、其他规范性文件出台，我国立法、行政、司法部门仍保持着对影视行业的高度关注态势。2017年度出台的多部有关影视行业的法律、法规、其他规范性文件对于规范我国影视行业进一步健康蓬勃发展起到了关键的作用。对于本年度出台的重要法律、法规、其他规范性文件详述如下：

（一）《中华人民共和国电影产业促进法》（以下简称《电影促进法》）正式实施

2017年3月1日，我国电影行业第一部法律——《电影产业促进法》正式实施。与此同时，施行多年的《电影管理条例》也将依据《电影产业促进法》进一步修订完善。为认真贯彻落实该法的精神，进一步简政放权，同时做好各项服务工作，电影局和全国各省级新闻出版广电部门首先采取了以下两大措施：

（1）取消摄制电影许可证和摄制电影许可证（单片），国产电影应在国家新闻出版广电总局网站进行备案公示；

（2）电影片公映许可证是电影片准予公映的唯一有效证明，不再单独发放电影技术合格证。[②]

自2016年11月7日全国人大常委会通过这部法律以来，已引起了社会各界的广泛关注和热议。总体来看，新法实施以后值得关注的亮点有以下内容[③]：

① 艺恩网："2017中国网络综艺市场白皮书"，载http://www.entgroup.cn/report/f/1518180.shtml，访问时间：2018年2月23日。

② 搜狐网："电影主管部门拟采取两大措施贯彻电影产业促进法"，载http://www.sohu.com/a/127407684_388075，访问时间：2018年2月23日。

③ 艾媒网："《中国电影产业促进法》正式实施：八大变革，意义重大"，载http://www.iimedia.cn/49377.html，访问时间：2018年1月31日；搜狐网："首部《电影产业促进法》正式实施"，载http://www.sohu.com/a/127749844_544821，访问时间：2018年2月23日；北京市文化市场行政执法总队："《中华人民共和国电影产业促进法》亮点解读"，载http://www.bjwhzf.gov.cn/bjwhzf/zwgk/2017-12/12/content_1050163.shtml，访问时间：2018年2月23日。

第一，简政放权、明确程序，具体包括取消电影摄制许可证制度，降低摄制电影的门槛，同时多项审批权力下放至省级广电部门且缩短审核时间。

第二，接受外资、保护国产。外资企业经审批后可与境内单位合作拍片，同时要求影院放映国产电影的比例不得低于全年总和的三分之二。

第三，明确保护未成年人的原则，对不适于未成年人观看的影片应当予以提示，逐步试水影片分级制度。

第四，严惩票房造假行为，采取罚款、停业整顿、吊销许可证等处罚措施。2017 年年末，中国电影发行放映协会在官方网站的曝光台上通报了 2017 年第 4 批、总第 28 批被举报的严重违规电影院，共有 12 家电影院登上黑名单。[①]

第五，规范电影放映行为，影片公开发行、放映的手续必须完善，电影放映行为必须予以规范。

第六，大力拓宽电影行业融资渠道。《电影产业促进法》规定，国家通过设立电影专项资金、基金等促进电影产业发展，引导相关文化产业专项资金、基金加大对电影产业的投入力度。

综上，《电影产业促进法》是在文化领域第一部具体的"产业促进"法律，体现出我国对于文化领域发展的日益重视，释放出了积极的信号，必将对文化产业的高速、健康发展起到积极的推动作用。

（二）《中华人民共和国民法总则》（以下简称《民法总则》）

对于影视文化行业而言，《民法总则》中以下几方面的规定与其有着较为密切的关联和较为重要的意义：

第一，《民法总则》第 127 条的规定明确将网络数据权和虚拟财产权纳入了民事权利的保护范畴。对于影视文化产业在互联网环境下的发展及其衍生品开发具有积极意义：一方面，明确保护互联网媒体以及相关主体通过互联网平台播放的影视作品所享有的网络数据权，有助于互联网影视文化产业的进一步发展；另一方面，有利于影视文化作品衍生出来的周边产业，如基于作品情节、人物形象及其他要素开发出来的网络游戏的保护。

第二，《民法总则》第 185 条的规定弥补了现有的《最高人民法院关于确定民事侵权精神损害赔偿责任若干问题的解释》将侵权之诉的起诉主体限定为英雄

---

① 新闻晨报："国产爆款承包话题 观众观影审美提速"，载 http://newspaper.jfdaily.com/xwcb/html/2018-01/03/content_59698.htm，访问时间：2018 年 2 月 23 日。

烈士的近亲属中的不足：年代久远致使可能起诉主体已经不在世；对英雄烈士的人格权益的保护可能构成对社会公共利益的保护问题，受害主体不应局限于近亲属。因此《民法总则》的上述规定无疑是一种立法进步，对于规范影视作品的创作行为、弘扬社会主义核心价值观具有积极作用。

第三，《民法总则》第 188 条将一般诉讼时效延长为三年，也会对影视纠纷的解决、当事人诉讼权利的维护产生重要的影响。

（三）《关于进一步加强网络视听节目创作播出管理的通知》

2017 年 6 月 1 日，国家新闻出版广电总局发布《关于进一步加强网络视听节目创作播出管理的通知》，加强网络视听节目管理，要求统一标准、狠抓价值观、规范用语及责任落实。该通知要求对存在价值扭曲、内容低俗、语言失范等问题的网络视听节目加强引导并及时整治，其主要内容包括网络视听节目应与广播电视节目统一标准；应坚守文明健康的审美底线；用语正确规范，严禁极端言辞；严查视频平台，设立总编辑负责制。[①]

（四）《关于把电视上星综合频道办成讲导向、有文化的传播平台的通知》

2017 年 7 月 20 日，国家新闻出版广电总局发布《关于把电视上星综合频道办成讲导向、有文化的传播平台的通知》（新广电发〔2017〕163 号），提出电视上星综合频道要坚持新闻综合频道的定位，坚持新闻立台的方针；地方上星综合频道的节目要坚持高标准，要以中央电视台的节目为标杆，坚守底线，把好导向等几项要求。[②] 其中引发较大反响的规定包括：

1. 继续加强综艺娱乐、真人秀等节目管理调控，原则上黄金时段不再播出引进境外模式的节目；

2. 强化重点时期黄金时段电视剧播出管理调控，原则上不得编排娱乐性较强、题材内容较敏感的电视剧；

3. 加强主持人和嘉宾管理，要严格执行主持人“持证上岗”制度，不得违规设置“嘉宾主持”，邀请演艺明星做嘉宾，必须把道德品行、艺术成就作为首要标准。

---

① 人民网：“广电总局印发通知 进一步加强网络视听节目创作播出管理”，载 http://media.people.com.cn/n1/2017/0602/c120837-29313891.html，访问时间：2018 年 2 月 23 日。

② 新浪网：“史上最严‘限星令’出台，综艺宠儿究竟动了谁的奶酪”，载 http://cj.sina.com.cn/article/detail/5973732618/352434?column=internet&ch=5，访问时间：2018 年 2 月 23 日。

上述通知被媒体称为“史上最严限星令”，国家新闻出版广电总局明确要求电视上星综合频道提高普通群众在节目中的比重、坚决抵制追星炒星，将矛头直接对准“全明星阵容综艺节目”。近年来，文化产业领域迅速崛起、热钱大量流向综艺节目，从而导致明星身价暴涨，而电视台为了争夺观众、收视率和流量，又不得不依赖明星，以抬高价格的方式留住明星。这种恶性循环的结果就是艺人报酬占据了节目制作的大部分成本，节目制作质量下降，节目题材同质化严重。因此，“最严限星令”的出台有望改变综艺节目市场机制混乱的局面，提高行业整体艺术水准，对整个影视娱乐产业而言不失为一件好事。

（五）《关于支持电视剧繁荣发展若干政策的通知》

2017 年 9 月 4 日，国家新闻出版广电总局联合中华人民共和国发展和改革委员会、中华人民共和国财政部等五部委联合下发《关于支持电视剧繁荣发展若干政策的通知》，旨在为电视剧市场繁荣发展提出指导性意见，内容涵盖电视剧创作规划、电视剧剧本扶持以及建立完善和科学合理的电视剧投入、分配机制、规范电视剧收视调查和管理等内容。

《关于支持电视剧繁荣发展若干政策的通知》与上述“最严限星令”一脉相承，强调引导制作企业合理安排电视剧投入成本结构，优化片酬分配机制，严禁播出机构以明星为唯一议价标准。综艺节目、网络剧参照电视剧的规定执行。此外该通知还要求坚决依法严厉打击收视率造假行为，也不得将收视率作为购片价格唯一依据。[①]

（六）《关于加强广播电视节目网络传播管理的通知》

2017 年 10 月 11 日，国家新闻出版广电总局发布《关于加强广播电视节目网络传播管理的通知》，再次强调网络播出的节目与广电播出的节目应保持统一审查标准，相关广播电视机构要对网络播出节目的导向、内容、价值观、格调进行严格审查把关，发现问题要及时删改处理，问题严重的要立即下架。通知要求，坚决杜绝问题节目以“未删节版”“删减内容”“花絮”等名义在网上播出。不得利用网络炒作、传播节目录制中的不妥视频。要对主持人和嘉宾在节目中的言行举止认真审查把关，有问题的一律不得播出。

---

① 新浪网：“五部委联合下发关于支持电视剧繁荣发展若干政策通知”，载 http://finance.sina.com.cn/roll/2017-09-04/doc-ifykpuui0772003.shtml，访问时间：2018 年 2 月 23 日。

自2017年6月1日的《关于进一步加强网络视听节目创作播出管理的通知》开始至2017年10月11日的《关于加强广播电视节目网络传播管理的通知》，国家新闻出版广电总局不断加强对网络影视节目监管的政策导向。这与最近一段时期以来互联网平台上的综艺节目热度大增，各类节目“野蛮生长”的背景有直接关系。网络影视节目是新兴事物，行政主管机关的监管措施必将有助于整顿行业秩序，促进市场的规范、健康发展。

（七）《关于电视剧网络剧制作成本配置比例的意见》

2017年9月22日，中国广播电影电视社会组织联合会电视制片委员会、中国广播电影电视社会组织联合会演员委员会、中国电视剧制作产业协会、中国网络视听节目服务协会联合发布《关于电视剧网络剧制作成本配置比例的意见》，主要内容是对电视剧、网络剧的演员片酬进行限制，俗称“限薪令”。该意见要求演员片酬比例限定在合理的制作成本范围内，全部演员的总片酬不超过制作总成本的40%，其中，主要演员不超过总片酬的70%。

“限薪令”出台的背景是目前电视剧、网络剧市场出现了明星艺人收取不合理高片酬的不良行业风气，直接导致影视剧制作成本结构不合理，影响影视剧整体质量的提升；另外，艺人身价增长过快也导致年轻艺人与经纪公司解约纠纷增多，纷纷设立自己的工作室，只关注眼前高额的经济收入，而忽视了自身艺术水平的提高和演艺生涯的长期规划。限薪令的推出将有助于扭转行业不良风气，提升影视剧行业制作水平，同时对于稳定演艺经纪市场秩序、实现经纪公司与艺人的双赢有所裨益。

三、典型案例

【案例1】网游《奇迹MU》与《奇迹神话》著作权侵权案

【基本案情】

《奇迹MU》是韩国（株）网禅公司开发的一款网络游戏，原告上海壮游信息科技有限公司（以下简称壮游公司）经授权获得该游戏在中国的独占运营权。2013年，被告广州硕星信息科技股份有限公司（以下简称硕星公司）未经授权开发网页游戏《奇迹神话》并独占性授权被告广州维动网络科技有限公司（以下简称维动公司）运营。壮游公司诉称，《奇迹神话》与《奇迹MU》在作品名称、故事情节、等级设置、地图场景、角色技能、武器装备、人物形象等多方面构成实质性相似，壮游公司认为，《奇迹 MU》游戏整体画面构成“类电影作品”，被诉游戏侵犯其著作权。另外，维动公司在运营宣传中使用引人误解的内容，与硕星公司共同构成虚假宣传的不正当竞争。因此壮游公司遂起诉至法院，请求判令硕星公司、维动公司停止侵权及不正当竞争行为，赔偿经济损失 1000 万元及合理费用 10.5 万元并刊登公告消除影响。

【争议焦点】

本篇报告对本案例关注的争议焦点为：

1.《奇迹 MU》游戏整体画面是否是《中华人民共和国著作权法》（以下简称《著作权法》）意义上的作品；

2.《奇迹 MU》游戏整体画面是否受《著作权法》的保护。

【裁判观点】

本案由上海市浦东新区人民法院一审，上海知识产权法院二审。2017 年 3 月 15 日二审判决[①]生效，法院最终认定《奇迹神话》侵犯了《奇迹 MU》的著作权，同时硕星公司、维动公司在《奇迹神话》的宣传过程中存在引人误解的虚假宣传行为，构成不正当竞争侵权。据此判决硕星公司、维动公司停止侵权和不正当竞争行为，赔偿壮游公司经济损失合理费用并承担消除影响的民事责任。对于赔偿的具体金额，一审法院判令赔偿 500 万元，二审法院酌情调整至 400 万元。本案的裁判细节不再赘述，本案一审、二审法院作出裁判的关键点有三：

第一，法院认定《奇迹 MU》游戏整体画面具有独创性，且游戏画面可以复制，属于《中华人民共和国著作权法》（以下简称《著作权法》）意义上的作品。

第二，法院认定《奇迹 MU》游戏整体画面构成“类电影作品”，也即《中华人民共和国著作权法实施条例》第 4 条规定的“以类似摄制电影的方法创作的作品”。二审判决书的“本院认为”部分中指出，网络游戏在运行过程中呈现的是连续活动画面，而且也是对各文学艺术元素的整合，这一点符合了“类电影作品”之特征。另外，法院认为即使游戏中玩家的不同操作会产生的不同画面，但所有的画面和进程均不可能超出游戏事先的设定，因此玩家的操作不会产生脱离于游戏之外的创作行为，因此具有独创性的网络游戏整体画面具备“类电影作品”的实质构成要件，属于“类电影作品”。

第三，法院在对《奇迹 MU》与《奇迹神话》是否构成著作权侵权进行审查

---

① 上海知识产权法院（2016）沪 73 民终 190 号民事判决书。

时，仍然是以网络游戏基本固定的构成元素的相似程度来作为判断网络游戏整体画面的相似程度的依据。

【纠纷观察】

该案主要涉及对于网络游戏的司法保护问题，系全国首件认定网络游戏整体画面构成“类电影作品”、进而认定侵权成立的案件，具有一定的创新性和借鉴意义。网络游戏是近年来快速发展的数字文化娱乐类智力成果，如果一个网络游戏具有了独创性，足以构成《著作权法》意义上的作品，则应得到《著作权法》的保护。现结合上述裁判关键点以及本案对于此类电子游戏版权保护案件的影响评析如下：

首先，本案首次将电子游戏整体画面作为独立作品予以保护，无疑具有一定的突破和借鉴意义。本案突破性地在认可电子游戏中包含的软件程序、音频、视频、图片、文字等元素具有独立著作权的前提下，承认了所有元素集合在一起形成的一系列游戏画面也具有独立著作权，提升了对于电子游戏的保护水平。在此基础上，法院通过对现行法律规定的“以类似摄制电影的方法创作的作品”进行解读，提出了不以存储介质作为判断标准而是以“对各文学艺术元素整合的创作方法”作为判断标准，这一审理思路也是较为先进、合理的。随着现在电子游戏产业的蓬勃发展，高水准的大型游戏的创作过程综合了角色、剧本、美工、音乐等多种手段，与“摄制电影”的方法类似。因此电子游戏在终端设备上运行呈现的连续画面可认定为类电影作品。

其次，如果本案所确立的审判思路能够在未来的电子游戏著作权侵权纠纷中更广泛地被采纳，则将会对电子游戏著作权人的权益保护产生积极作用，主要体现在两个方面：一方面作用是明确了权利人可以请求法院判令侵权人整体上停止对整个游戏的侵权行为，此种保护力度较大；另一方面作用是以电子游戏整体作为被侵权的对象，在侵权赔偿金额上将有可能较之普通作品元素侵权的赔偿有明显的提升。本案中侵权人制作的《奇迹神话》是一款网络游戏，游戏的热度、玩家的充值都可以作为侵权所得收益的计算依据，因此二审法院虽然对损失金额予以酌减，但仍然达到了400万元，远远超过普通的音乐侵权、图片侵权的赔偿标准。相似情形的还有，2017年10月24日广州知识产权法院作出的（2015）粤知法著民初字第16号判决中，广州华多网络科技有限公司因对广州网易计算机系统有限公司开发的《梦幻西游》电子游戏进行网络直播而被判赔偿2000万元，更是充分体现出这种对电子游戏整体保护的力度[①]。

最后，此类案件如果要达到以电子游戏整体画面作为独立作品而予以保护的结果，还应结合具体案件情况特别是电子游戏的具体特征作出具体判断。笔者认为，现有案例之所以能够认定其作品地位关键在于这类游戏属于具有“连续画面单向性”的角色养成类游戏，游戏系统的开发者已预设了游戏的角色、场景、人物、音乐及其不同组合，包括人物之间的关系、情节推演关系，不同的动态画面只是不同用户在预设系统中的不同操作产生的不同操作 / 选择之呈现结果。而对于那些“对战类”“竞技类”的游戏，游戏的进程、结果以及画面的变化将取决于玩家（用户）的动态操作，无法形成稳定而连续的一系列画面，恐将难以获得同样的保护。

【案例 2】《鬼吹灯》与《摸金校尉之九幽将军》著作权纠纷案

【基本案情】

《鬼吹灯》是发表在“起点中文网”的关于盗墓探险的系列小说，作者为张某某，笔名天下霸唱。依据张某某与起点中文网的运营方上海玄霆娱乐信息科技有限公司（以下简称玄霆公司）就《鬼吹灯》系列小说签订的《文学作品独家授权协议》的约定，《鬼吹灯》在全球范围内的除署名权、修改权和保护作品完整权以外的全部权利独家授予玄霆公司。此后玄霆公司将该作品的中国大陆地区简体出版权独家授予上海童石网络科技有限公司（以下简称童石公司），童石公司于2015 年 4 月授权青岛出版社对《鬼吹灯》系列小说进行再版发行。

2014 年 4 月 12 日，张某某与先锋出版公司就其新创作的小说《摸金校尉之九幽将军》签订了《著作权授权协议》，张某某授权先锋出版公司独家享有该小说的出版发行权及转授权等权利。《摸金校尉之九幽将军》也是一部盗墓探险小说，主要的人物形象、人物背景、人物关系与《鬼吹灯》系列小说完全一致。2015 年9 月 27 日，先锋出版公司就上述小说的图书出版事宜与群言出版社签订《图书出版合同》，同年 12 月 1 日起，群言出版社出版的小说《摸金校尉之九幽将军》正式销售。该小说以电影《鬼吹灯之寻龙诀》的海报作为图书封面和封底的背景，底端标有与电影《鬼吹灯之寻龙诀》预告片台词近似的文字，封面左下角加贴了“电影《鬼吹灯之寻龙诀》12 月 18 日全国公映，敬请期待”字样。

---

① 该案已由广东省高级人民法院作出（2015）粤高法立民终字第 403 号二审民事裁定书，驳回上诉，维持原判。

【争议焦点】

本篇报告对本案例关注的争议焦点有二：（1）“同人作品”是否侵犯原著作权人的著作权；（2）即使不构成著作权侵权，裁判机构是否可以适用《中华人民共和国反不正当竞争法》（以下简称《反不正当竞争法》）来追究相关主体的法律责任。

【裁判观点】

2015 年 12 月 22 日，玄霆公司向上海市浦东新区人民法院（以下简称上海浦东法院）起诉张某某、先锋出版公司、群言出版社及其他关联公司，认为张某某创作的《摸金校尉之九幽将军》大量使用了《鬼吹灯》小说中的独创性表达要素，侵犯了原作品的演绎权。上海浦东法院经审理后认为根据著作权“思想与表达二分法”原则，《鬼吹灯》系列小说中的人物形象、盗墓规矩及禁忌等要素只是抽象的“思想”，是作品情节展开的媒介和作者叙述故事的工具，从而难以构成“表达”本身，不能成为著作权保护的对象。上海浦东法院认定张某某创作的《摸金校尉之九幽将军》只是使用了《鬼吹灯》系列小说中的人物形象以及其他文学要素，作品的具体情节与《鬼吹灯》完全不相同，因此不能认定为侵犯《鬼吹灯》系列小说的著作权。但《摸金校尉之九幽将军》的出版宣传行为特别是图书封面封底的内容设计上使用了与《鬼吹灯》及改编电影《鬼吹灯之寻龙诀》有关的内容，属于虚假宣传的不正当竞争行为。最终以不正当竞争侵权为由判令停止销售带有涉案封面封底的侵权图书、停止虚假宣传行为、赔礼道歉及赔偿损失 90 万元。[①]

2016 年 2 月 4 日，张某某向北京市朝阳区人民法院（以下简称北京朝阳法院）起诉玄霆公司、青岛出版社以及当当网公司，诉称其从未同意青岛出版社于 2015 年 12 月对《鬼吹灯》系列小说进行再版发行，而且未经授权修改了原作内容，共计修改了 685 处，其中 101 处歪曲了作者本意，侵犯了张某某作为作者享有的修改权和保护作品完整权。北京朝阳法院经审理后认为青岛出版社对《鬼吹灯》系列小说进行再版时，除了一般编辑校对的文字修改以及对涉及政治、低俗、暴力等不当内容的修改以外，还涉及整段删节原文、修改原文标题、增加内容、改变用词致使文意发生改变等问题，已经超出了国家出版编辑规范对于文字校对的规定范畴，侵犯了张某某对原作品的修改权。但是，北京朝阳法院同时也指出两点：其一，青岛出版社再版的图书与张某某原作相比，虽有部分内容的删节、

---

① 上海市浦东新区人民法院（2015）浦民三（知）初字第 838 号民事判决书。

改变，但并未达到歪曲篡改作者本意的程度，也未造成作者声誉的明显贬损，考虑到涉案图书总字数、编辑出版的工作量以及《著作权法》鼓励创作与传播的立法本意等因素，对张某某要求停止发行涉案再版图书的请求不予支持；其二，由于张某某已经将原作的著作权财产权部分转让给了玄霆公司，因此无权再基于涉案作品获得经济赔偿，被告侵犯原告的修改权，应当给予精神损害抚慰金，因此酌情支持青岛出版社赔偿张某某5万元。[①]

【纠纷观察】

这是由知名网络小说的版权纠纷而引发的两起著作权及不正当竞争侵权案件。本案是比较典型且有新意的案例，其中涉及的争议焦点以及法院的处理思路还存在一定的争议，特别是南北两家法院不同的判决结果相互对照，引发我们以下思考：

第一，此案是比较典型的“同人作品”纠纷，即由同一作者基于原作品中的人物形象、背景关系以及其他具有突出特征的要素而另行创作了全新的作品，极易与原作品之间产生侵权纠纷。上海浦东法院对于此类著作权侵权的审理思路仍然是保护“表达”，不保护“思想”。张某某创作《摸金校尉之九幽将军》就是在沿用《鬼吹灯》的创作思路，核心人物的名字、人物关系以及盗墓的一系列规则和细节都是来源于《鬼吹灯》，但这些只能属于“思想”的范畴。上海浦东法院已经查明了两部作品的故事情节是不一样的，也就是“表达”不同，不能认定为侵权。

第二，随着版权商业化的日益兴盛，著作权侵权与不正当竞争侵权的联系日益紧密，即使著作权侵权不能够成立，法院仍然有可能会以不正当竞争追究相关主体的责任。本案无论是玄霆公司诉张某某等人的案件，还是张某某诉玄霆公司等人的案件，都涉及了作品的封面上实施了虚假宣传的问题，都以构成不正当竞争的侵权行为而作出惩罚。在《反不正当竞争法》的保护领域，法院对于侵权的认定标准是比较灵活和宽松的，判定侵权较之版权侵权更加容易。

第三，个案处理可能会存在明显差异，这是企业面临诉讼纠纷时必须意识到的非常重要的一项法律风险。同样都是要求判令停止侵权作品的发行，同样都认定了存在侵权行为，但是上海浦东法院和北京朝阳法院作出的判决结果截然相反。笔者认为上海浦东法院的判决是比较通常的思路，既然判定再版图书存在侵权，就应承担相应的责任。而且上海浦东法院的判决能够精确到“判令停止销售带有

---

① 北京市朝阳区人民法院（2016）京0105民初6642号民事判决书。

涉案封面封底的侵权图书”这一表述，意味着法院判决并未彻底禁止图书继续发行，而是要求侵权方承担“换封皮”之责任。这一处理方式既能够依法追究不正当竞争侵权人的法律责任，同时又没有使得责任后果过于扩大，合理地限制了侵权人所付出的成本，在《著作权法》所追求的“保护创作”和“鼓励传播”这两个法益之间做到了较好的平衡。北京朝阳法院在判决书的论述中提及，青岛出版社再版的图书确实存在侵权之处，如果进行加印或者再版，应当将侵犯作者修改权的内容进行改正。笔者认为这种处理方式有可能会引发争议，毕竟目前已经印刷并销售的图书中尚存侵权内容，并未得到纠正。另外笔者认为，北京朝阳法院关于原作者已经转让了著作权的财产权就无权再获取经济赔偿这一论断也值得商榷。判决结果要基于庭审过程中查明的具体案件事实以及双方的举证、辩论情况而定，但笔者认为法院也许应当采取更加稳妥和充分的措施，对涉案侵权图书作出更有力度的处理。

第四，通过这两个案件的判决结果我们可以看到，著作权侵权所产生的赔偿金额仍然是处于非常低的水平。这就是我国目前著作权保护力度不够、盗版侵权泛滥的最主要原因。我国法院目前仍在适用的是 2001 年《著作权法》修订时确定的著作权侵权赔偿标准，已经远远无法匹配当下这个“IP 价值”暴涨的时代了。期待未来我国能够在著作权保护的立法、司法层面有更大的突破，形成保护原创、尊重版权的文化氛围，形成真正有价值、能输出的大国文化。

【案例 3】暴风影音侵犯腾讯公司《中国好声音（第三季）》信息网络传播权案

【基本案情】

2017 年 5 月 16 日，北京市石景山区人民法院（以下简称北京石景山法院）就暴风集团股份有限公司（以下简称暴风影音或暴风公司）侵犯深圳市腾讯计算机系统有限公司（以下简称腾讯公司）《中国好声音（第三季）》信息网络传播权系列案件宣判。北京石景山法院审理查明，腾讯公司享有《中国好声音（第三季）》的独家信息网络传播权。在节目开播前后，腾讯公司委托中国版权保护中心每周逐期向暴风影音发出预警通知。然而，在腾讯公司先后 4 次向暴风影音发出节目下线告知函的情况下，暴风影音依然在其平台上在线播出《中国好声音（第三季）》前 6 期节目。对此，腾讯公司提起诉讼，6 期节目立案 6 件，每案主张 200 万元赔偿，包括 199 万元经济损失和 1 万元诉讼合理支出，六案索赔总金额达到 1200 万元。

【争议焦点】

本篇报告对本案例关注的争议焦点为著作权侵权案件，特别是涉及信息网络传播权是否可以引入惩罚性赔偿的问题。

【裁判观点】

北京石景山法院经审理认为：《中国好声音（第三季）》具有很高的知名度、影响力及极高的商业价值，暴风公司在节目被列入国家版权局重点影视作品预警名单、中国版权保护中心多次发出预警通知的情况下，仍实施侵权行为，其侵权的主观恶意非常明显，故判决暴风公司依法赔偿腾讯公司经济损失606万元，每期节目赔偿金额达101万元①。该系列案件系该院在著作权案件中超出法定赔偿上限确定赔偿数额的典型案件，其单期综艺节目赔偿额也在北京地区创历史新高。

【纠纷观察】

本案中，北京石景山法院综合以下几方面因素确定了赔偿数额：北京石景山法院认为《中国好声音（第三季）》具有很高的知名度、影响力及极高的商业价值；北京石景山法院认为暴风公司侵权的主观恶意非常明显；北京石景山法院认为暴风公司网站知名度高，广告客户覆盖面广，且在涉案节目中投放了广告，可以推断出被告通过实施侵权行为违法获利数额较大；腾讯公司因暴风公司涉案侵权行为所遭受的经济损失明显超出《著作权法》法定赔偿数额的上限50万元。为弥补权利人的经济损失、惩戒恶意侵权行为，北京石景山法院认为应适用高于法定赔偿上限的酌定金额。

本案是近年来知识产权惩罚性赔偿制度探索过程中的代表性案例，能够突破现行《著作权法》法定赔偿数额的上限也引起了广泛热议。实际上，针对综艺节目著作权侵权案件的赔偿额度问题，北京市高级人民法院曾于2015年4月8日发布了《北京市高级人民法院关于审理涉及综艺节目著作权纠纷案件若干问题的解答》，其中第9条提出："有证据能够证明权利人的实际损失或侵权人的违法所得明显高于《著作权法》规定的五十万元的法定赔偿数额，可以根据具体情节酌定赔偿五十万元以上的赔偿数额。"北京石景山法院的上述判决遵循了这一工作文件的指导意见，同时这也表明各地法院在司法实践中已经逐步加强了对互联网时代背景下著作权侵权纠纷如何合理确定赔偿金额这一难题的探索，形成了一定的经

① 详见北京市石景山区人民法院作出的（2016）京0107民初4683号、（2016）京0107民初4684号、（2016）京0107民初4685号、（2016）京0107民初4686号、（2016）京0107民初4687号、（2016）京0107民初4688号等一系列民事判决书。

验。在未来修改后的《著作权法》中，是否引入惩罚性赔偿将会是一个关注的焦点，法定赔偿限额也必将有较大幅度的提高。

当然对于著作权侵权案件，特别是涉及信息网络传播权案件中近年来逐渐增多的、涉及经济价值日益庞大的侵权案件而言，始终需要解决的一个难题就是：如何准确查明权利人的实际损失或侵权人的违法所得，从而能够跳出法定赔偿限额的窠臼，充分行使裁判者的自由裁量权，体现法律对于著作权合法权利人的有力保护，有效打击侵权行为。上述案例对于影视行业的广大从业者能够起到一个比较好的启示作用：一方面作为有可能或有意图实施侵权行为的主体来说，事先测算违法成本、“算计着侵权”的做法并不保险，个案中法院完全有可能突破法定赔偿限额而根据实际侵权后果进行自由裁量；另一方面作为受法律保护的被侵权主体来说，在索赔时应当更加积极地注重收集整理关于侵权损失或者对方非法获益金额的有效证据，例如引入第三方监测机构关于网络播放量的统计数据等等，从而为法官行使自由裁量权、突破法定赔偿上限提供有力依据，以充分维护自身权益。

【案例 4】金某诉天津唐人影视股份有限公司解除演艺经纪合同纠纷案

【基本案情】

2017 年 12 月 29 日，北京市第三中级人民法院就金某诉天津唐人影视股份有限公司（以下简称唐人影视）解除经纪合同纠纷案作出二审判决[①]，认定金某无权单方解除其与唐人影视之间的演艺经纪合同，驳回全部诉讼请求。金某提出的主要理由有三：一是金某与唐人影视之间是委托合同关系，金某作为委托方拥有单方任意解约权；二是唐人影视未能履行合同约定的经纪公司之义务，是根本违约，以致合同目的不能实现；三是金某已经通知唐人影视解约，而唐人影视未在三个月内向法院提出异议，故合同已经解除。

【争议焦点】

本篇报告对本案例关注的争议焦点为艺人与经纪公司之间所签署的演艺经纪合同的合同性质。

【裁判观点】

法院经审理后认为：首先，艺人与经纪公司之间所签署的演艺经纪合同是综

① 北京市第三中级人民法院（2017）京 03 民终 12739 号民事判决书。

合性商事合同，具有居间、代理、行纪等综合属性，并非单纯的代理性质，不能孤立地适用“单方解除”规则。其次，唐人影视存在未按时向金某提交对账单等违约行为，但能够证明其已经履行了安排演艺工作机会、宣传推广等主要合同义务，违约情形并未达到根本违约的程度，不足以满足法定解除之条件。最后，法院认为双方虽然在履约过程中存在分歧，但并非不可调和之矛盾，双方作为商业活动的经济利益共同体，亦可在充分协商的基础上重新建立信任关系并实现合同的根本目的。综上，法院认定金某的主张缺乏事实依据与法律依据，不予采纳，双方应继续履行合同。

【纠纷观察】

本案是继蒋某某经纪合同解约纠纷案之后，北京地区法院作出的维持合同有效性、要求继续履行合同的又一例比较有代表性的判决。近年来由于影视娱乐产业的热度持续走高，演艺经纪合同背后所能产生的经济利益日益庞大，因此艺人与经纪公司之间的解约纠纷不断增多。虽然现在司法审判实践中越来越多的法院能够跳出“委托合同单方解除权”的窠臼，认可了演艺经纪合同所具有的集代理、策划、推广、培训等多重内容于一体的复杂的无名合同属性，但真正判决维持合同有效性、不予支持解除合同之请求的案例仍然凤毛麟角。这种司法裁判的倾向无非是考虑到演艺经纪合同具有较强的人身属性，合同履行的过程需要艺人与经纪公司持续不断地配合，维持合同的继续履行有可能产生新的纠纷。然而笔者认为这种担忧并无必要。我国《合同法》是以“合同严守”为原则的，继续履行也是违约后的第一种责任承担方式。而且考虑到艺人的知名度、形象包装往往具有不可替代性，演艺经纪合同恰好应当属于只有继续履行才能真正确保合同目的实现、充分保护守约方权益的合同类型。只要查明经纪公司不存在根本违约的情形，尊重双方签约时自愿达成的意思表示一致、维护合同的有效性应当是第一选择。正如本案判决书中所说，经纪合同履行过程中双方是经济利益共同体，合同履行得好则双方均能受益，因此完全具备重新建立信任关系并实现合同根本目的的可能性。而且即使在一个案件中判决继续履行合同，也并不代表合同双方在嗣后履行过程中丧失了维护自身利益的权利与机会。判决本身对于合同双方都具有警示、监督的作用，如果经纪公司在继续履行过程中没有充分履行义务，那么艺人自然有权另行收集证据并再次主张解除合同；如果艺人在继续履行过程中不配合经纪公司对其演艺工作的安排，那么通常情况下经纪合同中也都会约定艺人未经允许擅自与第三方合作从事演艺事业的收入归经纪公司所有，经纪公司有权依据约定另行主张权益或者要求艺人承担其他违约责任。另外，从更宏观的角度分析，经纪公司培养艺人往往需要较长周期、持续投入较多的资源，其自身的经济利益回报往往需要通过长时间的履约才能最终实现。如果动辄允许艺人在身价上涨之后即有权单方解约，那么终将导致经纪公司不敢培养新人、不敢签长期经纪合同，艺人也容易只追求眼前利益的变现而忽视自身专业形象、艺术水平的培养和提升，最终不利于整个演艺行业的长远健康发展。

【案例5】北京A影视科技有限公司与北京B影业有限公司《影片联合投资摄制协议》纠纷仲裁案

【基本案情】

申请人北京A影视科技有限公司（以下简称申请人）与被申请人北京B影业有限公司（以下简称被申请人）于2015年7月签署了一份《影片联合投资摄制协议》，约定共同投资拍摄一部影片。被申请人是该影片主要投资方并且独立负责制作、宣传、营销、发行等全部工作；申请人负责出资500万元，占投资总额的5%，并有权按照其投资比例分配净发行收益。净发行收益是指影片发行收入扣除发行代理费、宣传发行营销成本后的余额。但影片上映后，被申请人始终未就影片发行收益与申请人结算，也未向申请人提交任何发行收入及宣发成本的账目。因此申请人依据仲裁条款向北仲申请仲裁，要求裁决被申请人按照合同约定分配该影片国内院线票房收益、海外发行收益、网络发行收益、商务开发收益等。被申请人答辩称该影片发行不利、投资失败，且委托的发行代理方未向被申请人结算，因此无法向申请人分配收益。

庭审过程中，仲裁庭要求申请人对其主张的可分配净发行收益具体金额的计算方法作出明确说明，申请人解释为：

第一，对于影片在国内的发行收入即院线票房收入，申请人主张总票房金额约为2.5亿元，是通过公开信息渠道查询得知的，但没有提供相关证据。至于应扣除的发行成本，申请人主张其无法获取准确账目数据，但根据市场惯例发行成本最高约占总票房的67%，剩余33%是可供投资人分配的发行收益。基于上述比例计算得出了申请人可分配的该部分收益金额。

第二，对于影片在海外的发行收入及网络发行收益、商务开发收益，申请人提交了各主流媒体关于该影片海外发行收入不少于1500万美元的网络新闻报道截图作为证据，另外还举证证明多家视频网站及电视点播频道均可收看该影片。基于此申请人主张该影片应当还有可分配的海外发行、网络发行及商务开发收益，暂主张 100 万元。

【争议焦点】

本篇报告对本案例关注的争议焦点为影片联合投资合同履行过程中，不掌握影片发行收入及成本的具体数据的投资方要求项目主控方分配发行收益，其主张能否得到支持。

【裁决观点】

1. 关于影片国内发行收入的分配，仲裁庭认为：首先，对于国内发行收入，虽然申请人主张的数字并非绝对精确数据，且无法提供证据证明其主张的 2.5 亿元票房总额是客观真实的。但是该影片的发行是由被申请人主导的而且票房收入是影片发行过程中的最重要数据，被申请人并未提供任何相反证据予以反驳，加之庭审过程中被申请人曾对该票房数据予以认可，根据诚实信用和禁止反言原则，仲裁庭认可申请人主张的金额。其次，对于申请人按照 33% 计算可供投资人分配的发行收益总额的主张，仲裁庭认为本案合同约定了被申请人应当承担确保发行商向投资人提交结算资料的义务，因此申请人在没有收到结算数据的前提下根据行业惯例的 33% 估算可分配发行收益的做法具有客观合理性。而且被申请人不向申请人提供数据和办理结算，应承担一定的违约责任，因此仲裁庭支持了这部分仲裁请求。

2. 关于海外发行收入及网络发行收益、商务开发收益，仲裁庭认为申请人未能提交任何证据证明上述各部分收入的具体金额，也无法证明各项收入所对应的发行成本的具体金额，因此其主张的分配金额缺乏证据支撑，应承担举证不能的风险，最终驳回了这部分仲裁请求。

【纠纷观察】

本案凸显出在多个投资方因履行联合投资合同而引发的影视投资项目纠纷中经常产生的一个问题，即投资比例较小、不负责影片具体制作、发行工作的投资方在无法取得影片发行收入及成本的具体数据时，如何向主导整个项目的投资方主张分配收益的权利？通常存在以下三大困难：

一是合同约定难，即投资比例较小的跟投方往往在合同谈判中处于劣势地位，在收益分配方面通常很难通过签署有利的条款而获得主动权，很多联合投资合同中会约定项目主导方在取得发行收入后，甚至是优先收回其制作、发行成本后再向跟投方分配收益。当然，也有一些项目中跟投方有较强的话语权，能够签署类似“投资后一定期限内优先收回投资成本”这样的条款，或者设立双方共管账户，以确保跟投方对于发行收入的到账时间和金额能够获取准确信息。

二是收入取证难，即跟投方由于无法掌握影片运营过程中的具体账目和资料，因此在仲裁或者诉讼程序中往往很难就票房收入、网络发行收入、海外发行收入、商务开发收入等方面提交有利证据，从而面临举证不能的风险。特别是在目前国内票房数据造假泛滥的大背景下，相关院线、发行方或者媒体发布的票房数据难以具有公信力和准确性。而唯一的官方权威机构——国家电影事业发展专项资金管理委员会办公室（以下简称专资办）又不会对外发布全面、准确的影片票房数据，而且往往对当事人、律师自行申请调取证据的行为不予配合。本案的审理过程就反映了这个问题，即使双方合同中约定了被申请人需要承担信息披露义务，但这种约定过于笼统，难以具体操作，申请人仍然需要对其主张的金额自行承担举证责任。本案中由于出现了被申请人当庭自认国内票房数据这一例外情节，才使得申请人关于国内票房分账的请求得到支持，在其他案件中可能结果完全不同。

三是净收益的计算难，即如果投资合同中约定的分配方式不是以发行收入作为计算基数，而是以收入扣除成本后的净收益余额作为计算基数，那么申请人的请求获得支持的难度就更加巨大。影片发行的收入至少还有票房数据的公开查询渠道可以争取，但影片宣传、发行及营销的成本则是更加难以取证证明。当然本案中仲裁庭认可了申请人关于33%可分配收益比例的行业惯例，展现了仲裁员在裁断此类影视投资类纠纷时具有的一种充分考虑当事人合同约定以及行业通常标准的思路，体现出仲裁公平、专业、灵活之优势。

【案例6】北京A文化传播有限公司与黄某某《导演聘用合同》纠纷仲裁案

【基本案情】

2016年3月，申请人北京A文化传播有限公司（以下简称申请人）与被申请人黄某某（以下简称被申请人）签署了《导演聘用合同》（以下简称本案合同），约定被申请人担任某电影的监制、导演及摄影指导服务，总报酬400万元。被申请人的工作分为前期筹备期、拍摄期、后期制作期和宣传推广期四个阶段，其中前期筹备期的职责包括提交拍摄剧本、选景、确定主创班底、选择演员并经申请人认可等。本案合同履行过程中，申请人主张被申请人忙于其他影片的拍摄工作，未能积极履行本合同项下义务，主要是怠于履行选择演员、制订拍摄计划表等义务。因此申请人于2016年8月以书面通知的方式要求解除本合同。后向北仲提起仲裁请求，要求被申请人返还已支付的报酬80万元并赔偿损失10万元。被申请人答辩称自己已经履行了前期筹备阶段的合同义务，并未违约，合同应继续履行。

进而提出反请求，要求申请人支付总酬金的50%即200万元。

【争议焦点】

本篇报告对本案例关注的争议焦点为：

1. 在合同对应履行义务约定不明确的情形下，如何认定被申请人是否构成违约。

2. 在申请人已经单方通知解除合同的情形下，是否支持合同解除。如解除后是否需要返还已付酬金；双方利益如何实现平衡。

【裁决观点】

仲裁庭针对本案合同中列举的被申请人在影片前期筹备期所应当承担的九项义务逐一进行了审查，要求被申请人提交其履约的证据。经审理后认为被申请人确有三项约定义务的履行并未完成，但是仲裁庭指出，本案合同中对于影片拍摄之前的前期筹备期的具体期限没有作出明确约定，即现有证据不足以证明在申请人单方通知被申请人解除合同之前，被申请人的履约已经超过了合同约定的期限。另外，对于被申请人违反本案合同约定的三项义务，合同条款的表述均为原则性要求，缺乏具体履约标准，而且义务的履行还需要申请人的配合才能完成。综合上述因素，仲裁庭认定本案合同履行陷入停滞、被申请人未完全履行义务并非其一方原因所致，因此不能认定被申请人违约。

在这一认定的前提下，仲裁庭又指出，鉴于申请人已经单方通知被申请人解除本案合同，而被申请人未及时提出异议，本案中亦未提出请求本案合同继续履行的反请求且双方庭审中均表示不愿意继续履行本案合同，本着解决当事人诉累的原则仲裁庭确认本案合同已经解除。对于本案合同解除的后果，仲裁庭考虑到被申请人为履行本案合同所作出的工作以及被申请人的从业资历和声誉，认定已收取的80万元报酬并未明显超出合理范畴，不必退还。

【纠纷观察】

本案体现了影视投资项目履行过程中还可能发生的“人”的纠纷。影视投资是艺术创作的自然人主体与资本运作的商业主体共同合作才能完成的，其中涉及的参与影视作品创作的自然人主体众多，他们与影视项目投资人之间都是基于聘用合同或委托服务合同而建立的法律关系。正是由于艺术创作本身具有的不确定性和特殊性，往往此类合同中对于合同各方承担的义务、合同履行的具体方式、期限的约定体现出原则性、笼统、不确定的特征。一旦项目进展不顺利，很容易产生违约纠纷。纠纷一旦发生，义务承担一方需要注意收集提交履约证据，对是否已经履行合同项下的义务承担首要的举证责任。另外，在认定是否构成违约时不仅要看被申请人所证明的履约情况，还要看双方在合同中对于义务的履行是否有明确的期限要求以及验收标准。最后，本案中仲裁庭对于履行是否违约、合同是否解除以及解除后的处理，在合同约定并不明确的前提下，充分考虑到了影视行业的通行惯例、被申请人作为业内知名导演的具体情况，真正做到了公平合理地解决纠纷，体现出仲裁在解决影视纠纷方面的专业性与公平性。

四、热点问题观察

要归纳影视争议解决这个领域的热点问题，首先要观察过去的一年里，影视行业在哪些方面呈现出最为蓬勃的发展态势？风险和争议是伴随着社会经济发展而来的副产品，越是发展迅速、引人注目的领域，就越容易出现行为失范、权利受损甚至是风险爆发所带来的纠纷和争议。笔者认为当下的影视行业有三个方面最为热门：版权开发、互联网下的影视行业以及影视行业的资本运作。以下就这三大热点所导致的争议解决问题进行具体分析：

（一）与版权开发相关的争议解决问题

版权开发是指通过转让、授权许可等方式将已有的作品改编或者演绎而创作出新的作品，最常见的就是将文学作品改编为剧本，进而再创作电影、电视剧等新作品。随着影视行业的飞速发展，版权开发所涉及的范围已经大大拓展，小说、电影、电视剧、舞台剧、漫画、动漫、电子游戏、综艺节目都有可能成为版权开发的基础，也都可以成为版权开发的目标。例如，近年来比较知名的电视剧《仙剑奇侠传》系列就是由电子游戏改编而来，而今年突破20亿元票房的电影《羞羞的铁拳》则改编自开心麻花的同名话剧。[①]

与版权开发相关的争议解决问题主要可分为两大类型：

1. 合同类纠纷

所谓合同类纠纷，顾名思义就是参与版权开发的各方主体之间，基于所签订的各类合同而引起的纠纷。由于版权开发涉及的主体众多，例如著作权涉及的作者、投资人、创作团队、演艺人员、宣传推广及营销团队等，且涉及的环节众多，例如委托创作、著作权授权许可、影视作品摄制、后期宣传发行等，因此与版权

① 百度百科《仙剑奇侠传》词条，载 https://baike.baidu.com/item/ 仙剑奇侠传 /5362?fr=aladdin#4_2，访问时间：2018年2月23日；《羞羞的铁拳》词条，载 https://baike.baidu.com/item/ 羞羞的铁拳 /16133553，访问时间：2018年2月23日。

开发相关的合同纠纷在种类和数量上都成为影视争议解决最重要的组成部分。

以北仲为例，2017 年共受理影视争议解决案件 67 件，其中包括影视作品摄制合同纠纷 20 件、委托创作合同纠纷 8 件、著作权许可使用合同纠纷 6 件、演艺经纪合同纠纷 6 件、演出合同纠纷 6 件、信息网络传播权许可使用合同纠纷 4 件、音像制品制作合同纠纷 2 件、出版合同纠纷 2 件、电影宣传发行合同纠纷 2 件、著作权转让合同纠纷 1 件、电视剧衍生品合作协议纠纷 1 件、后期制作合同纠纷 1 件、导演聘用合同纠纷 1 件，其他类 7 件。纵观北仲近 3 年来对影视争议解决案件的审理情况，累计受案近 150 件，其中未有任何一件因当事人提出撤裁申请而被法院撤销裁决。由此可见，仲裁对于影视争议纠纷的有效解决以及实现定分止争、服判息诉的目标发挥了重要作用。

对于此类案件的解决，笔者根据自身作为仲裁员审理案件的经验认为最关键的是判断合同约定的具体内容。如果申请人针对其提出的仲裁请求能够说明其合同依据和法律依据，那么仲裁庭通常会尽可能地尊重合同当事人在缔约时达成的一致意思表示，进而支持相关的仲裁请求。因此从事版权开发业务的法人或自然人应当重视合同条款的拟定，确保合同的内容符合自身真实意愿且对双方的权利义务作出清晰而准确的表述，一旦履约发生纠纷时，条款约定清晰的合同才能够成为维护自身合法权益的有力武器。

2. 侵权类纠纷

在版权开发的相关合同约定的范围以外，大量存在的纠纷发生在著作权人或著作权的合法授权主体与侵犯其著作权的第三方主体之间。仲裁机构受理的仅是合同类纠纷案件，但还有更多数量的纠纷是著作权侵权纠纷，由人民法院负责审理、裁判。有研究显示，2014—2017 年，法院受理的知识产权纠纷中有 93.72% 的案件为知识产权权属侵权纠纷，这其中又有 64.58% 是著作权权属、侵权纠纷，合同纠纷仅占 4.72%[①]。

面对著作权权属、侵权纠纷，当事人应当重视证据收集工作，一方面是证明侵权事实存在的证据，现在已经出现了很多专做侵权证据收集、保存业务的公司，能够通过 IT 技术实施互联网全网 24 小时的数据检索，利用人工智能搜索、云计算、版权大数据分析等技术手段，从海量信息中快速搜索疑似侵权内容。另外对

---

① 个人图书馆：“2014—2017 年知识产权诉讼报告：权属侵权纠纷占 93%，沿海地区成主战场”，载 http://www.360doc.com/content/18/0202/03/52530889_727082343.shtml，访问时间：2018 年 2 月 23 日。

侵权事实进行公证取证，也是当事人常用的方式之一。另一方面是关于实际损失的数额以及计算方法的证据。著作权侵权纠纷目前最大的难题在于损失不易界定、法院裁判的赔偿标准相对较低，进而导致侵权成本较低，难以有效抑制侵权行为的发生。

（二）与互联网下的影视行业相关的争议解决问题

人类进入互联网时代，视频网络平台已经成为影视作品最为重要的传播渠道之一。互联网巨头企业也早已拥有足以与传统影视制作平台相抗衡的经济实力，他们开始将大量投资转向内容制作，短视频、网络剧、网络大电影、网络综艺节目等新型影视作品发展迅速，改变了传统的行业格局。就影视争议解决这一观察视角而言，互联网下的影视制作并未明显脱离版权开发领域的现行规则，相反很多互联网巨头企业在从事影视制作时对于版权取得、权利转让以及授权许可使用等方面的法律风险防控做得更加严谨、细致。但是，互联网企业能够借助不断创新的技术手段，利用互联网的开放性和无区域性等特征，极大地改变了影视行业原有的传播方式，有可能会存在侵权的风险，甚至引发纠纷。

一方面信息网络传播权纠纷明显增多，互联网技术的发展使得侵权主体擅自向公众提供、传播他人享有版权的作品的违法成本和风险大幅降低。对于作为平台方的侵权主体，侵权诉讼案件审理过程中仍然遵循"避风港"原则，即维权主体首先需要举证证明平台方"明知"侵权事实或者经过维权提醒后仍然拒绝采取补救措施，否则法院有可能判定免除平台方的法律责任。

另一方面是网络直播成为最热门的影视现象，从总体数据看，2017 年上半年，在秀场直播普及、游戏直播高清化、国内直播模式逐步向海外输出等多因素的共同推动下，整体直播行业景气度延续。但一旦缺乏有效的监管，就容易引发侵权纠纷。2017 年，文化部对网络表演市场开展"双随机一公开"执法检查，重点打击"三俗"等违规内容，对情节严重的平台依法予以关停，始终保持对网络表演乱象的高压态势。另外，直播过程中如果涉及使用其他权利人的版权作品，那么这种行为是否构成侵权以及侵犯了权利人的哪项著作权权益存在较大争议。

（三）与影视行业资本运作相关的争议解决问题

在近年 GDP 整体增速下滑的背景下，影视文化产业总值增速长期保持在 GDP 增速之上。如前所述，2017 年影视行业所呈现的电影票房再攀高峰、电视剧以及综艺节目的制作发行依托于互联网平台而流量暴涨、网络直播以及短视频节目日益火爆、IP版权开发的价值猛增等现象，预示着我国居民娱乐消费支出增多、影视行业已经成为足以吸引资本进入的热门领域。而且影视制作水平的提升和明星身价的不断抬高使得影视作品制作、发行所需成本增大，通过资本运作，借助资本的力量完成影视作品的筹备、制作、发行整个流程也成为通常选择。2017年，PE/VC市场融资表现较为平稳，全年融资案例数288起，融资规模降至29.34亿美元；并购宣布案例数量274起，完成案例166起。已披露宣布并购金额共66亿美元，完成并购金额26.21亿美元。①

然而影视投资是一个专业性极强的投资领域，有可能获得巨大收益的同时也有可能遭遇较大的投资风险，从而引发投资所涉主体之间的争议。现将影视行业资本运作过程中比较容易发生的争议和纠纷归纳如下：

第一，由投资模式引发的风险。影视行业资本运作通常采用的投资模式包括签署联合投资合同、对影视制作公司进行股权收购以及采用私募股权基金的方式进行投资等。如果以直接股权投资、私募股权基金投资的方式对影视行业进行投资，通常不只是针对单一影视项目，而是长期投资，其可能引发的争议与风险更多的是股权投资领域的常见风险，不再赘述。对于更为常见的不同投资主体之间以签署联合投资合同的方式缔结的投资合同法律关系，尤其是关于保底条款、对赌条款的争议。所谓保底条款就是指部分投资方要求项目的主导方在合同中作出保证限期全额返还本金及固定利率的投资回报的承诺，所谓对赌条款就是指投资人之间或者与主创团队之间约定以一定的票房或收视率指标作为对赌条件，一旦无法达到约定条件则按照约定承担返还本金及固定利率的投资回报或者承担损失赔偿责任。这种约定在法院审理合同纠纷时存在被认定为“名为联营实为借贷”的无效条款的法律风险。当然如果合同约定了仲裁条款，大部分仲裁庭目前对于此类合同条款的效力通常是持肯定态度的，但是如果保底所涉利率超过最高人民法院关于民间借贷保护利率上限的部分仍然有可能会不予支持。

第二，影视项目筹备、制作、发行过程中引发的风险。影视投资合作的通常方式是一家投资方主导（主控方）并负责具体的项目筹备、制作、发行工作，其他投资方（跟投方）只负责出资而不参与具体的运营管理。根据笔者在多家仲裁机构审理多件此类合同纠纷的经验，由于影视节目在筹备、摄制、后期制作、宣传发行一整套流程中涉及的环节和人员众多，内容纷繁复杂，因此在成本支出

① 央广网：“文化传媒2017年投融资回归理性 影视投资热度不减”，载http://www.cnr.cn/chanjing/gundong/20180209/t20180209_524130567.shtml，访问时间：2018年2月23日。

以及收入回收方面容易出现账目不清、证据不足等情况，加之投资合同条款约定如果不够细致、明确，容易在投资主体之间产生争议。前文所述之典型案例（五）就是笔者作为首席仲裁员审理过的一个此类案件，内容不再赘述。

第三，由于影视项目所涉个体而引发的风险。除了资本以外，影视项目最核心的创造力来源于人，包括演员、导演、编剧以及其他各个职位的工作人员。与之相应的，一旦该影视项目的投资人（或权利人）与参与项目的人员发生了纠纷，也会直接引发项目投资的风险。最典型的有：影视项目的权利人与作品的版权持有人之间发生版权纠纷，核心演员出现异常情况（例如艺人吸毒、嫖娼等严重违法行为导致节目无法放映，“限韩令”等社会背景下特定身份艺人无法出演等）进而导致无法顺利制作发行，制作方与导演、编剧、摄像等相关工作人员发生合同纠纷、劳动纠纷或者人身侵权纠纷而影响制作进度、产生额外制作成本等。前文所述之典型案例（六）就是笔者作为独任仲裁员审理过的一个此类案件，内容不再赘述。

五、结语与展望

在我国 GDP 增速放缓、社会经济处于结构转型和调整期的大背景下，2017 年中国的影视行业仍然取得了较大发展，一方面传统意义上的电影、电视剧市场继续壮大，国产票房屡创新高、流量热剧层出不穷；另一方面随着互联网技术的飞速进步，网络剧、综艺节目、视频直播等以类似摄制电影的方法创作的其他作品也萌发强大的生命力，开辟了一个日益庞大的新市场。展望 2018 年的影视行业，有以下几个方面的发展趋势：一是互联网的进一步普及将会更加深刻地改变传统影视作品的营销、发行及传播方式，打通线上与线下平台，使得电影、电视剧市场获得更大的发展空间、创造更大的产业规模；与此同时 VR 技术、5G 宽带技术等新兴科技还会进一步激发市场创造力，推动网络直播、交互式网络电视等更多的影视行业新生事物的发展。二是随着我国消费升级、居民文化娱乐消费水平的提升，观众对于影视作品的品质要求日益提高，付费模式风起，“内容为王”有望迎来发展的黄金时代，无论是传统的电影电视剧制作平台还是互联网平台均加大在内容制作方面的投入，我国影视行业的整体制作水平将会进一步得到提升。三是尊重版权、保护版权的意识逐渐加强，国际文化交流传播更加深入，无论是海外版权的引入还是国产优质作品的海外输出都将得到进一步发展，值得我们期待和关注。

2017年党的十九大报告确立了我国文化产业发展的大政方针，简言之，要掌握意识形态工作领导权、培育和践行社会主义核心价值观、繁荣发展社会主义文艺、推动文化事业和文化产业发展。由此我们可以对未来影视行业面临的政策和市场环境作出一个预判：机遇与压力并存。一方面推动文化产业发展是基调，包括影视行业在内的整个文化产业将会迎来更加宽广的市场空间，并有机会获得更多的政府政策扶植和公共资源注入；另一方面加强意识形态和价值观的管理与引导是重点，整个行业可能面临来自行政主管机关的更为严格的监管和要求，野蛮生长、打擦边球甚至于无视法律底线的经营方式都有可能会面临较大的商业风险及法律风险。因此，笔者认为从争议解决的角度对影视行业进行观察是很有必要的，能够使我们更加清晰地厘清行业发展现状与容易产生争议与纠纷的关键问题所在，以更加积极的姿态迎接未来的发展与挑战。

对于影视行业的从业者，未来需要加强对现行法律规定以及行政监管政策的研究与学习，注重提升自身或企业内部的法律风险防控意识与水平，在有条件的前提下组建自己的法律服务队伍，依靠专业法律人才加强自身拟定、签署法律文件、规避法律风险的水平。

对于立法机关及理论研究机构，未来需要加强对影视行业新兴事物的研究，特别是互联网环境下容易引发侵权纠纷或争议的网络直播、交互式网络电视、电子游戏版权保护等问题的研究，期望在下一步《著作权法》修订时能够更好地反映新时代的需求，为影视行业的发展提供更加充分的法律保障。

对于司法机关以及仲裁机构，未来需要加强对个案裁判中争议问题的研究，例如著作权保护的权利边界、侵权赔偿的额度确定、演艺经纪合同解约纠纷的处理等，从而为维护影视行业从业主体的合法权益提供更加专业、高效、合理的争议解决机制保障。

附表一：2017年度内地电影票房排名TOP10①

排名	影片名	类型	总票房（万元）	平均票价（元）	场均人次	国家及地区	上映日期
1	战狼2	动作	567875	36	38	中国	2017/7/27
2	速度与激情8	动作	267096	37	30	美国	2017/4/14

① 艺恩电影智库："CBO中国票房"，载http://www.cbooo.cn/year?year=2017，访问时间：2018年2月23日。

续表

排名	影片名	类型	总票房（万元）	平均票价（元）	场均人次	国家及地区	上映日期
3	羞羞的铁拳	喜剧	220175	33	25	中国	2017/9/30
4	功夫瑜伽	喜剧	175260	38	33	印度 / 中国	2017/1/28
5	西游伏妖篇	奇幻	165593	39	36	中国香港 / 中国	2017/1/28
6	变形金刚 5：最后的骑士	动作	155124	37	23	美国	2017/6/23
7	摔跤吧！爸爸	喜剧	129912	30	22	印度	2017/5/5
8	芳华	战争	118754	34	28	中国	2017/12/15
9	加勒比海盗 5：死无对证	动作	117991	36	22	美国	2017/5/26
10	金刚：骷髅岛	动作	116050	35	20	美国	2017/3/24

附表二：2017 年省级卫视电视剧收视 TOP10

排名	剧名	类型	收视率%	豆瓣评分	频道
1	人民的名义	反腐	3.661	8.3	湖南卫视
2	那年花开月正圆	年代	2.564	7.2	东方卫视
3	因为遇见你	都市	1.931	4.7	湖南卫视
4	我的前半生	都市	1.876	6.2	东方卫视
5	楚乔传	古装	1.741	5.0	湖南卫视
6	欢乐颂 2	都市	1.614	5.3	浙江卫视
7	放弃我，抓紧我	都市	1.419	4.4	湖南卫视
8	人间至味是清欢	都市	1.315	4.5	湖南卫视
9	孤芳不自赏	古装	1.314	3.1	湖南卫视
10	三生三世十里桃花	仙侠	1.288	6.4	东方卫视
资料来源：腾讯娱乐、豆瓣网　　统计区间：2016.12.01—2017.11.30					

附表三：2017 年电视剧网播量排名 TOP10 ①

排名	剧名	网播量（亿次）
1	楚乔传	459.9
2	三生三世十里桃花	456.5
3	人民的名义	319.7
4	欢乐颂 2	259.5
5	择天记	252.5
6	猎场	202.3
7	我的前半生	158
8	那年花开月正圆	129.5
9	醉玲珑	112
10	因为遇见你	108.6

附表四：2017 年晚间剧收视率 10②

排名	剧名	收视率%	市场份额%	播出平台
1	人民的名义	3.661	11.53	湖南卫视
2	那年花开月正圆	2.564	8.57	东方卫视
3	因为遇见你	1.93	5.88	湖南卫视
4	我的前半生	1.876	6.46	东方卫视
5	那年花开月正圆	1.756	5.88	江苏卫视
6	楚乔传	1.741	10.84	湖南卫视
7	欢乐颂 2	1.614	5.47	浙江卫视
8	欢乐颂 2	1.584	5.36	东方卫视
9	人间至味是清欢	1.315	4.45	湖南卫视
10	孤芳不自赏	1.314	3.86	湖南卫视

① 新浪网："盘点 2017 年网络播放量前十电视剧"，载 http://k.sina.cn/article_6433474768_17f7708d0001002cku.html?from=auto，访问时间：2018 年 2 月 23 日。

② 新浪网："2017 电视剧盘点：台网大战空前激烈，内容为王时代到来"，载 http://tech.sina.com.cn/roll/2018-01-07/doc-ifyqiwuw7566197.shtml，访问时间：2018 年 2 月 23 日。

附表五：2017 年网络剧播放量 TOP10

排名	剧名	类型	集数	网播量（亿次）	豆瓣评分
1	热血长安（两季）	古装	48	106.02	6.4
2	白夜追凶	悬疑 / 刑侦	32	45.62	9.0
3	鬼吹灯之精绝古城	悬疑	21	45.24	8.1
4	大话西游之爱你一万年	仙侠玄幻	54	44.52	3.5
5	双世宠妃	古装	24	41.53	6.3
6	镇魂街	悬疑惊悚	24	29.62	6.1
7	乡村爱情进行曲（上、下）	喜剧	60	29.49	7.5
8	无心法师 2	仙侠玄幻	27	28.54	6.3
9	鬼吹灯之黄皮子坟	悬疑惊悚	20	27.01	5.3
10	将军在上	古装	60	26.29	5.3
资料来源：腾讯娱乐、豆瓣网　　统计区间：2016.12.01—2017.11.30					

附表六：2017 年新播电视综艺播放量 TOP10①

排名	节目名称	播放量（亿次）	播放平台
1	奔跑吧	85.4	腾讯视频 / 爱奇艺 / 乐视视频
2	王牌对王牌 2	42.8	腾讯视频 / 爱奇艺 / 优酷
3	极限挑战 3	38.3	腾讯视频 / 爱奇艺 / 优酷
4	中餐厅	28.5	腾讯视频 / 芒果 TV
5	中国新歌声 2	27.6	爱奇艺
6	歌手	25.4	爱奇艺 / 芒果 TV
7	欢乐喜剧人 3	24.2	优酷
8	花儿与少年 3	20.9	优酷 / 芒果 TV
9	笑声传奇	19.7	腾讯视频 / 爱奇艺 / 优酷 / 乐视视频
10	我想和你唱 2	17.6	优酷 / 芒果 TV
资料来源：艺恩视频智库　　统计区间：2017.1.1—10.31			

① 付晓岚："2017 年度综艺市场大盘点，挖掘范围经济将成未来市场风向标"，载 http://www.entgroup.cn/Views/44070.shtml，访问时间：2018 年 2 月 23 日。

附表七：2017 年新上线网综播放量 TOP10[①]

排名	节目名	播放量（亿次）	播放平台
1	爸爸去哪儿 5	48.9	芒果 TV
2	明日之子	41.8	腾讯视频
3	中国有嘻哈	29.1	爱奇艺
4	2017 快乐男声	27.3	芒果 TV/ 优酷
5	明星大侦探 2	20.8	芒果 TV
6	吐槽大会	16.6	腾讯视频
7	妈妈是超人 2	15.2	芒果 TV
8	变形记 13	15.1	芒果 TV
9	放开我北鼻 2	12.0	腾讯视频
10	脱口秀大会	12.0	腾讯视频
资料来源：艺恩视频智库　　统计区间：2017.1.1—11.30			

① 艺恩网："2017 中国网络综艺市场白皮书"，载 http://www.entgroup.cn/report/f/1518180.shtml，访问时间：2018 年 2 月 23 日。

中国民用航空争议解决年度观察（2018）

高　峰[①]　金　喆[②]

一、概述

2017 年，全球经济复苏企稳，航空运输需求继续保持增长。全球航空公司实现创纪录的盈利，这已是全球航空运输业连续第 3 年增长。[③] 亚太地区航空业市场表现良好，在国内经济进入发展新常态的背景下，中国民航运输航空、通用航空、基础设施建设等领域均取得了高速发展，全行业实现利润同比增长超过 16%，取得了民航发展数量和质量的“双高速”。[④]

运输飞机作为民航发展的基础，其数量持续扩大。2017 年中国国内公共航空运输机队规模增长迅速，全年引进飞机 424 架，截至年底，运营机队总规模达到 3261 架，其中客机 3118 架，货机 143 架；[⑤] 境内机场实际出港航班总量为 425.4 万班次，实际出港总运力 68964.2 万座，运力同比增长 11.0%，境内机场出港直飞航线共 6654 条，其中境内航线 5439 条，国际 / 地区航线 1215 条，总体与 2016 年

---

① 高峰，国浩律师（北京）事务所合伙人，北京仲裁委员会 / 北京国际仲裁中心仲裁员。

② 金喆，国浩律师（北京）事务所合伙人。

③ 中国经济网：“全球航空运输业迎来了好时机”，载 http://intl.ce.cn/specials/zxgjzh/201712/14/t20171214_27265609.shtml，访问时间：2018 年 1 月 15 日。

④ 民航资源网：“民航数说：去年国内引进 424 架飞机 总机队 3261 架”，载 http://news.carnoc.com/list/431/431213.html，访问时间：2018 年 1 月 15 日。

⑤ 民航资源：“民航数说：去年国内引进 424 架飞机 总机队 3261 架”，载 http://news.carnoc.com/list/431/431213.html，访问时间：2018 年 1 月 15 日。

相比，2017年新开出港直飞航线1400条。[①]

通航市场稳步发展。在2016年《关于促进通用航空业发展的指导意见》出台后，地方政府表现出落实“十三五”期间发展通用航空产业的决心并出台一系列鼓励政策。2017年内，全国新增通航机场5个、新增通航企业56家、通用航空器2272架，完成通用航空生产飞行73.5万小时。[②]

基础运营设施建设继续稳步推进。2017年全年共完成固定资产投资825亿元（指人民币，下同），同比增长5.5%，其中民航发展基金安排投资补助222亿元。全年新开工、续建机场项目260个，新增跑道14条、停机位556个、航站楼面积123.2万平米，新建成投产机场11个，机场总数达229个。[③]

随着民航领域的快速发展，中国民航飞机制造业也迈入新阶段。2017年5月5日，中国国产大飞机C919在上海浦东机场试飞成功，中国将成为继美国和欧盟等国家地区之后新兴的民用客机制造国。截至2017年年底，中国国产大飞机C919累计27家客户订购了785架C919飞机。7月9日，ARJ21新支线飞机（是我国首次按照国际民航规章自行研制、具有自主知识产权的中短程新型涡扇支线客机）取得中国民航局生产许可证（“Production Certificate”），正式进入批量生产阶段。目前，ARJ21新支线飞机已正式投入航线运营，市场运营及销售情况良好，ARJ21新支线飞机累计20家客户433架订单[④]。12月24日，按照中国民航适航规章要求由中国航空工业集团公司研制的大型水陆两栖飞机“鲲龙”AG600飞机从珠海机场成功首飞，是我国在大飞机领域研制工作取得的又一重大成果。中国航空制造企业的发展和飞机制造能力的增强，为国内航空争议解决服务业的发展创造了基础和条件。

自2013年1月30日北京仲裁委员会/北京国际仲裁中心（以下简称北

---

① 非常准大数据：“2017年民航机场发展总结”，载http://mp.weixin.qq.com/s?src=11&timestamp=1515985003&ver=637&signature=gQTxlzpqiGQ4oZAaHpm0e4xCDT8RWjRFVOnfycS3fIn-Gw82Izgy43ukTYAT3U7RW4pDWDgceOBee-JZZ6-Ch8Z0ShiVu0J5fS-IKsxfg2WogLztnblg220SRBQUULZ*&new=1，访问时间：2018年1月15日。

② 民航资源网：“民航数说：2017民航业引人注目的数字”，载http://news.carnoc.com/list/429/429929.html，访问时间：2018年1月15日。

③ 民航资源网：“民航数说：2017民航业引人注目的数字”，载http://news.carnoc.com/list/429/429929.html，访问时间：2018年1月15日。

④ 中国商用飞机公司官网，载http://www.comac.cc/cpyzr/ARJ21/，访问时间：2018年1月21日。

仲）航空法研究小组成立（章程规定，宗旨是通过航空法研究小组的活动，达到双向了解的目的，即北京仲裁委加深对航空领域多元解决需求的了解，航空领域加深对商事仲裁、商事调解等多元化解决方式的了解）；以及 2014 年 8 月 28 日中国航空运输协会、国际航空运输协会与上海国际仲裁中心在上海共同签署《国际航空仲裁战略合作协议》成立专门服务于民航业的国际仲裁机构—上海国际航空仲裁院；2017 年 12 月 26 日中国海事仲裁委员会航空争议仲裁中心、航空争议调解中心在北京正式成立，致力于为我国民航争端解决提供更加专业、高效的解决途径。2017 年 10 月 21 日上海国际航空仲裁院发布了《飞机融资租赁协议示范文本》（中文本征求意见稿），2017 年 11 月 1 日北仲在北京发布《中国通用航空争议解决年度观察（2017）》，2017 年 12 月 26 日，中国海事仲裁委员会制定了《航空配餐服务合同示范条款》和《航空燃料服务合同示范条款》供民航业参考使用，航空争议仲裁工作取得了积极发展。

二、立法动态

2017 年 1 月 22 日，中国民用航空局（以下简称民航局）局务会审议通过了 2017 年民航局年度立法计划等立法工作安排，对新一年行业立法工作进行了全面部署①。根据安排，民航局将在 2017 年开展法律、行政法规、规章制定、修订项目 21 个，包括配合有关部门继续推进《中华人民共和国民用航空法》（以下简称《民用航空法》）的修订，推进《民用航空安全保卫条例》的修订、《民用航空飞行标准管理条例》的制定，开展多部民航规章的制修订工作。相关内容涉及广泛，既包括飞行运行、适航管理、机场安全、空管设备、网络安全等直接关系航空安全制度的完善，也包括投资准入、运输规则、通用航空等经济管理的热点领域。

（一）《民用航空法》修订征求意见

2016 年 8 月 8 日，中国民航局发布《关于〈中华人民共和国民用航空法〉修订征求意见稿公开征求意见的通知》，修订内容主要以现有框架为基础，按照急用先修的原则，除文字调整以外，主要围绕完善民航业发展机制、加强航空安全

---

① 中国民航局官方网："民航局全面实施行业十三五立法规划"，载 http://www.caac.gov.cn/XWZX/MHYW/201701/t20170124_42064.html，访问时间：2018 年 1 月 20 日。

管理、放松经济性管制、保护消费者权益、促进通用航空发展、运输凭证现代化、修改运输责任制度等方面，对78项法律条文作进行了修订或删除，新增24条。经过2017年民航局和中华人民共和国交通运输部（以下简称交通运输部）主持召开的多轮修订研究讨论会议，目前《民用航空法》（修订稿）已经民航局局务会、交通运输部部务会审议通过，提交中华人民共和国国务院法制办公室（以下简称国务院法制办）审核。

2017年11月4日，全国人民代表大会常务委员会发布《关于修改〈中华人民共和国会计法〉等十一部法律的决定》，第7条规定了对《民用航空法》作出修改，删去第147条第2款中的“并依法办理工商登记；未取得经营许可证的，工商行政管理部门不得办理工商登记”，“本决定自2017年11月5日起施行。……《中华人民共和国民用航空法》……根据本决定作相应修改，重新公布”。据此，经过2015年和2017年的两次修改，在公共运输航空和通用航空领域彻底实现了“证照分离”，理顺了经营性通用航空设立流程，有利于通航业的发展。

（二）《无人驾驶航空器飞行管理暂行条例（征求意见稿）》

为了规范无人驾驶航空器飞行及相关活动，2018年1月底，国务院、中央军委空中交通管制委员会办公室组织起草了《无人驾驶航空器飞行管理暂行条例（征求意见稿）》（以下简称《征求意见稿》），并面向社会公开征求意见。该《征求意见稿》围绕无人驾驶航空器、驾驶员、环境等关键环节，共7章59条明确制度规定，管理对象全面覆盖各类无人机（模型航空器除外），范围由250克以下至150公斤以上，包含民用、警用、军用等不同类别；囊括全生命周期，涵盖设计制造、产品适航、运行规范、人员管理、事后查处等一系列环节。《征求意见稿》详细列出了无人机的分类：按照执行任务性质，分为国家无人机和民用无人机；根据运行风险大小，将民用无人机分为微型、轻型、小型、中型、大型。同时，《征求意见稿》对部分运行场景的飞行计划申请与批复流程作出适当简化，比如，微型无人机在禁止飞行空域外飞行，无需申请飞行计划；轻型、植保无人机在相应适飞空域内飞行，只需实时报送动态信息等。该暂行条例一旦正式通过，将是我国首次从国家战略层面对无人机管理与发展作出部署。

（三）《航班正常管理规定》

《航班正常管理规定》（以下简称《规定》）于2017年1月1日起正式施行，

投资纳入国家规划的国际枢纽和区域枢纽的民用运输机场或其共用航站楼，投资比例不得超过 25%，并且不得相对控股。民用运输机场投资本机场范围内的航空燃油销售、储运、加注企业及其设施，投资比例不得超过 25%，并且不得相对控股。空中交通管理系统主要由中央政府投资，空中交通管理部门不得投资空中交通管理系统之外的其他领域。公共航空运输企业的董事、高级经营管理人员不得在民用运输机场兼任高级经营管理人员；民用运输机场的董事、高级经营管理人员不得在公共航空运输企业兼任高级经营管理人员。除上述限制外，国内各类主体投资通用航空、通用机场、飞机维修、货运仓储、地面服务、航空食品生产销售、停车场、客货销售代理、计算机订座系统服务、航空结算及民航其他相关项目，均无投资准入限制。

（八）年度通用航空政策

根据全国民航工作会议公布的数据，2017 年行业主管部门共发布 50 多项涉及通用航空发展的相关政策，包括民航局下发《关于取消通用航空器引进审批（备案）程序的通知》，明确对个人或企业引进一般通用航空器和喷气公务机不再实施审批和备案。民航局发布《通用机场分类管理办法》，按照通用机场是否对公众开放分为 A、B 两类。A 类为对公众开发的通用机场，允许公众进入以获取飞行服务或自行开展活动；B 类则为不对公众开放的通航机场。由此可见，国家为支持通用航空的发展给予了诸多的政策红利，通航产业大大受益。

三、典型案例

航空领域的商事争议（考虑到本报告的发布目的，不包括航空旅客运输合同纠纷）一般集中在航空器买卖 / 转让纠纷、航空器租赁纠纷、飞机托管纠纷、飞机维修纠纷及航空器损害赔偿纠纷、货代合同纠纷等，纠纷主体包括航空公司、机场管理机构、第三方专业地服公司、航空油料企业、航空食品公司、航空保险人、通用航空企业、货运代理企业、飞机制造商、飞机维修企业以及飞机出租人等。受到过往行业市场准入与监管政策相对严格、行业资金及技术性壁垒较高、部分行业资源市场集中度高、部分企业占据垄断地位、交易相对人采购选择受限、行业相对封闭、人员内外流动不足等因素的影响，航空领域内发生商事争议时，当事人更多倾向于采用自行和解或调解等私力救济方式解决，相对较少通过仲裁或诉讼等对抗性强的方式处理。在已公开案例中，我们挑选了五起典型案例做详细分析。

【案例 1】仲裁协议效力纠纷①

【基本案情】

汉能控股集团有限公司（以下简称汉能集团公司或承租人）与朗业湾乙（天津）租赁有限公司（以下简称朗业湾乙天津公司或出租人）签订融资租赁合同，融资租赁合同第 21.2 条约定，凡因本合同引起的或与本合同有关的任何争议，均可将该等争议提交中国国际经济贸易仲裁委员会（以下简称贸仲），按照仲裁时该会现行有效的仲裁规则进行仲裁。融资租赁合同第 23.1 条款约定：本合同附件构成本合同不可分割的一部分，与合同正文具有同等法律效力。

同日，汉能集团公司、朗业湾乙天津公司与汉能公务航空有限公司（以下简称汉能公务航空公司或管理人）签订飞机管理委托协议，作为融资租赁合同的附件七。飞机管理委托协议第 6.2 条约定，有关本合同的一切争议，任何一方均可向北京市有管辖权的人民法院提起诉讼。飞机管理委托协议第 10.1 条约定：本合同为融资租赁合同的附件存在，是融资租赁合同的补充，与融资租赁合同具有同等法律效力。

后因融资租赁合同履行纠纷，朗业湾乙天津公司依据融资租赁合同的仲裁条款向贸仲申请仲裁。汉能集团公司向北京市第二中级人民法院提出确认仲裁协议效力申请。

【争议焦点】

本案的争议焦点为：融资租赁合同与另行签署的附件飞机管理委托协议在本案中为彼此独立还是构成同一整体，从而决定仲裁协议的效力问题。

【裁判观点】

北京市第二中级人民法院经审理认为：

本案融资租赁合同的签约主体是朗业湾乙天津公司与汉能集团公司，而本案委托协议的签约主体有三方：朗业湾乙天津公司、汉能集团公司及汉能公务航空公司。本案融资租赁合同的主要内容为出租人与承租人之间就涉案飞机的购买交付、租赁、占有使用、所有权、维修保养、违约责任等事项作出的约定，而委托

---

① 北京市第二中级人民法院（2017）京 02 民特 375 号民事裁定书。

协议的主要内容为出租人、承租人、管理人之间就涉案飞机的管理、运营、维护等事项作出的约定，由此可见，本案融资租赁合同与委托协议在形式上相对独立存在。但尽管如此，由于朗业湾乙天津公司与汉能集团公司在融资合同中明确约定“本合同附件构成本合同不可分割的一部分，与合同正文具有同等法律效力”，且在委托协议中也明确约定“本合同为融资租赁合同的附件存在，是融资租赁合同的补充，与融资租赁合同具有同等法律效力”，表明各方当事人均认可作为融资租赁合同的整体，其附件系融资租赁合同不可分割的一部分。

《最高人民法院关于适用〈中华人民共和国仲裁法〉若干问题的解释》第7条规定：“当事人约定争议可以向仲裁机构申请仲裁也可以向人民法院起诉的，仲裁协议无效。但一方向仲裁机构申请仲裁，另一方未在《中华人民共和国仲裁法》第二十条第二款规定期间内提出异议的除外。”融资租赁合同约定“凡因本合同引起的或本合同有关的任何争议”解决方式为“仲裁”，而附件委托协议约定“有关本合同的一切争议”解决方式为“诉讼”，在融资租赁合同与附件委托协议作为融资租赁合同整体的情形下，二者又分别约定了仲裁和诉讼，显然存在矛盾与冲突。在融资租赁合同与附件委托协议对此没有作出特别说明的情况下，应属约定不明确，构成《最高人民法院关于适用〈中华人民共和国仲裁法〉若干问题的解释》第7条规定的“或裁或审”之情形。根据上述司法解释，朗业湾乙天津公司与汉能集团公司在融资租赁合同中约定的仲裁条款应属无效。

【纠纷观察】

本案在仲裁角度考虑就是一个涉及多份关联合同的整体考虑问题，但在飞机买卖或者租赁合同纠纷中却有着非常重要的现实意义。

一般而言，飞机融资租赁交易与飞机托管事项不存在重合关系或交叉关系，彼此应是独立的。融资租赁法律关系是出租人、承租人（航空公司）、飞机生产商三方间的法律关系，约定飞机的购买、租赁、飞机交付、租金支付、占有使用、所有权、维修保养、违约责任等飞机“所有权”及“占有”事项；而飞机托管关系是承租人与飞机运营人之间的关系，约定飞机的日常管理运营、保养、维护等飞机运行事项。两者无论从合同性质、合同当事方及合同约定内容上讲，飞机托管协议与融资租赁合同均应是彼此独立的。但在本案中，为更好地了解租赁飞机的运营状况，保障其对飞机的检查、控制、违约取回权等，出租人直接作为合同一方参与飞机托管协议，并在主合同融资租赁合同及附件委托协议中，明确约定委托协议为主合同的构成部分，且与主合同具有同等的法律效力。基于两份合同中关于“协议关系”的约定，法院依法裁定上述安排构成了司法解释规定的“或裁或审”的情况，从而判令本案的仲裁协议无效。本案为飞机融资租赁交易争议解决条款的设定给予了提示。飞机融资租赁交易中，往往涉及多方多份合同，其中有些合同构成主从关系，如飞机买卖合同（主合同）与飞机质保转让合同（从合同），飞机融资租赁合同（主合同）与保证合同、履约风险金合同、保险权益转让担保合同（从合同）；有些合同一般则是独立关系，如飞机融资租赁合同、咨询合同、飞机托管合同。在多份主体多份合同构成一整套交易文件的情况下，交易方应当事先明确约定交易文件的主从或独立法律关系，确保仲裁协议约定的一致性或明确冲突安排，避免一旦发生争议时以仲裁作为争议解决方式的目的无法实现。

【案例2】飞机委托运营合同纠纷①

【基本案情】

北京亿度投资有限公司（以下简称亿度公司）与中一太客商务航空有限公司（以下简称中一公司）签有飞机委托运营协议，中一公司为亿度公司所承租的一架公务机提供包括飞机引进阶段相关服务和飞机引进后的运营管理业务服务。亿度公司向中一公司支付了飞机引进阶段服务费。中一公司为飞机引进提供了一系列必要服务，但由于该架飞机STC（补充型号合格证）没有通过中国民用航空局VSTC（补充型号认可）认证，导致案涉飞机最终无法引进至国内。亿度公司认为中一公司一直未能完成飞机引进服务，构成根本违约，要求中一公司返回飞机引进服务费并赔偿因飞机引进不能而造成的损失。

【争议焦点】

本案争议焦点为：（1）飞机委托运营协议是否可解除及其解除依据；（2）如何确定亿度公司应向中一公司支付的引进服务费用。

【裁判观点】

沈阳中级人民法院二审认为：

1. 本案为委托合同当事人行使合同任意解除权形成的合同解除，不属于因一方当事人违约行为致使合同目的不能实现另一方当事人行使法定解除权形成的合同解除，中一公司主张亿度公司未依法行使合同解除权，案涉飞机委托运营协议

① 辽宁省沈阳市中级人民法院（2017）辽01民终4433号民事判决书。

未依法解除，不能成立，因为根据《中华人民共和国合同法》（以下简称《合同法》）第410条的规定，委托人或受托人均可以随时解除委托合同，享有任意解除权，委托合同解除为单方民事法律行为，只要委托合同的一方当事人有解除合同的意思表示且通知到达对方，委托合同解除即可成立。

2. 本案为亿度公司基于合同解除提起的请求返还预付委托费用和赔偿诉讼，中一公司作为受托人抗辩主张其已经履行了委托服务义务，其为引进飞机所支出的费用高于亿度公司预付的委托费用，由于不可归责于受托人的原因案涉飞机未能引进并在中国大陆运营，中一公司不应返还亿度公司预付的委托费用。飞机属于特殊进口商品，除应满足海关相关规定外，还应符合民航局关于飞机适航的规定，否则即使飞机引进国内也无法实现其运营的商业目的。本案中，亿度公司因所要租赁引进的该架飞机补充型号合格证（STC）存在问题，而未能通过国家民航局的补充型号认可（VSTC），故法院认定为因不可归责于中一公司事由发生本案单方解除委托合同，亿度公司应根据《合同法》第398条和第405条的规定，向中一公司支付为完成委托事务垫付的相应费用和报酬，即委托服务费用。

【纠纷观察】

本案的争议焦点为：委托合同中当事人通过特殊约定能否排除《合同法》第410条规定的任意解除权问题。

首先，就这一问题，司法实践中也颇有争论。最高人民法院（以下简称最高院）认为[①]，“《合同法》之所以规定委托合同双方当事人均可行使任意解除权，主要是基于委托合同双方当事人存在人身信赖关系，一旦这种信赖关系破裂，合同便没有存续的必要，应允许当事人行使任意解除权。但是，在诸如本案商事委托合同的缔结过程中，双方法定代表人或者代理人之间是否存在人身信赖关系往往并非是委托人选择受托人的主要考量因素，更多的是关注受托人的商誉及经营能力。同时受托人为完成委托事务通常要投入大量的人力和物力来开拓市场、联系客户等，为了防止对方行使任意解除权带来的不确定风险，故对解除条件作出特别约定以排除任意解除权的适用，是双方当事人对合同履行风险所作出的特殊安排，体现了意思自治原则，且不损害国家利益、社会公共利益以及第三人的合法权益。在此情况下，如仍允许委托人行使任意解除权，就会给受托人带来重大损失，且由于经营可得利益的不确定性，解除合同后受托人所能获得的损害赔偿往往与继续履行所能获

① 最高院（2013）民申字第2491号。

得收益不相匹配，这一结果显然有悖公平原则”。因此，笔者认为，鉴于商事委托合同的特殊性及综合考虑案情，如双方当事人对合同解除权作出特别约定的，应当承认其可以产生限制《合同法》第410条所规定的合同任意解除权的效果。

其次，关于行使任意解除权后的委托报酬问题。《合同法》规定，因不可归责于受托人的事由，委托合同解除或者委托事务不能完成的，委托人应当向受托人支付相应的报酬。除非当事人另有约定，报酬应包括受托人完成委托事务所实际支出的费用和应得合理报酬。本案中，由于飞机商品的特殊性，在引进国内前，该型号必须取得国内行业监管机构（民航局）对于该型号飞机的补充型号认可（VSTC），否则无法实现飞机引进的合同目的。为取得VSTC，申请人（即本案中的受托人）花费了大量的时间和费用，虽然最终仍未取得民航局的VSTC，但法院认为受托人对此并无过错，因此仍有权从委托人处获得合理报酬。

【案例3】飞机管理协议纠纷

【基本案情】

A公司作为飞机营运人（申请人）与B公司作为飞机所有人（被申请人）签订了一份《飞机管理协议》。根据该《飞机管理协议》，被申请人将其购买的一架公务机交付申请人，由申请人按照中国民航规章体系CCAR-91部航空运行标准管理及运营该公务机。协议在履行过程中，被申请人长期拖欠付款，申请人诉至仲裁委员会。被申请人答辩称本案的《飞机管理协议》系格式合同，合同中约定了诸多霸王条款及前后矛盾的地方，应认定为无效条款。同时对申请人提供的代垫费用证据存在争议，此前多次协商未有结果，请求仲裁庭在对清账目的情况下予以裁决。

【争议焦点】

本案的争议焦点为：（1）《飞机管理协议》是否为格式合同；（2）被申请人对于申请人代垫费用账单是否有提出过合理异议。

【裁判观点】

本案仲裁庭观点如下：

1. 本案《飞机管理协议》是否为格式合同

本案仲裁庭认为，格式条款一般是指当事人为了重复使用而预先拟定，并在订立合同时未与对方协商的条款。本案合同是双方当事人就飞机运营、管理签署的商务合同，该合同不具有格式合同的法律特征；被申请人并未就该合同存在格式条款并进而确定为格式合同提供翔实的证据；关于被申请人提出的矛盾条款及条款无效的问题，仲裁庭经认真审查认为，相关条款存在表述及复训人员范围的不同，但条款内容不构成对当事人权利、义务的实质约束和条款适用上的矛盾，该条款不存在认定无效的依据。综上，本案合同是双方当事人经慎重考虑，协商一致自愿签订的，本案合同合法有效，双方当事人均应按照合同约定享有权利、承担义务。

2. 被申请人对于申请人代垫费用账单的异议问题

在本案审理中，申请人出示的证据表明其按照本案合同的约定向被申请人寄送了账单及开账票据并发送了催款函。被申请人对账单的送达情况未提出异议、亦未向仲裁庭提交其在申请人提起本仲裁前曾对账单提出过异议的相关证据。按照本案合同的约定，被申请人应在收到申请人账单后5个工作日内予以答复，无回复即视为确认账单金额。被申请人未举证其在合同履行期间，曾对申请人账单的具体事项提出过异议。有鉴于此，仲裁庭认为被申请人的抗辩理由不成立。

【纠纷观察】

实践中，国内公务机公司确实有自己固定格式的飞机托管协议或者飞机委托管理协议，主要是因为公务机公司为提高谈判效率、统一托管标准和项目，是否据此就认定该类型合同均为格式合同，本案仲裁庭给予了明确的意见。本案仲裁庭认为应当体现了尊重合同双方当事人的意思表示和航空业的惯常操作。一般而言，一方提供的所谓格式文本可以作为谈判基础文本，但是最终还是要经过各方当事人讨论、修改、协商一致后签署正式合同。该正式合同文本不属于《合同法》中规定的格式条款。当然，正式合同措辞还应避免内容有不一致或者前后矛盾之处，以免影响合同效力的认定。同时，公务机公司为客户垫付的各项第三方费用，应按照合同约定及时发送客户要求审核确认，避免事后支付时发生异议，建议事前告知客户并要求其确认，避免因收费标准或者费用范围发生争议。

【案例4】通用航空保险合同纠纷[①]

【基本案情】

上海赛龙通用航空有限公司（以下简称赛龙公司）与上海豪海通用航空有限公司（以下简称豪海公司）签有《通用航空合作运营协议》一份，豪海公司提供

① 浙江省湖州市中级人民法院（2017）浙05民终248号。

数架 Cessna208B 飞机委托赛龙公司代为运行。赛龙公司就该飞机向中国人民财产保险股份有限公司安吉支公司（以下简称人保安吉支公司）投保通用航空机身一切险、责任险保单及其附加险，人保安吉支公司出具保单《通用航空保险保险单》及《特别约定清单》各一份，约定：投保人为赛龙公司；保险人为人保安吉支公司；被保险人为赛龙公司、豪海公司，……；飞行员信息：林某淼、李某伟、沈某礼、沈某龙、常某敏、吴某星。其后，该飞机发生事故。人保安吉支公司以副驾驶侯某龙不在保单第 6 项第 1 款列明的飞行员名单中、飞行时间不满足该条 2 款要求且未事先征得人保安吉支公司同意为由拒绝理赔。赛龙公司就此提起诉讼。

【争议焦点】

本案的争议焦点为：案涉事故所造成的损失是否属于保险责任范围，人保安吉支公司是否应承担赔偿责任，其关键在于认定赛龙公司是否具有保险利益以及保险单“特别约定”、特别约定清单中列举的“飞行员信息”是否属于保险人承担保险责任的条件。

【裁判观点】

湖州市中级人民法院经审理认为：

赛龙公司基于与豪海公司签订的通用航空合作运营协议成为案涉飞机经营管理人，对案涉飞机具有合法的直接利益关系，其投保机身一切险并作为被保险人，具有保险利益，并且豪海公司也出具了保险权益转让情况说明，将享有的保险利益全部转让给赛龙公司。因此，无论赛龙公司因对案涉飞机具有保险利益或因受让豪海公司保险权益而向人保安吉支公司请求赔偿保险金，虽请求权基础不同，但赛龙公司未就此获得额外利益，人保安吉支公司均需承担保险责任。

有关“飞行员信息”条款的性质，法院认定“飞行员信息”条款属免除保险人责任条款，人保安吉支公司依法负有提示和明确说明义务。在人保安吉支公司未能证明其已向赛龙公司就涉及飞行员信息的免责条款进行提示和明确说明的情形下，相应条款不发生效力，即使案涉事故由列明之外的飞行员驾驶所造成，人保安吉支公司也不能免除保险责任。

【纠纷观察】

本案的核心争议点是保单条款中“被保险飞机由保单明细表第 6 项列明或规定的飞行员以外的人驾驶飞行”的免责条款能否适用，但保险人在本案中的抗辩思路却应该不局限于该条款。本案中负责操纵的驾驶员侯某龙虽然持有中国民航局颁发的飞行人员执照和体检合格证，但是其并非赛龙公司原有运行规范中的飞行员，而是从其他公司临时租借的飞行员，按照规定，航空企业之间就飞行员借用达成一致后，应通过修改借入方的运行规范、局方批准后才能进入借入方的运行，但赛龙公司擅自增加未在其运行规范中的飞行员进行飞机操作，其行为明显违反了民航局的规定。赛龙公司在保单中承诺遵守民航管理当局发布的涉及被保险飞机安全运行的全部有关航空飞行和适航的法令和要求，并保证其雇员及代理人也遵守该法令及要求，一旦赛龙公司违反了其在保单中所作承诺和保证，保险人可以拒绝承担赔偿责任。另外，《中华人民共和国保险法》规定，在合同有效期内，保险标的的危险程度显著增加的，被保险人应当按照合同约定及时通知保险人。被保险人未履行前款规定的通知义务的，因保险标的的危险程度显著增加而发生的保险事故，保险人不承担赔偿保险金的责任。赛龙公司违反民航局规定，借用不属于其运行规范中批准的飞行员驾驶飞机的行为如果构成“危险程度显著增加的”，保险人则依法享有拒绝赔偿的权利。

【案例 5】无人机致财产损害赔偿纠纷①

【基本案情】

厦门加能电力科技有限公司（以下简称加能公司）在某处尚未投入使用的道路附近测试飞机模型，飞机降落后与陈某某驾驶的车辆发生碰撞，造成飞机模型严重受损。加能公司以侵权为由要求陈某某赔偿飞机模型损失 20 余万元。陈某某认为加能公司系违规飞行作业，应承担事故的全部责任。

【争议焦点】

本案的争议焦点为：加能公司测试飞机模型行为是否属于违规操作，从而应承担事故全部 / 主要责任。

【裁判观点】

厦门市中级人民法院经审理认为：

《通用航空飞行管制条例》第 2 条规定，在中华人民共和国境内从事通用航空飞行活动，必须遵守本条例。第 3 条规定，通用航空是指除军事、警务、海关缉私飞行和公共航空运输飞行以外的航空活动。明确规定了军事、警务、海关缉私飞行和公共航空运输飞行以外的航空活动均应适用该条例。本案加能公司进行无人机飞行，应当适用该条例。同时，该条例第 7 条规定，从事通用航空飞行活动

① 福建省厦门市中级人民法院（2014）厦民终字第 3864 号。

的单位、个人，根据飞行活动要求，需要划设临时飞行空域的，应当向有关飞行管制部门提出划设临时飞行空域的申请。第12条规定，从事通用航空飞行活动的单位、个人实施飞行前，应当向当地飞行管制部门提出飞行计划申请，按照批准权限，经批准后方可实施。第24条规定，在临时飞行空域内进行通用航空飞行活动，通常由从事通用航空飞行活动的单位、个人负责组织实施，并对其安全负责。加能公司未经相关飞行管理部门批准擅自进行无人机飞行活动，违反了《通用航空飞行管制条例》的规定，属于违规飞行作业，自身存在重大过错。加能公司应当对其在飞行过程中未尽安全保障义务而发生的相应损失承担责任。

【纠纷观察】

随着无人机行业的发展，越来越多的无人机出现在公众的视野里，然而诸如无人机“黑飞”的事件也频频发生。由于缺失无人机飞行管理相关的法律规定，法院在审理此类案件时只能适用《通用航空飞行管制条例》等一般性通用航空法律。而《通用航空飞行管制条例》制定于2003年，当时尚无法预料无人机行业的快速兴起。无人机因在构造、用途、性能、操控方式等方面存在明显差异，一刀切式的管理显然不利于行业发展。例如，本案中涉及的飞机模型，如果按照《无人驾驶航空器飞行管理暂行条例（征求意见稿）》的分类，可能被划分为模型航空器，从而受国务院体育行政部门管理，而非民航管理。

目前，中国民用航空局颁布了《民用无人驾驶航空器系统空中交通管理办法》《关于民用无人机管理有关问题的暂行规定》等一系列规定，但上述规定的内容比较笼统，缺乏强制执行效力和可操作性。因此，仍需有关部门进一步明确无人机飞行审批程序、管理规定、适航标准、处罚标准等细则规定，对不同安全风险的无人机明确不同管理办法。

以上五个典型案例反映出民用航空纠纷的一大特点，即在适用一般法律的同时，必须考虑行业特殊规则和行业惯例。特殊规则主要指民航部门规章，它在民航法规体系中内容最广、数量最多，是民航主管部门实施行业管理的重要依据。行业惯例主要指国内外民航企业在长期业务活动中形成的一些通用习惯规则，如服务代理制度等。只有充分理解行业特殊规则和行业惯例，才能在一般法律规定的指导下，理顺各方关系、正确处理民航纠纷案件。

四、热点问题观察

近年来，随着航空运输量的快速增长，国内民航热点问题不断，既触及实践探索，又引发学术热议。本部分将重点就实践中的航空地服纠纷及学术中的重大前瞻性立法问题做进一步介绍。

（一）实践热点——航空地服纠纷

据不完全统计，从 2016 年 1 月 1 日到 2017 年 12 月 31 日，国内机场公司与境内外航空公司发生航空器剐蹭事件一共十八起，其中多数尚未解决。

所谓航空地服，即航空地面服务，是指在机场区域为航空公司正常运营而提供的各类专业服务，具体包括值机、货运、旅客运输、航线维护、牵引拖车、廊桥、摆渡车，甚至配餐、注油等服务。而航空地服协议，是航空公司和机场公司签署的与上述服务相关的协议。目前，我国航空公司或地服公司均普遍采用国际航空运输协会（IATA）制定的标准地服协议（IATA SGHA）。对于责任承担，上述标准地服协议中约定，“除非索赔或诉讼的法律责任是由于地服公司故意或明知可能造成损失而轻率地作为或不作为造成的，否则航空公司应免除地服公司的赔偿责任”。

对于“明知可能造成损失而轻率的作为或不作为”，我国《民用航空法》第 132 条也有相同措辞，其来源于 1929 年的《统一国际航空运输某些规则的公约》，即《华沙公约》及 1955 年的《修订 1929 年 10 月 12 日在华沙签订的“统一有关国际航空运输某些规则的公约”的议定书》，即《海牙议定书》。在航空旅客运输合同纠纷处理过程中，我们一般将其界定为中国法下的“重大过失”情形。最高院曾对此解释道[①]，“此处的明知，是指知道或者已经具备这一知识，明知可能造成损失，是指服务公司知道其行为可能造成损坏、死亡、延误、人身损害或损失。”但是，对于“轻率的作为或不作为”，法院却鲜有阐明，多按照疏忽原则处理。

上述地服协议范本中一般还约定赔偿范围是“飞机的有形损失”，但是中国法律中并无“有形”和“无形”的明确区分，也没有直接损失和间接损失之分，一般归结为实际损失。比如飞机致损后，对于维修而产生的航材部件更换费用、维修工时费、维修人员交通住宿费用、停场费用 / 机库租赁费用等费用的赔偿，机

---

① 最高院（2010）民四终字第 1 号。

场公司与航空公司方面通常无异议，均认为属于应当赔偿的范围，但是对于其他一些项目的费用赔偿往往容易产生争议，包括受损航空器的租金损失、为正常执行原定航班计划而产生的调机费用、航班旅客后续安排费用、利润损失等，需要根据案件具体情况逐一分析。

（二）学术热点——重大立法前瞻

1. 航空器产品责任立法

中国目前已步入全球少数几个能够研发制造大型客机的国家之列，在民用航空器制造领域取得了战略性的进展。但是，中国的民航大飞机制造业仍处于初级发展阶段，风险防范体系尚待建立，风险承担能力相对较弱，产品责任可能产生的巨额赔偿与费用对于产业未来发展的阻力不可预估，尤其是来自国际上的压力。目前，中国在民用航空制造领域存在严重的立法缺失，没有关于航空产品责任的特别法规定。我国现有调整产品责任的法律规定主要为《中华人民共和国民法通则》《合同法》《中华人民共和国侵权责任法》《中华人民共和国产品质量法》《中华人民共和国消费者权益保护法》等针对普遍性和一般性的产品责任法律规定，无法适应专业性强、复杂多样的航空产品责任问题。未来，一方面，《民用航空法》"扶持民用航空制造业"的原则性规定可能得到进一步细化，增加专门针对航空产品责任的规定；另一方面，借鉴参考美国《通用航空复兴法案》，出台专门规定，适当缩短飞机制造商承担产品责任的法定年限，甚至限制最高赔偿责任等。

2. 融资租赁立法

截至 2017 年 9 月底，我国融资租赁企业（不含单一项目公司、分公司、子公司和收购的海外公司）数量达到 8580 家，同比增长 34.2%；融资租赁合同余额规模约为 5.75 万亿元，同比增长 16.2%。① 我国融资租赁市场已一跃成为全球第二大市场。但在法律层面，迄今我国仍没有系统的融资租赁立法，涉及融资租赁的相关法律法规较分散，如中国银行业监督管理委员会的《金融租赁公司管理办法》、商务部的《融资租赁企业监督管理办法》、《合同法》第十四章"融资租赁合同"、《企业会计准则第 21 号—租赁》《最高人民法院关于审理融资租赁合同纠纷案件适用法律问题的解释》等，同时各地在执法上也存在差异，这一现象不利于租赁物

① 证券时报网：http://company.stcn.com/2017/1101/13733669.shtml，访问时间：2018 年 1 月 21 日。

的登记、公示和保全，融资租赁立法的呼声渐高。在我国，航空公司运营的飞机中租赁飞机占比超过50%，相关融资租赁法律法规一旦通过，必将对我国航空融资租赁交易各方产生重大影响。

五、总结与展望

民航领域的争议解决往往带有极强的行业特性和专业背景，因此处理过程中需要结合行业相关规定、考虑行业特点。近年来，在“依法治国”的背景下，一大批民航规章或补充或更新或新制订，给行业参与者、管理者、裁判者带来新的挑战。

（一）现有行业规章的更新

自2016年以来，民航局修订、更新、重新发布了50余部民航规章，几乎涵盖了民航监管的各个主要方面，其中不乏《大型飞机公共航空运输承运人运行合格审定规则》（121部）、《小型航空器商业运输运营人运行合格审定规则》（135部）、《民用航空产品和零部件合格审定规定》（21部）等核心规章。修订后的民航规章，更加符合当前行业发展特点，使民航法规体系更加科学规范。

（二）新的行业规章的制定

同时，民航局也根据行业发展需要，就安全生产财务保障、航班正常管理、细化安全保卫规则、飞行校验、销售代理与订座系统、应急管理等出台了全新的监管规定10余部，不断完善补充着现有民航法规体系。

（三）其他相关法律规定的影响

除行业规定外，其他相关法律法规的推出也已经或将会对民航业产生重要的影响。例如，《中华人民共和国民法总则》对个人信息保护的规定，《中华人民共和国网络安全法》对网络数据安全管理的规定，《企业会计准则第21号—租赁修订征求意见稿》拟取消融资租赁和经营租赁分类的规定等，都将成为民航企业在未来发展道路上必须面对的新问题。

笔者认为，未来数年，中国民航将在消费者权利保护、无人航空器管理、低空开放、网络安全、财务融资等众多领域适用新的法律规定。为此，民航各参与方需要不断调整管理思路、业务模式及合规手段，以全面适应不断发展变化的规则。同时，新的法律环境亦会产生新的、更多的航空争议案件，这对于推进航空领域争议解决机制多元化而言既是不可多得的发展良机，也是前所未有的严峻挑战。一方面，由于航空争议案件本身具有专业性强、法律关系复杂、当事人多、存在涉外因素等特点，相比其他争议解决方式，仲裁的灵活、保密、自治、专业和境外可执行性使之更受当事人青睐；另一方面，影响航空业的各项新的规定必将对航空争议案件处理提出新的要求，需要各参与方不断加强行业了解，跟进行业发展，以专业赢取信任。

图书在版编目（CIP）数据

中国商事争议解决年度观察. 2018 / 北京仲裁委员会，北京国际仲裁中心编 . —北京：中国法制出版社，2018.6

ISBN 978-7-5093-9408-3

Ⅰ. ①中…　Ⅱ. ①北… ②北…　Ⅲ. ①商事仲裁—研究—中国— 2018

Ⅳ. ① D925.704

中国版本图书馆 CIP 数据核字（2018）第 074965 号

策划编辑　马　颖　　　责任编辑　侯　鹏　　　封面设计　李　宁

中国商事争议解决年度观察 . 2018

ZHONGGUO SHANGSHI ZHENGYI JIEJUE NIANDU GUANCHA. 2018

编者 / 北京仲裁委员会 / 北京国际仲裁中心

经销 / 新华书店

印刷 / 三河市紫恒印装有限公司

开本 / 787 毫米 ×1092 毫米　16 开　　　印张 / 19.75　字数 / 349 千

版次 / 2018 年 6 月第 1 版　　　2018 年 6 月第 1 次印刷

中国法制出版社出版

书号 ISBN 978-7-5093-9408-3　　　定价：76.00 元

值班电话：010-66026508

北京西单横二条 2 号　邮政编码 100031　　　传真：010-66031119

网址：http://www.zgfzs.com　　　**编辑部电话：010-66060794**

市场营销部电话：010-66033393　　　**邮购部电话：010-66033288**

（如有印装质量问题，请与本社印务部联系调换。电话：010-66032926）